C000112965

Collection Des Mémoires Relatifs À L'histoire De France

by Petitot

Address:
HardPress
8345 NW 66TH ST #2561
MIAMI FL 33166-2626
USA
Email: info@hardpress.net

COLLECTION
DES MÉMOIRES
RELATIFS
A L'HISTOIRE DE FRANCE.

MÉMOIRES SECRETS DE DUCLOS, TOME I.

DE L'IMPRIMERIE DE A. BELIN.

COLLECTION DES MÉMOIRES

RELATIFS

A L'HISTOIRE DE FRANCE,

DEPUIS L'AVÉNEMENT DE HENRI IV JUSQU'A LA PAIX DE PARIS CONCLUE EN 1763;

AVEC DES NOTICES SUR CHAQUE AUTEUR, ET DES OBSERVATIONS SUR CHAQUE OUVRAGE,

PAR MESSIEURS

A. PETITOT ET MONMERQUÉ.

TOME LXXVI.

PARIS,

FOUCAULT, LIBRAIRE, RUE DE SORBONNE, N° 9.

1829.

MÉMOIRES SECRETS

SUR LES RÈGNES

DE LOUIS XIV ET DE LOUIS XV,

PAR DUCLOS,

DE L'ACADÉMIE FRANÇAISE, HISTORIOGRAPHE DE FRANCE, etc.

NOTICE
SUR DUCLOS
ET SUR SES OUVRAGES.

CHARLES PINOT DUCLOS naquit à Dinan le 12 février 1704. Sa mère, restée veuve en 1706, lui fit commencer de bonne heure ses études à Rennes; et comme il annonçoit de très-heureuses dispositions, elle se décida à l'envoyer à Paris en 1713. Ce n'étoit pas alors l'usage que la bourgeoisie de province fît élever ses enfans dans la capitale : « Je suis, écrivoit « Duclos, le premier bourgeois de Dinan élevé à Pa- « ris dès l'enfance; et une certaine noblesse du can- « ton trouva presque insolent qu'une simple commer- « çante (1) osât donner à son fils une éducation qui ne « convenoit qu'à des gentilshommes. »

Il fut placé dans une institution fondée par le marquis de Dangeau, grand-maître de l'ordre de Saint-Lazare, institution qui a, dit-on, servi d'exemple et de modèle pour l'établissement de l'Ecole militaire en 1751. Les fils de vingt gentilshommes y étoient élevés gratuitement, et on y admettoit d'autres enfans comme pensionnaires. Les camarades de Duclos appartenant pour la plupart à des familles nobles, il sentit, tout jeune

(1) Le père de Duclos avoit été fabricant de chapeaux à Dinan. M. Auger a remarqué que Duclos avoit évité de le dire dans les Mémoires qu'il a laissés sur les premières années de sa vie. Ces fragmens de Mémoires n'étoient pas de nature à être insérés dans cette Collection.

qu'il étoit, le besoin d'effacer la supériorité qu'ils avoient sur lui par leur naissance, en devenant supérieur à eux sous d'autres rapports : il y parvint bientôt par son travail et par ses succès. Ces détails sur la première jeunesse de Duclos ne sont pas sans importance : ils font connoître son caractère, et expliquent sa façon d'être lorsque, entré dans le monde, il se trouva en relation habituelle avec des grands seigneurs.

Après avoir passé cinq ans dans l'institution des chevaliers de Saint-Lazare, il fut mis au collége d'Harcourt, où il termina ses études de la manière la plus brillante. Non-seulement il savoit très-bien tout ce qu'on apprenoit alors dans les classes, mais il avoit employé ses momens de loisir à lire nos poëtes et nos historiens, et il manifestoit déjà un goût prononcé pour la littérature. Né avec des passions très-vives, et livré malheureusement à lui-même, sans guide et sans expérience, quand il sortit du collége, il se laissa facilement entraîner à la débauche. Sa mère l'ayant rappelé à Dinan, il obtint, non sans peine, la permission de revenir à Paris, sous prétexte d'y faire son droit ; mais il ne prit que sa première inscription : *il appliqua au maître d'armes ce qui étoit destiné à l'agrégé, choisit pour docteurs de jeunes libertins aux écoles, aux salles d'armes quelque chose de pis* (1), et mena la vie la plus déréglée. Sa mère, qui en fut instruite, le rappela de nouveau au commencement de 1725.

Pendant les neuf mois qu'il passa à Dinan, son unique occupation fut de trouver les moyens de re-

(1) Mémoires de Duclos.

tourner à Paris; et sa mère céda enfin à ses instances. Avant de partir pour la capitale, il alla à Rennes, où il séjourna pendant quelques mois, et y connut La Chalotais, alors avocat général au parlement de Bretagne. Leur goût pour la littérature commença entre eux une liaison qui devint par la suite très-intime. Arrivé à Paris, il se mit en pension chez un avocat au conseil, et reprit ses inscriptions en droit : mais les lettres et les plaisirs l'occupoient beaucoup plus que l'étude de la jurisprudence.

Ses amis le conduisirent au café Procope et au café Gradot : il s'y trouva avec tous les gens de lettres qui avoient l'habitude de s'y réunir. Comme il aimoit l'argumentation, il n'hésitoit pas, malgré sa jeunesse, à prendre part aux discussions littéraires et philosophiques qui s'élevoient entre les hommes les plus distingués de cette époque. Leur réputation ne l'intimidoit pas : il luttoit contre eux sans désavantage, et se faisoit surtout remarquer par la vivacité de ses reparties. Il raconte dans ses Mémoires une scène qu'il eut avec Boindin, qui, comme on sait, faisoit assez publiquement profession d'athéisme. La discussion s'étoit engagée sur la question de savoir si l'ordre de l'univers pouvoit s'accorder aussi bien avec le polythéisme qu'avec un seul Etre suprême. Boindin prétendoit que tout pouvoit se concilier avec la pluralité des dieux, et s'épuisoit en sophismes pour établir son système. Duclos l'interrompt par un grand éclat de rire. Boindin, très-choqué, lui dit brusquement que rire n'étoit pas répondre. « Cela est vrai, « repartit Duclos; mais je n'ai pu m'en empêcher, « en vous voyant soutenir la pluralité des dieux. Cela

« prouve le proverbe : *Il n'est chère que de vilain.* » Tous les auditeurs, Boindin lui-même, rirent de l'application du proverbe, et la discussion n'alla pas plus loin.

Duclos n'avoit, pour vivre à Paris, qu'une pension fort modique que lui faisoit sa mère : cependant il refusa sans hésiter une place lucrative qui lui fut offerte. Il s'étoit dès-lors imposé la loi de n'accepter jamais d'autres grâces que celles qui étoient de *son état*, et qui pouvoient convenir à un homme de lettres (1). Suivant sa manière de voir, qu'il développa plus tard dans un de ses ouvrages (2) : « Les lettres « ne donnent pas précisément un état ; mais elles en « tiennent lieu à ceux qui n'en ont pas d'autre, et « leur procurent des distinctions que des gens qui « leur sont supérieurs n'obtiennent pas toujours. » Il eut par la suite, en sa qualité d'homme de lettres, des traitemens et des pensions qu'il ne sollicita point ; et, dans aucune circonstance de sa vie, il ne s'écarta de la règle qu'il s'étoit prescrite. Collé, qui pensoit autrement, ayant eu besoin de son appui *pour entrer dans les affaires*, lui proposa de partager les bénéfices. Duclos le servit avec chaleur, lui fit obtenir ce qu'il désiroit, mais ne voulut jamais entendre parler de partage. C'est Collé lui-même qui rend hommage à son désintéressement.

Ayant ainsi résolu de conserver toute son indépendance, et de cultiver les lettres selon son goût et ses idées, il se lia avec le comte de Caylus, Crébillon fils, Pont-de-Veyle, Collé, Moncrif, le comte de Tessin, l'abbé de Voisenon, et quelques autres jeunes

(1) Mémoires de Collé. — (2) Considérations sur les mœurs, chap. 11.

libertins, également connus par leur esprit et par leur gaieté. Cette société publioit, sans nom d'auteurs, sous le titre d'*Etrennes de la Saint-Jean*, de *Recueils de ces Messieurs*, etc., des petits ouvrages en prose ou en vers, auxquels la licence des mœurs et le mauvais goût du temps donnoient une certaine vogue, et que d'Alembert a très-bien caractérisés, en disant que c'*étoit une crapule plutôt qu'une débauche d'esprit*. Duclos n'avoit pas encore d'autres titres littéraires, lorsqu'il fut nommé membre de l'Académie des inscriptions et belles-lettres. Des protections puissantes lui firent obtenir prématurément une distinction dont il sut plus tard se rendre digne, mais qu'il n'avoit point encore méritée. Il dit lui-même qu'*il n'a commencé à s'occuper formellement des lettres que rassasié de libertinage* (1).

Depuis plusieurs années il étoit admis dans la société des grands, et il y suivoit le système qu'il s'étoit fait, dès son enfance, à l'institution de l'ordre de Saint-Lazare. Loin de se montrer adulateur avec les hommes qui étoient placés au-dessus de lui dans l'ordre social, il affectoit de les dominer par la supériorité de son esprit. Il les amusoit, et s'en faisoit craindre par l'originalité de ses saillies, que son ton décisif et tranchant rendoit encore plus piquantes (2).

(1) Portrait de Duclos, par lui-même. — (2) « Une précision tranchante, « dit La Harpe, des saillies vives et brusques, une tournure piquante et « originale, des phrases arrangées comme pour être retenues, en un « mot ce qui s'appelle du trait, voilà ce qui donnoit à Duclos, dans les « cercles et dans le monde, une physionomie particulière. » Duclos, qui a fait lui-même son portrait, s'exprime ainsi : « Dans la conversation, « j'ai un ton, un style à moi, qui, n'ayant rien de peiné ni d'affecté, « est à la fois singulier et naturel. »

Sa franchise et sa brusquerie, qu'elles fussent affectées ou naturelles, contribuèrent beaucoup à sa fortune et à ses succès. « Dès qu'il fut un peu recherché, « dit un écrivain du temps, on le vit parler aux grands « avec une liberté (tranchons le mot, avec une au- « dace) à laquelle ils n'étoient point accoutumés, et « qui lui réussit : ils furent d'abord surpris, et pas- « sèrent bientôt de l'étonnement à l'estime. » Il n'étoit pas moins brusque avec les femmes qu'avec les grands. Les Mémoires de madame d'Epinay donnent une idée du ton qu'il prenoit avec elles, de la crainte qu'il leur inspiroit, et de l'espèce d'assujétissement dans lequel il les tenoit. Malgré la frivolité de ses premières productions, les hommes qui étoient le plus en état d'en juger avoient une haute opinion de ses talens. Un jour, à la suite d'une longue conversation, Fontenelle l'engagea à composer quelques ouvrages. « Sur quoi ? demanda Duclos. — Sur ce que « vous venez de dire, repartit Fontenelle. »

Duclos étoit surtout redoutable dans les discussions vives et animées qui faisoient un des divertissemens des cercles de cette époque. « Il brilla, dit Grimm, « dans un temps où l'esprit étoit devenu une espèce « d'escrime : on se prenoit corps à corps, en pré- « sence, dans un cercle dont les applaudissemens « étoient pour le plus fort (1). Ces espèces de tour-

(1) On savoit mauvais gré aux beaux esprits qui refusoient de s'engager dans ces disputes. « Quand M. de Fontenelle a dit son sentiment « ou ses raisons sur quelque chose, on a beau le contredire, il ne daigne « plus se défendre : il allègue, pour couvrir ce dédain, qu'il a une mau- « vaise poitrine. Belle raison pour étrangler une dispute qui intéresse « tout une compagnie ! » (Mémoires de l'abbé Trublet.)

nois ont cessé de mode; ce qui prouve que nous avons plus d'esprit qu'il y a trente ou quarante ans.... Dans ces combats à outrance, dit-il ailleurs, *le plus fort en gueule* étoit le plus considéré, et l'homme de lettres et le bel esprit contractoient le ton et les habitudes des crocheteurs. C'étoit Duclos, ajoute-t-il, qui avoit transporté ces mœurs grossières dans la société des honnêtes gens, et dans la bonne compagnie. » Le témoignage de Grimm, avec lequel il étoit brouillé, pourroit paroître suspect; mais d'autres témoignages irrécusables prouvent qu'en effet Duclos mettoit beaucoup de véhémence et de rudesse dans les discussions. Beauzée, qui avoit été son ami, avoue qu'on lui a reproché de la vivacité, et même quelque chose de plus, dans la dispute. « Duclos, dit-il, aimoit la vérité; ses écrits le prouvent : il vouloit le bien avec force; ses concitoyens et ses confrères en sont garans. Si l'on cherchoit à obscurcir la vérité, il ne tiroit pas le voile, il le déchiroit; s'il rencontroit des obstacles au bien, il ne les détournoit pas, il les renversoit. Ainsi les deux vertus les plus nobles qui puissent honorer le cœur de l'homme s'armoient du feu que la nature avoit mis en lui. Eh! ce feu même, qui donnoit à ses expressions ce je ne sais quoi de dur qui paroissoit offensant, n'étoit-il pas aussi le principe de ce zèle officieux si bien connu de l'Académie, et dont le souvenir arrache des larmes à une ville entière, et à ses amis (1)? »

Le comte de Forcalquier-Brancas, également ami de Duclos, dit que *ce qui lui manquoit de politesse*

(1) Eloge de Duclos par Beauzée, qui le remplaça à l'Académie française.

faisoit voir combien elle est nécessaire avec les plus grandes qualités (1). Enfin Duclos lui-même, en traçant son propre portrait, convient *qu'il est trop peu poli pour les sociétés qu'il voit*.

Suivant l'opinion commune, ce fut en 1741 que le nouvel académicien fit paroître *la Baronne de Luz* (2). L'héroïne de ce roman succombe trois fois, sans cesser d'être vertueuse. Mais on voit trop que c'est un jeu d'esprit; les événemens sont péniblement amenés; et La Harpe remarque avec raison que si les foiblesses de la baronne sont excusables, elles ne sont nullement intéressantes.

L'année suivante, Duclos publia les *Confessions du comte de* ***. Ce roman, que Palissot considère comme le meilleur ouvrage de l'auteur (3), est une peinture aussi vraie que piquante des mœurs de l'époque; les caractères y sont tracés et développés avec beaucoup d'art; les observations sont fines et justes: mais les situations, en général peu naturelles, se succèdent sans être liées entre elles; les nuances et les gradations sont beaucoup trop négligées; et ce roman, comme celui de *la Baronne de Luz*, est presque en-

(1) Portrait de Duclos, par le comte de Forcalquier-Brancas. — (2) On est fondé à croire que cet ouvrage fut publié en 1740. Madame de Staal, ci-devant mademoiselle de Launay, écrivoit à d'Héricourt, le 3 janvier 1741 : « Avez-vous lu *Madame de Luz*, qui a un si grand succès à Pa- « ris, et, à mon gré, si peu mérité? » — (3) Voltaire étoit loin de juger cet ouvrage aussi favorablement : « Ce n'est pas là un titre à aller à « la postérité, écrivoit-il à M. d'Argental le 19 janvier 1742; ce n'est « qu'un journal de bonnes fortunes, une histoire sans suite, un roman « sans intrigue, un ouvrage qui ne laisse rien dans l'esprit, et qu'on ou- « blie comme le héros oublie ses maîtresses. Cependant je conçois que « le naturel et la vivacité du style, et surtout le fond du sujet, aient ré- « joui les jeunes et les vieilles, etc. »

tièrement dépourvu d'intérêt. Duclos étoit un observateur habile; mais il manquoit d'imagination, et se piquoit de faire fort peu de cas de la sensibilité. « Je « n'aime pas, disoit-il, ces pièces qui font tant pleu- « rer; ça tord la peau. »

Ces deux romans, malgré leurs défauts, furent lus avec avidité, et Duclos ambitionna des succès d'un autre genre. Il donna à l'Opéra, en 1743, *les Caractères de la Folie*. Le manque d'imagination frappe encore plus dans cet opéra que dans *la Baronne de Luz* et dans *les Confessions du comte de ****. Chaque acte a son action particulière, qui ne se rattache en rien à celle des autres actes; et dans les trois actes il n'y a pas une seule situation dramatique. A un très-petit nombre de vers près, qui expriment bien des idées fortes ou gracieuses, le poëme se compose de lieux communs, que la gêne de la rime rend souvent ridicules. Par exemple, l'auteur fait dire à l'Amour :

Sans mes ardeurs,
Point de plaisirs flatteurs.

La Harpe trouvoit que cet opéra ne valoit pas une demi-page de la prose de Duclos.

Quoique *les Caractères de la Folie* eussent eu un assez grand nombre de représentations (1), Duclos ne s'abusa pas : il eut le bon esprit de reconnoître qu'il n'étoit pas né poëte, et renonça à la poésie (2). Mais comme on est naturellement porté à priser fort peu

(1) Cet opéra fut repris en 1772, quelques mois après la mort de Duclos, et n'eut aucun succès. — (2) On trouve, dans un *Recueil de pièces intéressantes* publiées par La Place, des vers fort agréables adressés par Duclos à une demoiselle; mais on ignore l'époque à laquelle ces vers ont été composés.

les talens dont on n'est pas doué, surtout lorsqu'on en possède d'autres à un degré éminent, Duclos se rangea dans le parti anti-poétique. Il prétendoit *que les vers n'étoient bons qu'à gâter la prose;* et l'on sait que quand il vouloit faire l'éloge d'un morceau de poésie (ce qui lui arrivoit rarement), il avoit coutume de dire : *Cela est beau comme de la prose.*

En parlant des *Caractères de la Folie*, nous ferons remarquer que le sujet du *Devin du village* est tiré du premier acte de cet opéra, et que Duclos, qui étoit l'ami de Jean-Jacques, loin de désapprouver cet emprunt, se chargea de faire jouer la pièce, dont il accepta la dédicace.

Le conte d'*Acajou et Zirphile*, qui parut en 1744, est un tour de force provoqué par une gageure. Des dessins avoient été composés pour un roman qui n'avoit pas été publié (1) : il s'agissoit d'imaginer un conte qui expliquât les gravures, et auquel elles pussent être adaptées. Caylus en fit un, l'abbé de Voisenon deux : celui de Duclos fut seul imprimé. C'est un de ses plus jolis ouvrages.

Ce conte est précédé d'une *Epître au public*, qui doit fixer l'attention. L'auteur s'exprime ainsi : « Je « ne sais, mon cher lecteur, si vous approuverez mon « dessein : cependant il m'a paru assez ridicule pour « mériter votre suffrage ; car, à vous parler en ami, « vous ne réunissez tous les âges que pour en avoir « tous les travers. Vous êtes enfant, pour courir après « la bagatelle ; jeune, les passions vous gouvernent ;

(1) *Jaunissane*, ou *l'Infante jaune*, roman de féerie, par le comte de Tessin, ministre de Suède en France. En quittant Paris, le comte de Tessin avoit emporté son manuscrit, et laissé les gravûres.

« dans un âge plus mûr, vous vous croyez plus sage, « parce que votre folie devient triste ; et vous n'êtes « vieux que pour radoter. Vous parlez sans penser, « vous agissez sans dessein ; vous croyez juger, parce « que vous prononcez.... Je vous respecte beaucoup, « je vous estime très-peu ; vous n'êtes pas digne que « je vous aime. Voilà mes sentimens à votre égard : si « vous en exigez d'autres, je suis votre très-humble « et très-obéissant serviteur. »

Ce ton, qu'aucun auteur n'avoit encore pris avec le public (1), et qui a été si souvent imité depuis, excita d'abord quelque rumeur. Duclos n'en tint compte : il s'étoit mis sur le pied de tout dire, on finit par trouver qu'il pouvoit également tout écrire. « Ses premiers « ouvrages, dit un de ses contemporains, l'avoient

(1) Palissot a fait allusion à cette préface dans sa comédie des *Philosophes*, acte 2, scène première :

CARONDAS.

.... Et le public ?

VALÈRE.

Nous savons lui prescrire
Comment il faut penser, parler, juger, écrire.
Nous le déciderons aisément.

CARONDAS.

D'accord ; mais
Il faut l'apprivoiser, le flatter.

VALÈRE.

Non, jamais.
Il est, pour le gagner, des méthodes plus sûres.

CARONDAS.

Le moyen ?

VALÈRE.

Par exemple, on lui dit des injures ;
C'est un expédient par nos sages trouvé :
Le succès est certain, nous l'avons éprouvé.

« tellement mis à la mode, qu'il passoit pour le plus « bel esprit de Paris, quoique Fontenelle vécût en« core, et que Voltaire fût dans toute sa force. » L'engouement qu'on avoit pour lui dans la haute société alloit jusqu'à l'enthousiasme : « Duclos est un homme « impayable, écrivoit la comtesse de Rochefort. On « dit qu'il n'y a rien de nouveau sous le soleil : Duclos « fait bien mentir le proverbe; car il est bien sûr « qu'il n'a et n'aura jamais son pareil. » Cependant l'enthousiasme n'étoit pas général : le duc de Richelieu l'appeloit *bavard impérieux;* un autre duc le traitoit de *plébéien révolté.* Duclos mettoit les rieurs de son côté par un de ces mots qui portent coup, et qui passent rapidement de bouche en bouche : *Ils nous craignent,* disoit-il en parlant des grands seigneurs qui s'offusquoient des discours des gens de lettres, *comme les voleurs craignent les réverbères.*

Les habitans de Dinan, fiers des succès de leur compatriote, le nommèrent, en 1744, maire de leur ville, quoiqu'il ne dût point y résider. Il étoit leur député aux Etats de Bretagne, et dans ses voyages à Rennes il cultivoit l'amitié de La Chalotais, qu'il avoit connu dans sa jeunesse.

L'*Histoire de Louis* XI, que Duclos publia en 1745, a été louée outre mesure par les uns, et critiquée avec une excessive sévérité par les autres. Beauzée, dans un discours académique, prétendit que l'auteur *approchoit de fort près de la pureté de Quinte-Curce, de la noblesse de Tite-Live, et de la vigueur de Tacite.* Le prince de Beauveau fut un peu plus réservé dans ses éloges : « Duclos, dit-il, raconte avec rapi« dité les événemens de l'un des règnes les plus re-

« marquables de la monarchie. Sa narration est vive, « animée, et semée de réflexions; il peint avec éner- « gie et avec impartialité. On voit que Tacite a été « son modèle. » Senac de Meilhan (1) disoit que si Duclos, qui peignoit si bien ses contemporains, n'a- voit pas également réussi à peindre un roi mort depuis trois cents ans, *c'est qu'il n'avoit pas soupé avec Louis* XI. La Harpe fait remarquer qu'un bon pein- tre de portraits n'est pas toujours propre à faire un bon tableau. « Duclos, dit-il, n'avoit dans le style ni « force ni éloquence : la vie de Louis XI est écrite « avec une sécheresse rebutante. La main qui a tracé « des figures de roman n'étoit pas faite pour manier « les pinceaux de l'histoire. » Grimm ne daigne pas faire une critique raisonnée de l'ouvrage, qui, selon lui, est peu estimé, et qui ne mérite pas de l'être. Palissot blâme dans l'*Histoire de Louis* XI un style trop coupé, trop dogmatique, trop sentencieux, quel- quefois obscur à force d'affecter la précision, quel- quefois même un peu néologique. « Le bel esprit, « ajoute-t-il, est plus ou moins compatible avec ces « défauts; mais ce ne sont pas ceux du génie. » Fré- ron enfin reproche à l'auteur de manquer de gravité, d'avoir un style trop épigrammatique, de n'avoir pas assez médité sa matière, et de n'avoir pas su se la rendre propre par une étude approfondie.

Mais une question plus importante sur cet ouvrage, et qui n'a été soulevée qu'après la mort de l'auteur, étoit celle de savoir s'il avoit composé l'*Histoire de Louis* XI, ou s'il avoit seulement extrait cette histoire d'un ancien manuscrit.

(1) Considérations sur l'esprit et les mœurs.

Fréron avoit inséré dans *l'Année littéraire* (1773 (1), tome premier, lettre 15) un article de la *Gazette littéraire de l'Europe* (2), ainsi conçu :

« M. Le Dran, premier commis des affaires étran-« gères, raconte que l'abbé Le Grand, attaché au « même département que lui, avoit autrefois com-« posé l'Histoire de Louis XI en sept volumes; que le « manuscrit du défunt, rejeté par les héritiers, qui « n'en connoissoient ni le mérite, ni la valeur, ni l'o-« riginalité, le cédèrent aisément à Duclos, qui ré-« duisit cette histoire, et la donna ensuite au public « sous son nom, se l'étant appropriée par son style, « qui n'est pas la meilleure partie de l'ouvrage. »

La loyauté de Duclos, prouvée par tous les actes connus de sa vie, fit repousser sans examen cette accusation. On se souvint d'ailleurs que, dans la préface de *Louis* XI, il s'étoit mis à l'abri du reproche de plagiat en parlant du manuscrit de l'abbé Le Grand, et en expliquant l'emploi qu'il avoit pu faire des matériaux recueillis par cet écrivain. « L'homme de la « cour le plus instruit, disoit-il, ne peut l'être aussi « parfaitement qu'un historien à qui l'on remettroit « les actes, les lettres, les traités, les comptes, et « généralement tout ce qui sert de fondement à l'his-« toire. Voilà précisément quelle est la collection des « pièces qui sont en dépôt à la bibliothèque du Roi, « et sur lesquelles j'ai composé cette Histoire. Feu « M. l'abbé Le Grand, l'homme le plus laborieux, a « passé trente ans à former ce recueil, sur lequel il « avoit composé des annales, plutôt qu'une histoire.

(1) Duclos étoit mort en 1772. — (2) Cette gazette étoit imprimée en Hollande.

« Son travail m'a été extrêmement utile, et m'en a « épargné beaucoup : c'est une reconnoissance que « je lui dois, et que je ne saurois trop publier. Ce- « pendant je n'ai point suivi son plan; j'ai encore « moins adopté ses vues. » D'après une déclaration aussi formelle, on ne crut pas possible que Duclos eût osé donner, comme son propre ouvrage, un abrégé ni même une imitation de l'histoire ou des annales de l'abbé Le Grand : on le jugea incapable d'une pareille *platitude*, dont l'amour propre (et on sait qu'il n'en manquoit pas) eût suffi pour le garantir. On étoit d'autant plus fondé à considérer l'article comme calomnieux, que Duclos avoit déjà été accusé à tort d'avoir publié sous son nom quelques ouvrages qui n'étoient pas de lui. Aussi, dans les notices placées en tête des diverses éditions de ses OEuvres, s'est-on élevé avec force contre le journaliste qui, sur la foi d'une feuille étrangère, essayoit de flétrir la mémoire d'un homme également recommandable par son caractère et par ses talens.

D'un côté on avoit avancé un fait grave sans l'appuyer d'aucune preuve, et de l'autre on s'étoit borné à de simples dénégations. Nous allons soumettre au lecteur le résultat de nos recherches sur les différentes circonstances qui se rattachent à ce procès littéraire.

Joachim Le Grand, prieur de Neuville-les-Dames, mort en 1733, à l'âge de quatre-vingts ans, avoit publié plusieurs ouvrages(1), et laissé de nombreux ma-

(1) Les *Eloges de Charles Le Cointe* et *de l'abbé de Marolles* (Journal des Savans, 1681); *Mémoire touchant la succession à la couronne d'Espagne*, 1710, in-8°; *Discours sur ce qui se passe aujourd'hui dans*

nuscrits. Ces manuscrits, renfermés dans cinquante-huit cartons, ont été déposés, le 5 mai 1741, à la bibliothèque du Roi, avec un inventaire succinct des pièces contenues dans chaque carton : l'inventaire est certifié et signé par l'abbé Sallier, garde de la bibliothèque, qui a reçu les manuscrits (1). Les trois premiers cartons contiennent l'Histoire de Louis XI. L'abbé Le Grand ayant le projet d'écrire cette histoire, avoit passé près de trente années à compulser le Trésor des chartres, les registres de la Cour des comptes, ceux des parlemens, tous les dépôts de la capitale, toutes les archives des provinces : il s'étoit procuré tous les ouvrages imprimés ou manuscrits qui avoient rapport soit à Louis XI, soit aux autres princes contemporains; il en avoit extrait ou copié tout ce qui lui avoit paru digne d'intérêt, et réuni plus de quatre mille pièces, la plupart écrites de sa main. Ces pièces étoient classées par année, et celles qu'il vouloit joindre à son Histoire comme pièces justificatives avoient un classement particulier.

Il est donc bien prouvé que Duclos n'a point acheté les manuscrits de l'abbé Le Grand pour les publier sous son nom, mais qu'il a travaillé, comme il le déclare, sur des manuscrits et des recueils déposés à la bibliothèque du Roi.

Il reste à examiner si l'Histoire de Duclos est ou n'est pas un abrégé de celle de l'abbé Le Grand. En

l'Empire au sujet de la succession d'Espagne, 1711, in-4°; *Traité de la succession à la couronne de France*, 1728, in-12.

(1) On lit au bas de l'inventaire : « Le 5 mai 1741, les manuscrits portés « sur cet état ont été placés à la bibliothèque du Roi, après avoir été re-« connus exacts par M. l'abbé Sevin chez M. de Clérembault. — *Signé* « SALLIER. »

comparant les deux ouvrages, il est impossible de ne pas y reconnoître le même plan, la même marche et la même coupe; les faits sont disposés de la même manière, présentés dans le même ordre. L'Histoire de l'abbé Le Grand est divisée en vingt-six livres; Duclos divise la sienne en dix : mais il réunit plusieurs livres en un seul, s'arrête aux mêmes époques, aux mêmes événemens; il supprime beaucoup de détails inutiles, resserre ou développe la narration, lui donne quelquefois du nerf; mais il suit pas à pas son modèle dans toutes les parties de l'ouvrage; il copie même souvent des morceaux entiers, en changeant seulement quelques membres de phrases, et en s'efforçant d'animer le style par des réflexions plus ou moins piquantes, et des *mots à effet*. Nous en citerons deux exemples, pris l'un au commencement, l'autre à la fin; car les deux ouvrages commencent et finissent de même. Duclos débute par un tableau de la France sous le règne de Charles VII : l'abbé Le Grand trace ce tableau, après avoir raconté la naissance de Louis XI.

Duclos.

Tous les ordres de l'Etat étoient pervertis. Il n'y avoit ni mœurs ni discipline parmi les ecclésiastiques: l'étude et la règle étoient bannies des monastères, la débauche y régnoit avec scandale; ils méprisoient ou ignoroient leurs devoirs. Le peuple, malgré sa misère, fournissoit à leurs excès, et conservoit pour *leur état* un respect aveugle et stupide, qui l'empêchoit d'être frappé de leur déréglement. La noblesse ne

L'abbé Le Grand.

Il n'y avoit ni mœurs ni discipline parmi les ecclésiastiques : la débauche s'étoit introduite dans les monastères. La noblesse ne se piquoit que d'une valeur brutale, et se croyoit tout permis. Le soldat, mal payé, ne vivoit que de brigandage et de pillage. Le paysan n'étoit pas en sûreté dans sa maison; on ne pouvoit marcher qu'armé : aussi on n'entendoit parler que de vols, de viols, d'assassinats, de sase piquoit que d'une galanterie romanesque et d'une valeur féroce; le soldat, mal payé, ne vivoit que de brigandage, et regardoit comme un gain légitime tout ce qu'il emportoit par violence. Des troupes de brigands, connus sous le nom de *tondeurs, retondeurs* et *écorcheurs,*

criléges, etc. On ne peut pas lire sans frémir d'horreur les rémissions données en ce temps-là. A peine y eut-il un homme de guerre qui n'eût pas besoin d'une abolition.

couroient et ravageoient les provinces. Le paysan abandonnoit le labourage; on n'entendoit parler que de vols et d'assassinats. On ne peut lire sans horreur les lettres de rémission qui se sont données dans ce temps-là : à peine y avoit-il un homme de guerre qui n'eût besoin d'une abolition, et c'est par les rémissions que nous sommes instruits des crimes.

Les deux auteurs terminent leur Histoire par un jugement sur Louis XI.

Duclos.

Il s'en faut beaucoup que Louis XI ait été sans reproches : peu de princes en ont mérité d'aussi graves. Mais on peut dire qu'il fut également célèbre par ses vices et par ses vertus, et que, tout mis en balance, c'étoit un roi.

L'abbé Le Grand.

Louis XI, malgré tous les défauts qu'on peut lui reprocher, a été un très-grand roi.

N'ayant pas, dans cette Notice, à juger le caractère et le règne de Louis XI, nous n'examinerons pas jusqu'à quel point on est fondé à dire que ce prince *a été également célèbre par ses vices et par ses vertus;* mais nous ferons remarquer que là, comme partout ailleurs, Duclos a adopté les idées et la manière de voir de l'abbé Le Grand, et qu'après avoir délayé une phrase sèche et banale, il la termine par un mot profond, dans lequel on retrouve la justesse et l'originalité de son esprit.

La comparaison des deux ouvrages dans toutes leurs parties démontre donc, jusqu'à la dernière évidence, que l'Histoire de Duclos a été entièrement calquée sur celle de l'abbé Le Grand, dont elle est tantôt une copie, tantôt une imitation, tantôt un abrégé. Duclos ayant à sa disposition des matériaux complets et classés, trouvant les faits mis en ordre, les tableaux tracés, les caractères développés, les secrets de la politique dévoilés, les intérêts divers expliqués, et opposés les uns aux autres, n'avoit point à faire les recherches longues et pénibles qui absorbent souvent la vie entière d'un historien. Si, au lieu de se réduire au rôle d'abréviateur, de mêler son style concis et épigrammatique au style lourd et diffus de l'abbé Le Grand, et de faire ainsi un ouvrage de marqueterie, il s'étoit servi des travaux de son prédécesseur pour composer une histoire de Louis XI, il auroit enrichi notre littérature d'un ouvrage qui auroit eu véritablement son cachet, et évité, au moins en partie, les défauts qu'on lui a reprochés. Ces défauts, dans sa version de l'histoire de Louis XI, tiennent principalement à la précipitation avec laquelle il a travaillé, à l'embarras d'écrire d'après les idées d'un autre, à l'inégalité et à la bigarrure du style.

Duclos a supprimé plusieurs digressions fort inutiles de l'abbé Le Grand; mais il en a substitué d'autres qui ne sont pas beaucoup plus utiles, et qui ne se rattachent pas à son sujet. Il a inséré, par exemple, sur l'affranchissement de la Suisse et sur la pragmatique sanction, de longs fragmens dans lesquels il étale une érudition un peu fraîche, et mal digérée. Ce sont probablement ces digressions qui ont fait dire au chancelier Daguesseau que l'*Histoire de Louis* XI *étoit un ouvrage écrit aujourd'hui avec l'érudition d'hier*.

L'Histoire de l'abbé Le Grand avoit été soumise à la censure, et approuvée en 1728 (1); mais il étoit mort avant d'avoir pu la faire imprimer. Celle de Duclos fut défendue par un arrêt du conseil du 28 mars 1745. On lit, dans le préambule de cet arrêt, que *l'ouvrage a été imprimé sur le fondement du privilége accordé à l'Académie des inscriptions et belles-lettres, sans que l'auteur se fût conformé à tout ce qui étoit prescrit pour parvenir à l'impression des livres; et qu'on s'étoit tellement hâté de le répandre dans le public, que l'édition entière étoit déjà débitée, lorsqu'on s'est aperçu des défauts de cette Histoire, où l'on a remarqué plusieurs endroits contraires non-seulement aux droits de la couronne sur différentes provinces du royaume, mais au respect avec lequel on doit parler de ce qui regarde la religion, ou les règles des mœurs, et la conduite des principaux ministres de l'Eglise.* Duclos avoit en effet cherché à rendre son Histoire plus piquante par des traits hardis sur les souverains, sur les gouvernemens et sur le clergé (2). Il ne tarda pas à être surpassé en hardiesse par d'autres écrivains. Comme il avoit autant de probité que de jugement, il reconnut bientôt le danger de pareilles déclamations, et n'hésita pas à blâmer hautement ces excès,

(1) L'inventaire dont nous avons parlé ci-dessus indique, comme devant se trouver avec le manuscrit de l'Histoire de Louis XI, l'approbation donnée le 5 septembre 1728 par Lancelot, que le garde des sceaux avoit chargé de l'examen de l'ouvrage. Cette pièce n'existe plus dans les cartons. — (2) Ces traits de hardiesse plurent tellement à Voltaire, qu'après avoir lu les cent cinquante premières pages de l'Histoire de Louis XI, il courut chez Duclos pour lui en faire compliment. Ne l'ayant pas trouvé, il lui laissa un billet qu'il terminoit par ces mots : *Bon soir, Salluste.*

quoiqu'il en eût donné l'exemple. L'arrêt que nous avons cité fait voir d'ailleurs qu'on attendoit *que l'édition d'un ouvrage fût entièrement enlevée, pour s'apercevoir* que la publication devoit en être interdite.

Environ dix-huit mois après la suppression de l'*Histoire de Louis* XI (à la fin de 1746), Duclos fut porté, par l'influence de la cour, à l'Académie française, pendant qu'il étoit absent de Paris, et nommé historiographe de France en 1750. Ses anciennes liaisons avec madame de Pompadour expliquent ces contradictions. Il l'avoit connue fort particulièrement lorsqu'elle étoit madame d'Etioles : elle conservoit de l'amitié pour lui, et saisissoit avec empressement les occasions de lui être utile. Il alloit lui faire sa cour tous les dimanches, avec l'abbé de Bernis et Marmontel. Si l'on en croit ce dernier, *l'ambition de Duclos étoit de se rendre important dans sa province de Bretagne* (1); et l'on verra plus tard que cette importance lui valut des lettres de noblesse. Madame de Pompadour parvint à prévenir tellement Louis XV en sa faveur, que lorsqu'on citoit devant ce prince quelques discours un peu trop libres de Duclos, il avoit coutume de dire : « Oh ! pour Duclos, il a son « parler franc. » A la vérité, il ne négligeoit aucun moyen pour attirer sur lui la bienveillance du Roi. Dans son discours de réception à l'Académie française (2), après avoir fait un éloge pompeux de Louis XV, il ajoutoit : « Supérieur à la gloire même, né pour « elle, il n'en est point ébloui. »

Duclos connoissoit madame Du Hausset, femme de

(1) Mém. de Marmontel. — (2) Ce discours fut prononcé le 26 janv. 1747.

chambre de madame de Pompadour, et la voyoit souvent chez le docteur Quesnay, qui avoit un appartement au château. Il se servoit d'elle pour se maintenir dans l'esprit du Roi. Il dirigeoit la conversation de manière à y placer les choses qu'il vouloit qui fussent répétées, et auxquelles il donnoit cette tournure originale et piquante qui n'appartenoit qu'à lui ; il se laissoit faire violence pour dicter ce qu'il avoit dit, et pendant qu'on écrivoit il ne manquoit pas de s'écrier : « Si vous montrez cela à madame la mar-« quise, dites-lui bien comment cela est venu, et « que je ne l'ai pas dit pour que cela lui revienne, et « aille peut-être ailleurs (1). »

Foncemagne s'étoit mis sur les rangs pour la place d'historiographe de France, et la préférence qu'obtint Duclos ne fut pas généralement approuvée. « Le « crédit de madame de Pompadour, dit Collé, a fait « donner la place à Duclos, auquel Foncemagne la « disputoit. Quoique Duclos soit mon ancienne con-« noissance, et que je l'estime, à beaucoup d'égards, « et du côté des mœurs et du côté de l'esprit, je ne « puis pourtant m'empêcher de dire qu'on a trouvé « injuste assez généralement que Foncemagne ne « l'eût point emporté sur lui (2). »

Voltaire, en partant pour Berlin en 1750, avoit renoncé à sa place d'historiographe de France, qu'il occupoit depuis l'année 1745; mais il ne pardonna pas à Duclos de l'avoir acceptée. De son côté, Duclos en vouloit à Voltaire, dont il croyoit avoir eu à se plaindre lors de son admission à l'Académie française. « Il n'eut avec Voltaire, dit La Harpe, qu'une corres-

(1) Mémoires de mad. Du Hausset. — (2) Mém. de Collé, octobre 1750.

« pondance académique, rare, froide, et de pure po-« litesse. Ils ne s'aimoient pas, mais ne faisoient pas « de bons mots l'un sur l'autre; et pourtant les bons « mots ne leur coûtoient rien. » Si Voltaire évitoit d'en venir à une rupture ouverte avec un homme dont les traits portoient coup, il se dédommageoit, dans ses lettres particulières, de la réserve qu'il s'étoit imposée dans ses discours et dans ses écrits. Il se plaisoit surtout à mettre en opposition les ouvrages de Duclos avec son titre d'historiographe. « Duclos « fait bien d'écrire des romans, disoit-il à M. d'Ar-« gental; voilà comme il faut faire sa charge pour « réussir. Ses romans sont détestables, à ce qu'on dit, « mais n'importe : l'auteur triomphe (1). » « Ses romans, « dit-il dans une autre lettre, sont d'un homme qui « est en place, et qui par là est supérieur à sa matière: « il laisse faire la grosse besogne aux pauvres diables « qui ne sont plus en place, et qui n'ont d'autre res-« source que de bien faire (2). » « Donnez de l'esprit « à Duclos tant que vous voudrez, écrivoit-il au pré-« sident Hénault; gardez-vous bien de m'en soup-« çonner (3). »

Devenu historiographe, et membre de deux académies, Duclos se démit de sa place de maire de Dinan, qui d'ailleurs n'avoit jamais été pour lui qu'un titre honorifique. Rien n'auroit pu le déterminer à remplir des fonctions administratives ; « Les lettres, disoit-il, « ont par elles-mêmes un attrait qui séduit l'esprit, « lui rend les autres occupations rebutantes, et fait « négliger celles qui sont le plus indispensables (4). »

(1) Lettre du 14 décemb. 1751. — (2) Lettre du premier février 1752. — (3) Lettre du 2 janv. 1752. — (4) Considérations sur les mœurs, chap. 12.

L'année même où Duclos fut nommé historiographe (1750), il fit paroître les *Considérations sur les mœurs*. Grimm prétend que cet ouvrage eut peu de succès : ce qui est certain, c'est qu'il fut réimprimé en 1751, et que le Roi accepta la dédicace de cette seconde édition, qui fut bientôt suivie de plusieurs autres. Louis XV avoit dit, en parlant des *Considérations sur les mœurs* : « C'est l'ouvrage d'un honnête « homme. » Voltaire, malgré ses préventions contre Duclos, en avoit porté le même jugement (1); et Palissot regrettoit qu'il n'eût pas ajouté que c'étoit l'ouvrage d'un homme de beaucoup d'esprit, et d'un très-grand sens (2). Suivant l'opinion de La Harpe, le monde est vu d'un coup d'œil dans ce livre, et l'ouvrage est plein de mots saillans qui sont des leçons utiles. « Ja« mais la raison, disoit M. de Fontanes, ne se montra « plus ingénieuse. » Clément reconnoissoit qu'il y avoit, dans les *Considérations sur les mœurs*, des vues fines, des réflexions ingénieuses très-heureusement exprimées. Suard faisoit remarquer que les réflexions fines et vraies que Duclos a faites sur cette partie mobile des mœurs, qu'il a surtout observées, étoient relevées par des idées générales et profondes, et par des principes applicables à tous les pays. Mais on reprochoit à l'auteur de n'avoir pas toujours eu le coup d'œil assez juste ; on prétendoit qu'au lieu de peindre en grand comme La Bruyère, il avoit quelquefois peint en miniature, d'une manière froide et

(1) « Son livre sur les mœurs, écrivoit-il à Palissot le 4 juin 1760, n'est « point du tout un mauvais livre ; c'est surtout le livre d'un honnête « homme. » — (2) Palissot, qui, dans ses *Mémoires de la littérature*, fait un très-grand éloge des *Considérations sur les mœurs*, avoit cherché à jeter du ridicule sur cet ouvrage dans sa comédie des *Philosophes*.

recherchée. On blâmoit le ton qui règne dans l'ouvrage; on y trouvoit même *un tant soit peu trop* du mauvais ton de la bonne compagnie. Le style étoit, disoit-on, plutôt dur que mâle. Enfin on relevoit, dans les *Considérations sur les mœurs*, des choses communes dites d'un air de découverte, des obscurités, des termes impropres, et des expressions hasardées. L'ouvrage n'est ni au-dessous des éloges qu'on lui a donnés, ni exempt des défauts signalés par une critique impartiale. Tel qu'il est, il ne peut que faire honneur au talent et au caractère de l'auteur.

Duclos étoit trop honnête homme pour ne pas s'élever, dans ses *Considérations sur les mœurs*, contre un des fléaux de l'époque où il écrivoit. On publioit une foule de livres où, sous prétexte de combattre les préjugés, on cherchoit évidemment à détruire les fondemens de l'édifice social. Lié, dans le principe, avec les écrivains du dernier siècle qui s'étoient décorés du nom de *philosophes*, il avoit applaudi à leurs travaux, tant qu'il avoit pu croire que ces écrivains n'avoient, comme lui, d'autre but que la recherche de la vérité; mais aussitôt qu'ils eurent mis leurs funestes doctrines à découvert, il rompit avec eux, et manifesta hautement l'indignation et le mépris que lui inspiroient leurs ouvrages.

« Je ne puis me dispenser, dit-il, de blâmer les « écrivains qui, sous prétexte, ou voulant de bonne « foi attaquer la superstition (ce qui seroit un motif « louable et utile, si l'on s'y renfermoit en philo- « sophe citoyen), sapent les fondemens de la morale, « et donnent atteinte aux liens de la société, d'au- « tant plus dangereux qu'il seroit dangereux pour

« eux-mêmes de faire des prosélytes. Le funeste effet « qu'ils produisent sur leurs lecteurs est d'en faire « dans la jeunesse de mauvais citoyens, des crimi- « nels scandaleux, et des malheureux dans l'âge avan- « cé; car il y en a peu qui aient alors le triste avan- « tage d'être assez pervertis pour être tranquilles. « L'empressement avec lequel on lit ces sortes d'ou- « vrages ne doit pas flatter leurs auteurs, qui d'ail- « leurs auroient du mérite : ils ne doivent pas igno- « rer que les plus misérables écrivains en ce genre « partagent presque également cet honneur avec eux. « La satire, la licence et l'impiété n'ont jamais seules « prouvé d'esprit. Les plus méprisables par ces en- « droits peuvent être lus une fois : sans leurs excès, « on ne les eût jamais nommés, semblables à ces mal- « heureux que leur état condamnoit aux ténèbres, et « dont le public n'apprend les noms que par le crime « et le supplice (1). »

Les *Mémoires sur les mœurs du dix-huitième siècle*, que Duclos publia en 1751, sont, comme les *Confessions du comte de* ***, un roman dont l'intrigue est à peu près nulle, mais qui sert de cadre à un tableau des mœurs du temps. L'auteur fait observer, dans son avertissement, que l'amour, la galanterie, et même le libertinage, ont de tout temps fait un article si considérable dans la vie de la plupart des hommes, et surtout des gens du monde, que l'on ne connoîtroit qu'imparfaitement les mœurs d'une nation, si l'on négligeoit des objets si importans. Ce roman n'est donc qu'une suite d'aventures galantes, mêlées de réflexions dans lesquelles on reconnoît l'es-

(1) Considérations sur les mœurs, chap. 2.

prit observateur de Duclos, qui disoit, en parlant de lui-même : « Je ne regarde pas tout ; mais ce que je re- « garde, je le vois. » Ses principaux ouvrages ont été, sous des formes différentes, consacrés à peindre ce qu'il avoit *vu*. « Dans ses romans, dit Palissot, il a mis « en action ce qui semble un peu trop sec et trop dé- « cousu dans les *Considérations sur les mœurs*. »

Ses *Remarques sur la Grammaire générale et raisonnée de Port-Royal*, imprimées en 1754, sont pleines de sagacité et de justesse. Malheureusement Duclos y proposoit, non-seulement de changer l'orthographe, mais d'introduire de nouvelles lettres dans l'alphabet. Pour exécuter son plan, il auroit fallu renoncer à tous les livres qui remplissent les bibliothèques. Cette objection ne l'arrêtoit pas : « Tous les « livres d'usage, disoit-il, se réimpriment continuel- « lement : il n'y auroit point de difficulté pour les « livres écrits dans les langues étrangères ; et ceux « que leur profession oblige de lire les anciens livres « y seroient bientôt stylés. »

En 1755, Duclos reçut des lettres de noblesse, sur la demande des Etats de Bretagne, et fut nommé secrétaire perpétuel de l'Académie française, en remplacement de Mirabaud, qui, étant âgé de plus de quatre-vingts ans, avoit cru devoir renoncer à cette place (1). Il lui laissa le logement, et voulut qu'il conservât les appointemens. Mirabaud ayant déclaré qu'il ne les toucheroit pas, Duclos lui répondit : « Ils res- « teront donc aux économats ; car je vous donne « ma parole que, tant que vous vivrez, je ne veux

(1) Mirabaud avoit traduit la *Jérusalem délivrée*, et *Roland furieux*. Il mourut en 1760, à l'âge de quatre-vingt-six ans.

« rien recevoir de la place que vous quittez. » « La « dispute en est restée là, dit Collé dans ses Mé- « moires, et ni l'un ni l'autre n'a cédé. Si les gens « de lettres n'avoient que de ces sortes de disputes, « ils seroient plus estimés, et ils feroient la loi aux « sots et aux importans. » Duclos, qui avoit une haute opinion de la considération due aux gens de lettres, souffroit impatiemment tout ce qui pouvoit y porter atteinte : on en trouve plusieurs exemples dans les Mémoires du temps. Il pensoit qu'un auteur se dégradoit en paroissant sur le théâtre à la demande du parterre ; et il eut à ce sujet une discussion très-vive avec le duc de Duras et M. d'Argental, après la première représentation de *la Jeune Indienne*. Champfort, l'auteur de la pièce, étoit demandé à grands cris : le duc et M. d'Argental vouloient qu'il parût ; Duclos s'y opposa, et finit par l'emporter. Quelques années plus tard, il ne put retenir son indignation lorsqu'il vit le rôle que Poinsinet faisoit jouer à un poëte dans la comédie du *Cercle, ou la Soirée à la mode :* il dit en plein foyer que *la peinture de l'auteur qui vient lire sa tragédie n'étoit ni vraie ni vraisemblable, et qu'il ne pouvoit y avoir que Poinsinet lui seul à qui l'on eût pu jamais faire une réception pareille.* Duclos ne montroit pas moins de zèle pour l'honneur de l'Académie française. Dans toutes les circonstances, il soutint avec autant de chaleur que de fermeté les priviléges de cette compagnie ; mais, dans ses relations avec ses confrères et avec le public, il avoit le ton brusque et tranchant qui sembloit être en quelque sorte inhérent à son caractère. Si, comme l'a prétendu l'abbé de Vauxcelles, *sa brusquerie étoit de commande*, elle lui avoit trop bien réussi pour qu'il y renonçât (1). « Il ne faisoit entendre à l'Académie, dit La Harpe, que l'éclat impérieux et brusque de sa voix dans des proclamations et des ordres. Il y avoit entre lui et d'Alembert (2) la même différence qu'entre un maître de maison qui commande, et un homme poli qui veut se rendre agréable à tout le monde. » La Harpe dit ailleurs : « On lui reprochoit de se mettre trop à son aise aux séances publiques de l'Académie ; il se permettoit de jurer aux séances particulières ; ce qui lui fit dire par l'abbé Du Resnel : *Monsieur, sachez qu'on ne doit prononcer à l'Académie que des mots qui se trouvent dans le dictionnaire.* »

Quoique Duclos eût son *franc parler*, les personnes qui lui portoient intérêt trouvèrent qu'il en usoit trop lors du procès de son ami La Chalotais. Comme il étoit impossible de lui imposer silence, elles le décidèrent à faire en 1766 un voyage en Italie, dont il a laissé une relation qui n'a été imprimée qu'après sa mort (3). Il paroît, d'après quelques lettres qu'il écrivoit de Rome, et qu'on a publiées avec sa relation, qu'il ne se gênoit guère plus en Italie qu'en France. « Je me mets, disoit-il, aussi à l'aise ici à table et ailleurs qu'à Paris : à quelques petites honnêtes discrétions près, je ne me suis masqué

(1) J.-J. Rousseau disoit que *Duclos étoit un homme droit et adroit.* D'autres ne croyoient ni à sa droiture ni à sa franchise, et l'appeloient *le Faux sincère* (titre d'une comédie de Dufresny). — (2) D'Alembert lui succéda dans la place de secrétaire perpétuel de l'Académie française. — (3) L'abbé de Vauxcelles prétend que, pour le punir d'avoir trop parlé dans l'affaire de La Chalotais, on s'amusa à lui faire peur, et qu'il s'enfuit jusqu'en Italie.

« nulle part. » Il disoit, dans une autre lettre : « Si « j'écrivois mon voyage, il ne ressembleroit à aucun « autre. » En effet, son ouvrage n'est point, à proprement parler, une relation, mais une suite de considérations sur tout ce qui l'a frappé dans les divers pays qu'il a parcourus.

On a réuni, dans la collection complète de ses OEuvres, plusieurs Mémoires qu'il a composés à différentes époques sur la langue celtique, sur la langue française, sur les druides, sur les épreuves par le duel et les élémens, sur les jeux scéniques, sur l'action théâtrale, sur le goût, et même sur des objets qui tenoient à l'administration publique, tels que les ponts et chaussées, la corvée et la voirie (1). Ces morceaux, dans lesquels il fait preuve d'une grande érudition et d'une grande justesse d'esprit, avoient été imprimés les uns séparément, les autres dans les Mémoires de l'Académie des inscriptions et belles-lettres.

On trouve aussi, dans la collection des Œuvres de Duclos, une suite de l'Histoire de l'Académie française de Pellisson, que l'abbé d'Olivet avoit continuée jus-

(1) L'*Essai sur les ponts et chaussées, les corvées et la voirie*, avoit paru, sans nom d'auteur, en 1759. Trois ans plus tard, Duclos publia, également sans se nommer, un autre mémoire sur les mêmes matières, et y réfuta les critiques qu'on avoit faites de son *Essai*. Quoique ces ouvrages lui eussent été attribués dans *la France littéraire* de l'abbé d'Hébrail et de l'abbé de La Porte, et dans celle d'Erschs, on hésitoit à les considérer comme étant de lui, et on ne les avoit pas compris dans la collection de ses OEuvres. M. Villenave, qui a bien voulu s'associer à nous, et se charger du travail relatif aux *Mémoires de Noailles*, a prouvé, d'une manière incontestable, que les deux Essais appartenoient à Duclos, et il les a insérés dans l'édition complète des OEuvres de cet auteur, qu'il a publiée en 1821. L'édition est précédée d'une Notice qui se distingue par de savantes recherches, et par une critique saine et éclairée.

qu'à la fin du dix-septième siècle, et un Eloge de Fontenelle, prononcé à l'Académie en 1768. Ce dernier ouvrage fut jugé sévèrement; on prétendit que c'étoit moins un éloge qu'une débauche d'esprit de l'auteur, qui, *surchargé de saillies, sembloit avoir été obligé de chercher un sujet pour s'épancher.* Il est vrai que Duclos n'avoit suivi aucun plan, toutes les divisions étoient confondues : son discours ne contenoit presque aucun fait; on n'y trouvoit que des réflexions, et des épigrammes souvent inintelligibles. On dit dans le temps que *c'étoit un feu d'artifice tiré en l'honneur de Fontenelle* (1). Ce mot, malheureusement trop juste, piqua vivement Duclos, qui ne pouvoit se dissimuler d'ailleurs qu'il survivoit à sa réputation. Ses derniers ouvrages, plus utiles que les premiers, n'avoient pas le même succès : il étoit entièrement éclipsé par plusieurs écrivains, qui lui étoient en effet supérieurs. « Il eut, dit La Harpe, un avantage assez rare, celui « de garder beaucoup de considération en perdant « beaucoup de renommée. C'est que, quoiqu'on l'eût « mis d'abord au-dessus de ce qu'il valoit, il y avoit cependant un mérite réel dans sa personne et dans ses « ouvrages, et qu'il eut un assez bon esprit pour échapper à la foiblesse trop commune de passer dans le « parti de l'envie quand on voit la gloire s'éloigner. »

Assez ordinairement le caractère des vieillards devient plus âpre et plus difficile : celui de Duclos s'étoit adouci. « L'âge, l'expérience, un grand fonds de

(1) « Duclos a soumis cet écrit au jugement de l'assemblée, en déclarant qu'il continueroit, s'il étoit encouragé par ses suffrages; sinon qu'il en resteroit là, ce qui lui seroit encore plus aisé. » (*Mémoires secrets*, connus sous le nom de *Mémoires de Bachaumont.*)

« bonté, dit le prince de Beauveau, l'avoient instruit « à être indulgent pour les particuliers, et à ne plus « dire qu'au public des vérités dures (1). » Duclos étoit donc toujours également bien vu dans les plus hautes sociétés, dont il faisoit le charme; mais, parvenu à l'âge de soixante-sept ans, il se dégoûta du monde, et résolut de terminer ses jours dans sa ville natale. Il faisoit ses dispositions pour aller s'y établir définitivement, lorsqu'il tomba malade au mois de mars 1772. Sa maladie ne dura que quelques jours : il mourut le 26 du même mois. Il avoit, en emplois littéraires, en pensions et en rentes, un revenu de trente mille livres. Comme il mangeoit presque toujours en ville, et qu'il étoit habituellement vêtu avec simplicité, et même avec négligence, on le taxoit d'avarice : il ne prit jamais la peine de s'en défendre. On sut, après sa mort, qu'une partie de son revenu étoit, chaque année, employée à faire du bien; et les larmes des pauvres vengèrent sa mémoire. Son éloge a été proposé pour prix, par la Société des arts et des lettres de Rennes, en 1806.

Dans le cours de cette Notice, nous n'avons point parlé des Mémoires de Duclos sur les règnes de Louis XIV et de Louis XV : on ignore l'époque à laquelle il les a composés; mais aussitôt qu'il eut été nommé historiographe de France, il forma le projet d'écrire l'histoire de ces deux règnes, et se mit en mesure pour rassembler les pièces qui lui étoient nécessaires. Les dépôts du ministère lui furent ouverts : il put y puiser de précieux documens, qui n'étoient

(1) Réponse du prince de Beauveau au discours de Beauzée, lorsque ce dernier fut reçu à l'Académie française, en remplacement de Duclos.

pas destinés à être rendus publics. Dans les sociétés où il passoit sa vie, il avoit connu la plupart des personnages qu'il vouloit peindre, et qui, ayant eux-mêmes figuré dans les affaires ou dans les intrigues, pouvoient lui dévoiler les ressorts qu'on avoit fait agir, et lui raconter les détails qu'on avoit tenus le plus secrets. Enfin il avoit toujours singulièrement aimé les anecdotes; le soin d'en recueillir avoit été une de ses principales occupations : il s'étoit trouvé en position de satisfaire ce goût dominant, et avoit fini par être, sans contredit, l'homme de France qui en possédoit le plus. Son ouvrage, suivant l'observation judicieuse d'un critique, tient un milieu intéressant entre le genre des Mémoires particuliers et celui d'une histoire générale. En effet, Duclos a été entièrement étranger aux événemens qu'il rapporte; la plus grande partie de ces événemens s'étoient passés avant qu'il fût entré dans le monde, et même avant qu'il fût né : mais il a écrit sur des pièces originales, sur des relations récentes qu'il a eu soin de comparer entre elles, et sur le témoignage de ceux des contemporains qui pouvoient avoir les notions les plus positives; enfin, pour se servir de ses propres expressions, *n'ayant pas joué de rôle, il a pu juger les acteurs*. Sous ces divers rapports, son travail devoit trouver place dans la Collection des Mémoires relatifs à l'Histoire de France.

Parmi les Mémoires qu'il a consultés, nous citerons principalement ceux du duc de Saint-Simon, dans lesquels il a beaucoup puisé. Cet ouvrage n'étoit point connu alors; il ne l'est pas encore aujourd'hui, toutes les éditions qu'on en a données étant inexactes et incomplètes, et différant du manuscrit original dans plusieurs parties essentielles.

Nous ne pouvons nous dispenser de consigner ici un fait qui est rapporté par M. Villenave dans la Notice qu'il a placée en tête de la collection complète des OEuvres de Duclos, publiée en 1821. « Les Mé-
« moires manuscrits de Blondel, qui avoit été mi-
« nistre à Manheim, et chargé d'affaires à Vienne,
« furent, dit-il, communiqués par Duclos à M. de
« Malesherbes, qui en fit copier une bonne partie par
« son secrétaire; et ces copies, que j'ai eues sous les
« yeux, sont quelquefois reproduites textuellement
« dans les Mémoires. »

M. Villenave ajoute, dans une note : « La partie
« du texte des Mémoires que j'ai retrouvée dans les
« manuscrits qu'avoit fait copier M. de Malesherbes
« sur les Mémoires de Blondel, ou qu'il avoit rédi-
« gée lui-même d'après ses conversations avec un
« autre diplomate, est si considérable, qu'il me se-
« roit permis de croire que le célèbre magistrat au-
« roit eu part à la rédaction, et peut-être à la publi-
« cation, des Mémoires de Duclos. »

N'ayant pas eu communication des manuscrits de M. de Malesherbes, qui ne sont plus au pouvoir de M. Villenave, il nous est impossible de faire aucun rapprochement entre ces manuscrits et les Mémoires de Duclos. Nous ferons seulement remarquer que M. Villenave, qui occupe un rang honorable dans la littérature, est particulièrement connu par le scrupule qu'il met dans ses recherches, et qu'aucune réclamation ne s'est élevée contre le fait qu'il a rapporté.

Duclos avoit, pour rédiger des Mémoires, les qualités qui lui avoient nui comme historien, et qu'on lui avoit, à juste titre, reprochées comme des défauts dans l'*Histoire de Louis* XI. Ses Mémoires sur les règnes de Louis XIV et de Louis XV sont écrits avec plus de liberté et d'originalité encore que ses autres ouvrages : ils sont semés de traits qui en rendent la lecture amusante ; et ils piquent vivement la curiosité, soit par les anecdotes, soit par les détails qu'on y trouve sur l'intérieur de la cour : mais il faut se tenir sur ses gardes en les lisant. « L'auteur aimoit trop les « anecdotes, dit l'abbé de Vauxcelles, pour n'en pas « être quelquefois la dupe : il étoit plein tout à la fois « de probité et de malice; il étoit porté à croire qu'un « récit malin étoit vrai, et qu'un récit vrai devoit être « malin. »

Duclos avoit voulu dire toute la vérité, ou du moins tout ce qu'il avoit cru être la vérité, sur les faits et sur les personnes, sans avoir égard ni au sexe ni au rang. Rien n'étant respecté ni ménagé dans ses Mémoires, il étoit trop sage pour penser à les publier; mais il n'avoit pu s'empêcher d'en lire des fragmens dans quelques sociétés intimes; et afin qu'ils ne fussent point anéantis après sa mort, il en avoit fait plusieurs copies, qu'il avoit confiées à des amis sur la fidélité desquels il pouvoit compter. L'événement justifia sa prévoyance : des commissaires furent chargés d'enlever ses manuscrits (1).

(1) « Le duc de La Vrillière a envoyé, à la levée du scellé du défunt, « un commissaire du Roi, pour retirer tous les cartons relatifs à cette « partie de son travail (*d'historiographe de France*). Il s'est élevé une « contestation à ce sujet entre les officiers de justice et ledit commis- « saire du Roi, celui-ci voulant emporter indistinctement tout ce qui « se trouveroit étiqueté de cette manière, les premiers prétendant au

En 1790, Soulavie, qui étoit parvenu à se procurer une copie des Mémoires de Duclos, en commença une édition, dans laquelle il mutila le texte, suivant son usage. L'année suivante, on en fit une édition complète et correcte, qui eut un tel succès, que trois autres éditions se succédèrent rapidement. Ces Mémoires comprennent les dernières années du règne de Louis XIV, la régence du duc d'Orléans, le ministère du duc de Bourbon, le commencement de celui du cardinal de Fleury, et un morceau détaché sur la guerre de 1756. Ils ont été réimprimés dans les différentes éditions des Œuvres de Duclos, publiées en 1802, 1806 et 1821 (1). Dans celle de 1806, on a placé, à la suite des Mémoires, quelques notes que l'abbé de Vauxcelles avoit écrites en marge de son exemplaire : nous les avons conservées, et nous avons pensé qu'il seroit plus agréable au lecteur de les trouver en bas des pages.

Les notes de l'abbé de Vauxcelles et de Duclos sont signées de la lettre initiale de leur nom.

« contraire qu'ils doivent visiter lesdits cartons et les inventorier, pour « examiner s'il n'y auroit aucun papier de famille. On ne sait pas encore « la décision de la querelle. On présume que l'objet du ministre étoit de « soustraire tous les papiers qu'on pourroit trouver concernant l'affaire « de messieurs de La Chalotais, avec qui l'académicien étoit extrême- « ment lié, et de les remettre à son neveu M. le duc d'Aiguillon. » (*Mémoires secrets*, dits *Mémoires de Bachaumont*, 19 avril 1772.)

(1) On a imprimé avec les Œuvres de Duclos, sous le titre de *Morceaux historiques*, des notes et des extraits trouvés dans ses papiers. Ces matériaux qu'il avoit recueillis, et qui lui ont servi pour écrire ses Mémoires, ou qui devoient lui servir pour les continuer, n'étoient pas de nature à faire partie de notre Collection.

AVERTISSEMENT
DE L'ÉDITION DE 1791.

Il n'est pas possible de douter de l'authenticité de ces Mémoires, dont on connoissoit déjà l'existence, et dont on désiroit depuis long-temps la publication. Tous les gens de lettres savent qu'en sa qualité d'historiographe de France, feu M. Duclos s'est long-temps occupé des derniers temps de notre histoire, et que, très-répandu dans la société, il a connu personnellement la plupart des importans personnages qu'il a voulu traduire au jugement de la postérité. Il a eu communication des correspondances des ambassadeurs et des divers dépôts du ministère, comme il l'annonce dans sa préface. Sa probité sévère, son incorruptible amour pour le bien et la vérité, percent à chaque page de ce précieux monument. D'ailleurs nous possédons le manuscrit même, avec des corrections et des renvois de sa propre main. Nous croyons qu'on n'opposera rien à de pareilles preuves : nous avons même lieu de présumer que ceux qui annoncent en ce moment de prétendus Mémoires de Duclos, de Maurepas, d'Aiguillon, de Choiseul, de La Vrillière, d'Hénault, de Massillon, et d'autres hommes célèbres, n'en ont pas de telles à produire, et qu'ils se vantent de connoître les sources, pour qu'on leur en indique : artifice usé, qui ne peut plus faire de dupes.

M. Duclos n'a malheureusement composé qu'une partie du règne de Louis XV. Nous le donnons tel qu'il l'a laissé ; nous n'y changeons pas un seul mot : très-éloignés de la manie de ces intrépides éditeurs qui savent délayer deux ou trois cents pages d'anecdotes en une douzaine de volumes, et qui, n'étant arrêtés par rien, pas même par le ridicule, le poussent jusqu'à faire parler en démocrates effrénés des hommes qui n'ont cessé d'exercer et d'afficher le despotisme pendant plus de soixante ans.

M. Duclos avoit eu communication des Mémoires de Saint-Simon, qui, de son temps, étoient encore assez rares. Il a usé du droit qu'a tout écrivain de refondre les Mémoires particuliers dans l'histoire générale; mais il en a usé avec discernement, et en homme qui se tient en garde contre toute prévention. Un très-grand nombre de particularités ignorées, et qui peignent les mœurs postérieures à celles du siècle de Louis XIV, étoient venues à sa connoissance d'une manière plus directe : quelques-uns des acteurs de cette déplorable comédie existent encore, et pourront juger de la fidélité des tableaux qu'a tracés l'historien.

Il paroît qu'en 1763, après avoir décrit le commencement du ministère du cardinal de Fleury, il suspendit ce travail pour consigner, dans un morceau séparé, les causes secrètes de la guerre de 1756, qui venoit de se terminer par le traité de Paris, et dont il avoit la mémoire encore toute fraîche. Ce morceau est neuf à tous égards, car aucun écrivain de quelque poids n'avoit encore entrepris de rien écrire sur cette malheureuse époque; et personne ne pouvoit s'en acquitter comme M. Duclos, qui a eu la connoissance la plus intime des secrets ressorts qui ont causé la guerre, et qui l'ont prolongée.

Quant au style, nous croyons que, dans ces Mémoires, il est incontestablement très-supérieur à celui des autres ouvrages historiques du même auteur. Son récit est semé de traits dont quelques-uns rappellent la profondeur et l'énergie de Tacite.

Nous n'avons pas suivi l'orthographe du manuscrit, qui est celle qu'avoit adoptée M. Duclos, et que l'usage n'a pas consacrée. Il écrit *fame* pour *femme*, *cèle* pour *celle*; il retranche partout les doubles lettres, et se permet d'autres innovations, dont il est inutile de parler plus au long. Nous avons pensé que ces bizarreries ne serviroient qu'à blesser les yeux du lecteur, et nous y avons substitué l'orthographe de l'Académie.

PRÉFACE DE L'AUTEUR.

Aussitôt que le Roi m'eut nommé historiographe, mon premier soin fut de rassembler les pièces qui m'étoient nécessaires. J'ai eu la liberté d'entrer dans les différens dépôts du ministère, et j'en ai fait usage long-temps avant d'écrire. J'ai lu une infinité de mémoires, et les correspondances de nos ambassadeurs; j'ai comparé les pièces contradictoires, et souvent éclairci les unes par les autres. Les Mémoires du duc de Saint-Simon m'ont été utiles pour le matériel des faits dont il étoit instruit; mais sa manie ducale, son emportement contre les princes légitimés et quelques gens en place sont à un tel excès, qu'ils avertissent suffisamment d'être en garde contre lui. En effet, quelque vrai que soit cet écrivain, quelque désir qu'il ait de l'être, la seule manière d'envisager les faits peut les altérer : c'est ce qui arrive à cet auteur. J'ai donc contre-balancé son témoignage par des Mémoires que m'ont communiqués des hommes également instruits et nullement passionnés, par des pièces en original. J'ai conversé avec plusieurs de ceux qui ont eu part aux affaires. J'ai tiré de grands secours de la domesticité intime, composée de sujets dont la plupart ont eu la même éducation que les seigneurs, et sont d'autant plus à portée de voir ce qui se passe, que, témoins assidus et en silence, ils n'en observent que mieux ceux qui agissent. J'indiquerai mes sources lorsque le temps et les circonstances le permettront.

J'ai connu personnellement la plupart de ceux dont j'aurai à parler, j'ai vécu avec plusieurs d'entre eux; et, n'ayant jamais joué de rôle, je puis juger les acteurs.

Je ne me propose pas d'écrire une histoire générale : celle qui embrasseroit toutes les parties du gouvernement ne pourroit être l'ouvrage d'un seul écrivain. La politique, la guerre, la finance, exigeroient chacune une histoire particulière, et un écrivain qui eût fait son objet capital de l'étude de sa matière. L'article de la finance seroit peut-être le point d'histoire qu'il seroit le plus important d'éclaircir, pour en découvrir les vrais principes. Ceux de la politique dépendent des temps, des circonstances, des intérêts relatifs et variables des différentes puissances. Qu'un négociateur ait l'esprit juste, pénétrant, exercé aux affaires; qu'il soit attentif, prudent, patient ou actif, ferme ou flexible, suivant les occasions, sans humeur, et surtout connu par sa droiture, je réponds qu'un négociateur doué de ces qualités, et qu'on trouve quand on le cherche, n'a pas besoin d'avoir pâli sur les livres : il lui suffit de bien connoître l'état actuel des affaires, et plutôt ce qui est que ce qui a été. D'ailleurs plusieurs négociations imprimées peuvent, jusqu'à un certain point, servir de premiers guides, et préparer l'expérience. Le seul principe toujours subsistant dans toute négociation est de savoir montrer à ceux avec qui nous avons à traiter que leur intérêt s'accorde avec le nôtre.

Quant à l'art de la guerre, l'homme qui en a le génie n'a besoin, pour la faire, que de l'avoir faite. Ce n'a guère été l'expérience qui a manqué à nos mauvais généraux, mais le talent et l'application. Il ne me convient pas de prononcer sur un métier que je n'ai pas fait ; mais j'ai souvent entendu traiter cette matière par les officiers généraux les plus estimés. Tous prétendoient que, dans un assez petit nombre de mémoires imprimés, on trouve les secours nécessaires pour toute la théorie possible.

Il n'en est pas ainsi de la science économique d'un Etat, de l'administration des finances, partie du gouvernement plus ou moins imparfaite chez les différentes nations, et qui n'est chez aucune au point de perfection où l'on voit, où l'on sent du moins qu'elle pourroit atteindre. Il seroit d'autant plus utile d'en rechercher les principes pour les consigner dans l'histoire, que la finance est, dit-on, le nerf de toutes les opérations civiles et militaires : axiome incontestable, si, par la finance d'un Etat, on entend l'art de procurer l'opulence nationale, qui exclut également la misère commune et le luxe particulier, l'épuisement des peuples et l'engorgement des richesses, dans la moins nombreuse partie de la nation ; l'art enfin d'opérer une circulation prompte et facile, qui feroit refluer dans le peuple la totalité de l'argent qu'on y auroit puisé. Il n'y a donc eu jusqu'ici que des financiers, et nulle finance de l'Etat.

Les historiens de tous les pays et de tous les âges ne nous apprennent rien à cet égard : ils nous parlent de séditions, de révoltes à l'occasion des impôts ; mais ils ne nous mettent pas en état de juger si c'étoit par la surcharge seule, ou (ce qui est plus vraisemblable) par une administration vicieuse. Mézeray, qui s'élève souvent contre les financiers, instruit des maux passés, témoin des maux présens, crioit avec les malheureux contre leurs oppresseurs ; mais il ne révèle pas le secret de leurs crimes. Pourquoi ? c'est qu'il l'ignoroit, et n'étoit pas plus en état de s'en instruire que ne l'avoient été les historiens antérieurs. Je me suis trouvé, en écrivant l'histoire d'un règne, dans la même disette de monumens.

Des politiques ont développé leurs négociations ; des guerriers ont laissé des Mémoires et des ouvrages didactiques. Quels financiers estiment assez sincèrement leurs opérations pour faire gloire de les publier ? Leurs Mémoires ne donneroient pas sans doute les vrais principes d'une finance d'Etat, mais ils feroient connoître les erreurs qu'on doit éviter. C'est ainsi qu'avant d'élever un édifice il faut nettoyer l'emplacement de tout ce qui peut embarrasser la construction. Ce n'est pas qu'il n'y ait eu dans tous les temps des financiers estimables, qui, n'étant pas en état ou en droit de tracer la vraie route, suivent le plus honnêtement qu'ils peuvent les voies tortueuses où on les fait entrer, et laissent leurs stupides confrères admirer ce qu'ils appellent une belle machine. Le secret de la finance est couvert d'un voile que chaque intéressé s'efforce d'épaissir. Depuis quelques années, la philosophie se portoit sur cet objet important; le voile alloit se déchirer; ceux qu'il couvre étoient déjà dans la consternation, lorsqu'à une occasion dont je parlerai, on intercepta la lumière. On a renouvelé ce que Julien imagina, dit-on, contre les chrétiens, en fermant leurs écoles. Tout ministre assez présomptueux pour méconnoître son ignorance, ou qui craint de la manifester en cherchant à s'instruire, veut tenir le peuple dans les ténèbres, et ne veut avoir que des aveugles pour témoins de ses démarches. S'il a des lumières, et qu'il ait intérêt d'en abuser, il les redoute dans les autres : on couvre les yeux de ceux que l'on condamne à tourner la meule. Les gens en place savent que le plus audacieux dans son despotisme est tôt ou tard forcé de subir la loi d'un peuple éclairé. Cet esprit de servitude, qu'on veut inspirer à une nation, n'est pas la moindre cause de la dépravation des mœurs; et les mœurs une fois corrompues fortifient ensuite le despotisme, qui les a fait naître ou favorisées : tout amour de la gloire s'éteint, et fait place au désir des richesses, qui procurent le seul bonheur dont on jouisse dans l'avilissement. Nos aïeux aspiroient à la gloire, bien ou mal entendue : ce n'étoit pas, si l'on veut, le siècle des lumières; mais c'étoit celui de l'honneur. On ne s'intrigue aujourd'hui que pour l'argent : les vrais ambitieux deviennent rares. On recherche des places où l'on ne se flatte pas même de se maintenir; mais l'opulence qu'elles auront procurée consolera de la disgrâce. Les exemples en sont assez communs.

Si l'histoire que j'écris n'est ni militaire, ni politique, ni économique, du moins dans le sens que je conçois pour ces différentes parties, on me demandera quelle est donc celle que je me propose d'écrire. C'est l'histoire des hommes et des mœurs. Je rapporterai sans doute, dans tous les genres, les principaux faits qui me serviront de base; j'en rechercherai les causes, et j'espère en développer quelques-unes d'assez ignorées. Je m'arrête peu sur ces événemens qui se ressemblent dans tous les âges, qui frappent si vivement les auteurs et leurs contemporains, et deviennent si indifférens pour la génération suivante : au moral comme au physique, tout s'affoiblit et disparoît dans l'éloignement. Mais l'histoire de l'humanité intéresse dans tous les temps, parce que les hommes sont toujours les mêmes : cet intérêt est indépendant des personnages et des époques. Si je rapporte quelques faits peu importans par eux-mêmes, le lecteur jugera bientôt que ces faits particuliers font mieux connoître l'esprit d'une nation, et les hommes que j'aurai à peindre, que ne le feroient des détails de siéges et de batailles.

On dit ordinairement que l'histoire ne doit paroître que long-temps après la mort de ceux dont elle parle :

autrement on craint que l'écrivain n'ait pas eu les moyens de s'instruire, ou n'ait trahi la vérité par égard pour ceux qui existent encore, ou pour leur famille. J'ai prévenu la première de ces craintes en rendant compte des secours que j'ai eus, et des soins que j'ai pris. La lecture seule de mon ouvrage dissipera pleinement la seconde.

Je pense, au contraire, que l'histoire, pour être utile, ne sauroit paroître trop tôt. Il seroit à désirer que ceux qui ont eu part au gouvernement pussent entendre d'avance la voix de la postérité, subir la justice historique, recueillir l'éloge ou le blâme qu'ils méritent (1), apprécier les louanges infectes de leurs adulateurs, connoître les vrais jugemens du public, se voir enfin tels qu'ils sont dans le miroir de l'histoire.

On m'a souvent pressé de donner quelques morceaux du règne présent. J'ai toujours répondu que je ne voulois ni me perdre par la vérité, ni m'avilir par l'adulation; mais je n'en remplis pas moins mon emploi. Si je ne puis parler à mes contemporains, j'apprendrai aux fils ce qu'étoient leurs pères. De quelle utilité peuvent être des exemples bons ou mauvais, pris de l'antiquité? Mais un fils qui voit la justice prompte qu'on rend à son père s'efforce de mériter le même éloge, ou craint d'encourir un pareil blâme. Averti par des faits récens, il peut être

(1) *Præcipuum munus annalium ne virtutes sileantur, utque pravis dictis factisque ex posteritate et infamiâ metus sit.* (Tacite.)

touché de l'honneur ou de la honte que sa mémoire répandra bientôt sur ses enfans. Il se dira quelquefois : *On écrit actuellement, et le public, une partie de mes contemporains, ne tardera pas à me juger; peut-être moi-même en serai-je témoin.*

L'intérêt qu'on prend à des ancêtres reculés de plusieurs siècles est d'une toute autre nature : on se glorifie avec raison de descendre d'un grand homme, mais on ne rougit pas d'avoir pour auteur de sa race un fameux fléau de l'humanité. Le grand objet est de venir de loin. J'ai entendu des bourgeois de Paris, excellens citoyens, très-attachés à la monarchie, se faire honneur de descendre de quelques-uns des *seize* de la Ligue qui furent pendus : ils ne pouvoient se flatter de prouver par là que l'ancienneté de leur bourgeoisie. Il y a encore sur cet article une singularité assez bizarre : la plupart des hommes aimeroient mieux pour auteur un illustre et heureux brigand, qu'un homme uniquement connu par sa vertu; ils préféreroient Attila à Socrate. Il semble que le temple de la gloire ait été élevé par des lâches, qui n'y placent que ceux qu'ils craignent.

Mes réflexions m'ont donc convaincu que si l'histoire doit être écrite après des recherches exactes et une discussion impartiale, elle ne peut aussi paroître trop tôt. La vérité ne pouvant parler aux grands que par la voix de l'histoire, qu'elle la fasse donc entendre quand elle doit faire le plus d'impression.

Quoique bien des gens prétendent jouer un rôle

dans le monde, il y en a peu qui se survivent, et les noms d'histoire ne sont pas communs. Ceux qui ont bien mérité de la patrie, et ceux qui l'ont desservie, ou en ont corrompu les mœurs, sont également du ressort de l'histoire. Les premiers ont droit d'y occuper une place honorable; les autres, grands ou petits, doivent en subir la justice. Persuadé qu'on ne doit punir que pour l'exemple, révéler les fautes que pour en prévenir de pareilles, je ne tirerai point de l'oubli des faits isolés, sans conséquence pour l'Etat, et dont tout le fruit seroit de mortifier gratuitement une famille; mais je montrerai, quels qu'ils soient, les coupables envers la nation. D'après ce plan, je parlerai de subalternes qui ont influé dans les affaires : l'éclat de leur opulence actuelle et de leurs titres usurpés servira à porter la lumière dans l'obscurité primitive où ils fabriquoient les ressorts de leur fortune et des malheurs de l'Etat, sans prévoir qu'ils dussent jamais comparoître au tribunal de l'histoire. Ce sont les cadavres des criminels que l'on expose à la vue des scélérats de leur espèce.

Comme il y a souvent plus à blâmer qu'à louer dans la plupart des hommes, un historien fidèle peut aisément être soupçonné de satire. Mon caractère en est fort éloigné : ceux qui m'auront connu (et peut-être y en aura-t-il encore beaucoup quand mon ouvrage paroîtra) attesteront ma probité, ma franchise, et j'ose dire la bonté de mon cœur. Je n'ai point eu d'ennemi qui ne le fût par son propre vice, et la réputation de mes amis pourra cautionner la mienne. Ma façon de penser, de parler et d'écrire étoit assez publique lorsqu'on m'a confié la fonction d'historiographe : on savoit que je n'étois pas un écrivain servile, et quelques gens m'accusoient du contraire. Je demanderois pardon au lecteur de ce que je dis de moi, s'il n'y avoit pas des circonstances (et celle-ci en est une) où il est permis et même de devoir de se rendre une justice aussi libre qu'exacte. Si l'on trouve quelques-uns de mes jugemens trop sévères, qu'on examine les faits, et qu'on juge soi-même. On remarquera quelquefois dans ces Mémoires l'indignation d'un citoyen, et je ne prétends pas la dissimuler; mais tout lecteur désintéressé ne m'accusera jamais de partialité ni d'injustice : il sentira avec quelle satisfaction je rapporte une action louable, et combien je suis affligé de n'en pas avoir des occasions plus fréquentes.

Je n'ai cherché que la vérité, je ne la trahirai point; je n'ai jamais pensé qu'en me chargeant d'écrire une histoire on m'ait pris pour l'organe du mensonge. En tout cas, on se seroit fort trompé.

MÉMOIRES SECRETS

DE

DUCLOS.

LIVRE PREMIER.

RÈGNE DE LOUIS XIV.

L'HISTOIRE du règne de Louis XV commence presque à la naissance de ce prince. Né le 15 février 1710, il parvint à la couronne le premier septembre 1715, à l'âge de cinq ans et demi.

Pour mieux faire connoître les changemens qui sont arrivés dans le gouvernement et dans les mœurs de la nation, je remonterai aux dernières années de Louis XIV.

La guerre de la succession d'Espagne, la seule peut-être que ce prince ait entreprise avec justice, mit la France à deux doigts de sa ruine; et si l'on réfléchit sur nos malheurs, on verra que nous ne devons les imputer qu'à nous-mêmes, et attribuer notre salut à la fortune.

[1700] Louis XIV, en plaçant un de ses petits-fils sur le trône d'Espagne, devoit bien supposer que cet accroissement de puissance dans sa maison réveilleroit la jalousie et la crainte de l'Europe.

L'Angleterre et la Hollande reconnurent d'abord Philippe V; la Savoie et la Bavière se déclarèrent pour lui : l'Empereur seul fit des protestations, les autres puissances restèrent neutres. Tout paroissoit tranquille, et tout fut bientôt en armes. Puységur se mit, sans obstacle, en possession des Pays-Bas. Si l'on eût pris la précaution de retenir les garnisons hollandaises qui occupoient les places jusqu'à ce que Philippe v fût affermi sur le trône, on mettoit la Hollande hors d'état d'entrer en guerre. Il n'y a jamais eu d'expérience pour notre gouvernement : nous éprouvons toujours les mêmes disgrâces, parce que nous faisons toujours les mêmes fautes. Nous venons de voir dans la guerre présente, en 1755, les Anglais enlever nos matelots, sans crainte de représailles. En faisant parade de modération, nous n'avons excité que le mépris, et nous nous sommes mis hors d'état de défense. Suivons notre conduite dans la guerre de la succession. [1701] La voix publique oblige d'envoyer d'abord en Italie Catinat, d'autant plus capable d'y inspirer la confiance, qu'il y avoit remporté deux victoires à Staffarde et à la Marsaille ; mais on confie en même temps les troupes d'Espagne au prince de Vaudemont, lorrain, créature née de l'Empereur, ami déclaré du roi d'Angleterre Guillaume III, et père d'un général de l'armée ennemie.

Catinat s'aperçoit que le duc de Savoie (1), notre allié apparent, notre ennemi caché, en combattant pour nous en soldat, nous trahit comme général : il en donne avis. Le caractère connu de Victor suffit pour appuyer les soupçons : mais Catinat n'a pas la faveur de la cour ; et lorsqu'on est forcé de le croire,

(1) Victor-Amédée, duc de Savoie, depuis roi de Sicile, et ensuite de la Sardaigne. (D.)

il est déjà rappelé pour prix de sa prudence, et remplacé par le maréchal de Villeroy, protégé de madame de Maintenon.

Les choix du Roi n'étoient pas toujours approuvés, mais ils étoient toujours applaudis. La cour s'empressa de complimenter le nouveau général. Le maréchal de Duras (1) fut le seul qui lui dit : « Je garde « mon compliment pour votre retour. » Il en fut dispensé.

[1702] Villeroy s'étant laissé prendre dans Crémone, les ennemis le rendirent sans rançon ; ce qui nous coûta plus cher que si on l'eût payée pour le faire retenir. Le chevalier de Lorraine, son ami, voulut lui persuader de quitter l'armée pour la cour. Villeroy le refusa, prétendant, disoit-il, par des succès brillans, réparer son malheur ; car c'est toujours ainsi que l'ineptie nomme ses fautes. Après la perte de la bataille de Ramillies, et quatre ans d'incapacité prouvée en Flandre comme en Italie, bafoué du public, chansonné par les soldats, bons juges des généraux, il ne céda qu'aux ordres du Roi en quittant l'armée. Sa protectrice n'osa le soutenir : on écoutoit encore la voix de la nation.

Si la faveur plaçoit les généraux, il en étoit ainsi des ministres. Le département de la guerre étoit entre les mains du plus honnête homme, mais aussi du plus incapable de son emploi.

Chamillard, produit à la cour pour faire la partie du Roi au billard, étoit conseiller au parlement. La dissipation du courtisan nuisit à l'application du magistrat : il négligea un procès dont il étoit rappor-

(1) Mort en 1704, père du maréchal d'aujourd'hui en 1760. (D.)

teur. La partie condamnée lui fit voir qu'il avoit oublié une pièce décisive; et il s'agissoit de vingt mille livres. Chamillard, dont la fortune étoit très-bornée, se condamna lui-même sur-le-champ, courut tout Paris pour emprunter la somme, la restitua au plaideur, et renonça dès ce moment à sa profession.

Ce trait m'en rappelle un du même genre, que le lecteur honnête ne regardera pas comme une digression déplacée. Courtin, intendant de Picardie, ménagea tellement les terres du duc de Chaulnes son ami, qu'il s'aperçut enfin qu'il avoit surchargé de quarante mille livres d'autres paroisses : il les paya, et demanda son rappel. Sur les instances qu'on lui fit pour le faire rester, il répondit qu'il ne vouloit ni se ruiner, ni passer sa vie à faire du mal (1).

Le goût du Roi pour Chamillard lui fit supposer tous les talens du ministère; d'ailleurs ce prince croyoit les inspirer. Les malheureuses influences des ministres incapables ne se bornent pas à leurs personnes : il fallut que le duc de La Feuillade, dont l'unique mérite étoit d'être gendre de Chamillard, commandât notre armée au siége de Turin; car le duc d'Orléans, depuis régent, chef en apparence, étoit en tutèle sous La Feuillade et Marsin. Ce prince, qui avoit des talens militaires, voulut inutilement sortir des lignes pour attaquer le prince Eugène : La Feuillade s'y refusa; et Marsin, intérieurement de l'avis du prince, n'osa pas insister contre celui d'un

(1) Courtin fut depuis ambassadeur à Londres, et conseiller d'Etat. Il maria sa fille avec Roque de Varangeville, gentilhomme normand, ambassadeur à Venise. La présidente de Maisons et la maréchale de Villars étoient filles de ce Varangeville. (D.)

gendre de ministre : tout son courage se borna à se faire tuer en combattant.

Tels sont les effets de la puissance des ministres. Ce fut ce qui donna occasion au comte de Gramont de répondre au Roi, qui s'étonnoit de la stupidité d'un ambassadeur à notre cour : « Vous verrez, sire, « que c'est le parent de quelque ministre. »

Cependant le caractère de la nation étoit encore entier, et le cœur du soldat français a toujours été le même. Après la bataille d'Hochstedt [1704], Marlborough ayant reconnu, parmi les prisonniers blessés, un soldat qu'il avoit remarqué dans l'action, lui dit : « Si ton maître avoit beaucoup de soldats comme « toi, il seroit invincible. — Ce ne sont pas, répon- « dit le prisonnier, les soldats comme moi qui lui « manquent ; ce sont les généraux comme vous. » Il y en avoit ; mais..... Si Louis XIV n'eût suivi que ses propres lumières, il eût puni et récompensé avec assez de discernement. Il a fait des exemples dont nous avons perdu l'usage, quoique nous en ayons eu des occasions très-graves. La Boulaye fut mis à la Bastille, pour avoir rendu Exilles ; La Mothe exilé, pour avoir remis Gand ; La Jonquière dégradé des armes, pour avoir mal défendu le Port-Mahon ; le prince de La Tour-d'Auvergne (1), Langallerie (2) et Bonne-

(1) Ce prince d'Auvergne étoit neveu du cardinal de Bouillon, et frère cadet de l'abbé depuis cardinal d'Auvergne, qui lui avoit cédé son droit d'aînesse. (D.) — (2) Des Gentils, marquis de Langallerie, lieutenant général, après avoir déserté aux ennemis en 1706, imagina ensuite de se faire chef d'une espèce de théocratie. Il s'engagea, par un traité signé avec un bacha, à s'emparer de Rome et de l'Italie pour le Sultan, moyennant un secours de troupes soudoyées par les Turcs, et quelques vaisseaux. Il devoit avoir pour récompense quelques îles de l'Archipel, qu'il

val (1) furent pendus en effigie, pour désertion aux ennemis.

Le même esprit de justice fit donner la pairie au maréchal de Boufflers, qui fit dans Lille la plus belle défense [1708]. Les ennemis avoient été les premiers à lui donner des marques de distinction. Le prince Eugène le conduisit lui-même à Douay, le plaçant avec le chevalier de Luxembourg (2) dans le fond du carrosse, se mettant seul sur le devant, et fit commander l'escorte par le prince d'Auvergne, déserteur de France. Ces honneurs de la part du prince Eugène étoient d'autant plus remarquables, que, dans tout le cours de cette guerre, il traita généralement nos prisonniers avec hauteur et dureté.

Il haïssoit personnellement le Roi. Après la bataille d'Oudenarde en 1708, adressant la parole à Biron, prisonnier, et depuis maréchal de France en 1735, qui dînoit entre lui et Marlborough, il loua beaucoup la valeur que les Suisses avoient montrée. « C'est une belle charge, ajouta-t-il, que celle de « colonel général des Suisses : mon père l'avoit; à sa « mort, mon frère pouvoit lui succéder : le Roi lui « préféra un fils naturel. Le Roi est le maître; mais « on n'est pas fâché quelquefois de faire repentir du « mépris. »

tiendroit en souveraineté, sous la protection de la Porte. Ses folies firent tant d'éclat, que l'Empereur le fit enlever, et enfermer dans le château de Raab ou Javarin, en Hongrie, où il mourut en 1717. (D.)

(1) C'est ce comte de Bonneval qui revint pendant la régence, et obtint des lettres de grâce, épousa une Biron, et passa depuis en Turquie, où il est mort, dans la dignité de bacha à trois queues. (D.) — (2) Le chevalier de Luxembourg, nommé ensuite prince de Tingry, enfin maréchal de Montmorency. (D.)

Marlborough, bien différent du prince Eugène, eut toujours les plus grands égards pour ses prisonniers, et donna l'exemple des procédés d'humanité qui ont régné depuis dans les guerres.

Louis, que la prospérité avoit enivré, ne manqua ni de constance ni de courage dans ses disgrâces. A l'âge de soixante-dix ans, il forma le projet de commander ses armées en personne, et de reprendre Lille. Il n'étoit plus question, comme dans ses premières campagnes, de traîner à sa suite un faste asiatique : tout devoit être porté au nécessaire. Le plan de cette campagne se concertoit entre le Roi, Chamillard, les maréchaux de Boufflers et de Villars. On ne vouloit le déclarer à madame de Maintenon qu'au moment du départ, pour la dispenser du voyage. Elle en fut instruite, et fit avorter le projet; mais elle résolut aussi de punir Chamillard d'avoir été fidèle au secret du Roi. Tant que le ministre n'avoit fait des fautes que contre l'Etat, il avoit été protégé : dès ce moment, elle releva tout ce qu'elle avoit excusé, et la place de Chamillard fut donnée à Voisin, nouvelle créature de madame de Maintenon, et qui n'étoit pas d'un caractère à suivre son devoir au préjudice des volontés de sa protectrice. On n'étoit pas encore dans l'usage d'exiler les ministres qu'on renvoyoit. Le Roi revoyoit sans peine ceux qu'il avoit disgraciés, témoin Arnauld de Pomponne, qui revint en place; témoin Chamillard lui-même, à qui le Roi permit dans la suite de le venir voir, et qu'il recevoit avec attendrissement.

Madame de Maintenon fut plus implacable. Chamillard s'étoit retiré dans une petite terre (L'Etang), peu distante de Versailles : ses parens et amis allèrent l'y voir. Elle en fut choquée, et le trouvant trop près de la cour, lui fit dire de s'en éloigner ; de sorte qu'il fut obligé d'acheter dans le Maine la terre de Courcelles, où il se réfugia contre une persécution ignorée du Roi seul.

Nos armes ne furent pas plus heureuses sous Voisin que sous Chamillard. Je ne m'arrête point sur des événemens dont les histoires sont pleines : il suffit de considérer que la perte des batailles d'Hochstedt, de Ramillies, d'Oudenarde, de Turin, de Malplaquet, la prise de Tournay, de Lille, et de quantité d'autres places, mettoient les ennemis en état de pénétrer dans l'intérieur du royaume. Des partis vinrent jusqu'aux portes de Paris, et enlevèrent le premier écuyer, qu'ils prirent pour le Dauphin. D'un autre côté, le fanatisme des Cévennes, enflammé par celui des persécuteurs, formoit une armée de révoltés dont un gouvernement sage auroit fait des défenseurs. Ce monarque si absolu, qui, après cinquante ans de victoires, avoit offensé les souverains par sa hauteur, alarmé l'Europe par ses conquêtes, ruiné ses sujets par son faste, étoit près d'abandonner sa capitale pour se retirer au-delà de la Loire. Ce prince, qui tant de fois avoit dicté les conditions de la paix, étoit réduit à l'implorer sans pouvoir l'obtenir. Pressé de toutes parts, dénué de secours : « Je ne puis donc, « dit-il en plein conseil, et versant des larmes, je ne « puis faire ni la paix ni la guerre ! »

Les impôts dont les peuples étoient accablés ne suffisoient pas aux dépenses nécessaires : la surcharge des impositions, la dureté de la perception, tarissoit chaque jour la source des richesses de l'Etat. Les ministres de ces temps-là ne soupçonnoient pas, et ceux d'aujourd'hui semblent ignorer encore, que l'impôt forcé est destructif de l'impôt même; ou plutôt la plupart des ministres n'ont, dans tous les temps, pensé qu'à jouir de leur place, sans la remplir; à plaire au Roi, en satisfaisant le besoin ou la fantaisie du moment, sans s'inquiéter du sort de l'Etat. La levée des milices dépeuploit les campagnes des sujets les plus nécessaires. J'ai vu, dans mon enfance, ces recrues forcées conduites à la chaîne comme des malfaiteurs. Pour dérober au Roi la connoissance de ces horreurs, on faisoit paroître devant lui une troupe de bandits bien payés, qui juroient au nom de tout un peuple.

[1709] Au fléau de la guerre s'étoit joint celui de la famine. L'hiver de 1709 avoit détruit le germe des moissons. La misère fut extrême dans les campagnes, dans les villes, et jusque dans Paris. Le luxe même, le dernier sacrifice que l'on fait, n'osoit paroître : les seuls en état de s'y livrer le renfermoient dans l'intérieur de leurs maisons. Les étrennes d'usage à la cour furent supprimées; et celles de quarante mille pistoles, que le trésor royal présentoit au Roi, furent envoyées pour aider au paiement des troupes.

La faim éteint tout autre sentiment. Les clameurs s'élevèrent; les placards injurieux s'affichoient aux carrefours, au pied des statues du Roi. Le Dauphin n'osoit plus venir à Paris, au milieu d'un peuple qui le suivoit avec des cris de douleur, lui demandoit du pain, et à qui il ne pouvoit en donner.

Pour satisfaire aux besoins les plus urgens, le Roi,

en 1709, fit convertir sa vaisselle en espèces, et accepta celle qu'on lui offrit. Cette opération se fit contre l'avis du chancelier de Pontchartrain et du contrôleur général Desmarets : ils représentoient que cette foible ressource manifestoit notre misère aux ennemis, sans y remédier. Le total en effet ne monta pas à trois millions. La même chose s'étoit pratiquée avec aussi peu de succès en 1688, quoique le Roi y eût sacrifié des meubles de toute espèce, dont le travail étoit d'un prix inestimable. On a recouru, dans la guerre présente, à ce moyen avec plus de raison, puisque le prêt des troupes alloit manquer.

[1710] L'établissement du dixième des revenus, en 1710, fut d'une toute autre importance pour l'Etat, et en fit peut-être le salut, quoiqu'on ne le levât pas avec la rigueur qu'on a exercée depuis. Les autres impôts étoient déjà si multipliés, que cette nouvelle surcharge excita beaucoup de murmures. Les Etats de Languedoc allèrent jusqu'à offrir d'abandonner au Roi l'administration de tous leurs biens, pourvu qu'on leur en délivrât le dixième net. Cependant les Etats de cette province ne manquent pas de complaisance : asservis au corps épiscopal, ils suivent toutes les impulsions de cet ordre, composé de cadets de noblesse presque tous nés ou élevés dans l'indigence, et qui, parvenus à l'opulence par les grâces du Roi, et en désirant encore, n'ont rien à lui refuser; d'ailleurs le poids des charges porte légèrement sur le haut clergé. C'est de cette assemblée qu'est sorti le projet de la capitation, projet que Pontchartrain, tout contrôleur général qu'il étoit alors, rejeta long-temps, par l'abus qu'il en prévoyoit. Ce zèle ecclésiastique et désintéressé vient encore de donner l'idée d'une taxe sèche de dix-sept millions. Sous prétexte de rétablir la marine, l'archevêque de Narbonne, La Roche-Aymon, maître des Etats par les prérogatives de sa place, s'avise, pour faire sa cour, d'offrir un vaisseau; les Etats n'osent le contredire : les autres provinces et les différens corps sont obligés de suivre cet exemple, sous peine de passer pour mal affectionnés. Le prélat, un des plus bornés de son ordre, et peut-être par là même élevé de la pauvreté aux plus hautes dignités de l'Eglise, est fait à l'instant premier duc et pair ecclésiastique, en attendant le chapeau de cardinal (1).

Louis XIV résista long-temps à la proposition du dixième. Le jésuite Le Tellier, son confesseur, le voyant rêveur et triste, lui en demanda le sujet. Le prince lui dit que la nécessité des impôts ne l'empêchoit pas d'avoir des scrupules, qui augmentoient, sur le dixième. Le Tellier lui dit que ces scrupules étoient d'une ame délicate; mais que, pour le soulagement de sa conscience, il consulteroit les casuistes de sa compagnie. Peu de jours après, l'intrépide confesseur assura son pénitent qu'il n'y avoit pas matière à scrupule, parce que le prince étoit le vrai pro-

(1) On a réimprimé, au bout de cinquante ans, la liste de sa licence en Sorbonne, pour montrer qu'il avoit eu le dernier rang : il n'en est pas moins arrivé à tout *en rampant*. On fit une estampe où on le représentoit poignardant la province de Languedoc, et rougissant sa calotte dans le sang de la malheureuse province. Je n'ai point connu d'homme plus ignorant; mais il faut tout dire : il avoit du talent pour gouverner, ses diocèses étoient bien conduits. Il a eu, comme un autre, son oraison funèbre : elle n'est même pas mauvaise, et le plaisant est qu'elle fut faite par un pauvre évêque *in partibus*, à qui il n'avoit rien fait donner. (V.)

priétaire, le maître de tous les biens du royaume. « Vous me soulagez beaucoup, dit le Roi; me voilà « tranquille. » Sur la décision du jésuite, l'édit fut publié.

Les secours que Louis XIV tiroit de ses sujets commencèrent à lui faire sentir qu'un roi est un homme qui a besoin de ses semblables. Le préambule de l'édit du dixième est d'un style moins despotique que les édits précédens. Ce prince, dans ses temps de prospérité, choqué qu'un magistrat eût dit *le Roi et l'Etat*, l'interrompit en disant : *L'Etat, c'est moi*. Cela doit être, quand le chef ne se sépare pas lui-même du corps. Les lois font la sûreté des princes qui les respectent.

L'adversité parut changer un peu les idées de Louis XIV. Le prevôt des marchands, Bignon, étant venu, à la tête de la ville, haranguer le Roi pendant le siége de Lille, le Roi, touché du zèle de ses sujets, se servit du mot de *reconnoissance;* mais il ne put s'empêcher de laisser paroître l'altération que lui causoit un terme si nouveau de sa part. Ses égards s'étendoient alors jusque sur des particuliers dont il avoit besoin. Samuel Bernard ayant refusé des engagemens assez forts pour des fournitures d'argent, le contrôleur général Desmarets lui donna un rendez-vous à Marly, où l'ayant présenté au Roi, ce prince fit à Bernard le plus grand accueil. La tête du financier fut enivrée de la réception, et il fit tout ce que voulut Desmarets.

Les revers que Louis XIV éprouvoit furent encore aggravés dans les conférences tenues à Gertruydemberg. Le prince Eugène et Marlborough y firent les propositions les plus dures, sans néanmoins s'écarter, dans les expressions, du respect qu'ils devoient personnellement au Roi ; au lieu que les Hollandais parlèrent en bourgeois insolens, qui abusent de leur fortune. Les conditions que les ennemis exigeoient prouvoient assez qu'ils ne vouloient absolument point de paix, et tendoient à l'invasion et au démembrement du royaume. Louis alloit jusqu'à offrir des subsides pour aider à détrôner son petit-fils Philippe v : ils prétendoient qu'il s'en chargeât seul. Tous les Français en furent indignés, et l'on fut forcé de continuer la guerre (1).

Il seroit assez difficile de juger quel eût été le sort de la France, si les intérêts n'eussent changé par la mort de l'empereur Joseph. Si les Anglais ne vouloient pas voir une branche de la maison de France sur le trône d'Espagne, ils craignoient autant la réunion de cette couronne à celle de l'Empire sur une tête de la maison d'Autriche, et commencèrent à écouter les propositions de la France. Marlborough devint suspect à la reine d'Angleterre; et la femme de ce général, commençant à déplaire par des tracasseries de cour, fut bientôt d'autant plus insupportable à la Reine, qu'elle en avoit été la favorite. Le commandement fut ôté à Marlborough, et donné au

(1) J'ai lu, dans un mémoire signé de la main du prince Eugène, le plan et les moyens détaillés et très-bien combinés du démembrement de la France. Tercier, mon confrère de l'Académie des belles-lettres, qui faisoit, pour le premier Dauphin, l'extrait des plus importantes négociations, me communiqua ce mémoire. Nous doutions de la signature ; mais, après l'avoir confrontée à celles de plusieurs lettres du prince Eugène, nous n'avons pu la méconnoître. Comment ce mémoire nous est-il parvenu ? Je l'ignore. Il doit être au dépôt. (D.)

duc d'Ormond. Dans ces circonstances, l'Impératrice douairière, mère de l'empereur Joseph, écrivit à Louis XIV, pour lui faire part de la mort de ce fils: elle ajoutoit que sa consolation étoit l'espérance de voir bientôt son second fils roi d'Espagne et des Indes, etc. On juge bien que la lettre fut renvoyée sans réponse.

L'intrépidité froide de Philippe V dans les combats lui avoit gagné le cœur des Espagnols. S'il n'avoit pas les talens d'un général, il avoit du moins la sagesse de ne pas décider des opérations militaires; mais, dans l'action à Luzara, il étoit au milieu du feu, examinant tout avec une curiosité tranquille, et s'en expliquant ensuite avec autant de discrétion que de discernement, nommant ceux dont il avoit distingué la valeur, et ne parlant qu'en général des foiblesses qu'il avoit remarquées.

L'armée de ce prince manquoit souvent des choses les plus nécessaires. Comment, au plus fort d'une guerre qu'on pouvoit nommer guerre civile, les finances d'Espagne n'eussent-elles pas été en désordre, puisque, dans les temps les plus tranquilles de la monarchie, l'Etat a souvent éprouvé des détresses? Depuis que les rois d'Espagne, devenus maîtres des mines du Mexique et du Pérou, ont sacrifié les richesses réelles aux richesses de fiction, les Espagnols ne sont plus, à cet égard, que les caissiers de l'Europe : ce qui a fait dire par Boccalini que *l'Espagne est à l'Europe ce que la bouche est au corps : tout y passe, et rien n'y reste* (1).

(1) J'ai lu, dans une lettre de l'évêque de Rennes, Vauréal, notre ambassadeur à Madrid en ..., que les conseillers d'Arragon n'étant pas payés

Philippe V éprouva que la plus grande ressource est l'amour de ses sujets. La nation espagnole, celle où l'honneur s'est le mieux conservé, jalouse du serment qu'elle avoit fait à Philippe, fit des actes héroïques pour l'y maintenir, et y parvint seule. Les Espagnols livrèrent leur argenterie pour le paiement des troupes; celle des églises y fut employée; l'honneur étouffa, chez un peuple dévot, des scrupules dont l'hypocrisie se seroit prévalue ailleurs. Les curés ne prêchoient que la fidélité au Roi : on déclara ennemi de l'Etat quiconque ne concourroit pas au salut commun. L'archiduc, au milieu de Madrid, ne put empêcher le peuple de crier : *vive Philippe* V (1) ! Le marquis de Mancera, homme centenaire, vouloit suivre le Roi dans sa retraite; mais ce prince le lui défendit. L'archiduc essaya de se faire prêter serment par Mancera, qui répondit qu'il l'avoit prêté au Roi, et ne le trahiroit pas. L'archiduc respecta la vertu de ce vieillard, et le laissa tranquille (2).

La dernière classe des sujets ne montroit pas moins

de leurs gages, avoient prié le Roi de leur permettre de demander l'aumône. Je ne dois pas oublier à ce sujet qu'en 1701 il arriva par la flottille, pour le général des jésuites, une caisse de chocolat. La pesanteur ne répondant pas à l'étiquette, on l'ouvrit, et l'on y trouva des billes d'or recouvertes de chocolat. Le gouvernement en fit faire de la monnoie; et l'on envoya une vraie caisse de chocolat aux jésuites, qui n'osèrent réclamer autre chose. (D.)

(1) Un trait que sa singularité peut faire excuser dans des Mémoires, c'est que l'archiduc étant maître de Madrid, les courtisanes les plus perdues se répandirent parmi ses troupes, et en firent périr plus qu'une bataille. Pour ne pas rendre équivoque leur patriotisme, elles se vantoient de s'être refusées aux troupes du Roi. (D.) — (2) Il mourut à cent sept ans, n'ayant vécu bien des années que de chocolat et de fruits glacés. (D.)

de fidélité que les grands. La Reine, obligée de sortir de Madrid, confia toutes ses pierreries, et entre autres la fameuse perle *la Perregrine,* à un valet français nommé Vasu, qui les apporta en France.

Cette princesse, fille du duc de Savoie Victor-Amédée, et sœur cadette de la duchesse de Bourgogne, étoit adorée des Espagnols, et sa mémoire y est encore en vénération. Long-temps depuis sa mort, le peuple voyant passer la seconde femme de Philippe v, continuoit de crier : *viva la Savoyana!* Supérieure à toutes les disgrâces, elle ne parut jamais touchée que des maux de ses sujets; aucun péril n'ébranla son courage. Si elle eût perdu la couronne d'Espagne, elle étoit déterminée à passer dans les Indes. Elle mourut le 14 février 1714, trop tôt pour le bonheur des peuples et l'exemple des rois.

Jamais l'archiduc ne dut mieux comprendre qu'il ne régneroit pas en Espagne, que lorsqu'il fut maître de la capitale. Si la force donne les trônes, ils ne s'affermissent que par l'amour des peuples. L'archiduc ne vit dans Madrid qu'éloignement pour lui, et attachement pour Philippe. Cependant la guerre continua encore quelque temps entre eux, depuis la pacification des autres puissances.

[1711] Pendant que Louis xiv éprouvoit toutes les disgrâces de la guerre, il eut à soutenir les plus grands malheurs domestiques. Il vit, en moins d'un an, s'éteindre trois générations : le Dauphin, son fils unique, meurt le 14 avril 1711; le duc de Bourgogne, devenu dauphin, meurt l'année suivante [1712], le 18 février, n'ayant survécu que six jours à sa femme, morte le 12; trois semaines après, le 8 mars, le duc de Bretagne, l'aîné de leurs fils, les suit au tombeau : Paris vit le même char funèbre renfermer le père, la mère et l'enfant. Le duc d'Anjou, aujourd'hui Louis XV, unique rejeton de la ligne directe, fut à deux doigts de la mort : la duchesse de Ventadour sa gouvernante, par un amour d'autant plus courageux qu'elle osoit se charger de l'événement, éloigna les médecins, et, pleine des idées funestes qui naissoient de tant de morts précipitées, lui donna du contre-poison (1). Que ce remède ait été nécessaire ou non, on eut le bonheur de conserver un enfant si précieux à l'Etat.

Le public ne trouva rien que de naturel dans la mort du premier Dauphin, attaqué de la petite vérole ; mais il n'en fut pas ainsi de la mort du duc, de la duchesse de Bourgogne, et du duc de Bretagne : enlevés tous trois presque au même instant, on ne doutoit point que ce ne fût l'effet du poison. Fagon, premier médecin du Roi, et Boudin, médecin des Enfans de France, le disoient sourdement, avec une timidité apparente et concertée, qui n'en étoit que plus persuasive. Maréchal, premier chirurgien, soutenoit le contraire, et citoit plusieurs exemples récens de pareilles maladies ; mais il paroissoit moins persuadé lui-même, que chercher à consoler le Roi, en écartant des images noires. Le jeune duc d'Anjou, foible et languissant, qu'on disoit arraché à la mort par un antidote, sembloit prouver que le père et la mère avoient péri par le poison. On ajoutoit que le premier accès de la maladie de la duchesse de Bour-

(1) Cet antidote fut donné par la comtesse de Vérue, qui l'avoit apporté de Turin, où elle avoit été empoisonnée, étant maîtresse du duc de Savoie Victor. (D.)

gogne avoit été une douleur vive à la tempe, suivie de la fièvre, après une prise de tabac d'Espagne; que, sur cette déclaration de la princesse, on avoit inutilement cherché la tabatière, qui ne s'étoit plus trouvée.

Ces soupçons, répandus dans tout le royaume, tomboient uniquement sur le duc d'Orléans, depuis régent, et formèrent bientôt un cri d'accusation publique. Il en fut si consterné, qu'il demanda au Roi de se constituer prisonnier avec Hombert, célèbre chimiste, dont il avoit pris des leçons, jusqu'à ce que la calomnie fût démontrée et détruite. Le Roi, prévenu par les ennemis de son neveu, fut près d'accepter sa proposition; mais il en fut détourné par Maréchal, qui eut le courage de représenter qu'un tel éclat ne serviroit qu'à tourner en certitude, dans l'imagination du peuple, des soupçons qui se détruiroient d'eux-mêmes; au lieu que la justification du duc d'Orléans laisseroit toujours à sa réputation la tache d'une accusation indigne de lui, et que la démonstration de son innocence passeroit encore pour l'indulgence d'un roi qui ne veut pas déshonorer son sang. Maréchal rappela à ce sujet au Roi ce qu'il lui avoit entendu dire à lui-même sur son neveu.

Le duc d'Orléans avoit eu une maladie, pendant laquelle Maréchal l'avoit vu assidûment. Ils eurent ensemble plusieurs conversations sur des matières de sciences. Maréchal, frappé de l'étendue d'esprit et de la quantité de connoissances de ce prince, en parla au Roi : « Sire, lui dit-il, si M. le duc d'Or-
« léans étoit un simple particulier sans fortune, il
« auroit plus de dix moyens de gagner honnêtement

« sa vie; et c'est d'ailleurs le meilleur homme du « monde. » Le Roi, en convenant des talens du prince, acheva de le peindre par un seul trait : « Sa- « vez-vous, dit-il, ce que c'est que mon neveu? c'est « un fanfaron de crimes. »

L'affaire en resta là, mais les soupçons ont subsisté long-temps. On ne vouloit pas faire attention que Fagon et Boudin étoient intéressés à justifier l'insuffisance de leur art (1). Le premier étoit la créature de madame de Maintenon, dont il partageoit le ressentiment contre le duc d'Orléans, qui se l'étoit attiré par des propos indiscrets sur elle; le second perdoit tout à la mort des princes, devoit son existence à Fagon, et s'étoit déjà tellement aliéné le duc d'Orléans, qu'il croyoit en avoir tout à craindre dans la suite, s'il ne travailloit à le perdre. Madame de Maintenon avoit des desseins plus intéressans qu'une petite vengeance de femme.

Elle ne pouvoit pas croire la mort du Roi fort éloignée. Pendant la minorité du successeur, Philippe v restant en Espagne, la régence regardoit le duc de Berri, dont le génie seroit aisément subjugué par celui du duc d'Orléans; si le duc de Berri mouroit (ce qui en effet arriva), le duc d'Orléans se trouveroit régent. Elle imagina donc, pour sa propre sûreté, si elle survivoit au Roi, de se faire un appui contre un prince qu'elle redoutoit.

(1) Tout ceci est pris des Mémoires de Saint-Simon, pleins de la plus épouvantable haine contre le duc du Maine et madame de Maintenon. Duclos étoit plein tout à la fois de probité et de malice; il étoit porté à croire qu'un récit malin étoit vrai, et qu'un récit vrai devoit être malin. (V.)

De tout temps elle avoit travaillé à l'élévation des enfans naturels du Roi, et surtout à celle du duc du Maine, dont elle avoit été la gouvernante. Nous verrons par quels degrés le Roi tâcha d'élever ses enfans naturels au comble de la puissance.

Madame de Maintenon voulant perdre le duc d'Orléans dans l'esprit du public, n'y trouvoit que trop de facilité. Ce prince, incapable d'une action noire ou basse, avoit, à force d'imprudences, d'indiscrétions, et de mœurs crapuleuses, donné de lui la plus mauvaise opinion, que l'idée même qu'on avoit de son esprit aggravoit encore. On parloit souvent alors d'empoisonnement; et les soupçons ayant été une fois dirigés contre le duc d'Orléans, se réveilloient à chaque occasion.

Un cordelier (1), nommé Augustin Le Marchand, d'un couvent de Poitou, ayant apostasié, s'étoit engagé dans les troupes françaises qui servoient en Espagne. Il déserta depuis, et passa dans celles de l'archiduc. Sans m'arrêter sur les différentes aventures de ce misérable, il suffit de dire qu'il fut véhémentement soupçonné d'avoir de mauvais desseins contre le roi d'Espagne, et alloit être arrêté lorsqu'il prit la fuite. Chalais, neveu de la princesse des Ursins, se mit sur ses traces, et l'atteignit à Bressuire en Poitou, dans un couvent de cordeliers. On le conduisit à la Bastille, où le lieutenant de police d'Argenson fut seul chargé de l'interroger. On trouva, dans un sac que ce moine portoit sur lui, des paquets d'arsenic, dont il prétendoit se servir pour différens remèdes. Sa vie pas-

(1) Il étoit fils du greffier de Loyal, diocèse de Saint-Malo. Arrêté à Bressuire le 22 mai 1712. (D.)

sée, ses correspondances chez les Autrichiens, et plusieurs contradictions ou obscurités dans ses réponses, donnèrent lieu de croire qu'il étoit un instrument de la maison d'Autriche, contre laquelle on étoit alors horriblement prévenu. On ne doutoit point que Mansfeld, ambassadeur de Léopold à Madrid, n'eût empoisonné, par le moyen de la comtesse de Soissons, la reine d'Espagne Marie d'Orléans, fille de Monsieur, et femme de Charles II : la mort du prince électoral de Bavière, désigné roi d'Espagne par le premier testament de Charles, fut attribuée aux mêmes moyens. D'ailleurs, un mémoire du prince Eugène, adressé au général Mercy, et trouvé dans sa cassette, prise après sa défaite en Franche-Comté, portoit : « Il faut faire « rentrer la France dans les plus étroites limites; et « si l'on n'y peut réussir par les armes, il faut re- « courir aux grands et ordinaires remèdes. » Ces expressions, tout équivoques qu'elles sont, ne présentent pas un sens favorable.

Si les imputations faites à la maison d'Autriche étoient alors fondées (ce que je n'oserois assurer), il faut avouer que la cour de Vienne est bien changée : jamais prince n'y a été ennemi plus redouté, plus haï, que le roi de Prusse actuel; et jamais l'Impératrice-Reine n'a été soupçonnée du moindre dessein odieux.

Quoi qu'il en soit, le cordelier, après trois mois de détention à la Bastille, fut transféré en Espagne, et enfermé dans la tour de Ségovie, où il a vécu plus de vingt ans.

Ce qui faisoit supposer que le duc d'Orléans eût pu entrer dans un projet contre le roi d'Espagne, c'étoit l'accusation qu'on lui avoit déjà intentée d'avoir voulu détrôner Philippe v, lorsqu'il en commandoit l'armée.

La vérité du fait étoit que, dans un moment où les affaires de Philippe v paroissoient désespérées, on crut que ce prince abandonneroit l'Espagne, pour aller régner dans les Indes. Les amis du duc d'Orléans lui conseillèrent alors de prétendre à la couronne d'Espagne, du chef de son aïeule Anne d'Autriche. Il se prêta au projet, en cas d'abandon de la part de Philippe v; et, revenant en France, il laissa deux officiers affidés, Flotte et Renault, pour ménager les esprits à cet égard. On ignore jusqu'où ses deux agens usèrent de leurs pouvoirs; mais ils furent arrêtés l'un et l'autre, et le roi d'Espagne, excité par la princesse des Ursins sa favorite, et l'ennemie du duc d'Orléans, écrivit en France pour en demander justice (1709).

Il falloit que les accusations fussent graves; car le chancelier de Pontchartrain eut ordre du Roi de tout disposer pour instruire le procès en forme. On étoit à la veille d'arrêter le duc d'Orléans, lorsque le chancelier représenta au Roi qu'il seroit contre le droit des gens de poursuivre en France un homme accusé d'un crime commis en pays étranger. « Si le duc d'Orléans, dit-il, est coupable en Espagne, on peut et « l'on doit y faire son procès; mais il est innocent à « l'égard de la couronne de France : il ne peut donc « être poursuivi dans un royaume qui doit être son « asyle. » Ce moyen de défense n'étoit pas sans réplique dans le cas d'un crime de lèse-majesté contre un roi de la maison de France; mais Louis xiv jugea à propos de s'en contenter, et l'affaire fut abandonnée.

Celle du cordelier n'avoit pas le moindre trait au duc d'Orléans. J'ai lu toute l'instruction, et je n'y ai pas vu que d'Argenson ait été à portée de rendre dans cette circonstance d'autre service au duc d'Orléans que de dire la vérité. Il lui en fit pourtant sa cour, en lui faisant entendre qu'il avoit saisi cette occasion de détruire dans l'esprit du Roi beaucoup d'autres préventions fâcheuses.

Il me semble que s'il avoit subsisté quelque opinion défavorable au duc d'Orléans, elle auroit dû disparoître à la régence : cependant la calomnie s'est encore fait sourdement entendre. Mais comment peut-on imaginer qu'un prince tremblant sous Louis XIV eût osé commettre les crimes les plus hardis, et se seroit arrêté au dernier lorsqu'il s'agissoit de monter sur le trône, et qu'il étoit tout puissant? La vie de Louis XV est la démonstration de l'innocence du duc d'Orléans.

Après cette digression, revenons aux princes qui y ont donné lieu.

Louis, dauphin, fils unique de Louis XIV, avoit dans le caractère de la douceur et de la bonté : son éloge ne s'étend pas plus loin. Né avec un esprit borné, il n'y suppléa par aucunes connoissances acquises : élevé par Bossuet et Montausier, il prouva que la culture produit peu sur un fonds ingrat. Sans vices ni vertus d'éclat, il passoit sa vie aussi obscurément que son rang le pouvoit permettre, n'ayant de ressource contre l'ennui que la table et la chasse. C'étoit enfin le meilleur des hommes, et le plus médiocre des princes. Il respectoit et craignoit beaucoup le Roi, qu'il croyoit aimer, et qu'il traitoit plus en roi qu'en père, comme il en étoit traité plus en sujet qu'en fils. Le Dauphin étoit chéri du peuple, parce qu'il étoit très-populaire, et que n'ayant aucun crédit, on ne pouvoit lui imputer aucun des maux dont on étoit affligé.

Sans délicatesse de sentiment, ni même de galanterie, il eut quelques maîtresses (1), et finit, comme son père, par un mariage de conscience. Mademoiselle Chouin fut celle qui le fixa : elle avoit été en qualité de fille d'honneur auprès de la princesse de Conti-Vallière, sœur naturelle du Dauphin. Elle n'étoit pas jolie; mais, avec beaucoup d'esprit et le plus excellent caractère, elle se fit aimer et estimer de tous ceux qu'elle voyoit. J'en ai connu quelques-uns. Elle n'eut jamais ni maison montée, ni même d'équipage à elle, et s'étoit bornée à un simple logement chez La Croix, receveur général des finances, près le petit Saint-Antoine. Son commerce avec le Dauphin fut long-temps caché, sans en être moins connu. Ce prince partageoit ses séjours entre la cour du Roi son père et le château de Meudon. Lorsqu'il y devoit venir, mademoiselle Chouin s'y rendoit de Paris dans un carrosse de louage, et en revenoit de même, lorsque son amant retournoit à Versailles.

Malgré cette conduite simple d'une maîtresse obs-

(1) On ne lui a connu qu'une fille naturelle, qu'il eut de la Raisin, fameuse comédienne. On la nommoit mademoiselle Fleury. La princesse de Conti-Vallière la maria, en juin 1715, à d'Avaugour, officier de gendarmerie. Le Roi signa le contrat, mais en particulier. Elle mourut en 1716. (D.)

cure, tout sembloit prouver un mariage secret. Le Roi, dévot comme il étoit, et qui d'abord avoit témoigné du mécontentement, finit par offrir à son fils de voir ouvertement mademoiselle Chouin, et même de lui donner un appartement à Versailles : mais elle le refusa constamment, et persista dans le genre de vie qu'elle s'étoit prescrit. Au surplus, elle paroissoit à Meudon tout ce que madame de Maintenon étoit à Versailles; gardant son fauteuil devant le duc et la duchesse de Bourgogne, et le duc de Berri, qui venoient souvent la voir; les nommant familièrement *le duc, la duchesse,* sans addition de *monsieur* ni de *madame* en parlant d'eux, et devant eux. Le duc de Bourgogne étoit le seul pour qui elle employât le mot de *monsieur,* parce que son maintien sérieux n'inspiroit pas la familiarité; au lieu que la duchesse de Bourgogne faisoit à mademoiselle Chouin les mêmes petites caresses qu'à madame de Maintenon. La favorite de Meudon avoit donc tout l'air et le ton d'une belle-mère; et comme elle n'avoit le caractère insolent avec personne, il étoit naturel d'en conclure la réalité d'un mariage. Si je me suis permis ces petits détails domestiques, c'est qu'ils donnent les notions les plus justes des personnages.

Pour achever de faire connoître mademoiselle Chouin, j'ajouterai un trait sur son désintéressement. Le Dauphin, à la veille d'un départ pour l'armée, lui ayant donné à lire un testament par lequel il lui assuroit la plus grande fortune, elle le déchira, en disant : « Tant que je vous conserverai, je ne puis « manquer de rien; et si j'avois le malheur de vous « perdre, mille écus de rente me suffiroient. » Elle le prouva à la mort du Dauphin; car elle se retira aussitôt dans son ancien et premier logement de Paris, où elle a passé près de vingt ans dans la pratique de toutes sortes de bonnes œuvres, vivant avec un petit nombre de vrais amis qui lui restèrent, et délivrée d'une foule de plats courtisans qui s'éloignèrent d'elle, sans préparatifs ni pudeur. Elle mourut en 1710.

A la mort du premier Dauphin, le Roi en fit prendre le titre au duc de Bourgogne (1). Si ce prince eût régné, c'eût été le règne de la justice, de l'ordre et des mœurs. Pour le faire complétement connoître, peut-être même pour en relever le mérite, je ne dissimulerai pas les travers de sa première jeunesse : on ne peut les imputer qu'à l'éducation de son enfance, âge où la foiblesse même des organes rend les impressions si fortes, qu'elles subsistent souvent pendant

(1) Le nouveau dauphin ne voulut être appelé que *monsieur*; on n'appeloit le premier que *monseigneur*. Ce titre étoit devenu une espèce de nom propre, puisque le Roi l'employoit lui-même en parlant de ce dauphin, comme il disoit *monsieur* en parlant de son frère; mais, en leur adressant la parole, il traitoit l'un de fils, l'autre de frère. Lorsque le duc de Beauvilliers entendoit quelqu'un appeler le duc de Bourgogne *monseigneur*, il demandoit si on le prenoit pour un évêque. Cependant le Roi ordonna au parlement de traiter le nouveau dauphin de *monseigneur*, en le haranguant. Ce qui fit que le premier président commença la harangue par ces mots : « Monseigneur (car le Roi veut qu'on vous « nomme ainsi), etc. » A la mort du premier dauphin, le deuil fut d'un an : les pairs, les ducs et les grands officiers eurent ordre de draper; et le Roi en donna la permission au marquis de Beauveau, comme parent, la sixième aïeule de Louis XIV étant Beauveau. Voisin, qui fut depuis chancelier, obtint la même distinction pour le marquis de Châtillon son gendre, en faveur de plusieurs alliances avec la maison royale. Ce Châtillon a été nommé depuis duc et pair, et gouverneur du dauphin actuel.

Les deux fils naturels du Roi reçurent, à cette occasion, des visites comme frères du Dauphin. (D.)

tout le cours de la vie. C'est presque au moment de la naissance que l'éducation devroit commencer, ou se préparer : ces premières et précieuses années des princes sont abandonnées à des femmes ignorantes, foibles, présomptueuses, adulatrices, et ne leur parlant que de leur puissance future. Quand les enfans de l'Etat passent entre les mains des hommes, ces gouverneurs, s'ils sont dignes de leur place, trouvent plus à détruire qu'à édifier dans leur élève.

Le jeune prince, élevé au milieu d'une cour superstitieuse, où la dévotion et encore plus l'hypocrisie commençoient à être à la mode, ne fut instruit que des pratiques d'une dévotion minutieuse, qu'on substitua à des principes de vertu. Telles furent les leçons de son enfance. Il passa heureusement entre les mains des hommes : il y en avoit alors; et quand les rois les cherchent, ils les trouvent, ou les font naître. Le sage Beauvilliers, le vertueux Fénelon, l'un gouverneur, l'autre précepteur, éprouvèrent combien il est difficile d'effacer les premières impressions. Leur élève, avec toutes ses habitudes dévotes, ne laissoit voir que hauteur, dureté, inapplication, mépris de tous les devoirs qui ne se remplissoient pas à l'église. Dans la campagne qu'il fit en Flandre, il fut accompagné par le roi d'Angleterre Jacques III, qui, sous le nom de chevalier de Saint-Georges, servit comme volontaire dans l'armée : au lieu de lui témoigner le respect dû à un prince malheureux, il le traitoit avec une légèreté offensante. Gamache, un des menins du duc de Bourgogne, révolté d'une indécence si soutenue, lui dit en franc chevalier : « Votre procédé avec le chevalier de « Saint-Georges est apparemment une gageure; si cela

« est, vous l'avez gagnée : ainsi traitez-le mieux do-« rénavant. » Une autre fois, ennuyé des puérilités du prince : « Vous avez, lui dit-il, beau faire des en-« fantillages, le duc de Bretagne, votre fils, seroit « encore votre maître. » Après une longue station à l'église, pendant qu'on disposoit les troupes : « Je ne « sais, lui dit Gamache, si vous aurez le royaume du « ciel ; mais pour celui de la terre, le prince Eugène « et Marlborough s'y prennent mieux que vous. »

Enfin les germes d'un bon naturel, presque étouffés par la première éducation, se développèrent tout à coup : Beauvilliers et Gamache se firent écouter. Bossuet n'avoit pu communiquer ses lumières à son élève : Fénelon inspira ses vertus au sien ; mais la régénération fut si prompte, que le duc de Bourgogne la dut principalement à lui-même.

Socrate se glorifioit d'avoir rectifié, par les efforts de la philosophie, le caractère vicieux qu'il tenoit de la nature. Le duc de Bourgogne auroit pu se donner le même éloge ; mais il attribuoit son changement à un principe qui lui défendoit de s'en glorifier : il en donnoit tout l'honneur à la religion ; ce qui lui faisoit une vertu de plus qu'à Socrate. Il étoit né intempérant, colère, violent, orgueilleux, méprisant, fastueux, dissipé : il se fit tempérant, indulgent, patient, modeste, humain, économe, appliqué à ses devoirs.

Ses maximes étoient que *les rois sont faits pour les sujets, et non les sujets pour les rois ; qu'ils doivent punir avec justice, parce qu'ils sont les gardiens des lois ; donner des récompenses, parce que ce sont des dettes ; jamais de présens, parce que, n'ayant rien à eux, ils ne peuvent donner qu'aux dépens des peuples.* Ces paradoxes étoient l'effet de son discernement, et il avoit le courage de les avancer au milieu de la cour.

S'étant refusé un meuble dont il avoit envie, mais qu'il trouva trop cher, il répondit, à un courtisan qui lui conseilloit de se satisfaire : « Les sujets ne sont « assurés du nécessaire que lorsque les princes s'in- « terdisent le superflu. »

En remplissant les devoirs religieux qui inspirent aux peuples le respect pour la divinité, il y sacrifioit les plaisirs, non pas les affaires. Le Roi son aïeul, embarrassé quelquefois, et peut-être un peu humilié d'une dévotion plus gênante que la sienne, lui dit, un jour de fête, de se trouver au conseil de l'après-midi : « A moins, ajouta-t-il, que vous n'aimiez mieux « aller à vêpres. » Le prince vint au conseil; mais il refusa le même jour d'assister à un bal, parce que ce n'étoit pas un devoir, et qu'il préféroit le repos de la nuit, qui le préparoit au travail du lendemain. Il approuva fort que la princesse sa femme s'y trouvât : son devoir étoit de plaire. Il ne blâmoit aucun des plaisirs, tels que bals, fêtes, spectacles; mais il ne les pardonnoit qu'à l'oisiveté.

Plein de respect pour le Roi et de retenue sur le gouvernement, il n'en faisoit la critique que par sa conduite. Les libertins auroient pu craindre son règne; les philosophes l'auroient béni; les prêtres n'auroient peut-être pas été les plus contens d'un prince qui auroit mis les intérêts de la religion avant les leurs.

Le Roi, reconnoissant de jour en jour les qualités supérieures de son petit-fils, ordonna aux ministres d'aller travailler chez lui. Insensiblement il se trouva à la tête de toutes les affaires, et s'attira, de la part de son aïeul même, ce respect personnel qui est dû à la vertu. Les puissances étrangères espéroient que ce prince, en faisant respecter la France sans la faire redouter, pourroit assurer la paix et le bonheur de l'Europe. Sa mort fut donc un malheur pour l'humanité entière.

Le pape Clément XI (Albani) témoigna sa douleur par des obsèques pontificales (1).

La duchesse n'avoit précédé que de six jours son mari au tombeau. Jamais princesse n'eut plus qu'elle l'art de plaire. Séduisante par mille agrémens, elle gagna bientôt l'amitié du Roi et de madame de Maintenon : n'osant, par discrétion, donner le nom de mère à la vieille sultane, elle la nommoit sa tante. A la faveur des caresses, elle hasardoit souvent des plaisanteries assez fortes. « Savez-vous bien, ma tante, « disoit-elle un jour devant le Roi, pourquoi les reines « en Angleterre gouvernent mieux que les rois ? « C'est que les hommes gouvernent sous le règne « des femmes, et les femmes sous celui des rois. » Sa vivacité l'emportoit quelquefois trop loin ; mais elle saisissoit bien les momens. Un jour, qu'elle remarqua que le Roi étoit importuné de la dévotion du duc de Bourgogne : « Je désirerois, dit-elle, mourir avant « mon mari, et revenir ensuite pour le trouver marié « avec une sœur grise, ou une tourière de Sainte-

(1) Ces obsèques se faisoient anciennement à Rome pour nos rois, et à Paris pour les papes. La cour de Rome les refusa pour Henri III, qu'elle regardoit comme excommunié ; et l'on cessa de les faire à Paris pour les papes. (D.)

« Marie. » Elle savoit aussi prendre un ton plus sérieux, et le sentiment le lui inspiroit dans les occasions. Un jour, qu'on la pressoit de jouer dans le salon de Marly, pendant le plus grand feu de la guerre : « Et « avec qui voulez-vous que je joue? Avec des femmes « qui tremblent pour leurs maris, leurs enfans, leurs « frères, et moi qui tremble pour l'Etat? »

S'étant aperçue que madame la duchesse et la princesse de Conti, deux filles naturelles du Roi, jalouses des progrès qu'elle faisoit dans le cœur de leur père, avoient haussé les épaules de toutes ses petites folies, elle affecta de dire devant elles, en sautant et riant : « Je sais bien que tout ce que je dis et fais devant « le Roi n'a pas le sens commun; mais il lui faut du « bruit de ma part, et il en aura. Cela n'empêchera « pas, ajouta-t-elle en les regardant et continuant « de rire, que je ne sois un jour leur reine. »

Cet enfant si séduisant et si cher au Roi n'en trahissoit pas moins l'Etat, en instruisant son père, alors duc de Savoie, et notre ennemi, de tous les projets militaires qu'elle trouvoit le moyen de lire. Le Roi en eut la preuve par les lettres qu'il trouva dans la cassette de cette princesse après sa mort. « La pe- « tite coquine, dit-il à madame de Maintenon, nous « trompoit. »

Comme j'aurai à traiter ce qui concerne les jésuites, je ferai connoître d'avance ici, à l'occasion de la mort de la duchesse de Bourgogne, l'opinion qu'on avoit d'eux à la cour, dans le temps le plus brillant de leur règne.

L'acte de catholicité qui doit être le plus libre est sans doute la confession, quant au choix du ministre;

et jamais il n'y en eut de plus contraint dans la maison royale, et surtout dans la famille. Le Dauphin a communément pour confesseur celui du Roi son père. Cet usage pourroit faire regretter la confession aux rois protestans.

Toutes les consciences de la maison royale étoient, sous Louis XIV, entre les mains des jésuites; mais il ne tint qu'à lui de s'apercevoir combien la crainte qu'il inspiroit, ou le désir de lui plaire, y avoient de part.

Dès que la duchesse de Bourgogne parut en danger, le jésuite La Rue, son confesseur ordinaire, se présenta pour la disposer à la mort. Dans ce moment, où l'on ne craint plus les rois mêmes, elle montra une telle répugnance, que l'habile jésuite, pour épargner à sa compagnie un plus grand éclat, dit à la princesse que si elle avoit plus de confiance en un autre que lui, il iroit le chercher. Elle lui nomma sur-le-champ Bailly, prêtre de la paroisse de Versailles. Celui-ci ne s'étant pas trouvé, elle demanda un père Noël, récollet; ce qui prouve un éloignement très-décidé pour les jésuites, d'autant plus que Bailly étoit fort suspect de jansénisme, la plus noire des taches aux yeux du Roi. Les jansénistes avoient alors l'estime publique. Ce dégoût marqué pour la société n'étoit pas un exemple unique. Henri-Jules de Bourbon-Condé avoit réclamé en mourant le père de La Tour, général de l'Oratoire, l'horreur des jésuites (1), et peu agréable

(1) Les jésuites cherchèrent long-temps et inutilement à perdre le père La Tour. Le Roi, fatigué des tentatives multipliées, imposa silence. « Il « y a deux ans, dit-il, que je le fais observer, sans qu'il m'en soit rien « revenu de répréhensible : il faut qu'il soit plus sage qu'on me dit, ou « plus fin que nous. Qu'on ne m'en parle plus. » (D.)

au Roi. Il est vrai que Henri-Jules se conduisit en courtisan jusque dans la manière de mourir. Il envoyoit chercher le père La Tour dans un carrosse de louage, et on l'introduisoit, comme en bonne fortune, par un escalier dérobé; tandis que, sous prétexte d'un mieux dans la maladie, ou du sommeil du prince, on refusoit la principale porte de l'appartement à un père Lucas, jésuite, confesseur en titre, et qui, sur la nouvelle du danger, étoit accouru de Rouen pour se saisir de l'ame du prince; mais elle lui échappa.

Tous les ans, à Pâques, le prince envoyoit une chaise de poste qui amenoit de Rouen et ramenoit ce père Lucas. Pour cette fois-ci, il en vint par la messagerie, et retourna par la même voie.

La princesse Louise-Marie Stuart, fille de Jacques II, répudia, en mourant, son jésuite, pour le curé de Saint-Germain. Son frère en fit autant, lorsqu'il fut en danger de mourir de la petite vérole. La reine d'Espagne, première femme de Philippe V, changea, en mourant, son jésuite contre un dominicain.

Les jésuites voyoient souvent se vérifier le mot du premier président de Harlay. Des jésuites se trouvant à son audience avec des oratoriens : « Mes pères, « dit le caustique magistrat en s'adressant aux pre- « miers, il faut vivre avec vous; » et se tournant vers les oratoriens : « Et mourir avec vous. »

Les malheurs domestiques de Louis XIV, tels que nous venons de les voir, n'étoient pas adoucis par la certitude de la paix. On espéroit y parvenir, depuis que la négociation étoit entamée avec les Anglais;

mais il se trouvoit encore bien des obstacles de la part de leurs alliés (1). La victoire que le maréchal de Villars remporta sur eux à Denain les rendit plus traitables. Villars, d'une figure distinguée, d'un air avantageux, d'un caractère qui l'étoit encore plus, fanfaron, mais très-brave, sachant mieux que personne se prévaloir de la part qu'il avoit à un heureux succès, et en usurper le reste, étoit un général fait pour des Français, à qui la gaieté, unie au courage, inspire la confiance. Un homme de ce caractère frappe et saisit plus leur imagination qu'un homme modeste, à moins qu'il ne soit d'un ordre supérieur et reconnu, tel qu'un Turenne. Lorsque Villars entra dans le monde, sa mère lui dit : « Parlez toujours « de vous au Roi, et jamais à d'autres. » Il parla de lui à tout le monde, et n'en réussit que mieux. Quoi qu'il en soit, il a été utile à la France.

L'affaire de Denain, suivie de plusieurs autres succès, fit regretter aux alliés de n'avoir pas accepté les conditions offertes à Gertruydemberg, et tous les articles de la paix furent bientôt arrêtés. Celui qui demanda le plus de discussion regardoit les renonciations.

Nous avons vu que l'Angleterre exigeoit pour préliminaire que jamais les couronnes de France et d'Espagne ne pussent se réunir sur une même tête. Il s'a-

(1) Les préliminaires convenus entre la France et l'Angleterre furent communiqués aux autres puissances dès le mois de février 1711. Les conférences pour la paix générale s'ouvrirent à Utrecht le 29 janvier 1712. Les ministres hollandais essayèrent d'abord d'y parler comme à Gertruydemberg ; mais le cardinal de Polignac leur imposa silence. « Messieurs, « leur dit-il, les circonstances sont changées : il faut changer de ton. « Nous traiterons chez vous de vous, et sans vous. » (D.)

gissoit donc de faire renoncer Philippe v, pour lui et sa postérité, à la couronne de France, et que les ducs de Berri et d'Orléans fissent une pareille renonciation à la couronne d'Espagne, sur laquelle ils avoient des prétentions communes du chef d'Anne d'Autriche, femme de Louis XIII, aïeule du duc d'Orléans, et bisaïeule du duc de Berri. Celui-ci avoit, de plus, les droits qu'il tenoit de Marie-Thérèse, son aïeule, femme de Louis XIV. Ces renonciations étoient jugées d'autant plus nécessaires, que Philippe v, avant que de passer en Espagne, avoit pris, pour la conservation de ses droits à la couronne de France, des lettres patentes, telles que Henri III les avoit en allant régner en Pologne. D'ailleurs Philippe v, dès le commencement de son règne (en 1703), avoit donné une déclaration interprétative du testament de Charles II, pour assurer les droits du duc d'Orléans à la couronne d'Espagne; et ceux du duc de Berri faisoient un article du testament même.

Notre ministère opposoit que, par les lois fondamentales de France, le prince le plus proche de la couronne est l'héritier nécessaire; qu'il succède, non comme héritier simple, mais comme maître du royaume, non par choix, mais par le seul droit de naissance; qu'il ne doit sa couronne ni à la volonté de son prédécesseur, ni au consentement de qui que ce soit, mais à la constitution de la monarchie, à Dieu seul; qu'il n'y a que Dieu qui puisse la changer, et que toute renonciation seroit inutile.

Milord Bolingbrocke répondit : « Vous êtes persuadés en France qu'il n'y a que Dieu qui puisse « abolir cette loi, sur laquelle le droit de votre suc-

« cession est fondé; mais vous nous permettrez « aussi de croire, dans la Grande-Bretagne, qu'un « prince peut renoncer à ses droits par une cession « volontaire, et que celui en faveur de qui cette « renonciation se fait peut être soutenu avec justice « dans ses prétentions par les puissances qui ont ac- « cepté la garantie du traité. Enfin, monsieur, la « Reine m'ordonne de vous dire que cet article est « d'une si grande conséquence, tant à son propre « égard qu'à celui de toute l'Europe, qu'elle ne con- « sentira jamais à continuer des négociations de paix, « à moins qu'on n'accepte l'expédient qu'elle a pro- « posé, ou quelque autre aussi solide (1). »

Louis, qui avoit si souvent dicté des conditions, n'étoit plus en état de rejeter, pas même de discuter, celles qui lui étoient prescrites. Il fallut consentir aux renonciations. Les Anglais n'étoient pas encore séparés de leurs alliés, l'affaire de Denain n'étoit pas arrivée, et il y avoit autant de vérité que de compliment dans la lettre du maréchal de Villars au duc d'Ormond, général anglais, qui venoit de remplacer Marlborough : « Les ennemis du Roi ont déjà senti « qu'ils n'ont plus avec eux les braves Anglais. »

Le ministère de France parut si opposé à la renonciation, que celui d'Angleterre offrit pour Philippe v l'alternative ou de garder l'Espagne et les Indes, en renonçant actuellement pour lui et sa postérité au trône de France, ou d'y conserver tous ses droits, en cédant la couronne d'Espagne au duc de Savoie,

(1) *Voyez* le rapport du comité secret imprimé à Londres, où se trouve le mémoire du 23 mai 1712, de la cour de Londres; la réponse du marquis Torcy, ministre de France, et la réplique du lord Bolingbrocke. (D.)

et recevant en échange les royaumes de Naples et Sicile, la Savoie, le Piémont, le Montferrat, et le duché de Mantoue : et au cas que lui ou quelqu'un de ses descendans parvînt à la couronne de France, tous ces Etats échangés y seroient réunis, à l'exception de la Sicile, qui passeroit à la maison d'Autriche. Louis XIV n'oublia rien pour engager son petit-fils à accepter le dernier parti; mais Philippe avoit reçu trop de preuves de l'attachement des Espagnols pour les abandonner. Il ne balança pas, et, le 5 novembre 1712, fit en pleins cortès(1) sa renonciation à la couronne de France. Le jour suivant, il en donna avis à son frère le duc de Berri par une lettre communiquée à la junte, et qu'il accompagna d'un modèle de renonciation à la couronne d'Espagne pour les ducs de Berri et d'Orléans.

La renonciation faite au nom de ces deux princes dans les cortès d'Espagne y avoit toute la force et l'authenticité possible. Il n'en étoit pas ainsi de celle de Philippe en France : il falloit qu'elle y fût ratifiée avec le même appareil que les deux autres l'avoient été à Madrid. Louis XIV offroit de faire enregistrer au parlement une déclaration contenant les renonciations respectives; mais les Anglais, et surtout leurs alliés, pour rompre la négociation, et pour continuer la guerre, exigeoient la sanction des Etats généraux de France. Ils savoient combien les renonciations et les sermens avoient déjà été illusoires. Louis XIII les avoit faits lors de son mariage avec Anne d'Autriche; Louis XIV les avoit renouvelés à la paix des Pyrénées,

(1) Les Etats généraux se nomment, en Espagne, *las cortes*. La junte, en Espagne, répond au conseil d'Etat en France. (D.)

en épousant Marie-Thérèse : cela n'avoit pas empêché l'invasion de la Franche-Comté et d'une partie des Pays-Bas espagnols, après la mort de Philippe IV. Quelle forme plus sacrée pouvoit-on donner aux nouvelles renonciations, sans la sanction des Etats ?

Louis, accoutumé à concentrer tout l'Etat dans sa personne, ne concevoit pas qu'on pût réclamer une autorité confirmative de la sienne. Cependant la paix devenoit tous les jours plus nécessaire, et il falloit contenter les alliés. Un comité, composé des ducs de Beauvilliers, de Chevreuse, de Charost, d'Humières, de Saint-Simon et de Noailles, fut chargé de chercher un moyen de parvenir au but qu'on se proposoit, sans l'assemblée des Etats.

On proposa de convoquer les princes du sang, les ducs et pairs, les ducs vérifiés ou héréditaires non pairs, les officiers de la couronne, les gouverneurs des provinces et les chevaliers de l'ordre, qui représenteroient la noblesse. Mais le corps de la noblesse ne pouvoit être régulièrement représenté que par des députés nommés par elle-même : le clergé ne se croiroit pas représenté par les pairs ecclésiastiques, si la noblesse ne croyoit pas l'être par les ducs et les officiers de la couronne : le tiers paroîtroit à l'instant ; et les parlemens, qui en sont la principale partie, ne seroient pas satisfaits de l'unique personne du chancelier, qui d'ailleurs ne seroit regardé que comme officier de la couronne. On en concluoit que cette assemblée ne seroit qu'une fausse image d'Etats, qui, sans en avoir le poids et l'autorité, n'en blesseroit pas moins le Roi, qui n'en voudroit ni la réalité ni l'apparence.

Saint-Simon, ivre, jusqu'à la manie, de son titre de duc et pair, prétendoit que l'assemblée des princes du sang, des pairs, des ducs héréditaires, et des officiers de la couronne, représenteroit parfaitement les parlemens de la première, de la seconde et du commencement de la troisième race.

Les monumens de ces temps-là sont si obscurs, qu'ils se prêtent à toutes sortes de systèmes. Le duc de Saint-Simon avançoit que dans ces parlemens (*placita*) il ne se trouvoit que les grands vassaux laïques et ecclésiastiques, ces derniers par leur titre seul de grands vassaux. L'armée, qui étoit proprement la noblesse, assemblée dans le Champ de Mars sans délibérer elle-même, attendoit et recevoit les décisions, les lois des *placita*.

Les discussions de notre comité ne décidoient pas l'affaire : Bolingbrocke la termina sur la forme avec les alliés, comme il avoit déjà fait sur le fond avec notre ministre.

Depuis long-temps la France et l'Angleterre jouent le principal rôle dans les guerres générales de l'Europe : dès que ces deux puissances, qui fournissent les subsides, sont d'accord, les autres sont bientôt obligées d'accéder. Dans le système actuel, la nation la plus riche fait la loi.

La reine d'Angleterre consentoit à la paix; et Bolingbrocke, son ministre, avoit intérêt de la faire, pour abaisser le parti de Marlborough. D'ailleurs, dans un voyage qu'il avoit fait en France pour discuter les préliminaires, il avoit été très-sensible aux égards que le Roi lui marquoit. Quoique ce prince fût alors dans un état d'humiliation, l'Europe étoit depuis si long-temps accoutumée à le regarder comme le grand roi, que l'impression en subsistoit encore. Un étranger, quel qu'il fût, se trouvoit très-flatté des moindres distinctions de ce monarque. Buys, plénipotentiaire des Hollandais, qui dans les conférences avoit déclamé si indécemment contre le Roi, étant venu ensuite ambassadeur en France, devint un de ses plus passionnés admirateurs.

Bolingbrocke fit donc approuver aux alliés le projet de déclaration que le Roi avoit offert sur les renonciations. Il leur fit voir que si la France étoit jamais assez puissante pour revenir contre ses engagemens, rien ne l'arrêteroit; mais que l'intérêt des puissances réunies de l'Europe seroit la plus sûre des garanties, la force étant toujours entre les princes l'interprète des traités.

Les principes, ou les préjugés nationaux, sont inaltérables. On est généralement persuadé en France que si la famille royale, la branche directe, venoit à s'éteindre, l'aîné de la branche espagnole passeroit sur le trône de France, au préjudice de tous les princes du sang qui ne seroient pas sortis de Louis XIV, Louis XV, etc. : on n'est pas moins convaincu que les deux couronnes ne seroient pas réunies sur la même tête (1).

(1) Louis XV ayant la petite vérole au mois d'octobre 1728, et le courrier ayant manqué un jour en Espagne, Philippe V supposa que le Roi son neveu étoit mort : il fit aussitôt assembler la junte, et déclara qu'il alloit passer en France avec le second de ses fils, laissant la couronne d'Espagne au prince des Asturies son aîné, qui la préféroit, et qui fit dans la chapelle sa renonciation en forme à celle de France. Les ordres étoient donnés pour partir le lendemain : mais le courrier apporta, au moment du départ, la nouvelle de la convalescence du Roi. Je tiens ce fait

[1713] La forme des renonciations étant convenue, les ducs de Berri et d'Orléans se rendirent le 15 mars 1713 au parlement, où se trouvèrent le duc de Bourbon, le prince de Conti, princes du sang; les deux légitimés, le duc du Maine et le comte de Toulouse, cinq pairs ecclésiastiques, et ce qu'il y avoit de pairs laïques en état d'y assister. Le chancelier de Pontchartrain, n'ayant point eu ordre du Roi d'y aller, ne fut pas fâché de s'en dispenser, sachant mieux que personne la valeur de cette cérémonie.

Le duc de Shrewsbury et Prior, plénipotentiaires d'Angleterre, le duc d'Ossone, plénipotentiaire d'Espagne à Utrecht, et qui étoit pour lors à Paris, étoient placés dans une des lanternes ou tribunes, chacun ayant une copie des pièces dont on alloit faire le rapport, pour en suivre la lecture.

Les gens du Roi ayant exposé le sujet de l'assemblée, le doyen du parlement (Le Nain) lut la lettre de cachet, et les lettres patentes du mois de décembre 1700, qui conservoient à Philippe v et à sa branche, quoique absente et non régnicole, les droits à la couronne de France. On lut tout de suite sa renonciation, qui fut mise en marge des registres, pour annuler les lettres patentes.

De là, on passa aux renonciations des ducs de Berri et d'Orléans à la couronne d'Espagne, pour eux et pour leur postérité mâle et femelle.

Les conclusions du procureur général, et l'arrêt du parlement, furent lus et approuvés. Les magis-

de la duchesse de Saint-Pierre, dame du palais de la reine d'Espagne, et du maréchal de Brancas, ambassadeur de France à Madrid, présens à la cérémonie de la renonciation du prince des Asturies. (D.)

trats sortirent pour prendre la robe rouge, revinrent se placer aux hauts siéges, et l'arrêt fut prononcé en pleine audience, et à portes ouvertes.

Je dois observer que le roi d'Espagne, prenant dans ses qualités celles de roi de Navarre et de duc de Bourgogne, le parlement mit dans l'enregistrement : *Sans approbation des titres*.

Je me permettrai de rapporter ici un fait assez puérile en soi, mais qui n'en fera que mieux connoître dans quel esprit un gouverneur et un précepteur, alors deux hommes de mérite, étoient cependant obligés, sous les yeux de Louis XIV, d'élever des princes qui pouvoient éventuellement monter sur le trône; ce qui venoit même d'arriver à Philippe V.

Le premier président de Mesmes ayant ouvert la séance par un compliment au duc de Berri, ce prince, qui avoit appris une réponse de six lignes, dit et répéta plusieurs fois : « Monsieur...; » mais sa timidité naturelle, augmentée par le spectacle de l'assemblée, ne lui permit pas d'ajouter un mot : de sorte que le premier président, ayant attendu le peu de temps qu'auroient pu durer deux phrases, s'inclina profondément, comme si la réponse eût été finie, et termina l'embarras du duc de Berri et des assistans.

Ce prince, affligé du déconcertement où il s'étoit trouvé, ne levoit pas les yeux, et garda un silence morne jusqu'à Versailles. Pour ajouter le dépit à la douleur, à son arrivée la princesse de Montauban (Bautru-Nogent) vint au devant de lui, et, avec une flatterie plate et un engouement de femme de chambre, félicita le pauvre prince sur l'éloquence qu'il avoit fait paroître au parlement. Elle ne disoit pas un mot qui ne fût un coup de poignard pour une ame déjà noyée dans la douleur. Le prince n'y pouvant plus tenir, s'échappa brusquement, et lorsqu'il fut en liberté s'abandonna aux larmes et aux cris. N'osant nommer le Roi, il s'emportoit contre le duc de Beauvilliers son gouverneur, qu'il accusoit de sa mauvaise éducation. « J'étois cadet, disoit-il en sanglotant, « j'avois autant de dispositions que mes aînés : on a « eu peur de moi; on ne m'a appris qu'à chasser; « on n'a cherché qu'à m'abrutir, on y a réussi; on m'a « rendu incapable de tout. » Cet état violent dura deux heures, avec des apostrophes réitérées à la princesse de Montauban. On eut beaucoup de peine à le calmer, et à lui persuader que le compliment qu'elle lui avoit fait n'étoit qu'une fade adulation sans malice. Pour donner encore un échantillon des platitudes de cour, je noterai ici que la duchesse de Berri étant accouchée d'un fils qui vint à sept mois, les plus robustes courtisans se trouvèrent nés à pareil terme; ce qui n'empêcha pas l'enfant de mourir au bout de huit jours.

Les renonciations ayant été acceptées, la paix fut bientôt conclue entre la France et les alliés, excepté l'Empereur. Elle fut signée à Utrecht le 11 avril, et publiée à Paris le 25 mai 1713. Ce traité, et ceux qui en furent la suite, sont si connus, et se trouvent dans un si grand nombre de livres, que je n'en rapporterai pas les articles. Une chose peu importante, mais assez singulière, c'est que l'abbé de Polignac, un de nos plénipotentiaires à Utrecht, obtint le chapeau de cardinal à la nomination de Jacques III, comme roi d'Angleterre, dans le temps que l'abbé signoit les articles qui excluoient ce prince du trône, dont on assuroit la possession à la branche protestante d'Hanovre.

Par un accord particulier de la reine Anne avec Louis XIV, cette princesse convint de faire payer sept cent cinquante mille livres de douaire à la reine Marie d'Est, veuve du roi Jacques II; et pour éviter toute difficulté sur les quittances, qu'elle n'auroit pas pu signer *reine d'Angleterre, de France, etc.*, il fut convenu qu'elle signeroit simplement *Marie, reine.*

Quoique l'union des royaumes d'Angleterre, d'Ecosse et d'Irlande eût été faite sous le titre de Grande-Bretagne, les Stuarts y avoient encore beaucoup de partisans. Une association nombreuse d'Ecossais avoit présenté en 1711, à la reine Anne, une adresse par laquelle ils l'assuroient de leur fidélité, puisqu'ils l'avoient reconnue, quoiqu'elle ne dût pas être leur reine, ayant un frère à qui ils la supplioient d'assurer la couronne, et de lui donner, en attendant, cent mille livres sterlings de pension.

La Reine auroit travaillé de grand cœur à se donner ce frère pour successeur, si elle eût eu la moindre espérance d'y réussir, et avoit toujours su gré à Louis XIV d'avoir donné asyle à cette famille malheureuse; et ces sentimens n'avoient pas peu contribué à la disposer à la paix. Dès qu'elle fut conclue, cette princesse désira que Louis XIV acceptât, en signe d'amitié, l'ordre de la Jarretière; et ce prince ne s'y fût pas refusé, sans la crainte qu'il eut d'affliger la reine Marie.

[1714] Le 6 mars de l'année suivante, le prince

Eugène au nom de l'Empereur, et le maréchal de Villars au nom du Roi, signèrent la paix à Radstadt; et le 7 septembre elle fut conclue avec l'Empire à Bade, par le maréchal de Villars, le comte Du Luc-Vintimille, et Contest, maître des requêtes.

On ne fit, dans le traité de Bade, aucune mention de Philippe V, que l'Empereur ne reconnoissoit pas pour roi d'Espagne; comme Philippe ne reconnoissoit pas Charles VI pour empereur.

Les conditions de la paix n'étoient pas assez agréables au Roi pour qu'il en reçût les complimens avec plaisir : aussi refusa-t-il d'en recevoir (1).

Croiroit-on, si l'on ne savoit jusqu'où peut aller la témérité d'une favorite, que la princesse des Ursins arrêta pendant plusieurs mois la conclusion de la paix? Cette femme a joué un rôle si singulier, même dans les affaires générales, qu'il est à propos de la faire connoître.

Anne-Marie de La Trémouille, veuve de Talleyrand, prince de Chalais, épousa ensuite le duc de Bracciano, de la maison des Ursins (2), dont elle resta encore veuve en 1698. Le duché de Bracciano ayant été vendu pour payer les dettes de la maison des Ursins, elle prit le nom de princesse des Ursins.

Lorsqu'on fit la maison de la première femme de Philippe V, fille du duc de Savoie Victor-Amédée,

(1) Louis XV a pareillement, et par les mêmes raisons, refusé les complimens sur la paix avec les Anglais, conclue à Paris le 10 février 1763, et publiée le 21 juin de la même année. Les préliminaires furent signés le 3 novembre 1762. (D.) — (2) Il faut lire *la maison Orsini*. Le duché de Bracciano fut acheté par les Odescalchi, maison originaire de Côme, qui dut sa fortune à la banque, et sa grandeur à la papauté d'Innocent XI. (V.)

la princesse des Ursins fut nommée dame d'honneur de la Reine, se rendit bientôt maîtresse absolue de l'esprit du Roi et de la Reine, et rien ne se faisoit en Espagne que par ses conseils. Quoiqu'elle eût par elle-même le plus grand crédit, elle étoit encore appuyée par la France. La marquise de Maintenon ayant intérêt de prévenir favorablement Louis XIV pour la princesse des Ursins, la lui peignoit comme une Française zélée, dont il pouvoit se servir pour gouverner lui-même son petit-fils. C'étoit le prétexte : le vrai motif de madame de Maintenon étoit d'être instruite, par sa protégée, de tous les secrets de la correspondance d'Espagne. Torcy, uniquement attaché à Louis XIV, ne s'étoit jamais asservi à communiquer ses dépêches à madame de Maintenon : aussi ne l'aimoit-elle point. Aucune femme régnante ne pardonne à un ministre de ne la pas préférer à son maître.

La princesse des Ursins, ivre de sa faveur, crut pouvoir tout se permettre. Elle intercepta une dépêche que l'abbé d'Estrées, ambassadeur de France à Madrid, écrivoit au Roi, et dans laquelle, en faisant un tableau de la cour d'Espagne, il disoit que la princesse des Ursins exerçoit un empire despotique sur tout ce qui l'approchoit, excepté sur un nommé Boutrot d'Aubigny, son intendant, par qui elle étoit subjuguée, et avec qui elle couchoit. Il ajoutoit, par égards, qu'on les croyoit mariés. La princesse ne se trouvant offensée que du dernier mot, eut l'impudence d'envoyer la lettre à Louis XIV, et d'écrire en marge : *Pour mariée, non.*

Un procédé si leste n'étoit ni dans les mœurs du Roi, ni dans la pruderie de madame de Maintenon.

Le prince renvoya la lettre à son petit-fils, et en exigea de chasser madame des Ursins. L'ascendant qu'elle avoit sur Philippe céda, pour le moment, à la dévotion et à l'obéissance que Louis avoit toujours inspirée à sa famille.

La princesse des Ursins, éloignée de la cour d'Espagne, et rejetée de celle de France, resta quelque temps dans une espèce d'exil à Toulouse. Madame de Maintenon n'osa d'abord la défendre; mais elle regrettoit sa correspondance d'Espagne. Elle laissa donc refroidir le ressentiment du Roi, fit valoir par degrés la douleur qu'avoit causée au roi et à la reine d'Espagne le sacrifice de leur favorite, l'utilité dont elle pouvoit être à Madrid, les remords qu'elle avoit de sa conduite, et surtout d'avoir déplu au Roi; de sorte que ce prince, croyant corriger quand il punissoit, consentit au retour de l'exilée, rappela l'abbé d'Estrées, qui ne pouvoit être désormais que désagréablement à Madrid; et pour l'en dédommager, on lui donna l'ordre du Saint-Esprit. C'est le premier exemple de cette grâce accordée à un ecclésiastique non prélat.

Le roi et la reine d'Espagne avoient un goût si décidé pour la princesse des Ursins, que son absence la leur avoit rendue plus chère. Elle reparut à Madrid avec plus d'éclat et d'autorité que jamais. Dans un voyage qu'elle fit aux eaux de Bagnères pour sa santé, elle fut accompagnée par un détachement des gardes du corps. Elle continua son commerce avec d'Aubigny, mais avec plus de discrétion, par la crainte qu'elle avoit de Louis XIV, et surtout qu'on ne la soupçonnât d'être mariée.

D'Aubigny, respectueux en public pour sa maîtresse, la traitoit quelquefois en particulier avec l'empire qu'un amant trop inférieur, soit mépris, soit système, prend communément sur une femme d'un haut rang; ce qui ne contribue pas peu à la lui attacher.

Quelque brillante que fût la position de la princesse des Ursins, elle ne la crut pas sûre. Elle s'étoit déjà vue sacrifiée aux volontés de Louis XIV, elle pouvoit l'être encore : elle résolut donc de se faire un état indépendant en se procurant une souveraineté, et jeta ses vues sur la ville et le canton de La Roche, en Ardennes (*Rupes Ardennæ*), à douze lieues de Luxembourg. Elle engagea le roi d'Espagne, qui ne savoit rien lui refuser, à faire de cet article une des conditions de la paix qui se traitoit à Utrecht. Pour rendre Louis XIV plus favorable à cette prétention, elle offroit de stipuler dans le traité la réversion, après sa mort, de la souveraineté de La Roche à la couronne de France. Elle avoit un projet ultérieur, qu'elle ne déclaroit pas encore : c'étoit de proposer dans la suite au Roi de la faire jouir des droits de souveraineté en Touraine, en échange de La Roche. Elle goûtoit d'avance le plaisir d'étaler sa gloire dans sa patrie, et doutoit si peu de l'acceptation du Roi, qu'elle envoya d'Aubigny choisir près de Tours un canton agréable, un terrain propre à bâtir un château vaste et commode, et l'étendue nécessaire pour les jardins. D'Aubigny exécuta les ordres de la princesse de la manière la plus conforme à la destination du château. On étoit étonné de voir faire une si prodigieuse dépense par un simple particulier que l'on connoissoit pour fils d'un procureur de Paris, et dans un lieu sans justice ni seigneurie : circonstances qui auroient paru assez indifférentes, si l'on eût su pour qui et pour quoi se faisoit un tel établissement. Nous allons voir que la princesse des Ursins n'a jamais pu en jouir. Ce château, nommé Chanteloup, resta à d'Aubigny pour prix de ses services. Il se maria après la mort de sa maîtresse, et mourut en 1733, laissant une fille unique très-riche, qui épousa le marquis d'Armentières-Conflans (1).

Les plénipotentiaires d'Espagne étant chargés, par leurs instructions, d'appuyer la demande de la princesse des Ursins, elle crut qu'il étoit de sa dignité d'avoir à Utrecht une manière de ministre à elle : ce fut le baron de Capres-Bournonville, qui se fit assez mépriser par le contraste de sa naissance et de sa commission. Aucun des ministres ne voulut traiter avec lui, ni le reconnoître. Les dégoûts, les humiliations qu'il affronta dans Utrecht firent sa fortune en Espagne, et il se crut bien dédommagé. L'honneur qui se vend, si peu qu'on en donne, est toujours payé plus qu'il ne vaut.

Les recommandations de Philippe v, et les sollicitations de la princesse des Ursins, furent inutiles. Louis xiv avoit d'abord vu avec assez d'indifférence les prétentions de cette ambitieuse; mais la marquise de Maintenon, réduite à voiler sa grandeur réelle, ne put digérer que sa protégée prétendît se faire ostensiblement souveraine, chercha les moyens de la perdre dans l'esprit du Roi, et ne tarda pas à les trouver. Les

(1) Cette terre, accrue de beaucoup d'autres possessions, vient d'être achetée par le duc de Choiseul, ministre de la guerre. (D.)

plénipotentiaires d'Espagne sollicitoient vivement en faveur de madame des Ursins; mais ceux de Hollande ne voulurent absolument consentir à rien. La paix ne se concluoit point. Louis XIV, impatient d'en recevoir la nouvelle, apprit les motifs du retardement, en fut indigné; et madame de Maintenon approuvant fort la colère où il étoit, il fit ordonner aux plénipotentiaires de son petit-fils de signer sur-le-champ : « sans « quoi, ajouta-t-il, l'Espagne ne devoit plus rien es- « pérer de la France. »

La princesse des Ursins, voyant échouer son projet de souveraineté personnelle, ne songea plus qu'à régner précairement à Madrid; mais elle conçut bientôt de plus hautes espérances.

La reine d'Espagne, attaquée d'humeurs froides, languissoit depuis long-temps, et mourut le 14 février 1714. Madame des Ursins s'imagina qu'il ne seroit pas impossible de lui succéder. Voici sur quoi elle se fondoit.

Philippe V, né avec un caractère doux et paresseux, élevé dans la soumission à l'égard du duc de Bourgogne son frère aîné, à qui il étoit d'abord destiné à obéir, en avoit contracté toutes les dispositions à se laisser conduire, et madame des Ursins en faisoit, depuis plusieurs années, l'expérience par elle-même. Ce prince d'ailleurs, nourri dans la dévotion, avec une ame timorée, étoit partagé d'un tempérament brûlant, qui lui rendoit une femme nécessaire. Il n'avoit découché d'avec la sienne que cinq jours avant sa mort; et quoiqu'elle fût dans un état fort dégoûtant, il usa toujours des droits d'époux. Il avoit plus de besoins que de sentimens; car le jour même qu'on portoit à l'Escurial le corps de la Reine, il alla à la chasse; et, en revenant à cheval, ayant aperçu de loin le convoi, il s'en approcha pour le voir passer.

Madame des Ursins étoit trop âgée pour avoir des enfans; mais le Roi avoit trois fils qui paroissoient assurer la succession, et, avec son ardeur et ses scrupules, il lui suffisoit de trouver une femme, et qu'elle fût la sienne.

Pour resserrer de plus en plus l'intimité, madame des Ursins se fit nommer, ou se constitua elle-même, gouvernante des infans, qui ne pouvoient pas être en meilleures mains, pour leur conservation, que dans celle de la personne dont c'étoit le plus grand intérêt. Elle tira le Roi du palais où la Reine étoit morte; et, au lieu de le mener dans un autre, tel que Buen-Retiro, où la cour pouvoit être logée, elle le conduisit à l'hôtel de Medina-Celi, afin que le peu de logement en écartât l'affluence des courtisans. Il n'approchoit du Roi que trois ou quatre hommes pour l'amuser, sous le nom de *recreadores*, dont la princesse étoit sûre. Son appartement n'étoit séparé de celui du Roi que par une galerie découverte. Le prétexte de conduire les infans chez leur père autorisoit assez la gouvernante à traverser librement la galerie: mais elle vouloit voir le Roi à d'autres heures; et, pour ne pas avoir de témoins de son assiduité, elle donna ordre d'enclorre de planches cette galerie. Il se trouva que l'ordre fut donné un samedi au soir. Les ouvriers faisant scrupule de travailler un dimanche, le contrôleur des bâtimens demanda au père Robinet, jésuite français, confesseur du Roi, si l'on pouvoit travailler un tel jour. Le courtisan voulut d'abord éluder la question ; mais étant pressé de répondre, l'honnête homme prit le dessus : « Oui, dit brusque- « ment le père Robinet, travaillez le dimanche, même « le jour de Pâques, si c'est pour détruire la galerie. » La princesse des Ursins ayant donné les dispenses, la galerie fut faite.

Dès ce moment, la cour ne douta point que le Roi n'épousât madame des Ursins ; mais Robinet rompit absolument ce mariage.

Le Roi, aimant à s'entretenir des nouvelles de France avec son confesseur, lui demanda un jour ce qui se disoit de nouveau à Paris : « Sire, répondit « Robinet, on y dit que Votre Majesté va épouser « madame des Ursins. — Oh ! pour cela non, dit le « Roi sèchement, » et passa.

Madame des Ursins, instruite de ce dialogue court, mais intéressant, comprit qu'elle devoit abandonner son projet ; mais ne pouvant monter sur le trône, elle songea du moins à y placer celle qui lui paroîtroit la moins propre à l'occuper, qui lui en eût l'obligation, et la laissât régner. Elle jeta les yeux sur Elisabeth Farnèse, nièce du duc de Parme (1). Elle imagina que cette princesse, renfermée dans le petit palais de Parme, n'ayant reçu aucune éducation relative à un grand Etat, devoit ignorer toute espèce d'affaires, et se trouveroit trop heureuse non-seulement d'un choix

(1) Elisabeth Farnèse, née le 25 octobre 1692, étoit fille d'Odoard Farnèse et de Dorothée-Sophie, fille de l'électeur palatin Philippe-Guillaume, de la branche de Neubourg. Cette même Dorothée-Sophie étant veuve, épousa François Farnèse, duc de Parme, frère de son premier mari Odoard. (D.)

si inattendu, mais d'avoir, en arrivant dans une grande cour, une amie qui voulût bien la conduire. Elle confia ses desseins à l'abbé Jules Alberoni, agent du duc de Parme à Madrid, et lui demanda des éclaircissemens sur la princesse de Parme. L'abbé, qui vit dans l'instant la porte de la fortune ouverte devant lui, répondit suivant les désirs de celle qui l'interrogeoit, et lui dit, vrai ou faux, tout ce qui pouvoit la confirmer dans son projet.

Madame des Ursins, sûre de faire accepter par le Roi quelque femme qu'elle eût proposée, lui en parla, la fit agréer, et la demande en fut faite en forme. Pendant que le mariage se traitoit, et presque au moment de la conclusion, madame des Ursins apprit que la princesse de Parme avoit en effet eu peu d'éducation, mais qu'elle avoit beaucoup d'esprit naturel, et du caractère. Ce n'étoient pas des qualités que madame des Ursins désirât dans son élève. Elle en fut alarmée, et dépêcha un courrier pour suspendre tout. Il arriva à Parme le jour même (16 août) que le mariage alloit y être célébré par le cardinal Gozzadini, légat *à latere*, en vertu de la procuration du roi d'Espagne, envoyée au duc de Parme, oncle de la princesse, pour représenter Sa Majesté Catholique.

L'oncle et la nièce prirent sur-le-champ leur parti. On enferme le courrier; on lui propose l'alternative, ou de mourir à l'instant, ou de recevoir une somme considérable : moyennant quoi il resteroit caché jusqu'au lendemain, qu'il paroîtroit en public, comme ne faisant que d'arriver. Il est inutile de dire que le courrier ne balança pas sur le choix. Le mariage fut célébré, et le courrier ne parut que le jour suivant,

On en avoit dépêché un autre dès la veille, avec une lettre par laquelle la princesse mandoit au roi d'Espagne que le mariage avoit été célébré, et qu'elle partoit pour se rendre auprès de Sa Majesté. Elle partit en effet, et s'embarqua à Sestri-di-Levanti; mais n'ayant pu supporter la mer, elle débarqua à Gênes, se rendit par terre à Antibes, et traversa partie de la France jusqu'à la frontière d'Espagne. Le Roi lui fit rendre sur la route, et dans les lieux où elle séjourna, tous les honneurs qu'elle voulut recevoir. En arrivant à Pampelune, elle trouva Alberoni, et lui dit qu'elle étoit résolue de chasser madame des Ursins dès le premier moment qu'elle la verroit. Alberoni lui représenta le danger de ce dessein, et tâcha de la détourner par la crainte du Roi, sur qui madame des Ursins avoit le plus grand empire. Pour réponse, la Reine tira une lettre de sa poche; et la jetant sur une table : « Lisez, dit la Reine, et vous ne serez plus si « effrayé. » Cette lettre étoit du roi d'Espagne, qui mandoit à la Reine de chasser madame des Ursins, et finissoit par ces mots : « Au moins, prenez bien « garde à ne pas manquer votre coup tout d'abord; « car si elle vous voit seulement deux heures, elle « vous enchaînera, et nous empêchera de coucher « ensemble, comme avec la feue Reine. »

Alberoni n'eut plus rien à dire; et la Reine continua sa route, moins disposée à recevoir les premiers services de madame des Ursins, qu'à se venger du dernier outrage qu'elle avoit été sur le point d'en éprouver.

Le Roi, qui n'avoit rien su du courrier de madame des Ursins pour rompre le mariage, fut charmé d'apprendre qu'il alloit bientôt jouir d'une femme, et s'avança au devant d'elle jusqu'à Guadalaxara, à douze lieues de Madrid.

Quelles que fussent les raisons dont madame des Ursins prétendoit se servir pour s'excuser auprès de la Reine du contre-ordre sur le mariage, elle avoit commencé par se faire nommer *camarera mayor* de cette nouvelle reine, comme elle l'étoit de la précédente, et alla, pour lui faire sa cour, jusques à Quadraqué, sept lieues plus en avant que le Roi. S'étant présentée devant elle, on se retira pour les laisser en liberté; un moment après, on entendit parler fort haut : la Reine appela ses officiers, criant qu'on fît sortir cette folle, qui lui manquoit de respect. Madame des Ursins, tout interdite, demandoit en quoi, et quel étoit son crime. La Reine, sans lui répondre, ordonna à Damezagua, lieutenant des gardes du corps, commandant le détachement, de faire monter cette femme dans un carrosse avec deux officiers sûrs, de la faire partir sur-le-champ, et de ne la quitter qu'à Bayonne. Damezagua voulut représenter qu'il n'appartenoit qu'au Roi de donner un pareil ordre. « N'en « avez-vous pas un, lui dit fièrement la Reine, de « m'obéir en tout, sans réserve et sans représenta- « tion? » Il l'avoit en effet, sans que personne en eût connoissance. Etonné que la Reine en fût instruite, il vit qu'il n'avoit qu'à obéir.

Alberoni, exilé d'Espagne, et passant en Italie par la France, coucha une nuit à Aix. Le marquis depuis maréchal de Brancas, commandant à Aix, ayant ordre de ne lui rendre aucuns honneurs, se borna à lui envoyer faire compliment par un secrétaire. En même temps, un officier nommé Lottier, qui avoit été attaché au duc de Vendôme, et fort lié chez ce prince avec Alberoni, demanda au marquis de Brancas la permission d'aller voir cet ancien ami. Le marquis, loin de la lui refuser, y applaudit, et engagea Lottier à faire parler le cardinal. Celui-ci les retint tous deux à souper, et dans la conversation raconta ce que je viens de rapporter; et je le tiens du maréchal de Brancas, à qui son secrétaire et Lottier en rendirent compte dès le soir même.

Madame des Ursins fut donc mise dans un carrosse avec une femme de chambre et deux officiers des gardes, sans autres habits ni linge que ce qu'elle avoit sur le corps, et partit à huit heures du soir par un froid très-vif, le 23 décembre 1714.

Le jour suivant, la Reine arriva l'après-midi à Guadalaxara. Le Roi vint lui présenter la main à la descente du carrosse, la conduisit à la chapelle où ils furent mariés, de là dans une chambre où ils se mirent au lit, et ne se levèrent que pour aller à la messe de minuit.

Le Roi, qui permit à Lanti et à Chalais, neveux de la princesse des Ursins, d'aller la joindre, les chargea d'une lettre par laquelle il lui témoignoit qu'il étoit touché de son sort; mais qu'il n'avoit pu résister à la volonté de la Reine, et qu'il lui conservoit ses pensions.

La Reine ne changea rien à sa maison, toute composée des créatures de madame des Ursins. On étoit bien sûr qu'il ne lui en resteroit point après sa chute. Cette reine, si ignorante, disoit-on, de l'esprit des cours, n'en douta pas un instant.

[1715] Cependant madame des Ursins avoit marché toute la nuit. Un profond silence régnoit dans le carrosse : elle ne pouvoit se persuader ce qui lui arrivoit, et ne doutoit point que le Roi, indigné d'un pareil traitement, ne fît courir après elle. Son illusion dura jusqu'à l'arrivée de ses neveux, qui la joignirent en chemin, et lui remirent la lettre du Roi. Elle ne laissa échapper ni soupir ni plainte en la lisant, et ne donna pas la moindre marque de foiblesse. Ses conducteurs, accoutumés à la respecter et à la craindre, étoient aussi frappés qu'elle de cet événement, et la quittèrent à Saint-Jean-de-Luz, où elle n'arriva que le 14 janvier 1715. Quand elle fut libre de son escorte, ses neveux lui apprirent que, le soir même de sa disgrâce, la Reine avoit écrit au Roi; qu'il avoit paru ému à la lecture de la lettre, mais n'avoit donné aucun ordre.

Madame des Ursins n'espérant plus rien de l'Espagne, et se flattant de quelque ressource en France, y dirigea sa marche. Arrivée à Bayonne, elle envoya faire des complimens à la reine douairière d'Espagne (Marie-Anne de Neubourg), qui les rejeta, et ne trouva d'asyle à Paris que chez le duc de Noirmoutier son frère, où beaucoup de gens vinrent la voir, moins par intérêt que par curiosité. Pour achever ce qui concerne cette favorite, j'ajouterai qu'elle obtint enfin une audience du Roi chez madame de Maintenon, et qu'elle n'eut pas lieu d'en être satisfaite. Peu de jours après, elle essuya un dégoût des plus marqués. La reine d'Espagne, prévoyant la régence du duc d'Orléans, et de quelle importance seroit l'union entre les deux monarchies, détrompa le roi d'Espagne sur ce prince. Flotte et Renault, qui étoient toujours prisonniers, furent mis en liberté, et déclarés innocens. Philippe v manda au Roi qu'ayant reconnu l'injustice des accusations contre le duc d'Orléans, il avoit le plus grand désir de se réconcilier avec lui. Le duc d'Orléans écrivit là-dessus, de concert avec le Roi, à Philippe v, dont il reçut la réponse la plus obligeante. Comme madame des Ursins avoit été le principal auteur de cette affaire, le duc d'Orléans crut qu'il étoit de son honneur de lui faire sentir son mépris, et lui fit défendre par le Roi de se trouver en aucun lieu où lui et toute sa famille pouvoient se rencontrer. Elle vit qu'il falloit penser à une retraite, et auroit choisi la Hollande ; mais les Etats-généraux la refusèrent.

Quinze jours avant la mort du Roi, craignant de se trouver à la discrétion du duc d'Orléans, elle partit, cherchant partout un asyle, passa à Chambéry, à Gênes, et s'arrêta enfin à Rome. Ses pensions de France et d'Espagne lui furent toujours exactement payées, par les ordres de Philippe v et du duc d'Orléans. Le goût de la cour est si adhérent dans le cœur de ceux qui l'ont suivie long-temps, qu'ils ne peuvent vivre que là, dussent-ils y ramper. Madame des Ursins ne pouvant jouir de la réalité, s'en consola par l'image : elle s'attacha à la maison du prétendant Jacques III, dont elle faisoit les honneurs, et professoit l'étiquette. Elle mourut le 5 décembre 1722, à quatre-vingts ans passés.

Il est à propos que je rapproche encore quelques faits qui ont concouru avec ceux que je viens de rapporter.

Lorsque madame des Ursins prit, après la mort de la première reine, tant de précautions pour dérober ses desseins aux yeux du public, en retenant le Roi dans une retraite inaccessible, elle attira plus que jamais l'attention de la cour sur ses desseins, et le mystère en fit la publicité. Personne ne douta qu'elle ne tendît et ne réussît à épouser le Roi. Le marquis de Brancas, ambassadeur de France en Espagne, en fut persuadé. Il étoit de son devoir d'en instruire son maître; mais sachant, par l'exemple de l'abbé d'Estrées, que la poste ni les courriers n'étoient pas une voie sûre, il demanda un congé à Louis XIV pour affaires importantes, l'obtint, et disposa tout pour son départ.

Madame des Ursins, soupçonnant qu'elle étoit l'objet de ce voyage, fit partir la veille le cardinal del Judice (1), pour aller à la cour de France prévenir et détruire tout ce que Brancas pourroit dire, en demander le rappel, et faire agréer au Roi un mariage dont il n'étoit encore instruit que par les nouvelles publiques. L'agrément d'une pareille alliance n'étoit pas facile à obtenir. La princesse de Parme, lorsqu'elle fut destinée au roi d'Espagne, étoit déjà promise au duc de La Mirandole, qui tenoit à honneur la grandesse, et la place de grand écuyer. Les ar-

(1) Le cardinal del Judice, grand inquisiteur d'Espagne, étoit frère du duc Giovenazzo, conseiller d'Etat, c'est-à-dire ministre, créé grand de la troisième classe pour trois générations. Leur père, né à Gênes, étoit venu s'établir à Naples, où il avoit fait une fortune immense dans le commerce. Le fils du duc de Giovenazzo, et neveu du cardinal del Judice, fut le prince de Cellamare, ambassadeur en France, dont il sera question pendant la régence. (D.)

ticles alloient être signés avec le domestique, quand on les dressa pour le maître.

Telles étoient les instructions du cardinal en partant de Madrid. Le marquis de Brancas pénétra le motif de ce départ précipité. Quoiqu'il ne pût le suivre que le lendemain, il fit tant de diligence qu'il l'atteignit à Bayonne, où, le trouvant couché, il passa outre, emmena tous les chevaux de poste en poste, arriva à la cour deux jours avant le cardinal, et eut le temps d'apprendre au Roi l'état de l'Espagne.

Quoique Louis XIV fût fort mécontent du mariage de son petit-fils, il jugea cependant les choses trop avancées pour s'y opposer, et se contenta d'en recevoir froidement la proposition, sans donner ni refuser son agrément : mais cette affaire acheva de perdre dans son esprit madame des Ursins. Elle s'aperçut bientôt qu'elle étoit mal à la cour de France; mais, au lieu d'en accuser sa propre conduite, elle s'en prit au peu d'habileté, ou même à la mauvaise volonté, du cardinal. Elle en fut d'autant plus persuadée, qu'il réussit personnellement à notre cour. Il avoit d'ailleurs à celle d'Espagne un crédit qui, sans balancer celui de madame des Ursins, en étoit indépendant. Ces sortes de sultanes veulent qu'on n'existe que par elles, et pour elles. Elle lui tendit un piége, où il tomba forcément.

Tout le monde sait que le pape Clément XI, après avoir reconnu Philippe V pour roi d'Espagne, reconnut ensuite l'archiduc Charles, dans le moment qu'il vit les troupes autrichiennes sur les terres de l'Eglise. La crainte est le principe et le ressort de la politique romaine, depuis que la raison a éteint les foudres du Vatican.

Macannas, jurisconsulte espagnol, fiscal ou procureur général du conseil de Castille, fut chargé par le ministère d'examiner de quel poids étoit dans l'affaire présente le parti pour ou contre que prenoit le Pape. Macannas fit un ouvrage plein d'érudition, fort de principes, et terrible dans les conséquences, contre la cour de Rome. Depuis Luther et Calvin, personne ne l'avoit attaquée si fortement. Cet adversaire étoit même plus dangereux que des hérésiarques, parce qu'en discutant le temporel il respectoit et professoit tous les dogmes. Il réduisit enfin les prétentions de la cour de Rome à leur juste valeur, c'est-à-dire à peu de chose.

L'ouvrage de Macannas fut approuvé du Roi et du conseil; mais, par ménagement pour Rome, on en avoit suspendu la publication. Madame des Ursins le fit répandre pour embarrasser le cardinal del Judice, et le mettre dans la nécessité de se perdre, comme ministre, avec les cours de France et d'Espagne, ou, comme grand inquisiteur, avec celle de Rome.

Le cardinal auroit bien désiré garder la neutralité : cela ne lui fut pas possible. Le nonce et l'inquisition d'Espagne jetèrent les hauts cris, écrivirent au grand inquisiteur, le forcèrent de se montrer sur la scène, et de donner un mandement contre Macannas et son livre. Un mandement d'inquisiteur, daté de Marly et affiché dans Paris, y parut une chose fort bizarre. C'étoit contre un Espagnol; mais cet Espagnol soutenoit des maximes françaises, et qui devroient être de tout pays.

D'un autre côté, le roi d'Espagne, encouragé par madame des Ursins, protégea Macannas : le cardinal fut rappelé de France, et reçut en chemin l'ordre de ne pas rentrer dans Madrid.

Les choses en étoient là, lorsque tout changea de face par la disgrâce de madame des Ursins. La nouvelle Reine, voulant détruire tout ce qu'avoit fait cette favorite, fit rappeler le cardinal del Judice, qui fut chargé du ministère.

La cabale italienne commença à se former à la cour. La Reine, le cardinal et Alberoni en étoient le point de réunion. Les grands, et tous ceux qui avoient le cœur espagnol, formoient le parti contraire; et la domesticité intime du Roi, presque toute composée de Français, influoit dans les affaires, et se faisoit considérer. Les Français, vivant bien avec les Espagnols, devinrent suspects à la Reine. Le plus considérable d'entre eux étoit le père Robinet, jésuite, qui avoit succédé dans la place de confesseur au père Daubenton, que madame des Ursins avoit fait renvoyer, pour avoir quelquefois lutté de crédit contre elle. Quoique Robinet fût le parfait contraste de Daubenton, son poste seul lui donnoit une autorité qu'il n'ambitionnoit point, et sa vertu lui procura bientôt tout ce que son prédécesseur tenoit de l'intrigue. Madame des Ursins eut sujet de s'apercevoir qu'elle n'avoit pas autant gagné au change que le Roi et l'Espagne.

Jamais confesseur ne convint mieux à sa place, et n'y fut moins attaché, que le père Robinet. Plein de vertus et de lumières, pénétré des plus saines maximes, zélé Français, également passionné pour l'honneur de l'Espagne sa seconde patrie, ce fut lui qui conseilla au Roi de réformer la nonciature, lorsque le Pape reconnut l'archiduc pour roi d'Espagne. Une action juste et raisonnable causa sa disgrâce.

L'archevêché de Tolède, valant neuf cent mille livres de rente, étoit vacant : le cardinal del Judice le fit demander au Roi par la Reine. Le prince, avant de se déterminer, voulut consulter son confesseur. Celui-ci fut d'un avis tout différent, et représenta que le cardinal ayant déjà toute la fortune convenable à sa dignité, il falloit répartir les grâces, dont la masse est toujours inférieure à celle des demandes, et souvent des besoins. Il proposa pour Tolède Valero-Leza, espagnol, préférable à un étranger, et dont le choix seroit applaudi par toute la nation. Ce Valero, étant curé de campagne, avoit rendu les plus grands services à Philippe v, dans le temps que la couronne étoit encore flottante sur sa tête. Le Roi lui avoit donné l'évêché de Badajoz. Il fut évêque comme il avoit été curé, ne voyant dans cette dignité que des devoirs de plus à remplir, et ne paroissant jamais à la cour. Il est vrai que la résidence n'est pas un mérite si rare en Espagne qu'en France, où le Roi auroit toujours la commodité d'assembler sur-le-champ à Paris un concile national. Robinet fit sentir au Roi que les Espagnols, à la valeur, à l'amour, à la constance desquels il devoit sa couronne, se croiroient tous récompensés dans la personne d'un compatriote tel que Valero; et que c'étoit enfin répandre sur les pauvres le revenu de l'archevêché de Tolède, par les mains d'un prélat qui n'en savoit pas faire un autre usage. Le Roi le nomma (mars 1715).

La Reine et son ministre furent outrés de la victoire de Robinet : les suites les effrayèrent. Ils se liguèrent contre une vertu si dangereuse, et, à force de séductions et d'intrigues, ils parvinrent à faire renvoyer de la cour un homme qui ne demandoit qu'à s'en éloigner.

Robinet, emportant avec lui, pour tout bien, l'estime et les regrets de l'Espagne, se retira dans la maison des jésuites de Strasbourg, où il vécut et mourut tranquille, après avoir plus édifié sa société qu'il ne l'avoit servie.

L'exil de Macannas avoit précédé la retraite de Robinet, et le Roi, en l'exilant, lui donna une pension considérable. L'impulsion à laquelle ce prince obéissoit n'altéroit point son jugement : vrai caractère de la foiblesse.

Il ne suffisoit pas d'avoir privé le Roi de son confesseur, il falloit le remplacer. Il ne pouvoit pas plus s'en passer que de femme, quoiqu'une femme lui fût encore plus nécessaire qu'un confesseur. L'une étoit pour ses besoins, l'autre pour ses scrupules.

La Reine ne crut pas mieux faire que de rappeler Daubenton, que madame des Ursins avoit chassé. C'étoit d'abord un mérite auprès de la Reine ; et d'ailleurs ce jésuite ayant déjà éprouvé que sa place n'étoit pas inattaquable, en seroit plus souple. Elle en jugea bien pour elle, et l'Espagne s'en trouva plus mal. Daubenton étoit un de ces hommes que la société n'abandonne pas dans la disgrâce, qui sont quelquefois dans le cas d'être noyés, mais qui surnagent enfin : elle ne s'y trompe guère. L'interrègne de Daubenton n'avoit pas été oisif : en sortant d'Espagne, il avoit passé à Rome, où il fut fait assistant du général, et employa son loisir à fabriquer la fameuse bulle *Unigenitus*, dont il sera grandement question.

Quoique ces Mémoires regardent particulièrement la France, ses relations avec les différentes puissances m'obligent de parler des autres cours, pour l'intelligence de ce qui se passoit à la nôtre.

Depuis que la paix étoit signée, les peuples commençoient à respirer, plus soutenus par l'espérance de l'avenir que par leur situation présente; mais le Roi, aussi humilié par les conditions de la paix que par les malheurs de la guerre, avoit encore l'ame flétrie de ses disgrâces domestiques. Le duc de Berri mourut au milieu des réjouissances de la paix (4 mai 1714). De toute la famille royale, il ne restoit qu'un foible rejeton, qu'on n'espéroit pas de conserver : les princes du sang, éloignés de la tige directe, étoient en petit nombre. Le Roi se laissa persuader qu'il y pouvoit suppléer par des princes adoptifs. Il avoit deux fils naturels, le duc du Maine et le comte de Toulouse. Le premier avoit épousé une princesse du sang, de la branche de Bourbon-Condé, dont il avoit deux fils.

Par un édit enregistré au parlement le 2 août 1714, le Roi appela à la couronne les princes légitimés et leurs descendans, au défaut des princes du sang; et, par une déclaration du 23 mai de l'année suivante 1715, le Roi, en confirmant son édit, rendit l'état des princes légitimés égal en tout à celui des princes du sang. Quelque opinion qu'il eût de sa puissance, il sentit si bien à quel degré il élevoit des enfans naturels, qu'il leur dit : « Je viens de faire pour vous

« ce que j'ai pu; c'est à vous à l'affermir par votre « mérite. »

Ce ne fut que par degrés que ces princes parvinrent à une telle élévation. Louis XIV pensoit bien différemment lorsqu'aux premières propositions de marier le duc du Maine, il répondit : « Ces enfans-là ne sont « pas faits pour se marier. » Etant devenu dévot, il en accorda enfin la permission, par principe de conscience.

Le premier pas, déjà assez difficile, avoit été de faire légitimer des enfans sans nommer la mère, la marquise de Montespan, dont le mari vivoit. Le procureur général Harlay, homme à moyens, y pourvut; ce qui lui mérita ou lui valut dans la suite la place de premier président. Il imagina l'essai du chevalier de Longueville (1), qu'on fit légitimer le 7 septembre 1672. Sur cet exemple, le duc du Maine fut légitimé le 20 décembre 1673. Le comte de Toulouse et les enfans naturels du Roi le furent successivement; et en 1680 des lettres patentes donnèrent à ces enfans le droit de se succéder les uns aux autres, suivant l'ordre des successions légitimes.

Les distinctions suivirent bientôt. Le duc du Maine fut fait chevalier du Saint-Esprit à seize ans, et commanda la cavalerie dès sa première campagne : hon-

(1) Il étoit fils de Charles-Paris d'Orléans, duc de Longueville, tué au passage du Rhin le 12 juin 1672, et de la maréchale de La Ferté, dont le mari vivoit. La maréchale de La Ferté, et la duchesse d'Olonne sa sœur, étoient d'Angennes : ce furent elles qui, après la vie la plus libertine, imaginèrent, dans leur vieillesse, de faire jeûner leurs gens. Ce chevalier de Longueville fut tué au siége de Philisbourg en 1688, et la maison de Longueville totalement éteinte en 1694, en la personne de l'abbé de Longueville, mort fou. (D.)

neur qui ne s'accorde aux princes du sang qu'après en avoir servi au moins une à la tête de leurs régimens. Le comte de Toulouse fut chevalier du Saint-Esprit avant quinze ans.

En 1694, une déclaration du Roi donna aux légitimés le rang intermédiaire entre les princes du sang, et au-dessus de tous les ducs et pairs. Pour préparer cette grâce, on fit revivre par un arrêt, en faveur du duc de Vendôme, le rang que Henri IV avoit donné en 1610 à César de Vendôme son fils naturel, et aïeul de celui à qui Louis XIV le rendoit; mais il ne prit séance qu'après les nouveaux légitimés.

Pour ne pas choquer les princes du sang, et que leur traitement et celui des légitimés ne fût pas en tout le même, il fut ordonné que ceux-ci, en allant se placer, ne traverseroient point le parquet (1) comme les premiers; que le premier président, en leur demandant leur voix, les nommeroit du nom de leur pairie, au lieu qu'il ne nomme point les princes du sang; que cependant le premier président les salueroit du bonnet, ce qu'il ne fait pas pour les pairs; qu'ils prêteroient serment, ce que ne font pas les princes; et que leurs descendans mâles ayant des pairies entreroient au parlement à vingt ans. Les princes

(1) L'honneur de traverser le parquet au parlement, en allant se placer, étoit anciennement réservé au premier prince du sang. Le duc d'Enghien, qui fut depuis le grand Condé, le traversa un jour à la suite de son père, qui voulut l'en détourner. « Allez votre train, dit le fils; nous « verrons qui osera m'en empêcher. »

Le salut du bonnet, que le premier président refuse aux ducs et pairs, et qu'il accorde aux présidens à mortier, est encore une de ces graves bagatelles qui ont occasioné bien des discussions, du schisme entre les pairs et les magistrats, et qui ne touchent que les parties intéressées. (D.)

du sang y entrent à quinze ans commencés (1), et les pairs à vingt-cinq ans faits. On régla quelques autres articles de cérémonial ou d'étiquette très-importans pour ceux que cela regarde, et fort peu intéressans pour d'autres.

En 1710, le Roi fit inscrire, sur les registres du grand-maître, que les fils du duc du Maine auroient, comme petits-fils de Sa Majesté, les rangs, honneurs et traitemens dont jouissoit leur père.

Le Roi faisoit de temps en temps quelques actes qui annonçoient et préparoient la grandeur où il vouloit élever ses fils naturels. A la mort de la veuve du duc de Verneuil, bâtard de Henri IV, il prit le deuil pour quinze jours (2). La duchesse d'Angoulême, veuve d'un bâtard de Charles IX, ne participa à aucun de ces honneurs, apparemment parce que son mari n'étoit pas un Bourbon. Elle vécut long-temps dans le couvent de Sainte-Elisabeth, d'une pension de deux mille livres : le malheur des temps en ayant suspendu le paiement, elle seroit morte de misère, si une vieille demoiselle de ses amies ne l'eût retirée chez elle dans une campagne. Sa vertu, et peut-être la dignité de son maintien, la faisoient estimer et considérer du Roi, à qui elle faisoit quelquefois sa cour. C'étoit à peu près tout ce qu'elle en retiroit (3). Ainsi, grandeur de misère est voisine.

(1) Les princes du sang peuvent à tout âge, même dans l'enfance, suivre le Roi à un lit de justice. Gaston, frère de Louis XIII, se trouva, à six ans, au lit de justice du 2 octobre 1614. Louis de Bourbon, comte de Soissons, âgé de dix ans, à celui du 11 mai 1604. Philippe de France, frère de Louis XIV, âgé de près de onze ans, à celui du 7 septembre 1651. (D.) — (2) Elle étoit fille du chancelier Séguier, veuve, en premières noces, du duc de Sully. (D.) — (3) Elle se nommoit Françoise

On n'omettoit rien pour préparer le public à l'élévation des légitimés. Le père Daniel, jésuite, fut chargé et eut soin d'appuyer, dans son Histoire de France, sur les grands établissemens des bâtards de nos rois. Sitôt que l'ouvrage parut, le Roi en parla avec éloge, en recommanda la lecture : il falloit le lire, ou l'avoir lu. Daniel en eut le brevet d'historiographe de France, avec une pension. J'espère que ces Mémoires ne me feront pas regarder comme historien à gages, quoique je sois content des miens.

Les princes du sang s'étoient peu inquiétés du rang intermédiaire donné aux légitimés; ils étoient même assez contens de voir un ordre entre eux et les ducs : mais ils furent révoltés de l'assimilation. Les ducs et pairs, outrés du rang intermédiaire, se consoloient un peu par l'humiliation des princes du sang, ne doutant point qu'après la mort du Roi ces princes n'attaquassent les légitimés, et que la destruction d'une partie n'entraînât celle de l'autre. Les magistrats jugeoient l'édit contraire à nos lois et à nos mœurs; et ceux des citoyens à qui le choix des maîtres est indifférent, parce qu'ils n'y gagnent ni n'y perdent, n'y prirent aucun intérêt.

Le comte de Toulouse, homme sage et sensé, répondit aux complimenteurs que cela étoit fort beau, pourvu que cela pût durer, et lui donner un ami de plus. Valincour, de l'Académie française, et particulièrement attaché à ce prince, lui dit, pour tout compliment : « Monseigneur, voilà une couronne de « roses que je crains qui ne devienne une couronne

de Nargonne, sœur d'un page de son mari. Elle mourut en 1713, cent quarante ans après la mort de son beau-père. (D.)

« d'épines quand les fleurs en seront tombées. »

Madame de Maintenon, premier mobile de cette affaire, s'étoit servie, pour la conduire, du chancelier Voisin, qu'elle avoit fait succéder à Pontchartrain. La retraite volontaire de celui-ci dans cette circonstance faisoit penser qu'il n'avoit pas voulu être l'instrument d'un tel ouvrage (1). Voisin, moins instruit, et dès-là plus hardi, se prêta volontiers à tout: madame de Maintenon lui fit aussi conserver la place de secrétaire d'Etat, afin de l'employer à plus d'une œuvre. Elle avoit grand soin de ne laisser approcher du Roi que ceux qui, par une intrépide adulation, l'affermissoient dans l'opinion où il étoit de concentrer en lui seul l'état constitutif de la monarchie.

Cependant comme le Roi laissoit entrevoir des doutes sur le succès de sa volonté dans l'avenir, on résolut d'en tirer parti, en lui faisant donner à ses fils une telle puissance, qu'ils pussent se soutenir par eux-mêmes. Ils étoient déjà en possession des plus grands gouvernemens, du commandement des Suisses, des carabiniers, de l'artillerie et de l'amirauté. Il ne falloit plus que prévenir les dangers de la régence d'un prince qui, fortifié de son nom seul, pourroit s'emparer de la puissance absolue, et faire perdre aux enfans naturels tout ce qu'ils avoient obtenu de l'amour de leur père. Madame de Maintenon craignoit d'ailleurs de tomber dans la dépendance d'un prince qui n'étoit pas content d'elle.

On ranima les bruits que la mort des princes avoit fait naître contre le duc d'Orléans; on persuada au

(1) L'édit qui appelle les légitimés à la couronne fut enregistré le 2 août, et le chancelier de Pontchartrain s'étoit retiré en juillet. (D.)

Roi qu'il seroit également dangereux et injuste de laisser l'unique rejeton de la famille royale à la merci d'un prince qui, depuis les renonciations, ne verroit entre le trône et lui qu'un enfant dont il tiendroit la vie entre ses mains; on ajouta qu'il étoit de sa religion de prendre par un testament toutes les précautions possibles contre un ambitieux sans scrupule et sans remords, dont il falloit prévenir ou enchaîner le pouvoir.

Le mot de testament étoit cruel à l'oreille d'un roi toujours traité en immortel; mais l'idée de régner encore après sa mort en adoucissoit l'image. L'assiduité que le travail de Voisin lui donnoit auprès du Roi le mettoit à portée de saisir les momens favorables, et d'en avertir les intéressés. Ce fut lui qui écrivit de sa main le testament que le Roi signa le 2 août, le jour même que l'édit qui rendoit les légitimés habiles à succéder à la couronne fut enregistré au parlement. On ignora absolument, pendant plus de trois ans, ce qui s'étoit passé à ce sujet; mais les domestiques intimes, et mesdames de Caylus, d'O, de Dangeau et de Lévis, qui formoient la société habituelle du Roi et de madame de Maintenon, remarquoient depuis quelque temps dans ce prince une inquiétude, une inégalité d'humeur, un air sombre, qui déceloient une agitation intérieure, dont madame de Maintenon feignoit d'ignorer la cause.

Le Roi sortit enfin de cette situation; et, s'adressant au duc du Maine, en présence du service domestique : « Quelque chose que je fasse et que vous « soyez de mon vivant, vous pouvez n'être rien après « ma mort : c'est à vous de faire valoir ce que j'ai

« fait. » Deux jours après, la reine d'Angleterre se trouvant avec le Roi, voulut le louer sur son attention à pourvoir, par un testament, au gouvernement du royaume : « Je l'ai fait, lui dit-il. Du reste, il en sera « peut-être de ce testament comme de celui de mon « père : tant que nous sommes, nous pouvons ce que « nous voulons, et après notre mort, moins que les « particuliers. »

Le jour suivant, le premier président et le procureur général ayant été mandés au lever du Roi, le suivirent seuls dans son cabinet, où ce prince, leur mettant en main un paquet cacheté, leur dit : « Messieurs, voilà mon testament. Qui que ce soit que moi « ne sait ce qu'il contient (1). Je vous le remets pour « le déposer au parlement, à qui je ne puis donner « une plus grande preuve de mon estime et de ma « confiance. L'exemple du testament du Roi mon père « ne me laisse pas ignorer ce que celui-ci pourra de-« venir. » Ces deux magistrats furent aussi frappés du ton que des paroles qu'ils venoient d'entendre.

L'édit du Roi portant que son testament seroit déposé au greffe du parlement, pour n'être ouvert qu'après sa mort, fut enregistré le 30 août. Par ce testament, Louis XIV établissoit un conseil de régence dont le duc d'Orléans devoit être le chef, et la personne du jeune Roi étoit mise sous la tutèle et garde du conseil de régence. Le testament fut mis dans un trou creusé dans l'épaisseur du mur d'une tour du Pa-

(1) Le chancelier Voisin le savoit, puisqu'il avoit écrit le testament; madame de Maintenon ne devoit pas l'ignorer, et le duc du Maine en étoit vraisemblablement instruit par elle. *Voyez*, quant aux dispositions, le testament et le codicile imprimés. (D.)

lais, sous une grille de fer, et une porte fermée de trois serrures.

Le discours adressé aux deux magistrats ; le propos tenu à la reine d'Angleterre, et dont elle fit part au duc et à la duchesse de Lauzun ; l'apostrophe faite au duc du Maine en présence de témoins, ne laissoient pas douter au duc d'Orléans que le testament ne fût contre ses intérêts. Il se tint dans le silence, et sentit dès-lors qu'on pourroit attaquer un testament que le testateur même jugeoit attaquable.

Ayant assez fait connoître combien les bruits semés contre le duc d'Orléans étoient calomnieux, j'oserai soutenir que le testament n'en étoit ni moins sage, ni moins régulier. Quelque mal fondée que fût l'opinion qu'on avoit du caractère du duc d'Orléans, elle étoit presque générale : il n'étoit donc pas prudent de le rendre maître absolu de l'Etat et de la personne du jeune Roi, d'en confier la garde à celui qui avoit le moins d'intérêt à la conservation de cet enfant. La proximité du sang ne donne pas d'ailleurs un droit décidé à la régence. Charles V, dit *le Sage*, par un testament de 1374, avoit préféré à ses trois frères, pour le gouvernement du royaume, son beau-frère le duc de Bourbon. Après la mort de Charles V, les arbitres que les quatre oncles de Charles VI choisirent pour régler leurs prétentions déférèrent, à la vérité, la régence au duc d'Anjou, l'aîné ; mais ils remirent l'éducation et la surintendance de la maison du jeune Roi aux ducs de Bourgogne et de Bourbon, les plus éloignés de la couronne.

Louis XI confia le gouvernement de la personne de Charles VIII son fils, et la principale administration du royaume, à la dame de Beaujeu, sœur aînée de Charles, préférablement au duc d'Orléans, qui fut depuis Louis XII. Les Etats généraux confirmèrent cette disposition; et comme Charles VIII étant dans sa quatorzième année, il ne pouvoit y avoir de régent, les Etats nommèrent au Roi un conseil de dix personnes. Je ne m'étendrai pas davantage sur les exemples; mais j'en conclurai que le testament de Louis XIV pouvoit très-bien se soutenir, si le duc du Maine eût eu l'ame d'un comte de Dunois, et que le parlement n'eût pas été flatté de faire un Régent, comme il avoit déjà fait les deux dernières régences, les trois seules dont il ait décidé; ce qui ne contribua pas peu à l'initier dans l'administration de l'Etat, vers laquelle il marche le mieux qu'il peut.

Pendant que le Roi s'occupoit d'assurer la tranquillité du royaume, il eut la douleur d'apprendre la mort de la reine Anne, pour qui il avoit de l'amitié, de la reconnoissance, et à qui il en devoit. Cette perte lui auroit encore été plus sensible, si elle fût arrivée avant la conclusion de la paix, qui peut-être ne se seroit pas faite. L'électeur d'Hanovre, Georges premier, monta sur le trône d'Angleterre, et le gouvernement changea absolument.

Le nouveau ministère poursuivit à outrance tout le conseil de la feue Reine. Le duc d'Ormond, qui avoit succédé à Marlborough dans le commandement des troupes, se réfugia en France; le grand trésorier Harlay, comte d'Oxford, fut cité au parlement, et près de perdre la tête. Bolingbrocke, qui avoit eu plus de part que personne à la paix, ne sauva sa vie qu'en passant en France, où je l'ai fort connu. Dans plusieurs séjours que j'ai faits à sa campagne, j'ai appris de lui, sur le gouvernement anglais, des détails assez intéressans, que j'aurai peut-être occasion de rapporter.

Le lord Stairs vint, en qualité d'ambassadeur, relever en France le lord Shrewsbury. Stairs étoit un Ecossais de beaucoup d'esprit, instruit, aimable dans la société particulière, et très-avantageux en traitant avec nos ministres; audacieux jusque dans son maintien par caractère et par principe, il paroissoit s'en être fait un système de conduite : il essaya même d'être insolent avec le Roi. Dans une audience particulière qu'il eut de ce prince, il lui parla avec peu de retenue sur les travaux qui se faisoient à Mardick, et qui pouvoient, disoit-on, suppléer au port de Dunkerque. Le Roi l'écouta tranquillement, et pour toute réponse lui dit : « M. l'ambassadeur, j'ai « toujours été maître chez moi, quelquefois chez les « autres : ne m'en faites pas souvenir. » Ce fut ainsi qu'il le congédia. Stairs le raconta à plusieurs personnes, entre autres au maréchal de Noailles, et ajouta : « J'avoue que la vieille machine m'a imposé. »

Le Roi refusa depuis de lui donner audience, et le renvoya, pour les affaires, au marquis de Torcy, dont Stairs reçut une leçon assez vive. Croyant pouvoir abuser du caractère doux et poli du ministre, il s'échappa un jour devant lui en propos sur le Roi. Torcy lui dit froidement : « M. l'ambassadeur, tant « que vos insolences n'ont regardé que moi, je les ai « passées, pour le bien de la paix ; mais si jamais, en

« me parlant, vous vous écartez du respect qui est dû « au Roi, je vous ferai jeter par les fenêtres. » Stairs se tut, et de ce moment fut plus réservé.

Les dernières années de la vie du Roi étoient aussi tristes que les premières avoient été brillantes. La mort du duc et surtout de la duchesse de Bourgogne faisoit un vide affreux dans sa vie privée : cette princesse en étoit tout l'agrément. Madame de Maintenon, aussi blasée pour lui qu'il l'étoit pour elle, cherchoit inutilement à lui procurer quelques dissipations par des concerts, des prologues d'opéra pleins de ses louanges, par des scènes de comédie, que des musiciens et les domestiques de l'intérieur jouoient dans sa chambre. L'ennui surnageoit; ce qui faisoit dire à madame de Maintenon : « Quel supplice d'avoir à « amuser un homme qui n'est plus amusable! »

Au défaut d'amusemens, le confesseur lui donna l'occupation d'une guerre de religion par le projet de la constitution *Unigenitus*, que si peu de gens attaquent ou défendent de bonne foi. On a tant écrit sur cette matière, si ennuyeuse de sa nature, que je n'en parlerai que pour développer quelques-uns des ressorts peu connus qui auront un rapport direct à l'Etat, ou qui contribueront à faire connoître l'esprit de la cour. La constitution, digne tout au plus d'exercer des écoles oisives, est devenue une affaire d'Etat qui l'agite depuis un demi-siècle, et qui, ayant commencé par l'intrigue, continué par le fanatisme, auroit dû depuis long-temps avoir fini par le mépris.

De tout temps la théologie s'est alliée avec la philosophie régnante. Les premiers chrétiens instruits étoient platoniciens : le péripatétisme a été long-temps, en Sorbonne, aussi respecté que la théologie. Si, depuis la révolution que Descartes a commencée, les théologiens se sont éloignés des philosophes, c'est que ceux-ci ont paru ne pas respecter infiniment les théologiens : une philosophie qui prenoit pour base le doute et l'examen devoit les effaroucher. La question qui divise aujourd'hui l'Eglise ou ses ministres remonte à la plus haute antiquité. Le libre arbitre, la distinction du libre et du volontaire, ont occupé les philosophes avant la naissance du christianisme; et la controverse entre les jansénistes et les molinistes n'étoit autre chose, dans son origine, que la question philosophique sur la liberté théologiquement traitée. Les discussions sur la grâce étant devenues le fond du procès, le jargon et les subtilités scolastiques ont tellement brouillé les idées, que les uns ni les autres ne se sont entendus, ou ne l'ont jamais été par les gens raisonnables. Il semble qu'après tant de disputes et de difficultés insolubles, on auroit dû faire, pour la philosophie comme pour la théologie, un mystère de la liberté et de la grâce.

Quoi qu'il en soit, l'affaire du jansénisme et du molinisme existoit avant le règne de Louis XIV : les plus célèbres partisans du jansénisme vivoient à l'abbaye de Port-Royal-des-Champs, ce berceau de la première philosophie et de la bonne littérature. Les jésuites, puissans à la cour, avoient des principes opposés à Port-Royal, plus humainement raisonnables, mais peut-être aussi moins conformes à la lettre de l'Evangile. Les premiers, savans logiciens, éloquens, amers ou plaisans, suivant le besoin, avoient une sévérité de mœurs assez ordinaire dans un parti persécuté, et qui fait sinon des imitateurs, du moins des admirateurs, des disciples et des partisans.

Les jésuites, souples, adroits, insinuans, indulgens en morale, aussi réguliers dans leur vie que leurs antagonistes, pouvoient le paroître moins, parce qu'ils étoient plus répandus dans le monde et à la cour, dont ils dirigeoient les consciences.

Je ne rappellerai point ici Baïus, Molina, Jansénius, et tant d'autres athlètes de la théologie : je laisse à l'écart des disputes qui ont enfanté tant de volumes, lus par un très-petit nombre de contemporains, et que la postérité laissera dans l'oubli où sont ensevelis les réalistes, les nominaux, et tous ces disputeurs qui se croyoient faits pour l'immortalité.

Il y a eu tant de variations dans les opinions avant et depuis la constitution *Unigenitus*, que des noms de sectes sont devenus des noms de parti. Les savans de Port-Royal seroient indignés, s'ils revenoient, de voir comprendre, sous le même nom qu'eux, la canaille des convulsionnaires.

Pour l'intelligence des faits, il suffit de prévenir que le public appelle communément aujourd'hui *molinistes* les jésuites ou leurs partisans, et *jansénistes* leurs adversaires, de quelque état que soient les uns et les autres.

Les jésuites ont été les premiers qui aient changé les notions primitives, pour perdre leurs adversaires. Ils les firent envisager à la cour non-seulement comme des hérétiques, mais comme des républicains, ennemis de l'autorité royale. Ce fut sous ce double aspect qu'on les fit regarder à Louis XIV dès son enfance. Les protestans ayant un culte extérieur qui les faisoit reconnoître, il les jugeoit bien moins dangereux que les jansénistes, qu'il croyoit des ennemis cachés. Sa dévotion ayant augmenté à mesure que ses passions diminuoient, et la jalousie sur son autorité n'ayant fait que se fortifier avec l'âge, il crut devoir être de plus en plus en garde contre une secte et un parti. Sa prévention sur cet article étoit une espèce de manie, et donna quelquefois des scènes risibles. Par exemple, le duc d'Orléans, allant (1706) commander l'armée d'Italie, voulut amener avec lui Angrand de Fontpertuis, homme de plaisir, et qui n'étoit pas dans le service. Le Roi l'ayant su, demanda à son neveu pourquoi il prenoit un janséniste. « Lui janséniste ! dit le « prince.— N'est-ce pas, reprit le Roi, le fils de cette « folle qui couroit après Arnauld ?— J'ignore, répon- « dit le prince, ce qu'étoit la mère ; mais pour le fils, « loin d'être janséniste, je ne sais s'il croit en Dieu. « — On m'avoit donc trompé, dit ingénument le « Roi, » qui laissa partir Fontpertuis, puisqu'il n'étoit d'aucun danger pour la foi. Les jésuites profitoient de ces préventions pour perdre leurs adversaires ; et le confessionnal du Roi, dont ils étoient en possession, leur étoit d'un merveilleux secours pour leurs desseins.

La place de confesseur est, chez tous les princes catholiques, une espèce de ministère plus ou moins puissant, suivant l'âge, les passions, le caractère et les lumières du pénitent.

Le père de La Chaise occupa long-temps ce poste, et procura beaucoup de considération à sa société.

Souple, poli, adroit, il avoit l'esprit orné, des mœurs douces, un caractère égal (1). Sachant à propos

(1) Il n'étoit pas haï, même des sectes. J'ai cherché inutilement dans

alarmer ou calmer la conscience de son pénitent, il ne perdoit point de vue ses intérêts, ni ceux de sa compagnie, qu'il servoit sourdement, laissant au Roi l'éclat de la protection. Persécuteur voilé de tout parti opposé, il en parloit avec modération, en louoit même quelques particuliers. Il montroit sur sa table le livre des *Réflexions morales* du père Quesnel de l'Oratoire, et disoit, à ceux qui paroissoient étonnés de son estime pour un auteur d'un parti opposé à la société : « Je n'ai plus le temps d'étudier : j'ouvre ce « livre, et j'y trouve toujours de quoi m'édifier et « m'instruire. » A sa mort, en 1709, le Roi en fit publiquement l'éloge, rappela les occasions où le père La Chaise avoit pris contre lui la défense de plusieurs gens accusés ou suspects, et ajouta : « Je lui disois « quelquefois : *Vous êtes trop doux.* — *Ce n'est pas « moi qui suis trop doux*, me répondoit-il ; *c'est « vous, sire, qui êtes trop dur.* » Ils se connoissoient bien l'un l'autre.

Peu de jours avant sa mort, il dit au Roi : « Sire, « je vous demande en grâce de choisir mon succes- « seur dans notre compagnie. Elle est très-attachée « à Votre Majesté ; mais elle est fort étendue, fort « nombreuse, et composée de caractères très-diffé- « rens, tous passionnés pour la gloire du corps. On « n'en pourroit pas répondre dans une disgrâce, et un « mauvais coup est bientôt fait. » Le Roi fut si frappé de ce propos, qu'il le rendit à Maréchal son premier chirurgien, qui, dans le premier mouvement de son

ma mémoire quel protestant lui dédia un ouvrage ; mais j'ai lu cette dédicace, qui n'avoit pas l'air d'une flatterie, mais d'un hommage sincère. (V.)

effroi, le rapporta à Blouin, premier valet de chambre, et à Boulduc, premier apothicaire, ses amis particuliers, de qui j'ai appris dans ma jeunesse plusieurs anecdotes.

Ce que le père La Chaise pensoit de sa compagnie doit se supposer de tout autre ordre religieux attaché à la cour par le confessionnal. Il seroit à souhaiter que ce ministère ne fût jamais confié qu'à un séculier. Le roi de Sardaigne Victor-Amédée dit à un de nos ministres, vivant encore, et de qui je le tiens, que son confesseur jésuite étant au lit de la mort, le fit prier de le venir voir, et que le mourant lui tint ce discours : « Sire, j'ai été comblé de vos bontés : je veux vous « en marquer ma reconnoissance. Ne prenez jamais « de confesseur jésuite. Ne me faites pas de ques- « tions, je n'y répondrois pas. »

Le sujet le plus capable de faire regretter le père La Chaise fut celui qui lui succéda, le père Tellier. Né en Basse-Normandie, il étoit le fils d'un procureur de Vire. Animé d'un orgueil de mauvais ange, avec un corps robuste, un esprit ferme, et capable d'un travail opiniâtre, sans la moindre vertu sociale, il avoit tous les vices d'une ame forte. Possédé du désir de dominer, d'asservir tout à sa compagnie, et sa compagnie à lui-même, appliqué sans relâche à son objet, il étoit craint de ceux qu'il obligeoit, dont il faisoit des esclaves, et abhorré de tous les autres, même de sa compagnie, qu'il rendit puissante et odieuse. Si jamais les jésuites sont détruits en France, Tellier aura été le principal auteur de leur ruine. Tel étoit le directeur de la conscience de Louis XIV.

Le premier instant où il parut à la çour annonça ce

qu'il alloit être. Il étoit fort au-dessus de la foiblesse de rougir de sa naissance. Le Roi lui ayant demandé, sur la ressemblance de nom, s'il étoit parent de Tellier de Louvois : « Moi, sire! répondit le confesseur « en se prosternant. Je ne suis que le fils d'un paysan, « qui n'ai ni parens ni amis. » Cet aveu ne lui fit tort ni honneur dans l'esprit d'un roi accoutumé à regarder presque du même œil le peuple et ce qu'il appeloit de la bourgeoisie, et qui vouloit qu'on fût tout à lui. Fagon, premier médecin, en jugea mieux. Attentif au discours, au maintien, aux courbettes du jésuite : « Quel sacre! » dit-il en se retournant vers Blouin.

Tellier commença par afficher une vie retirée, et presque farouche. Il sentit que, pour régner partout, il lui suffiroit de subjuguer son pénitent, et n'y réussit que trop. Il savoit que madame de Maintenon ménageoit plus les jésuites qu'elle ne les aimoit. Lors de l'établissement de Saint-Cyr, elle leur préféra les lazaristes pour la direction de cette communauté; et sur ce qu'on lui en demanda la raison : « C'est, dit-elle, « que je veux être maîtresse chez moi. » Tellier ne pouvoit donc pas s'empêcher de voir, dans les égards pour les jésuites, moins de confiance en eux que de respect humain pour le Roi : il en ressentoit un dépit vif, s'en vengeoit dans l'occasion, et accoutumoit le Roi à partager ses sentimens, en le faisant servir d'instrument à sa vengeance.

On avoit fait beaucoup de bruit dans l'Eglise au sujet des cérémonies chinoises : on accusoit les jésuites de faire dans ce pays-là un monstrueux alliage de christianisme et d'idolâtrie. L'affaire avoit très-mal tourné pour eux à Rome même, et avec flétrissure pour le père Tellier, dont on avoit mis à l'*index* un assez mauvais livre qu'il s'étoit avisé de faire sur cette matière. L'orgueilleux jésuite voulut, par une ostentation de crédit en France, imposer au Pape, et l'obliger de compter désormais avec la société ; mais il eut en même temps l'adresse de choisir un moyen qui pût également élever les jésuites, et plaire à la cour de Rome : ce fut la destruction de Port-Royal. Tellier prit la voie la plus sûre, en représentant au Roi cette maison comme le foyer du jansénisme et de l'esprit républicain.

La première religion pour Louis XIV étoit de croire à l'autorité royale. D'ailleurs, ignorant dans les matières de doctrine, superstitieux dans sa dévotion, il poursuivoit une hérésie réelle ou imaginaire comme une désobéissance, et croyoit expier ses fautes par la persécution. Cependant il balançoit encore : le grand nombre d'hommes célèbres sortis de Port-Royal (1) combattoit dans son esprit en faveur de cette maison.

Il étoit dans cette perplexité, lorsque Maréchal, dont j'ai déjà parlé, eut occasion d'aller dans ce canton-là. Le Roi, plus sûr de la candeur d'un bon domestique que du rapport d'un ministre, le chargea d'ob-

(1) Tels que les trois Arnauld (Antoine, Henri et Robert), Nicole, Pascal, Le Roy, abbé de Haute-Fontaine, à qui les *Lettres provinciales* sont adressées ; Le Nain de Tillemont, Le Maître de Sacy, et le célèbre avocat Le Maître ; Hamont, Hermand, Lancelot, auteur des meilleures grammaires et méthodes générales, française, latine, grecque, italienne, espagnole, dites *de Port-Royal* ; Barcos de Saint-Cyran, Bourseis, Le Tourneux, Sainte-Marthe, et quantité d'autres : sans compter ceux qui leur devoient leur éducation, tels que le duc de Beauvilliers, le duc de Luynes, pour qui fut faite la Logique de Port-Royal. (D.)

server tout, et de lui en rendre compte. Maréchal le lui promit, et à son retour lui dit : « Ma foi, sire, j'ai « bien examiné : je n'ai vu là que des saints et des « saintes. » Le Roi soupira, et se tut. Tellier revint à la charge, et persuada à son pénitent qu'il n'y avoit rien de si dangereux que ces vertus extérieures, qui couvrent le poison de l'hérésie. Le lieutenant de police d'Argenson, qui fut depuis garde des sceaux, ami des jésuites, et dont on peut faire des portraits différens et tous vrais, fut chargé de cette exécution militaire. Port-Royal fut détruit avec la fureur qu'on eût employée contre une ville rebelle, et le scandale qu'on déploie dans un mauvais lieu.

Tellier, voulant affermir de plus en plus son empire sur l'esprit du Roi par les démarches où il l'engageoit, entreprit de perdre le cardinal de Noailles, archevêque de Paris. Son premier crime étoit de ne rien devoir aux jésuites, et de s'être élevé par sa naissance et sa vertu; le second, de jouir dans le public d'une considération qui lui donnoit auprès du Roi beaucoup d'influence dans la distribution des bénéfices, département qui procure tant de courtisans à celui qui en est chargé (1). Tellier manœuvra tant à

(1) La feuille des bénéfices a toujours été administrée suivant le caractère de celui qui l'a eue. Le père La Chaise les donnoit volontiers aux gens de condition; le mérite s'y trouvoit quand il pouvoit : mais en tout les choix faisoient moins crier. Le père Tellier donnoit au fanatisme; le Régent, aux sollicitations de toute espèce; le cardinal de Fleury, à la politique, aux convenances bien ou mal jugées; Boyer, évêque de Mirepoix, au cagotisme; le cardinal de La Rochefoucauld chercha communément la vertu et le mérite, dans le peu de temps qu'il a gouverné ce ministère; l'évêque d'Orléans d'aujourd'hui est celui qui a eu et qui aura toujours le moins d'autorité dans sa place, qu'il ne doit qu'à son peu de consistance. On y vouloit quelqu'un qu'on pût déplacer sans choquer le

Rome par ses agens, qu'il y fit condamner les Réflexions morales du père Quesnel sur le Nouveau Testament, dont le cardinal avoit été l'approbateur. Ce prélat retira aussitôt son approbation, mais sans condamner l'ouvrage, qui depuis nombre d'années faisoit l'édification de l'Eglise, et avoit fait celle du

public; et c'étoit, à cet égard, le meilleur choix qu'on pût faire. Il y en a eu de plus haïs que lui, aucun de si méprisés (*). Le Régent fit souvent des choix scandaleux; les autres nominateurs ne les ont pas toujours évités : mais les plus pernicieux à l'Eglise et à l'Etat ont été ceux de Boyer, parce que la sottise et l'ignorance choisissent encore plus mal que le vice éclairé. (D.)

(*) J'ai combattu un jour Duclos sur cet article; et il m'avoit paru disposé à le retoucher, d'autant plus que j'avois fourni un prétexte à sa malignité en lui racontant quelques mots de l'évêque d'Orléans. Ce prélat, forcé à se retirer en 1772, alla scandaliser Marseille; puis il vint faire dans son diocèse une espèce de conversion à laquelle il avoit grande confiance. Il disoit un jour : « J'espère de la miséricorde de Dieu; j'ai toujours été heureux : vous verrez que je finirai par aller en paradis. » Il fut remplacé par son neveu, qui a tourné comme on le sait. Il est resté de l'oncle un souvenir qui n'est assurément pas celui de l'estime, mais qui n'est pas non plus celui de la haine. Il avoit de la gaieté et de la franchise, l'imagination d'un Provençal, l'ignorance et le libertinage d'un moine de Lerins. C'étoit lui qui avoit fait séculariser ce monastère, où il avoit fait profession.

Le successeur de ce moine fut l'ambitieux La Roche-Aymon, non moins ignorant, mais exercé dans l'enfance, par une mère intrigante, à prétendre aux grands honneurs. La mère vivoit d'*affaires;* le fils fut un abbé de qualité, qui prit carrosse dès sa licence. Il voyagea à Rome, accompagné de l'abbé d'Aydie, qui l'éclipsoit dans la société, mais qui resta bien en arrière pour la fortune. L'abbé de La Roche-Aymon fut fait évêque de Sarepta dans la Terre-Sainte, et coadjuteur de l'évêque de Limoges, qui demanda si instamment d'en être délivré, qu'on mit La Roche-Aymon à Tarbes, d'où il monta à Toulouse, puis à Narbonne, puis à Reims, d'où il parvint à la grande-aumônerie et au cardinalat. Quand Louis XV mourut, il aspiroit à mettre dans sa famille un titre de duc. On le chassa en 1777, et M. de Marbœuf le remplaça jusqu'en 1789. *Il m'a trop fait de bien*, etc.... (V.)

pape même Clément XI, que les jésuites forçoient à le condamner.

Tellier commença par faire attaquer le cardinal par deux ou trois évêques de bas ordre, sans naissance ni mérite, qui aspiroient à des siéges plus relevés que les leurs, et dont l'ambition étoit une insolence.

Le schisme entre le cardinal et Tellier fut bientôt public. Le Roi, voulant rétablir la concorde, chargea le duc de Bourgogne de cette affaire. Le cardinal seroit allé au devant de la paix; mais le jésuite n'en vouloit point. Madame de Maintenon, dont la nièce avoit épousé le neveu du cardinal, s'intéressoit fort à cette Eminence, et, pour éclairer les menées du confesseur, engagea l'évêque de Meaux (Bissy) à se lier avec lui, comptant en faire son espion; mais Tellier en fit bientôt le sien auprès d'elle. Résolu de perdre le cardinal, il prit la voie la plus courte et la plus sûre, qui fut de l'accuser de jansénisme auprès du Roi. Le livre de Quesnel avoit déjà été condamné à Rome par un décret : Tellier entreprit de le faire condamner par une constitution. Tous les évêques, valets de la société, reçurent du confesseur des ordres, et des modèles de lettres ou de mandemens. Malheureusement pour le jésuite, une lettre originale sur ce sujet tomba entre les mains du cardinal de Noailles, et devint publique (1). Le duc de Bourgogne, qui, dans son attachement à la religion, savoit en séparer les ministres, dit aussitôt qu'il falloit chasser le père Tellier. Le Roi fut près de le faire;

(1) Cette matière seroit si ennuyeuse pour la plupart des lecteurs, que je renvoie ceux qui voudroient en être plus particulièrement instruits aux Mémoires sur la constitution, au Journal de l'abbé Dorsanne, etc. (D.)

mais sa répugnance à changer un confident aussi intime qu'un confesseur le retint : en peu de jours tout fut oublié, et le duc de Bourgogne, par respect pour le Roi, prit le parti du silence.

Tellier étant échappé de cet orage, n'en fut que plus furieux contre le cardinal, et chercha dans le livre de Quesnel les propositions dont il pourroit faire le sujet de la constitution. Il eut soin d'en choisir qui fussent contraires à la doctrine moliniste; mais comme elles se trouvoient conformes à celles de saint Paul, de saint Augustin et de saint Thomas, un de ses ouvriers lui représenta le danger d'attaquer ainsi de front les colonnes du christianisme. « Saint Paul « et saint Augustin, dit le fougueux jésuite, étoient « des têtes chaudes qu'on mettroit aujourd'hui à la « Bastille. A l'égard de saint Thomas, vous pouvez « penser quel cas je fais d'un jacobin, quand je m'em- « barrasse peu d'un apôtre (1). »

Pour rendre l'œuvre agréable au Pape, on eut soin de favoriser, dans ce projet de bulle, les maximes ultramontaines. Le tout fut envoyé au père Daubenton, assistant du général des jésuites, pour y mettre la dernière main, avec le cardinal Fabroni, pensionnaire de la société; et Tellier engagea le Roi à demander lui-même au Pape cette constitution, désirée, disoit le confesseur, par tous les évêques de France.

(1) Les historiens accablent la mémoire du père Tellier, et je ne la défends pas; mais il est impossible qu'il ait tenu le propos que Duclos raconte ici : il étoit avide d'anecdotes, mais il ne les examinoit pas avec assez d'attention. C'est pour cela qu'il a calomnié le vertueux Lamoignon au sujet de l'acquisition de la terre de Courson; c'est pour cela aussi qu'il a raconté une fable sur la prétendue veuve de Petrowitz, fils du Czar. (V.)

La bulle étant dressée, Fabroni et Daubenton allèrent la communiquer au Pape. Quelque rapide qu'en fût la lecture, le Saint-Père crut entendre un manifeste contre l'Ecriture et les pères. Il en fut effrayé (1) ; mais Fabroni, qui avoit toujours été le docteur consultant du Pape, avoit conservé sur lui l'ascendant d'un précepteur sur son disciple. Il le prit donc avec sa hauteur ordinaire, tandis que Daubenton, d'un ton modeste, faisoit observer au pontife combien cette bulle étoit favorable aux maximes de la cour de Rome, et quel honneur ce seroit de les voir canoniser en France par une constitution demandée par un roi absolu, qui la feroit enregistrer dans tous les tribunaux du royaume.

Quelque flatté que fût le Pape d'une si belle victoire en France, il craignoit l'opposition des cardinaux sur le dogme. La congrégation nommée pour en juger n'avoit pas encore été consultée; le Roi d'ailleurs avoit exigé que la bulle seroit examinée, quant à ce qui concerne les libertés de l'Eglise gallicane, par le cardinal de La Trémouille, notre ambassadeur à Rome, et on ne lui avoit rien communiqué en forme. Le Pape se rendit enfin, sur la promesse positive que toutes ces conditions seroient remplies avant que la constitution parût.

Les consulteurs les plus timides s'absentèrent, les plus instruits et les plus fermes furent éloignés. On

(1) M. Duclos, je vous atteste que vous avez cru ces petits contes sur la foi du janséniste Ozanne et de pareils gazetiers. Clément XI étoit très-savant, grand théologien, bon littérateur, poëte même distingué parmi les modernes qui se sont avisés de faire des vers latins. Vous en faites ici un imbécile. (V.)

ne montra que le dispositif et la fin au cardinal de La Trémouille. Il pouvoit demander plus, sans y entendre davantage. Les cardinaux Carpegua et Cassini, que le Pape consulta avant la signature, n'oublièrent rien pour l'empêcher. Fabroni et Daubenton l'emportèrent, et le Saint-Père céda, avec des remords sur le fond, et des craintes sur les suites.

La révolte des esprits à Rome fut générale : les cardinaux crièrent hautement que la doctrine de l'Eglise étoit renversée; le Saint-Père en versa des larmes : mais, à chose faite dans cette cour, il n'y a point de remède. Albani, neveu du Saint-Père, et ses créatures, firent sentir aux cardinaux opposans combien il seroit dangereux de se séparer de leur père commun, de donner atteinte à son infaillibilité; et au contraire l'avantage de faire adopter en France les maximes de Rome. Ce qui acheva de les décider fut la confidence qu'Albani leur fit d'une lettre que Tellier avoit suggérée à Louis XIV, et par laquelle ce prince promettoit au Pape de faire rétracter par le clergé les quatre célèbres propositions de l'assemblée de 1682. En peu de jours, les ignorans crurent à la bulle, les politiques la soutinrent. Cette bulle, présentée au Roi le 3 octobre, reçut d'abord en France le même accueil qu'à Rome : Bissy même en parut indigné. Tellier lui ferma la bouche (1) ; ce prélat avoit la promesse du chapeau de cardinal, mais la nomina-

(1) Fariboles inventées par les jansénistes, et que Duclos n'étoit pas fait pour croire : mais il avoit du foible pour ces conteurs-là, parce qu'ils étoient *anecdotiers* et frondeurs, *e lui anche*. De là aussi son goût pour les Mémoires de Saint-Simon, quoiqu'il ne les approuvât pas en tout. M. de Voltaire en faisoit moins de cas. (V.)

tion n'étoit pas faite : il craignit de le perdre, et cette crainte en fit le plus vif apôtre de la bulle.

Le parlement ne fut pas si docile. Il n'y a rien de si embarrassant pour la cour que ces hommes qui ont leur honneur à conserver, peu de chose à perdre, et rien à prétendre, quand ils se renferment dans leur devoir.

La quatre-vingt-onzième proposition condamnée est si vraie, que la proposition contraire est une hérésie politique dans tous les gouvernemens. « La crainte « d'une excommunication injuste, disoit Quesnel, ne « nous doit jamais empêcher de faire notre devoir. » Si ce principe condamné par la bulle est faux, il n'y a aucun souverain qui soit en sûreté contre un sujet superstitieux.

Tellier, pressé sur cet article, cherchoit à distinguer l'excommunication injuste de la fausse ; mais ces subtilités scolastiques ne sont pas faites pour les bons esprits, et sont inintelligibles ou dangereuses pour le peuple.

Aussitôt que la constitution fut traduite, et entre les mains de tout le monde, chaque société devint une école de théologie. Toutes les conversations furent infectées de la fureur de dogmatiser ; et comme le caractère national ne perd pas ses droits, une dissertation dogmatique étoit coupée par un vaudeville.

A voir l'opposition des parlemens, la division du haut clergé, la résistance du second ordre, la révolte de presque tous les corps séculiers et réguliers, il eût été impossible de prévoir la fortune que cette bulle a faite. Il est pourtant à désirer aujourd'hui, pour le bien de la paix, que cette constitution ayant triomphé du mépris, soit l'objet d'un respect universel : c'est l'unique moyen de la faire oublier.

Tellier sentoit bien que la plupart des évêques qu'il avoit à ses ordres donnoient moins de poids à sa cabale qu'ils n'en recevoient eux-mêmes. Bissy ne procuroit pas un grand éclat au parti : le Tellier entreprit de le décorer d'un nom qui pût balancer la considération personnelle du cardinal de Noailles.

Il n'y avoit à cet égard personne à préférer au cardinal de Rohan, prélat d'une naissance illustre, formé par les grâces pour l'esprit et la figure (1), magnifique dans sa dépense, avec des mœurs voluptueuses et galantes, dont une représentation de grand seigneur couvroit le scandale. Cet éminent prélat se reposoit de la doctrine sur des savans dont il étoit le bienfaiteur, et des fonctions épiscopales sur un domestique mîtré. Ces premiers princes de l'Eglise ne regardent pas autrement les évêques *in partibus*, quoique souvent très-estimables, qui leur sont attachés (2).

Le cardinal de Rohan, comblé de biens et d'honneurs, paroissoit n'avoir rien à prétendre, lorsque la mort du cardinal de Janson fit vaquer la place de grand aumônier (3).

(1) Il avoit fait ses études théologiques avec la plus grande distinction, et ses camarades de licence disoient qu'il étoit *le plus noble, le plus beau et le plus savant d'eux tous*. (V.) — (2) Le cardinal d'Auvergne, qui n'avoit qu'une vanité d'éducation, car il étoit au-dessous de l'orgueil, disoit un jour naïvement (je l'ai entendu) : « Tous mes domestiques, « excepté l'évêque de Messène, ont été malades cet hiver. » (D.) — (3) Le cardinal de Janson (Toussaint de Forbin) avoit été pauvre dans sa jeunesse, comme le sont presque tous les cadets de noblesse qui recrutent le corps épiscopal. Il n'avoit eu long-temps, pour subsister, que la chapelle du château de L'Aigle n Normandie, valant huit cent livres, que

Tellier profita de la conjoncture pour engager le cardinal : il alla le trouver, et lui proposa brusquement d'entrer dans la ligue, et la grande aumônerie pour prix de l'engagement. Le caractère du cardinal l'éloignoit des intrigues qui pouvoient troubler ses plaisirs. D'ailleurs il étoit attaché d'inclination, de respect et de reconnoissance au cardinal de Noailles, qui l'avoit élevé comme son fils, le chérissoit, et qui, ne pouvant en faire un saint, le laissoit un homme aimable dans la société, et un prélat tranquille dans l'Eglise.

Rohan fut effrayé de la proposition ; mais sa douceur naturelle l'empêcha de répondre avec la hauteur qui lui convenoit, ou avec l'indignation que méritoit l'insolent jésuite. Il chercha des excuses dans la reconnoissance qu'il devoit au cardinal de Noailles, et que la princesse sa mère lui avoit recommandé en mourant. Tellier traita ses sentimens d'enfances. Le cardinal, pressé de plus en plus, offrit la neutralité :

lui avoit donnée le marquis de L'Aigle. Janson, dans sa plus haute fortune, garda, par reconnoissance, cette chapelle, dont il laissoit le revenu à un desservant. Etant grand aumônier, il disoit noblement, devant toute la cour, qu'il étoit toujours l'aumônier du marquis de L'Aigle. Sa fortune commença par la coadjutorerie de l'évêché de Digne. Il faut que ce siége porte bonheur, mérite ou non : l'évêque d'Orléans (Jarente) l'a occupé. Janson fut ensuite évêque de Marseille, puis de Beauvais. Etant ambassadeur en Pologne, il contribua beaucoup à l'élection de Jean Sobieski, dont il eut la nomination au cardinalat. Il fut sept ans chargé des affaires de France à Rome, grand aumônier à son retour, et mourut en mars 1713, laissant la réputation d'un grand négociateur, et d'un politique honnête homme. Le Roi dit plusieurs fois qu'il auroit fait Janson ministre, s'il ne savoit pas qu'il ne falloit jamais de cardinaux, ni même d'ecclésiastiques, dans le ministère. C'étoit du cardinal Mazarin même qu'il tenoit cette leçon. Le cardinal de Fleury a, dit-on, donné la même à son élève. (D.)

le jésuite la rejeta, déclarant qu'il falloit opter, prendre parti pour ou contre la société. Le cardinal demanda du temps pour y réfléchir : « Je vous donne trois « jours, reprit Tellier en le quittant, pour y penser ; « mais pensez aussi que la grande aumônerie ne peut « pas être long-temps vacante. »

Le cardinal, interdit de l'audace du jésuite, en alla rendre compte au maréchal de Tallard, dont le fils avoit épousé la nièce du cardinal. Le maréchal, qui prétendoit se servir des Rohan pour entrer au conseil, ne vit dans l'impudence du jésuite que la preuve d'un énorme crédit, et dit au cardinal qu'il devoit être flatté du poids qu'on donnoit à son nom ; qu'il laisseroit à des prélats subalternes les disputes et les platitudes scolastiques ; qu'il ne seroit qu'un grand seigneur de représentation ; qu'il devoit à son honneur, et par conséquent à sa conscience, de ne pas laisser échapper la place de grand aumônier ; que s'il cédoit à de vains scrupules, il se verroit éclipser par Bissy, fait pour le suivre partout. Le maréchal, qui ne croyoit pas aux consciences de cour, ni à la reconnoissance, traita de fausse délicatesse celle dont le cardinal se piquoit dans une occasion unique. Il le séduisit par des louanges, l'effraya de la puissance des jésuites, et le livra enfin au père Tellier. Ce fut ainsi que le cardinal de Rohan devint, malgré lui, le chef d'une cabale. Une compassion assez voisine du mépris le sauva de la haine publique. Il ne prêta guère que son nom, son palais et sa table aux prélats du parti, et sa voix au père Tellier, dont il recevoit bénignement les ordres, et l'avouoit quelquefois avec humilité.

Comme je n'écris pas une histoire ecclésiastique, mais celle des hommes de mon temps, je ne rapporterai que des faits purement humains.

Le Roi voulant faire recevoir une bulle que son confesseur lui faisoit croire qu'il avoit demandée, il ordonna une assemblée des évêques qui se trouvoient à Paris. Il y en avoit quarante-huit, non compris le cardinal de Noailles; et ils s'assemblèrent pendant quatre mois, sans pouvoir parvenir à l'unanimité de sentimens. Enfin quarante, à la tête desquels étoit Rohan, et derrière eux Tellier, acceptèrent la bulle; et huit, unis à Noailles, demandèrent des explications.

Les acceptans ne s'accordoient pas trop entre eux, du moins quant aux propos qu'ils tenoient dans les cercles, où la politique, la théologie, la philosophie, la morale, etc., se traitent plus gaîment que dans les lieux qui y sont consacrés.

Bissy et quelques autres crioient que la constitution étoit admirable. L'évêque de Soissons, Brulart de Sillery, un des acceptans, avouoit en soupirant que toute l'affaire, du commencement à la fin, n'avoit été qu'un mystère d'iniquité contre le cardinal de Noailles; que quelque parti qu'il eût choisi, à moins qu'il n'eût été déshonorant pour lui, on eût pris l'opposé. L'évêque du Mans, Du Crevy, disoit : « Je n'ai jamais lu le livre de Quesnel, mais j'en ai entendu « dire beaucoup de bien; et si, par notre acceptation « de la bulle, nous avons mis la foi à couvert, nous « n'y avons pas mis la bonne foi. » Crillon, évêque de Vence, et depuis archevêque de Narbonne, demandoit à de Langle, évêque de Boulogne, un des opposans, s'il prétendoit corriger le Pape : « Croyez-« vous, répondit de Langle, que le Pape soit incor-« rigible (1)? »

Le cardinal de Noailles ayant donné un mandement pour suspendre l'acceptation de la bulle, les acceptans en devinrent furieux. Rien ne peint mieux l'opinion qu'on avoit des acceptans, même à la cour, qu'une plaisanterie de la duchesse de Bourbon, fille naturelle du Roi. Ce prince se plaignant devant elle, chez madame de Maintenon, du chagrin que lui causoit la division des évêques : « Si l'on pouvoit, di-« soit-il, ramener les neuf opposans, on éviteroit le « schisme ; mais cela ne sera pas facile. — Hé bien, « sire, dit en riant la duchesse, que ne dites-vous « aux quarante de revenir à l'avis des neuf! ils ne « vous refuseront pas. » On voit quelle idée l'on avoit de la souple conscience des quarante prélats.

Cette orageuse constitution ne put être enregistrée au parlement qu'avec des modifications, et cela ne satisfaisoit pas les jésuites, qui vouloient l'enregistrement pur et simple.

Tellier eut un nouveau désagrément. L'évêque de Soissons, Sillery, mourut. Dans ses derniers momens, l'horreur des intrigues dont il avoit été complice frappa son imagination : il déclama contre la bulle, exhalant ses remords par des hurlemens qu'on entendoit de la rue.

(1) Pierre de Langle, breton, homme peu réservé, disoit un jour, devant milady Shrewsbury : « Pierre de Rome condamne Quesnel ; Pierre « de Boulogne l'absout. » L'Anglaise, toute protestante qu'elle étoit, trouva ce propos déplacé. « La différence des deux Pierre est grande, « lui dit-elle : Pierre de Boulogne n'est qu'un pierrot. » (V.)

Le Pape n'étoit pas plus content des modifications de la bulle que d'une opposition formelle. On lui proposa un concile national, qu'il goûtoit encore moins. On lui envoya cependant Amelot, en qualité de ministre plénipotentiaire, pour en tirer du moins quelques explications, ou demander la tenue d'un concile national.

C'est avec dégoût que je m'arrête sur une matière qui n'intéressera personne un jour; mais ayant été la seule affaire dont le Roi ait été occupé et tourmenté dans les derniers temps de sa vie, je fais céder le dégoût au devoir d'historien.

La seule distraction que Louis XIV ait eue dans ses malheurs domestiques fut l'audience publique qu'il donna à un ambassadeur de Perse, qui venoit, disoit-on, témoigner l'admiration du Roi son maître pour le plus grand monarque de la chrétienté. Jamais le Roi n'avoit paru avec plus de magnificence que le jour qu'il reçut cet hommage : il portoit dans sa parure toutes les pierreries de la couronne. Sa vieillesse, son air d'abattement même, inspiroient une sorte de pitié respectueuse, et ajoutoient à la majesté.

Beaucoup de personnes prétendirent que cet ambassadeur n'étoit qu'un aventurier (1) produit pour tirer le Roi de sa mélancolie, en lui rappelant sa grandeur passée. Ce qu'il y a de certain, c'est que Dipi, interprète des langues orientales, étant mort subitement entre le jour de l'entrée et celui de l'audience,

(1) Les Mémoires manuscrits de Breteuil, introducteur des ambassadeurs, racontent des scènes plaisantes de l'insolençe et des emportemens de cet ambassadeur. Breteuil fut obligé de prendre le ton menaçant. (V.)

on trouva un curé de campagne qui, ayant voyagé en Perse, fit les fonctions de Dipi; et ce curé, d'après les conversations qu'il eut avec cet ambassadeur, en porta le même jugement.

Il fallut en revenir au désagréable objet de la bulle. Tellier vouloit absolument qu'elle fût enregistrée sans la moindre modification, et persuada à son pénitent de tenir à ce sujet un lit de justice. Le Roi, pour s'en dispenser, manda le premier président de Mesmes, le procureur général d'Aguesseau, les trois avocats généraux Joly de Fleury, Chauvelin et Lamoignon, aujourd'hui chancelier. Le premier président et les deux derniers avocats généraux étoient livrés aux jésuites. D'Aguesseau, le plus instruit des magistrats du royaume, plein de probité, de candeur et de religion, étoit jaloux des droits de l'Eglise et du Roi; mais la douceur de son caractère fit craindre à sa femme (Ormesson) qu'il ne se laissât intimider par la présence du monarque. « Allez, lui dit-elle en « l'embrassant, oubliez devant le Roi femme et en« fans; perdez tout, hors l'honneur. » Il n'écouta que son devoir, et parla au Roi avec autant de lumière et de force que de respect. Fleury le seconda, et les autres n'osèrent les contredire. Le Roi, moins touché des raisons que blessé de la résistance, fut près de priver d'Aguesseau et Fleury de leurs charges.

Le confesseur, ayant vu l'inutilité de cette conférence, dit au Roi qu'il ne restoit d'autre moyen qu'un lit de justice, pour réduire un parlement rebelle et un prélat hérétique; qu'il falloit faire enlever le cardinal de Noailles, le conduire à Pierre-Encise, et de là à Rome, où il seroit dégradé en plein consistoire; suspendre d'Aguesseau de ses fonctions, et en charger par commission Chauvelin, qui feroit le réquisitoire.

Le Roi répugnoit à tant de violence; mais le fougueux confesseur effraya son pénitent du grand intérêt de Dieu, et le projet fut au moment de s'exécuter. Tellier en douta si peu, qu'il écrivit à Chauvelin pour lui détailler le plan de l'opération; mais Chauvelin ayant été ce jour-là même attaqué de la petite vérole dont il mourut, la lettre tomba en main tierce, et il s'en répandit des copies.

J'ai sous les yeux, dans le moment où j'écris, ce qu'on prétend être l'original de cette lettre; et j'avoue que la signature ne m'en paroît pas exactement conforme à celle de trois lettres de Tellier, auxquelles je viens de la confronter au dépôt des affaires étrangères.

Je soupçonne cette lettre une de ces fraudes pieuses que les différens partis se permettent, et dont l'usage remonte à la primitive Eglise.

Quoi qu'il en soit, je n'en suis pas moins certain du projet de Tellier, et de la manière dont il échoua, qui a été ignorée du jésuite même. Mademoiselle Chausseraie en eut tout le mérite. Il est à propos de la faire connoître.

Elle étoit fille d'un gentilhomme poitevin, nommé Le Petit de Verno, et d'une Brissac, veuve du marquis de La Porte-Vesins. Ayant perdu père et mère, elle seroit restée dans l'indigence, ou du moins dans l'obscurité, si le marquis de Vesins, son frère utérin, n'en eût pas eu pitié. Il lui procura de l'éducation, et engagea par son exemple les Biron, les Villeroy, les Brissac à s'intéresser pour une orpheline qui leur appartenoit de fort près du côté maternel, et dont ils ne vouloient pas d'abord entendre parler. Elle leur fut enfin présentée : bientôt elle leur plut par sa figure et ses manières, et ils la firent entrer chez Madame, belle-sœur du Roi, en qualité de fille d'honneur. Grande, bien faite, et d'une figure agréable, elle avoit beaucoup d'esprit et encore plus de jugement, et une physionomie de candeur et une naïveté dont elle eut l'adresse de conserver l'extérieur et le ton, lorsque l'usage de la cour lui en eût fait acquérir toute la finesse. Le Roi, qui la vit souvent chez Madame, prit pour elle le goût qu'inspirent naturellement celles qu'on nomme vulgairement de bonnes créatures, espèce si rare dans les cours, et à qui ce titre, une fois confirmé, permet des familiarités que d'autres n'oseroient pas prendre. Elle eut des amis dans tous les temps, dans toutes les classes, dans les partis les plus opposés, et obligea les ministres à des égards pour elle, sans les rendre ses ennemis. Ils lui firent une fortune considérable, qu'elle augmenta encore dans la régence. Elle se retira à un certain âge de chez Madame, dont elle conserva les bontés, et continua d'aller de temps en temps faire sa cour au Roi, qui lui donnoit toutes les audiences particulières qu'elle vouloit. Elle a passé toute sa vie dans l'intrigue, et l'habitude lui en avoit fait un besoin. Elle a rendu gratuitement mille services, ignorés de ceux qui les recevoient, et qu'elle ne connoissoit pas, souvent par le seul plaisir d'intriguer, ou pour traverser des intrigantes à gages : elle en fit renoncer au métier. Ce fut elle qui sauva le cardinal de Noailles.

Quand elle alloit passer quelques jours à Versailles, elle logeoit chez la duchesse de Ventadour son amie, le rendez-vous de la cabale jésuitique. L'intimité qui régnoit entre la duchesse et elle, l'indifférence, l'inattention que celle-ci avoit et affectoit encore davantage pour les affaires de la constitution, faisoient que, sans lui confier précisément ce qui se machinoit, on ne se cachoit pas d'elle. Mais pour cette fois le cardinal de Rohan, supposant que tout ce qui se trouvoit dans sa société ne pouvoit pas avoir d'autres intérêts que les siens, confia le secret à la Chausseraie, afin, dit-il, qu'étant notre amie, elle jouisse d'avance du triomphe de la bonne cause. Il lui déclara donc que l'ordre d'enlever le cardinal de Noailles devoit s'expédier le lendemain. Elle applaudit à cette sainte violence avec un transport dont Rohan fut la dupe, et conçut à l'instant le projet de sauver Noailles, pour qui elle avoit un respect que lui avoit inspiré l'abbé Digné, son parent et son ami. Elle se procura le jour même un tête-à-tête avec le Roi. Elle avoit avec lui cette liberté qu'on prend avec quelqu'un qu'on a bien persuadé qu'on l'aime.

« Sire, lui dit-elle, je ne vous trouve pas aussi « bon visage qu'hier; vous avez l'air triste : je crois « qu'on vous donne du chagrin. — Tu as raison, ré- « pondit le Roi, j'ai quelque chose qui me tracasse : « on veut m'engager dans une démarche qui me ré- « pugne, et cela me fâche... — Je respecte vos se- « crets, sire, poursuivit-elle ; mais je parierois que « c'est pour cette bulle où je n'entends rien. Je ne

« suis qu'une bonne chrétienne, qui ne m'embarrasse « pas de leurs disputes. Si ce n'est que cela, vous êtes « trop bon; laissez-les s'arranger comme ils voudront. « Ils ne pensent qu'à eux, et ne s'inquiètent ni de « votre repos ni de votre santé. Voilà ce qui m'inté- « resse moi, et ce qui doit intéresser tout le royaume. « —Tu fais bien, mon enfant, reprit le Roi en se- « couant la tête; j'ai envie de faire comme toi.— « Faites donc, sire, dit-elle; au diable toutes ces « querelles de prêtres! reprenez votre santé, et tout « ira bien. »

Ce fut avec de pareils propos que la Chausseraie dérangea toute la machine. Le lendemain, dès quatre heures du matin, elle monta en chaise de poste, et se fit précéder à l'archevêché par un homme de confiance, un peu plus que son ami (1), et de qui je tiens ce détail. Elle rendit compte de tout au cardinal, lui recommanda de ne point sortir de Paris, où l'on craindroit de révolter le public par un acte de violence, repartit aussitôt pour Versailles, et rentra dans sa chambre avant que personne eût encore paru. Vers midi, elle trouva chez la duchesse la cabale fort consternée, et sut qu'après la prière le Roi avoit dit au père Tellier qu'il ne falloit plus penser au parti proposé; que le confesseur ayant voulu insister, le Roi avoit coupé court si sèchement et avec tant d'humeur, qu'il n'y avoit pas lieu d'y revenir sans s'expo-

(1) J'ai souvent entendu raconter ces mêmes faits à Duclos : il nommoit cet ami intime, qui est mort plus de quarante ans après, et que j'ai vu dans une des premières places du département des affaires étrangères, M. de Bus..... Mademoiselle Chausseraie a souvent dit au même homme les détails de l'empoisonnement de Madame, en 1671. (V.)

ser à se perdre. La Chausseraie en instruisit le cardinal par un exprès, et tout fut fini à cet égard.

Tellier n'en fut que plus ardent à presser le lit de justice; mais il n'y réussit pas mieux. Tout alloit bientôt changer de face.

Le Roi dépérissoit à vue d'œil : cependant le 9 août il courut encore le cerf dans sa calèche, qu'il mena lui-même. Le dimanche 11, il tint conseil, et se promena ensuite dans les jardins de Trianon : mais il en revint si abattu, que ce fut sa dernière sortie. Le mardi 13, il fit effort pour donner l'audience de congé à l'ambassadeur de Perse. Il ne cessa de s'habiller que le 19; mais il continua jusqu'au 23 de tenir conseil, de travailler avec ses ministres, et de manger en présence des courtisans qui avoient les entrées. Les soirs, madame de Maintenon, les dames familières de Caylus, d'O, de Dangeau et de Lévis, les légitimés, le chancelier et le maréchal de Villeroy, se rendoient chez le Roi, où il y avoit concert. Cela dura jusqu'au 25, jour de Saint-Louis.

Le Roi, qui avoit fait venir la gendarmerie, s'étoit flatté jusqu'au 22 d'en faire la revue lui-même, et s'étoit fait préparer un lit; mais se trouvant trop foible, il en chargea le duc du Maine. Le duc n'auroit pas laissé d'être embarrassé de remplir une telle fonction aux yeux du public, par préférence au duc d'Orléans, et en sa présence. Pour éviter le parallèle, il fit suggérer au jeune Dauphin, par la duchesse de Ventadour sa gouvernante, l'envie de voir la revue, afin que le duc du Maine ne parût la faire que sous les ordres du Dauphin. Le Roi y consentit; et il falloit que l'arrangement eût été préparé de loin, car le petit uniforme de capitaine de gendarmerie se trouva fait à point nommé pour l'enfant, qui depuis quelques jours venoit de quitter la robe. Le duc d'Orléans affecta de paroître à la tête des compagnies de son nom ; il y salua le Dauphin, et se retira ensuite.

Le 25, jour de la Saint-Louis, sur les sept heures du soir, les musiciens s'arrangeoient déjà pour le concert, lorsque le Roi se trouva mal : on les fit sortir, et l'on appela les médecins, qui jugèrent qu'il étoit temps de faire recevoir au Roi les sacremens. Tellier vint aussitôt le confesser ; et sur les onze heures le cardinal de Rohan et le curé de la paroisse arrivèrent, et l'on administra au Roi le viatique et l'extrême-onction.

Cette cérémonie achevée, le Roi fit venir le duc d'Orléans, et lui parla bas environ un quart-d'heure.

Le duc d'Orléans prétendit depuis que le Roi, en lui témoignant autant d'amitié que d'estime, l'avoit assuré qu'il lui conservoit tous les droits de sa naissance, lui avoit recommandé le royaume, et la personne du roi futur, et avoit ajouté : « S'il vient à manquer, vous serez le maître, et la couronne vous appartient. J'ai fait les dispositions que j'ai cru les plus sages ; mais comme on ne sauroit tout prévoir, s'il y a quelque chose qui ne soit pas bien, on le changera. » Ce qu'il y a de sûr, c'est que personne n'entendit un mot de ce que dit le Roi. Le lendemain 26, le Roi, après la messe, fit approcher de son lit les cardinaux de Rohan et de Bissy, en présence de madame de Maintenon, du père Tellier, du chancelier, du maréchal de Villeroy, et des officiers du service intérieur. « Je meurs, dit-il en s'adressant aux

« deux prélats, dans la foi et la soumission à l'É« glise. Je ne suis pas instruit des matières qui la « troublent; je n'ai suivi que vos conseils, j'ai fait « uniquement ce que vous avez voulu : si j'ai mal « fait, vous en répondrez devant Dieu, que j'en « prends à témoin. » Les deux cardinaux ne répondirent que par des éloges sur sa conduite; car il étoit destiné à être loué jusqu'au dernier instant de sa vie.

Le moment d'après, le Roi dit : « Je prends encore « Dieu à témoin que je n'ai jamais haï le cardinal de « Noailles. J'ai toujours été fâché de ce que j'ai fait « contre lui; mais on m'a dit que je le devois faire. » Là-dessus Blouin, Fagon et Maréchal se demandèrent à demi haut : « Ne laissera-t-on pas voir au Roi son « archevêque, pour marquer la réconciliation? » Le Roi, qui les entendit, déclara que, loin d'y avoir de la répugnance, il le désiroit, et ordonna au chancelier de faire venir l'archevêque, « si ces messieurs, dit-il « en regardant les deux cardinaux, n'y trouvent point « d'inconvénient. » Ils n'en trouvoient que trop pour eux : le moment étoit critique, et la réponse embarrassante. Laisser le vainqueur de l'hérésie mourir entre les bras d'un hérétique étoit d'un grand scandale à leurs yeux. Ils se retirèrent dans l'embrasure d'une fenêtre, pour en délibérer avec le confesseur, le chancelier, et madame de Maintenon. Tellier et Bissy jugèrent l'entrevue fort dangereuse, et la firent juger telle à madame de Maintenon. Rohan et le chancelier, portant leurs vues dans l'avenir, ne contredirent ni n'approuvèrent; et tous, se rapprochant du lit, recommencèrent leurs éloges sur la délicatesse de conscience du Roi, et lui dirent que cette démarche pourroit exposer la bonne cause au triomphe de ses ennemis ; qu'ils approuvoient cependant que l'archevêque pût venir, s'il vouloit donner sa parole au Roi d'accepter la constitution.

Le timide prince se soumit à leur avis, et le chancelier écrivit en conséquence à l'archevêque. Noailles sentit douloureusement ce dernier trait de ses ennemis, répondit avec respect, mais n'accepta pas les conditions, et ne put voir le Roi.

Dès-lors ce ne fut qu'un ingrat, un rebelle ; et l'on n'en parla plus, afin que le Roi mourût en paix.

Dans la même matinée, le Roi se fit amener le Dauphin par la duchesse de Ventadour, et lui adressa ces paroles, que j'ai copiées littéralement d'après celles qui sont encadrées au chevet du lit du Roi, au-dessus de son prie-dieu :

« Mon cher enfant, vous allez être bientôt roi d'un « grand royaume. Ce que je vous recommande le « plus fortement est de n'oublier jamais les obliga- « tions que vous avez à Dieu... Souvenez-vous que « vous lui devez tout ce que vous êtes....

« Tâchez de conserver la paix avec vos voisins.

« J'ai trop aimé la guerre : ne m'imitez pas en cela, « non plus que dans les trop grandes dépenses que « j'ai faites.

« Prenez conseil en toutes choses, et cherchez à « connoître le meilleur, pour le suivre toujours.

« Soulagez vos peuples le plus tôt que vous pourrez, « et faites ce que j'ai eu le malheur de ne pouvoir « faire moi-même.

« N'oubliez jamais les grandes obligations que vous « avez à madame de Ventadour. Pour moi, madame

« (en se retournant vers elle), je suis bien fâché de « n'être plus en état de vous en marquer ma recon- « noissance. »

Il finit, en disant à M. le Dauphin : « Mon cher en- « fant, je vous donne de tout mon cœur ma bénédic- « tion. » Et il l'embrassa ensuite deux fois, avec de grandes marques d'attendrissement.

La duchesse de Ventadour, voyant le Roi s'attendrir, emporta le Dauphin. Le Roi fit entrer successivement les princes et les princesses du sang, et leur parla à tous ; mais séparément au duc d'Orléans et aux légitimés, qu'il fit venir les premiers. Il remercia tous ses officiers domestiques des services qu'ils lui avoient rendus, et leur recommanda le même attachement pour le Dauphin.

L'après-dînée, le Roi s'adressant à tous ceux qui avoient les entrées, leur dit : « Messieurs, je vous « demande pardon du mauvais exemple que je vous « ai donné. J'ai bien à vous remercier de la manière « dont vous m'avez toujours servi, de l'attachement « et de la fidélité que vous m'avez marqués : je suis « bien fâché de n'avoir pas fait pour vous tout ce que « j'aurois bien voulu. Je vous demande pour mon « petit-fils la même application et la même fidélité « que vous avez eues pour moi. J'espère que vous « contribuerez tous à l'union, et que si quelqu'un « s'en écartoit, vous aiderez à le ramener. Je sens « que je m'attendris, et que je vous attendris aussi : « je vous demande pardon. Adieu, messieurs : je « compte que vous vous souviendrez quelquefois de « moi. »

Le mardi 27, le Roi, n'ayant auprès de lui que madame de Maintenon et le chancelier, se fit apporter deux cassettes dont il fit tirer et brûler beaucoup de papiers, et donna pour les autres ses ordres au chancelier. Il fit ensuite appeler son confesseur; et après lui avoir parlé bas, il fit venir le comte de Pontchartrain, et lui ordonna d'expédier l'ordre de porter son cœur aux Jésuites, et de l'y placer vis-à-vis celui de Louis XIII, son père.

Ce fut avec le même sang froid qu'il fit tirer d'une cassette le plan du château de Vincennes, et l'envoya à Cavoie, grand maréchal-des-logis, pour faire les logemens de la cour, et y conduire le jeune Roi : ce furent ses termes. Il lui arriva même quelquefois de dire : « Dans le temps que j'étois roi. » Puis, s'adressant à madame de Maintenon : « J'avois toujours ouï « dire qu'il est difficile de mourir : je touche à ce « dernier moment, et je ne trouve pas cette résolu- « tion si pénible. » Madame de Maintenon lui dit que ce moment étoit effrayant quand on avoit de l'attachement au monde, et des restitutions à faire. « Je « ne dois, comme particulier, reprit le Roi, de res- « titutions à personne : pour celles que je dois au « royaume, j'espère en la miséricorde de Dieu. Je « me suis bien confessé; mon confesseur veut que « j'aie une grande confiance en Dieu : je l'ai tout en- « tière. » Quel garant que le père Tellier pour la conscience d'un roi !

Le mercredi 28, le Roi, s'entretenant avec son confesseur, aperçut dans la glace deux domestiques qui pleuroient au pied de son lit. « Pourquoi pleurez- « vous? leur dit-il; m'avez-vous cru immortel? Mon « âge a dû vous préparer à ma mort. » Puis, regardant madame de Maintenon : « Ce qui me console de « vous quitter, c'est l'espérance que nous nous re-« joindrons bientôt dans l'éternité. » Elle ne répondit rien à cet adieu, qui parut lui répugner beaucoup. Boulduc, premier apothicaire, m'a assuré qu'elle avoit dit en sortant : « Voyez le rendez-vous qu'il me « donne ! Cet homme-là n'a jamais aimé que lui (1). » Ce propos, que je ne garantirois pas, parce que les principaux domestiques ne l'aimoient point, seroit plus de la veuve de Scarron que d'une reine. Elle alla tout de suite à Saint-Cyr, comptant y rester.

Un empirique de Marseille, nommé Le Brun, se présenta avec un élixir qu'il annonçoit comme un remède sûr contre la gangrène, qui faisoit beaucoup de progrès à la jambe du Roi. Les médecins, n'espérant plus rien de son état, lui laissèrent prendre quelques gouttes de cet élixir, qui parut le ranimer ; mais il retomba bientôt. On lui en présenta une seconde prise, en lui disant que c'étoit pour le rappeler à la vie. « A « la vie ou à la mort, dit-il en prenant le verre : tout « ce qu'il plaira à Dieu. » Il demanda ensuite une absolution générale à son confesseur.

Depuis que le Roi s'étoit alité, la cour se rapprochoit sensiblement du duc d'Orléans : bientôt la foule avoit rempli son appartement. Mais le jeudi 29, le Roi ayant paru se ranimer, ce mieux apparent fut si exagéré, que le duc d'Orléans se trouva seul.

(1) M. Duclos, l'apothicaire Boulduc, qui étoit homme de mérite, et dont j'ai connu les enfans, n'a point entendu les paroles qu'on attribue à madame de Maintenon. Il les a crues sur la foi de quelqu'un, comme vous sur la sienne. Je crois que cela est imaginé par quelque plaisant de l'OEil-de-bœuf, où parfois on s'avisoit d'imaginer des contes à petit bruit. (V.

Le Roi s'étant aperçu de l'absence de madame de Maintenon, en montra du chagrin, et la demanda plusieurs fois. Elle revint aussitôt, et lui dit qu'elle étoit allée unir ses prières à celles de ses filles de Saint-Cyr.

Le lendemain 30, elle demeura auprès du Roi jusqu'au soir, que, lui voyant la tête embarrassée, elle passa dans son appartement, partagea ses meubles entre ses domestiques, et retourna à Saint-Cyr, d'où elle ne sortit plus.

Depuis ce moment, le Roi n'eut que de légers instans de connoissance, et passa ainsi la journée du samedi 31. Sur les onze heures du soir, le curé, le cardinal de Rohan, et les ecclésiastiques du château, vinrent dire les prières des agonisans. Cet appareil rappela le mourant à lui-même : il répondit d'une voix forte aux prières; et reconnoissant encore le cardinal de Rohan, il lui dit : « Ce sont les dernières « grâces de l'Eglise. » Il répéta plusieurs fois : « Mon « Dieu, venez à mon aide; hâtez-vous de me se- « courir ! » et tomba dans une agonie qui se termina par sa mort le dimanche premier septembre, à huit heures un quart du matin.

Le lecteur qui aura vu le Journal historique du père Griffet, jésuite, copié d'après celui du marquis de Quincy, trouvera quelque différence entre la relation qu'il a faite de la dernière maladie du Roi, et ce que je viens d'en écrire. Le père Griffet en donne lui-même la raison : « Cette relation, dit-il, avoit été « communiquée au père Tellier, qui, n'ayant presque « pas quitté le Roi pendant sa dernière maladie, de- « voit être instruit mieux que personne de tout ce

« qui s'étoit passé dans la chambre. » Je e crois. Il ajoute : « Ce père ayant examiné cette relation, y fit « quelques observations, que nous avons vues écrites « de sa main. » Je le crois encore, comme si je l'avois vu moi-même. « Le marquis de Quincy, poursuit-il, « fit plusieurs changemens à son manuscrit, pour le « conformer à ces observations. » Je le vois bien.

Pour moi, j'ai écrit d'après les Mémoires les plus exacts, et les témoins oculaires les plus fidèles; mais je n'ai communiqué ma relation à personne qui eût intérêt de l'altérer. Aussi le père Griffet et moi ne sommes pas en contradiction : nous différons seulement par nos omissions. Griffet, d'après Tellier, supprime ce qui concerne le cardinal de Noailles. Ils ont supposé sans doute que d'autres s'en chargeroient, et ne se sont pas trompés. J'ai omis l'exhortation du cardinal de Rohan au Roi, en lui administrant le viatique : on supposera aisément que le cardinal fit un discours très-pieux, et l'on en trouvera des modèles dans les rituels.

Revenons un peu sur nos pas, et voyons les divers mouvemens qui agitoient la cour, depuis qu'on prévoyoit la mort prochaine du Roi.

Quelques avantages que le duc du Maine pût attendre du testament, il ne pouvoit se dissimuler ceux que le duc d'Orléans tireroit de sa naissance. Il n'ignoroit pas que l'édit de 1714, qui donnoit aux légitimés le droit de succession à la couronne, n'avoit pas eu l'applaudissement de la nation; que les princes du sang réclameroient un jour contre l'édit; que le testament de Louis XIII ayant été annulé (1), celui de

(1) Lorsque le testament de Louis XIII fut cassé au lit de justice de

Louis XIV pourroit avoir le même sort; et qu'au point d'élévation où il se trouvoit, il avoit autant à craindre qu'à espérer de l'avenir.

Le duc d'Orléans ne pouvoit pas douter que le testament ne lui fût défavorable; mais il ne doutoit pas davantage du parti qu'il tireroit de sa naissance et de ses qualités personnelles. Il se regardoit donc déjà comme régent du royaume, et prenoit d'avance des mesures sur la forme du gouvernement : il se proposoit d'établir des conseils pour les différentes parties de l'administration. Nous verrons bientôt comment il exécuta ce plan. Celui qu'il approuva sur les jésuites mérite d'être rapporté, quoiqu'il soit resté sans exécution.

Le procureur général d'Aguesseau, appuyé du duc de Noailles et de l'avocat général Fleury, proposèrent de chasser absolument du royaume toute la société des jésuites, comme on venoit de faire en Sicile. Le duc de Saint-Simon, qui ne les aimoit pas, prétend, dans ses Mémoires, que ce fut lui qui fit rejeter ce projet, comme ne convenant pas dans un temps de régence, où l'on devoit ménager Rome et l'Espagne (1).

On proposa ensuite de mander à Versailles, aussitôt

1643, le président Barillon, soit dérision, soit excès de flatterie pour la reine mère Anne d'Autriche, proposa d'aller jusques à ôter ce testament des registres. (D.)

(1) Cette conférence se tint à Versailles, chez le duc de Noailles, le dimanche 18 août. Le mémoire doit se trouver dans les porte-feuilles du maréchal de Noailles, et des héritiers de d'Aguesseau et de Fleury. J'en ai parlé au fils du dernier; mais comme les Fleury d'aujourd'hui ne pensent pas comme leur père en 1715, je n'en ai pas tiré des réponses nettes. (D.)

après l'établissement de la régence, les supérieurs des trois maisons de Paris. Le Régent les recevroit avec bonté, leur témoigneroit de l'estime pour leur compagnie, leur recommanderoit de ne s'occuper que de leurs exercices, les exhorteroit, avec une douceur mêlée de fermeté, à concourir à la paix; leur parleroit enfin de façon que, sans menaces directes, on leur fît comprendre qu'ils auroient tout à craindre en s'écartant de la route qu'on leur traçoit.

L'instant d'après, le Régent devoit faire venir le père Tellier seul, lui déclarer que ses fonctions étant finies, il étoit temps pour lui de se reposer; que les circonstances exigeoient qu'il se retirât à La Flèche, où il trouveroit tout ce qui peut contribuer à la commodité et à l'agrément, outre six mille livres de pension, payées d'avance; et le congédier sans attendre sa réponse.

Au sortir de cette courte audience, deux hommes sûrs, fermes et polis, devoient s'emparer du père Tellier et de son frère compagnon, les faire monter en carrosse, et les conduire tout de suite à La Flèche, pendant qu'on enlèveroit les papiers du jésuite.

L'intendant de la province, prévenu des ordres du Régent, auroit reçu et installé Tellier indépendant des jésuites, en lui défendant, de la part du Roi, d'écrire ou de recevoir aucune lettre que par la voie de l'intendance, où elle seroit vue. L'intendant devoit encore laisser ou changer à son gré le frère servant et les autres valets de Tellier payés par le Roi, et répondre enfin de toute sa conduite.

Dans l'intervalle du voyage des trois supérieurs à Versailles, les pères Tournemine, Doucin et L'Allemand devoient être enlevés, et leurs papiers saisis; les deux derniers mis au cachot dans des prisons séparées, ignorées du public, et à la place d'un grand nombre de malheureux qu'ils y avoient fait périr. Tournemine, traité différemment en considération de sa naissance, confiné pour le reste de ses jours dans le donjon de Vincennes, avec tous les secours pour la vie animale; mais sans encre ni papier, ni la moindre espèce de correspondance extérieure. En renvoyant de Versailles les trois supérieurs, on les auroit avertis de ne tirer aucune conséquence fâcheuse pour la compagnie de ce qu'ils apprendroient à leur arrivée à Paris, ni du traitement fait à trois brouillons pernicieux à l'Etat, tyrans de leurs confrères, à qui ils n'étoient pas moins odieux qu'au public.

A l'égard du Pape et de sa constitution, le duc d'Orléans se proposoit de prodiguer les termes de respect et de soumission au Saint-Père, de lui représenter qu'un temps de minorité, et l'autorité précaire d'un régent, n'étoient pas capables d'opérer ce que le roi le plus absolu n'avoit pu faire; l'exhorter à donner la paix à l'Eglise; laisser cependant voir toute la fermeté d'un parti pris; enfin, en employant les expressions les plus respectueuses, tenir la cour de Rome elle-même en respect. La foiblesse de Clément XI, qui lui avoit fait donner la bulle, l'auroit empêché de la soutenir : il l'eût ou retirée, ou regardée comme non avenue.

Le procédé étoit encore moins embarrassant avec le nonce Bentivoglio, homme sans mœurs, d'une vie scandaleuse, qui entretenoit publiquement une fille d'Opéra, dont il avoit un enfant que nous avons vu depuis sur le théâtre sous le nom de *la Duval*, et que le public n'a jamais voulu nommer autrement que *la Constitution*, à cause de son père, porteur de la bulle. Il ne s'agissoit que d'instruire le nonce du nouveau plan de gouvernement, lui accorder des audiences rares et courtes, le renvoyer communément au ministre des affaires étrangères; et, pour peu qu'il voulût cabaler, ou élever le ton, le menacer de mander le débordement de sa vie au Pape, et de lui faire perdre ainsi le chapeau de cardinal; donner en conséquence de nouvelles instructions au jésuite Laffiteau, aujourd'hui évêque de Sisteron, chargé alors de cette affaire à Rome, où il vivoit comme Bentivoglio à Paris; avertir les jésuites que leur conduite seroit éclairée à Rome, à Paris et dans les provinces; renvoyer tous les évêques chacun dans son diocèse, les contenir par leurs parens qui cherchent à s'avancer, et faire tenir la main à la résidence par le procureur général; remettre en vigueur la règle, qui ne s'étoit relâchée que depuis l'affaire de la constitution. Par cette règle, toute correspondance avec Rome étoit interdite aux ecclésiastiques. Tellier en avoit affranchi les prélats, et jusqu'aux moines de son parti : auparavant, aucun évêque n'y pouvoit écrire que par la voie du ministre des affaires étrangères, qui devoit voir les lettres et les réponses; et cette permission s'accordoit rarement. Le commerce nécessaire pour les bulles et pour les dispenses se faisoit uniquement par les banquiers. Il y avoit peu d'années (en 1705), que l'archevêque d'Arles, Mailly, depuis archevêque de Reims et cardinal, avoit été sévèrement réprimandé par le Roi pour avoir écrit de lui-même au Pape, et en avoir reçu un bref, quoiqu'il ne fût question que d'un présent de reliques. Les liaisons avec le nonce n'étoient pas moins interdites : prélats, prêtres ou moines, ne le voyoient que pour causes connues du ministre. Les bonnes lois ne manquent pas en France ; mais il n'y a point de ministre en faveur qui, pour étendre son pouvoir, n'en ait fait plier quelqu'une ; et la longue compression d'un ressort en fait perdre l'élasticité.

Le gouvernement des affaires ecclésiastiques étoit destiné au cardinal de Noailles. Ce triomphe de Mardochée éloignoit les cardinaux de Rohan et de Bissy. Peut-être n'auroient-ils pas fait beaucoup de résistance : Rohan auroit préféré la vie voluptueuse d'un grand seigneur au commerce dégoûtant que la constitution le forçoit d'avoir avec un tas de pédans qui, sans cela, n'étoient pas faits pour passer au-delà de ses antichambres. Bissy, affranchi du joug du père Tellier, et n'ayant plus rien à prétendre, n'auroit pas été fâché de faire oublier par quelles voies il s'étoit élevé.

Tous ces projets pouvoient être bons, et le duc d'Orléans les approuvoit; mais pour les exécuter il falloit d'abord qu'il fût régent, et il y avoit très-grande apparence que Louis XIV nommoit, par son testament, un conseil de régence, et non un régent : mais (ce qui étoit encore plus difficile) il auroit fallu au duc d'Orléans un caractère plus ferme et plus suivi qu'il ne l'avoit.

Le président de Maisons vint lui donner un conseil qui, s'il n'étoit pas d'un traître, étoit au moins d'un fou. Il lui conseilla de venir à main armée au parlement au moment de la mort du Roi, de forcer le dépôt, et d'enlever le testament. Le duc d'Orléans le remercia de son zèle, et rejeta un parti qui auroit indigné et aliéné toute la nation.

On lui suggéra un autre dessein qu'il fut près d'adopter, et qui, conduit avec prudence et fermeté, pouvoit réussir.

Comme il n'y avoit encore que les deux dernières régences où le parlement fût intervenu, il falloit, disoit-on, par un coup d'éclat, lui faire perdre l'idée qu'il pût prétendre à les donner.

Pour y parvenir, on se proposoit d'assembler dans une des pièces de l'appartement du Roi, au moment de sa mort, les pairs, les ducs héréditaires, les officiers de la couronne, et les secrétaires d'Etat. Tous étant en séance, le duc d'Orléans, ayant à côté de lui le duc de Bourbon, seul prince du sang en âge, le duc du Maine et le comte de Toulouse, auroit, d'un air de confiance et d'autorité, déclaré que, vu la nécessité pressante de pourvoir à l'administration de l'Etat, et son droit à la régence, il prenoit dès ce moment le timon du gouvernement, et les prioit de l'aider de leurs lumières; qu'il ne soupçonnoit pas que personne pût ni voulût s'y opposer. Si le duc du Maine, ou quelques-uns de ses amis secrets, eussent pris la parole, et montré de l'opposition, les autres auroient applaudi à une action qui relevoit leur dignité, les associoit au gouvernement, et auroient imposé au peu de mécontens.

L'acte dressé, faire assembler les troupes, et marcher tout de suite au parlement, non pour faire approuver, mais pour notifier, la régence; y déclarer le plan de gouverner par des conseils, sans nommer encore ceux qui devoient y entrer, et tenir ainsi chacun en respect, par l'espérance ou la crainte de s'en ouvrir ou de s'en fermer l'entrée; flatter le parlement d'y être admis, et prodiguer ces éloges qui persuadent si aisément la tourbe, mais d'un ton qui ne lui permet que l'approbation; faire lire ensuite le testament, pour en approuver les dispositions qui ne regarderoient pas la régence, et annuler le reste. Le duc du Maine, encouragé par le chancelier et le premier président ses amis, supposé qu'ils fussent demeurés tels après l'opération de Versailles, auroit peut-être entrepris de réclamer : le duc d'Orléans devoit lui imposer silence avec hauteur. On étoit sûr du lieutenant de police d'Argenson, qui, disposant de la populace, auroit fait recevoir le prince avec des acclamations sur le chemin, aux abords et dans les salles du Palais.

Reynolds, colonel des gardes suisses, étoit alors mécontent du duc du Maine; et le duc de Guiche, colonel des gardes françaises, qui se vendit six cent mille livres au duc d'Orléans pour le soutenir, en cas de besoin, le jour qu'il vint demander la régence au parlement, se seroit donné pour moins à un régent déjà reconnu par les pairs.

Le duc d'Orléans méditoit encore, dit-on, la réforme de quantité d'abus, l'abolition des survivances, le remboursement successif des brevets de retenue, et beaucoup d'autres réglemens que le public désire, et n'aura jamais. Il y a long-temps que de bons Français en sont réduits à souhaiter l'excès du mal, d'où sortira peut-être le remède. Je vois dans tous les temps les mêmes sottises et les mêmes clameurs ; je n'espère pas que la réformation nous soit réservée.

La reine de Pologne, d'Arquien, veuve de Jean Sobieski, vint se retirer à Blois. Elle avoit voulu autrefois se faire voir en France sa patrie, sous prétexte de prendre les eaux de Bourbon, et aller de là à la cour : mais elle rompit son voyage, sur ce qu'elle apprit que la Reine ne lui donneroit pas la main (1). Le dépit la rendit ennemie à la France : elle eut grande part à la ligue d'Ausbourg. Après la mort de Sobieski, elle alla à Rome, où, n'ayant pu obtenir le traitement qu'avoit eu Christine, reine héréditaire, elle en sortit, et vint se fixer à Blois en 1714.

Sa sœur, qui épousa le marquis de Béthune, étoit grand'mère de la maréchale de Belle-Ile.

(1) La Reine, mère de Louis XIV, donna la main à Marie de Gonzague, reine de Pologne, le jour de son mariage. (D.)

LIVRE SECOND.

Avant de nous engager dans le récit des événemens du règne présent, rappelons quelques traits de la vie privée de Louis xiv, qui le feront mieux connoître que des portraits tracés par la passion pour ou contre lui. Sa taille, son port, sa beauté dans sa jeunesse, la noblesse de ses traits dans un âge plus avancé, ses grâces naturelles, la dignité de ses propos, la majesté de sa personne, l'auroient fait distinguer au milieu de toutes les cours. Tel fut l'extérieur de Louis xiv, dont j'ai vu les restes dans mon enfance. Voyons son intérieur. Ce prince avoit l'esprit droit, un jugement sain, un goût naturel pour le beau et pour le grand, le désir du vrai et du juste. Une éducation soignée pouvoit étendre son esprit par des connoissances : on ne pensa qu'à le resserrer; fortifier son jugement par l'usage des affaires : on ne chercha qu'à l'obscurcir, en l'écartant du travail; développer ou rectifier son caractère : on désiroit qu'il n'en eût point. Une mère aussi avide qu'incapable de gouverner, subjuguée par le cardinal Mazarin, s'appliquoit à perpétuer l'enfance de son fils, qui ne fut, jusqu'à vingt-trois ans, que la représentation de la royauté. Elevé dans la plus grossière ignorance, il n'acquit pas les qualités qui lui manquoient, et ne conserva pas tout ce qu'il avoit reçu de la nature.

A la mort du cardinal Mazarin, Louis annonça qu'il alloit gouverner par lui-même; et dès qu'il ne fut plus ostensiblement asservi, il crut régner. En butte alors à tous les genres de séduction, il se laissa persuader qu'il étoit parfait, et dès ce moment il fut inutile de l'instruire. Il céda toujours aux impulsions de ses maîtresses, de ses ministres, ou de son confesseur. Il croyoit voir une obéissance servile à ses volontés, et ne voyoit pas que ses volontés lui étoient suggérées. Quelquefois les choses n'en allèrent pas plus mal. Par exemple, Colbert fait supprimer la charge de surintendant des finances; et le Roi croit les gouverner, parce qu'il se charge de toutes les signatures que faisoit Fouquet. Cependant Colbert s'empare heureusement de la véritable administration : il égale la recette à la dépense, forme une marine, étend le commerce, établit et multiplie peut-être trop les manufactures, encourage les lettres, les sciences et les arts. Tout fleurit : c'est alors le siècle d'Auguste. Voici le contraste.

Louvois, d'un génie puissant, d'une ame féroce, jaloux des succès et du crédit de Colbert, excite la guerre, dont il a le département. Il persuade au Roi de s'emparer de la Franche-Comté et des Pays-Bas espagnols, au mépris des renonciations les plus solennelles. Cette guerre en amène successivement d'autres, que Louvois avoit le malheureux talent de perpétuer. Celle de 1688 dut sa naissance à un dépit de l'orgueilleux ministre. Le Roi faisoit bâtir Trianon : Louvois, qui avoit succédé à Colbert dans la surintendance des bâtimens, suivoit le Roi, qui s'amusoit dans ces travaux. Ce prince s'aperçut qu'une fenêtre n'avoit pas autant d'ouverture que les autres, et le dit à Louvois : celui-ci n'en convint pas, et s'opiniâtra contre le Roi, qui insistoit, et qui, fatigué de la dispute, fit mesurer les fenêtres. Il se trouva qu'il avoit raison; et comme il étoit déjà ému de la discussion, il traita durement Louvois devant tous les ouvriers. Aman (1), humilié, rentra chez lui la rage dans le cœur; et là, exhalant sa fureur devant ses familiers, tels que les deux Colbert, Villacerf et Saint-Pouange, Tilladet et Nogent: « Je suis perdu, « s'écria-t-il, si je ne donne de l'occupation à un « homme qui se transporte sur des misères. Il n'y a « que la guerre pour le tirer de ses bâtimens: et, par « Dieu, il en aura, puisqu'il en faut à lui ou à moi. »

La ligue d'Ausbourg, qui se formoit, pouvoit être désunie par des mesures politiques. Louvois souffla le feu qu'il pouvoit éteindre; et l'Europe fut embrâsée, parce qu'une fenêtre étoit trop large ou trop étroite. Voilà les grands événemens par les petites causes. On doit distinguer deux hommes dans Louvois, *ce fondateur du despotisme des secrétaires d'Etat*. C'étoit sans doute un ministre supérieur pour conduire une guerre: ce qu'il fit pour faire réussir le siége de Gand est admiré par tous les militaires. Mais si on le considère comme citoyen, c'étoit un monstre: il eût immolé l'Etat à son ambition, à son humeur, au moindre élan de l'amour propre. Eh! que nous importent des talens dont on auroit pu nous épargner le malheureux emploi! En lisant l'histoire, je ne rencontre point d'éloge ampoulé d'un prince ou d'un ministre, que je ne m'attende à quelque disgrâce pour l'Etat. Nous admirons quelques-unes de leurs

(1) C'est sous ce nom que Racine a désigné Louvois dans la tragédie d'*Esther*. (D.)

opérations, et nous n'entendons plus les gémissemens des malheureux qu'ils ont faits, et qui étoient nos pères. Préférons, à ces météores brillans et destructeurs, l'administration d'un honnête homme qui regarde un Etat comme une famille dont il fait partie, et meurt sans laisser aux historiens une matière intéressante pour les lecteurs. Si le temps me permet d'écrire ces Mémoires jusqu'à nos jours, j'aurai occasion de parler de certains ministres aussi coupables que Louvois, et à qui je ne pourrai pas donner les mêmes éloges. Le chancelier Le Tellier, père de Louvois, qui connoissoit les talens de son fils, et l'opinion que le Roi avoit des siens, l'avoit proposé à ce prince comme un jeune homme d'un bon esprit, quoiqu'un peu lent, mais propre au travail, et capable de s'instruire, si Sa Majesté prenoit la peine de le diriger. Louis, flatté d'être créateur, donna des leçons à Louvois, qui les recevoit en novice. Ses progrès furent graduels, mais rapides. Le Roi s'étant une fois persuadé que c'étoit lui qui faisoit tout, le ministre fit bientôt faire tout ce qu'il vouloit lui-même : il se rendit maître absolu du militaire; et comme l'extérieur de la puissance en procure souvent la réalité, il s'attribua des honneurs et des priviléges jusqu'alors inconnus. Il assujétit les généraux à lui rendre compte directement. Le vicomte de Turenne fut le seul qui, ayant par lui-même une trop forte existence pour s'y soumettre, conserva avec le Roi une correspondance directe; ce qui n'empêchoit pas le ministre de voir toutes les lettres, et de concerter avec le Roi les réponses.

De la part d'un ministre puissant, une prétention vaut un droit, et l'usurpation le confirme; au point que le plus mince des successeurs, dans quelque département que ce soit, en jouit, et en peut librement abuser.

La plus digne action de Louvois donna la première atteinte à sa faveur. Louis XIV lui ayant communiqué, peu de temps après la mort de la Reine (1), le dessein d'épouser madame de Maintenon, il n'oublia rien pour l'en détourner; et voyant que c'étoit un parti pris, il tira du moins parole du Roi que le mariage ne seroit jamais déclaré. La cérémonie se fit, dans une chapelle des cabinets, par l'archevêque de Paris (Harlay), en présence de Louvois, de Montchevreuil et de Bontemps, premier valet de chambre, qui servit la messe, dite par le père de La Chaise.

Quelque temps après, Louvois sut que le mariage alloit se déclarer. Il en donna avis à l'archevêque, qui avoit aussi reçu la parole du Roi, et le pria de venir s'unir à lui pour représenter les engagemens pris avec eux. Avant même l'arrivée du prélat, Louvois, se jetant aux pieds du Roi, le conjura de lui ôter la vie, plutôt que de faire cet affront à la couronne. Louis voulut l'écarter; mais Louvois, lui serrant les genoux, ne le quitta point qu'il n'en eût obtenu une ratification de sa parole; et l'archevêque, qui vint

(1) Elle mourut le 30 juillet 1683. Quelques-uns fixent en 1686 le mariage du Roi avec madame de Maintenon : il y a apparence qu'il se fit plus tôt. Louis avoit encore besoin de femme, étoit dévot, et madame de Maintenon trop prude et trop ambitieuse pour n'être pas sage. La maréchale de Noailles, mère du maréchal d'aujourd'hui, étoit si persuadée de la nécessité d'un second mariage, qu'elle dit à madame de Montespan, après la mort de la Reine : « Il faut se presser de marier convenablement « cet homme-là, sans quoi il épousera peut-être la première blanchisseuse « qui lui plaira. » La maréchale a tenu ce propos à plusieurs personnes, et entre autres au président Hénault, de qui je le tiens. (D.)

ensuite, la fit confirmer. Madame de Maintenon employa inutilement tous les ressorts de la séduction : le Roi la pria de ne lui en plus parler. On conçoit le ressentiment qu'elle en conserva : elle résolut de perdre Louvois, d'en préparer les moyens, et d'en saisir les occasions.

Les fureurs exercées dans le Palatinat en 1689 excitèrent une indignation générale. Madame de Maintenon n'eut pas besoin d'en exagérer l'atrocité; la religion étoit inutile : l'humanité suffisoit pour servir de texte. Louvois, après avoir fait incendier Worms et Spire, eut encore la barbarie de proposer de brûler Trèves, pour empêcher les ennemis d'en faire leur place d'armes. Le Roi en fut révolté, et le lui défendit. Deux jours après, Louvois revint à la charge, et dit au Roi qu'une délicatesse de conscience l'empêchoit sans doute de consentir à la destruction de Trèves; mais que guerre et pitié ne s'accordant pas, lui Louvois, pour en décharger la conscience du Roi, avoit pris le tout sur soi, et venoit d'envoyer l'ordre de cette exécution militaire. Le Roi, ordinairement si maître de lui, se transporte de colère, saisit les pincettes, et veut en frapper Louvois. Madame de Maintenon se jette au devant, et laisse échapper le ministre effrayé. Le Roi le rappelle; et, les yeux enflammés : « Dépêchez un courrier; qu'il arrive à temps. « S'il y a une seule maison de brûlée, votre tête en « répondra. » Il ne fallut point de second courrier, le premier n'étoit pas parti. Les dépêches étoient prêtes; mais Louvois, déjà sur ses gardes par la façon dont la première proposition avoit été reçue, avoit suspendu le départ, jusqu'à ce qu'il eût vu le succès de sa tentative. Le premier courrier passa, dans l'esprit du Roi, pour avoir porté l'ordre sanguinaire; et le second, pour en avoir empêché l'exécution.

Cependant le Roi s'aliénoit de plus en plus : des choses moins graves combloient la mesure, et quelquefois des actions louables du ministre achevoient d'aliéner madame de Maintenon. Voici un exemple de l'un et de l'autre.

Le Roi voulut faire en personne le siége de Mons: Louvois, préférant avec raison d'appliquer les fonds aux dépenses nécessaires, dissuada ce prince d'emmener madame de Maintenon et ses familières, et Louis partit seul. Pendant le siége, Louis, se promenant un matin autour du camp, trouva une garde de cavalerie mal placée, et la plaça autrement. L'après-dînée, il retrouva cette garde changée de poste, et demanda à l'officier qui l'avoit mis là. Il répondit que c'étoit M. de Louvois. « Lui avez-vous dit que c'é-« toit moi qui vous avois placé?—Oui, sire.—N'ad-« mirez-vous pas Louvois! dit le Roi à ceux qui le « suivoient; il croit savoir la guerre mieux que moi. » Que cela fût ou non, le ministre ne devoit pas en faire montre si publiquement. Le Roi en fut apparemment piqué, car il en reparloit encore après la mort de Louvois.

Au retour de Mons, le Roi continuoit de travailler avec son ministre; mais c'étoit avec un froid, une humeur qui ne laissoit pas douter d'une disgrâce, qui ne fut prévenue que par la mort de Louvois. Le 16 juillet, au milieu d'un travail avec le Roi chez madame de Maintenon, il se trouva si mal, qu'il n'eut que le temps de se retirer, et de rentrer chez lui. Son fils, qu'il demanda en arrivant, accourut, et le trouva mort (1).

Dès que le Roi l'apprit, il envoya chercher Chamlay, et lui offrit la place de secrétaire d'Etat de la guerre, quoique Barbezieux en eût la survivance, depuis six ans qu'il travailloit sous son père. Chamlay avoit toujours passé pour le meilleur maréchal des logis d'une armée. Recherché par tous les généraux, estimé du Roi, et, qui plus est, de Turenne, il n'en étoit pas moins cher à Louvois; ce qui prouve qu'il étoit nécessaire à tous. Le Roi ne pouvant faire un meilleur choix pour le département de la guerre, le pressa fort de s'en charger. Mais Chamlay fit valoir les titres de Barbezieux, et finit par dire : « Si Votre « Majesté ne veut pas absolument donner la place au « fils, je la supplie de nommer tout autre que moi, « qui ne puis me revêtir de la dépouille de son père, « mon ami et mon bienfaiteur. » L'action de Chamlay étonna tout le monde, excepté lui, qui ne fut étonné que des éloges. Un tel procédé mérite bien

(1) On sut, par l'ouverture de son corps, qu'il avoit été empoisonné; et l'on prétendoit que le poison avoit été mis dans un pot à l'eau qu'il avoit toujours sur sa cheminée, dont il buvoit quand il se sentoit échauffé par le travail. Comme il faisoit alors très-chaud, il avoit bu un coup de cette eau avant d'aller chez le Roi. On arrêta un frotteur; mais peu de jours après il fut relâché, et la famille garda là-dessus un silence qui fit beaucoup parler. Les propos commençoient à se calmer, lorsqu'ils furent ranimés par la mort singulière d'un Italien nommé Seroni, médecin, domestique de Louvois, et qui étoit demeuré chez Barbezieux. Seroni s'étant enfermé dans sa chambre, jeta les hauts cris, comme un homme tourmenté de convulsions, sans vouloir ouvrir sa porte, et criant, à ceux qui vouloient lui apporter du secours, qu'il n'avoit que ce qu'il méritoit. Il expiroit, quand on força la porte. Les bruits, étouffés avec le même soin que la première fois, firent naître mille soupçons; mais on ne savoit sur qui les porter. (D.)

sa place dans l'histoire : de pareils faits ne surchargeront pas ces Mémoires. Barbezieux fut nommé le soir même. Il n'étoit pas encore majeur; mais le Roi, qui s'imagina avoir créé le père, déclara qu'il formeroit également le fils. Avec beaucoup d'esprit, il avoit pour le travail une facilité qui devient inutile quand elle est sans suite et sans application. Il fut dix ans décoré du titre de ministre, poursuivi par les affaires, et courant après les plaisirs, qui le tuèrent. A sa mort (en 1701), Chamillard, déjà contrôleur général, eut de plus le département de la guerre. Le Roi, en le nommant, s'expliqua encore comme il avoit fait sur Barbezieux. La création de Chamillard étoit plus difficile : il n'avoit pas l'esprit de Barbezieux; et, avec des vertus qui manquoient à Louvois, on auroit désiré qu'il en eût les talens. On a vu comment et pourquoi il fut sacrifié à madame de Maintenon.

Depuis la mort de Louvois, la guerre, continuée pendant six ans avec assez de succès, n'en avoit pas rendu la paix moins nécessaire à l'Etat. Par le traité de Ryswick, où elle fut conclue, Louis, obligé de renoncer au projet de rétablir Jacques II sur le trône d'Angleterre, et d'en reconnoître pour roi le prince d'Orange, sous le nom de Guillaume III, n'en conserva que plus d'aversion pour ce prince. La haine de Louis venoit de ce que le prince d'Orange, petit-fils de Charles premier, roi d'Angleterre, avoit refusé d'épouser la fille naturelle du Roi et de la duchesse de La Vallière. Louis ne concevoit pas qu'un prince d'Orange pût dédaigner une telle alliance. Celui-ci n'avoit d'abord rien négligé pour ramener le Roi; mais n'y pouvant réussir : « Si je ne puis, dit-il, avoir son

« amitié, j'aurai du moins son estime. » Il la méritoit à bien des égards, et ne parloit de Louis qu'avec dignité. Un jeune lord, à son retour de France, ayant dit à Guillaume que ce qui lui avoit paru de plus singulier à la cour de Louis étoit que ce prince eût une vieille maîtresse (madame de Maintenon) et un jeune ministre (Barbezieux) : « Cela doit vous apprendre, jeune « homme, qu'il n'a besoin ni de l'un ni de l'autre (1). »

Louis ne pouvoit pas ignorer combien il avoit fallu négocier pour conclure la paix et gagner le duc de Savoie, que l'orgueil de Louvois avoit si fort aliéné. Il devoit savoir que tous les ressentimens ne s'éteignent pas à la paix : au lieu d'en profiter pour soulager les peuples et réparer les malheurs de la guerre, on donna à Compiègne le spectacle d'un camp de Darius; et cette image de la guerre exigea les mêmes dépenses que la réalité.

Depuis que le Roi avoit prétendu gouverner par lui-même, il n'avoit admis dans ses conseils aucun prince du sang. Il ne vouloit élever que ceux qu'il pouvoit anéantir comme il les avoit créés : un ministre étoit tout dans la faveur, et rien après sa chute. Le premier maréchal de Villeroy, gouverneur de Louis XIV, tenoit à ce sujet un propos qui, pour être bas, n'en

(1) Guillaume n'avoit pas toujours été si circonspect. N'étant encore que stathouder, et se trouvant à la représentation d'une pièce, à peine eut-il entendu le début d'un prologue à sa louange, qu'il fit retirer l'acteur : « Ce coquin, dit-il, me prend pour le roi de France. » On soupçonna cette scène d'avoir été concertée. Le prince Eugène en usa, après la bataille d'Hochstedt, d'une manière encore plus offensante : il invita les prisonniers français à un opéra, et, au lieu d'une pièce suivie, fit chanter cinq prologues de Quinault, pleins d'éloges pour Louis XIV. « Vous voyez, dit-il aux Français, que j'aime à entendre les louanges « de votre maître. » (D.)

étoit que plus expressif : « Il faut, disoit-il, tenir le « pot de chambre aux ministres tant qu'ils sont en « place, et le leur verser sur la tête quand ils n'y sont « plus. » Il ajoutoit : « Quelque ministre des finances « qui vienne en place, je déclare d'avance que je suis « son serviteur, son ami, et même un peu son parent. » Voilà de grandes qualités de courtisan : je doute que ce soient celles d'un homme propre à élever un roi.

Louis n'aimoit que l'esprit qui pouvoit contribuer à l'agrément de sa cour, à ses plaisirs, à ses fêtes, à la gloire de son règne, l'esprit enfin dont il ne pouvoit être ni embarrassé ni jaloux. Il protégea Molière contre les faux dévots ; mais la dévotion, vraie ou fausse, n'avoit pas encore alors percé à la cour. A l'égard de ceux qui l'approchoient et qui pouvoient le juger, il préféroit la soumission aux lumières, et disoit quelquefois qu'*il craignoit les esprits* : crainte assez ordinaire aux princes et à la plupart de ceux qui les représentent, à moins qu'ils n'aient eux-mêmes assez d'esprit pour ne pas craindre le parallèle. Il goûtoit une satisfaction puérile à voir baisser les yeux à ceux qu'il regardoit : tout fléchissoit devant un monarque dont la plus forte passion étoit d'être absolu, et de le paroître. Son fils, sans aucun crédit, fut toujours devant lui autant dans la crainte que dans le respect. Tout mérite qui pouvoit le blesser lui portoit ombrage. Son frère (Monsieur), ayant remporté une victoire à Cassel, reçut un froid éloge, et ne commanda plus. Il n'oublioit rien de ce qui inspiroit une sorte de vénération pour sa personne. Lorsque Monsieur venoit lui faire sa cour au dîner, il y restoit debout, jusqu'à ce que le Roi lui ordonnât de s'asseoir sur un tabouret, et quelquefois le faisoit mettre à table, pourvu qu'il arrivât avant que le Roi fût assis. Si Louis faisoit sentir sa majesté aux grands de sa cour, il la déposoit dans sa domesticité intérieure. Nul maître ne fut plus aisé à servir : il laissoit volontiers prendre à ses valets une espèce de familiarité, et plusieurs en usoient avec beaucoup d'adresse. Il n'étoit pas indifférent de les avoir pour amis : ils ont élevé ou renversé bien des fortunes ; et peut-être en est-il ainsi dans toutes les cours. Louis aimoit à leur voir marquer des égards par les seigneurs. Ayant envoyé un valet de pied porter une lettre au duc de Montbazon, ce duc, qui la reçut au moment où il alloit se mettre à table, força le valet, aux yeux de la compagnie, d'y prendre la première place, et le reconduisit ensuite jusqu'à la cour, comme étant venu de la part du Roi. Ce prince ne s'attendoit pas sans doute à cet excès de politesse, qu'un autre eût pu prendre pour une dérision ; mais il en sut gré, puisqu'il en reparla quelquefois avec complaisance.

Tout ce qui pouvoit rappeler à Louis XIV un temps de foiblesse dans le gouvernement révoltoit son ame. C'est ce qui lui rendit toujours désagréable le séjour de la capitale, d'où il avoit été obligé de sortir dans son enfance pendant les troubles de la Fronde. Cette répugnance pour Paris a coûté des milliards au royaume pour les bâtimens du superbe et triste Versailles, qu'on nommoit alors un favori sans mérite, assemblage de richesses et de chefs-d'œuvre de bon et de mauvais goût. En fuyant le peuple, dont la misère n'auroit blessé que ses yeux, il vouloit que sa cour fût également nombreuse et brillante. Il remarquoit exactement l'assiduité et les absences des courtisans. Si l'on demandoit une grâce pour un homme peu assidu, et fait pour la cour, il ne donnoit souvent d'autre raison du refus, sinon que ne le voyant jamais, il ne le connoissoit pas. S'il adressoit la parole à quelqu'un qui ne fût pas de ses familiers, c'étoit une distinction qui faisoit la nouvelle du jour. Il choisissoit parmi ceux qui se présentoient pour Marly; mais il vouloit toujours qu'on le demandât, dût-on être refusé.

Si Louis n'habita pas sa capitale, il voulut être instruit de tout ce qui s'y passoit; et les rapports ténébreux de la police étoient souvent des délations. Une autre espèce d'inquisition dont Louvois fut l'inventeur, et qui s'est conservée, est la violation du secret de la poste, attentat contre la foi publique. Tout citoyen est comptable de ses actions, le gouvernement a le droit de les éclairer; mais il n'en a aucun sur la pensée écrite, et une lettre est la pensée écrite. On ne doit pas entendre ce qui se dit à l'oreille d'un ami: on ne peut donner atteinte, à cet égard, à la liberté du citoyen que lorsqu'il s'est rendu justement suspect à l'Etat.

Un autre motif éloignoit encore Louis XIV de sa capitale: il craignoit d'abord d'exposer le scandale de ses amours aux yeux de la bourgeoisie, la seule classe de la société où la décence des mœurs subsiste ou subsistoit encore. Mais bientôt il se lassa de tant de circonspection. Madame de La Vallière fut la première maîtresse déclarée, et il la fit duchesse de Vaujour. Cette femme, d'un caractère doux, incapable de nuire, même de se venger, en cédant à sa foiblesse pour le Roi, regrettoit sa vertu. Ses remords, encore plus que les dégoûts causés par une rivale, la conduisirent aux Carmélites, où elle vécut trente-six ans dans la plus dure pénitence. Elle n'étoit pas encore retirée de la cour, que la marquise de Montespan (1) lui avoit déjà enlevé le cœur du Roi.

Le scandale d'un double adultère fit le plus grand éclat; et le Roi s'en inquiéta si peu, qu'il se fit suivre dans ses campagnes et dans les villes frontières par ses deux maîtresses, l'une et l'autre dans le même carrosse que la Reine. Les peuples accouroient, pour voir, disoient-ils, *les trois reines*. Louis ne gardoit plus de mesures : la cour se tenoit chez la nouvelle favorite. Les couches de la première avoient été secrètes, sans être ignorées; celles de la seconde étoient publiques. La marquise de Thianges, sa sœur, faisoit avec elle les honneurs des fêtes brillantes que le Roi donnoit sans cesse. L'abbesse de Fontevrault, autre sœur pleine d'esprit, de grâces et d'érudition, aimée et respectée de tout son ordre, y maintenoit la règle par son exemple tant qu'elle étoit dans le

(1) Elle rejeta d'abord les propositions du Roi, et conseilla à son mari de l'emmener dans ses terres. Montespan s'opiniâtra à demeurer à la cour; et lorsque sa femme eut cédé aux poursuites du Roi, il fut exilé en Guienne, après avoir été quelque temps à la Bastille pour les propos qu'il tenoit, et la folie qu'il fit de prendre le deuil comme veuf. La femme, de son côté, quitta les armes et les livrées de son mari, et prit celles de sa maison, qui étoit Rochechouart. Cet exemple fut suivi depuis par madame de Maintenon, et l'a été de nos jours. Le Roi, croyant ne pouvoir pas faire duchesse madame de Montespan du vivant de son mari, qu'il ne vouloit ou n'osoit faire duc, et qui même eût refusé de l'être par un tel canal, la nomma surintendante de la maison de la Reine, et par là lui donna le tabouret. On n'a pas été depuis si embarrassé.

La place de surintendante avoit été créée pour la comtesse de Soissons (Mancini), qui fut forcée de donner sa démission. (D.)

cloître; ce qui ne l'empêchoit pas de venir par intervalles montrer son voile et sa croix dans cette cour de volupté. Personne n'y trouvoit d'indécence; et l'on en auroit été édifié, si le Roi l'avoit voulu. En effet, il est le seul prince dont l'exemple n'ait pas fait autorité pour les mœurs publiques. Les courtisans les plus dissolus étoient encore obligés à une sorte de décence extérieure : autrement ils auroient craint de lui déplaire. Quelques-uns n'osoient pas même juger intérieurement leur maître : ils respectoient en lui ce qu'ils se seroient cru coupables d'imiter, semblables à certains païens que la pureté de leurs mœurs n'empêchoit pas d'adorer un Jupiter séducteur et adultère.

Madame de Montespan, belle, et avec ce tour d'esprit alors, dit-on, particulier aux Rochechouart, étoit haute, capricieuse, dominée par une humeur qui n'épargnoit pas même le Roi. La Reine en éprouvoit des hauteurs, et disoit souvent : « Cette ..... me fera « mourir; » au lieu que la duchesse de La Vallière, par ses respects, ses soumissions, par sa honte même, sembloit lui demander pardon d'être aimée : aussi en fut-elle toujours traitée avec bonté (1).

Je ne parle point de madame de Fontange, dont la vie fut si courte; je ne réveille point les bruits sur madame de Soubise, qui fortifia souvent les soupçons par son affectation à les écarter (2). Je ne rap-

(1) La Reine étant allée la voir aux Carmélites, voulut la faire asseoir comme duchesse; mais cet honneur lui rappelant ses foiblesses, elle pria la Reine de l'en dispenser. « Je ne suis et ne dois plus, dit-elle, être que « religieuse. » Lorsqu'elle apprit la mort de son fils, le duc de Vermandois : « Il faut donc, dit-elle, que je pleure sa mort avant d'avoir achevé « de pleurer sa naissance ! » (D.) — (2) Quelques-uns assuroient que le

pelle les galanteries du Roi que pour mieux faire connoître ce prince et sa cour. Je ne m'arrêterai point sur les commencemens de madame de Maintenon, si connus par tant de Mémoires : je n'envisagerai que le changement de scène qui se fit à la cour par elle, ou à son occasion.

Tant que le Roi avoit été occupé de ses amours, la cour avoit été galante : aussitôt que le confesseur s'en fut emparé, elle devint triste et hypocrite. On s'étoit empressé aux fêtes, aux spectacles; on courut à la chapelle : mais le Roi étoit toujours le dieu à qui s'adressoit un nouveau culte. Il ne tint qu'à lui de s'en apercevoir quelquefois. Un jour que ce prince devoit venir au salut, les travées étoient pleines de dévots et dévotes de cour. Brissac, major des gardes du corps, entre dans la chapelle, dit tout haut aux gardes que le Roi ne viendroit point, et les fait retirer. Les travées se vident à l'instant : il n'y reste que la marquise de Dangeau, et trois ou quatre autres femmes. Un quart-d'heure après, Brissac replace les gardes. Le Roi, en arrivant, est étonné d'une solitude si extraordinaire. Brissac lui en dit la raison : le Roi en rit, et peut-être excusa-t-il l'indifférence qu'on marquoit pour le salut par le respect et la crainte qu'on témoignoit pour sa personne.

Le Roi ayant commencé à tourner vers la dévotion, madame de Maintenon l'y porta de plus en plus. Dans les situations fâcheuses et subalternes où elle avoit passé sa vie, elle avoit affiché la pruderie : il ne s'agissoit pas de changer de rôle à un âge où tant d'autres

cardinal de Rohan, grand aumônier à la fin du règne, étoit le fruit de cet amour. (V.)

le prennent. Ce n'étoit plus que par là qu'elle pouvoit s'assurer du Roi. Née dans la misère, elle avoit souvent été obligée, pour en sortir, de se plier aux différens caractères : cette habitude lui fut d'un grand secours auprès du Roi. Elle savoit que le foible de ce prince, jaloux de son autorité, étoit de paroître tout faire par lui-même : elle en tiroit jusqu'aux moyens de le faire vouloir ce qu'elle désiroit. Toujours dans la contrainte, d'abord pour subsister, ensuite pour s'élever, enfin pour régner, elle ne fut jamais heureuse, et n'a mérité l'excès ni des satires ni des éloges dont elle a été l'objet.

Le travail des ministres et des généraux avec le Roi se faisoit chez elle, et en sa présence. Ils comprirent qu'ils ne lutteroient pas de crédit contre elle : ne pouvant la renverser, ils se soumirent, et discutoient avec elle les affaires avant de les rapporter devant le Roi. Jamais elle ne prenoit la parole qu'il ne l'interrogeât, et elle répondoit avec une réserve, un air de désintéressement qui écartoit toute apparence de concert entre elle et le ministre. Si le Roi venoit à soupçonner quelque intérêt de leur part, il prenoit le parti opposé; et s'ils osoient insister, il leur faisoit une sortie terrible. Il se repaissoit alors de l'opinion de son indépendance; et quand il avoit bien savouré cette idée, femme, ministres ou confesseur avoient pour long-temps la faculté de lui faire adopter les leurs.

Si le Roi étoit flatté de l'air soumis de madame de Maintenon dans les affaires, il l'en dédommageoit par plus de marques de respect et de galanteries qu'il n'en avoit jamais témoigné à ses maîtresses, ni à la

Reine. Aux promenades de Marly, enfermée dans une chaise pour éviter les moindres impressions de l'air, elle voyoit le Roi marcher à côté, se découvrant chaque fois qu'il se baissoit pour lui parler. C'étoit encore ainsi qu'on la vit placée sur une éminence au camp de Compiègne, entourée de toute la cour, le Roi debout à côté, pour répondre à ses questions, et la duchesse de Bourgogne assise sur un des bâtons de la chaise.

Dans l'appartement, il étoit encore moins possible de méconnoître une reine : assise dans une espèce de confessionnal, elle se levoit un instant quand Monseigneur ou Monsieur entroient, et parce qu'ils venoient rarement dans cet intérieur. Elle ne se dérangeoit nullement pour les princes et princesses du sang, qui n'y étoient admis que par audiences demandées, ou lorsqu'elle les envoyoit chercher pour quelque sèche réprimande. Jamais elle n'appela la duchesse de Bourgogne que *mignonne*, et celle-ci ne la nommoit que *ma tante*. A l'égard des fils et petits-fils de France, c'étoit toujours, et même en présence du Roi, *le Dauphin*, *la Dauphine*, *le duc de Berri*, etc., sans addition de *monsieur* ni de *madame* : bagatelles qui ne mériteroient pas d'être rappelées, si elles ne servoient à constater l'état de madame de Maintenon. Le Roi lui laissoit tout l'empire qui ne le gênoit pas lui-même ; car, sur cet article, il étoit sans aucun égard. S'il arrivoit chez madame de Maintenon, et qu'il la trouvât incommodée, quelquefois avec la fièvre, cela ne l'empêchoit pas de faire ouvrir les fenêtres, parce qu'il aimoit l'air. Il ne souffroit pas la moindre contrariété sur ses voyages.

On essaya en vain de rompre celui de Fontainebleau, à cause de la grossesse de madame de Bourgogne, ou de la faire au moins dispenser du voyage : représentations inutiles, il fallut partir. Elle fit une fausse couche, et il en fut consolé par la satisfaction d'avoir été obéi. L'âge et la dévotion sembloient endurcir un cœur naturellement peu sensible.

La révocation de l'édit de Nantes fut l'acte le plus terrible de cette dévotion fanatique. Louis prétendoit régner sur les consciences. La France, déjà ruinée par la guerre, le luxe et les fêtes, fut dépeuplée par les proscriptions, et les étrangers se sont enrichis de nos pertes. Louis ne fut que l'instrument aveugle de tant de barbarie : on lui peignoit des couleurs les plus noires ces hérétiques à qui son aïeul Henri devoit principalement la couronne; on ne lui parloit point de la Ligue. Madame de Maintenon, née dans le sein du calvinisme, craignit de rendre sa foi suspecte en intercédant pour ses premiers frères. Louvois, qui frémissoit de devenir inutile s'il n'entretenoit comme un feu sacré celui de la guerre, espéroit enflammer tout le protestantisme de l'Europe (1). Il n'eut pas même pour excuse l'aveuglement du fanatisme : il ne fut que barbare. D'autre part, des moines ignorans, des prêtres forcenés, des évêques ambitieux, crioient qu'il ne falloit qu'un Dieu, un roi, une religion, et persuadoient à un prince enivré de sa gloire que ce prodige lui étoit réservé. Une telle entreprise passe le pouvoir des rois : les esprits

(1) M. de Rulhière a développé ces faits avec infiniment de sagacité; il rend Louvois véritablement *exécrable*. Duclos n'a pas assez poussé ses recherches (V.)

se séduisent, les cœurs s'avilissent, mais les consciences se révoltent.

Deux religions sont sans doute un malheur dans un Etat; mais un gouvernement éclairé, sage, ferme et vigilant, est le seul et sûr moyen de les contenir. Si l'on se bornoit à donner les places, les dignités, les distinctions à la religion nationale et dominante, la secte méprisée tomberoit d'elle-même. Si deux religions ne peuvent rester absolument tranquilles dans un Etat, le seul remède est de les tolérer toutes, subordonnées à la dominante. Les haines partagées s'affoiblissent : une émulation de régularité et de mœurs peut naître de la division. L'Angleterre et la Hollande doivent peut-être autant leur tranquillité religieuse à la multiplicité des sectes qu'à leur police.

Il est fâcheux pour l'honneur de Bossuet, dont le nom étoit d'un si grand poids dans les affaires de religion (1), qu'il n'ait pas employé son éloquence à défendre l'esprit de l'Evangile contre les furieux apôtres du dogme. Au lieu de ces volumes théologiques qu'on ne lit plus, il auroit donné des exemples du christianisme. Ce père La Chaise, dont on vantoit la douceur, ne pouvoit-il persuader à son pénitent qu'il n'expieroit pas le scandale de sa vie passée par des actes de fureur? Mais ce confesseur étoit un ministre qui craignoit de hasarder sa place, un prêtre timide

(1) Bossuet, ami du chancelier Le Tellier, s'en rapportoit à lui sur cette grande affaire, dont peut-être Louvois leur déroboit les secrets et horribles ressorts. Cela est vraisemblable. L'ambitieux intendant de Poitou, que Louvois mit en œuvre, en savoit plus long que le père de Louvois lui-même sur l'histoire secrète de la révocation de l'édit de Nantes. Il faut lire Rulhière pour s'en former une idée, sans pourtant adopter avec trop de confiance ses idées. Il avoit aussi son système. (V.)

qui trembloit devant celui qu'il voyoit à ses pieds. Loin d'entreprendre de les excuser, avouons que l'un et l'autre furent complices de la persécution. Le ministre de la guerre fut un des casuistes du Roi. Le chancelier Le Tellier, digne père de Louvois, signa l'édit de sang qui proscrivoit trois millions de citoyens, et, prêt à descendre dans le tombeau, se fit l'application sacrilége du cantique de Siméon.

Les gémissemens des vrais chrétiens étoient étouffés par des acclamations de louanges fanatiques. Les thèses d'apparat étoient dédiées au vainqueur de l'hérésie; la fureur du panégyrique avoit passé du théâtre dans les chaires. Les jésuites surtout se signalèrent en exaltant la puissance et la piété de Louis; ils flattoient son orgueil, et prévenoient ses remords. On ne lui parloit que de conversions opérées à sa voix; et des dragons étoient ses missionnaires, portant le fer et la flamme. Il se croyoit un apôtre, et se voyoit canonisé au milieu des monumens de ses adultères.

Le jésuite Tellier en usa dans la suite pour la constitution comme Louvois avoit fait contre les protestans : mêmes intrigues, même inquisition, mêmes séductions, menaces et tourmens. Si la tyrannie fut plus sourde, elle n'en fut pas moins cruelle, et Louis en fut toujours l'instrument.

Tel fut ce prince, surnommé *le Grand*, titre si prodigué aux princes tant qu'ils vivent, et que la postérité confirme si rarement. Louis le dut à ses premières prospérités, au concours des hommes célèbres en tous genres qui ont illustré son règne. Quand il n'en seroit que l'époque, un prince en recueille la gloire; et l'on peut en rapporter beaucoup à Louis XIV.

Son ardeur pour la gloire, son goût pour le grand et le noble, le désir de lui plaire, dont il faut encore lui faire honneur, puisque ses qualités personnelles l'inspiroient en partie, les récompenses, les distinctions qu'il accorda souvent au mérite, tout concourut à rendre son règne le plus brillant qu'il y ait eu depuis Auguste. Les lettres, les sciences, les arts, tous les talens naissoient à sa voix, et portoient son nom au-delà de l'Europe : ses bienfaits allèrent chercher le mérite chez les étrangers. On se glorifioit alors d'être Français, ou d'être connu en France. Les louanges idolâtres que des gens de lettres lui prodiguoient n'étoient pas absolument fausses de leur part, et pourroient être excusées : la majesté de sa personne, le faste même de sa cour, le culte qu'ils lui voyoient rendre, saisissoit leurs imaginations; l'enthousiasme devenoit contagieux : l'encens des adorateurs les enivroit eux-mêmes (1).

Cependant les rayons qui partent du trône n'échauffent que ceux qui en approchent : ils éblouissent au loin, et n'y portent point cette chaleur vivi-

(1) Tous ne sont pas de si bonne foi : quelques écrivains ne se prostituent que trop à ceux dont ils espèrent, ou qu'ils craignent. Le plus médiocre des princes, avec huit ou dix pensions répandues sur des écrivains de différentes nations, seroit sûr de se faire célébrer comme un grand homme : ces trompettes de la renommée ne sont pas chères. J'ai eu la curiosité de relever, dans les manuscrits de Colbert, l'état des pensions que Louis XIV donna aux gens de lettres français ou étrangers : le total ne monte qu'à soixante-six mille trois cent livres, savoir, cinquante-deux mille trois cent livres aux Français, et quatorze mille livres aux étrangers. Tous ceux qui en furent gratifiés reconnurent, sans difficulté, ce prince pour Louis-le-Grand. Leo Allatius, bibliothécaire du Vatican, refusa noblement la pension de quinze cents livres pour laquelle il étoit nommé, parce que la cour de Rome étoit alors brouillée avec celle de France. (D.)

fiante qui anime une nation. Tout fleurissoit à la cour, et la substance du peuple étoit l'aliment du luxe. Les grâces, disons mieux la reconnoissance du monarque (car il en doit), ne s'étendoit point sur un peuple dont il tiroit sa force et son éclat, sur les cultivateurs, genre d'hommes plus précieux que des artistes, des poëtes et des orateurs. Malheureusement ceux-ci flattent l'orgueil des princes, leur dispensent la gloire, trompent la postérité, et presque les contemporains. On ne connoîtroit pas la vérité, si des écrivains désintéressés, amis de l'humanité, n'avoient le courage de réclamer pour les hommes contre leurs oppresseurs. Je crois remplir ce devoir sacré. Je suis très-éloigné de vouloir dépriser les talens par leurs abus : c'est le premier, le plus beau, le seul luxe utile d'un grand Etat; mais, dans un édifice, on ne doit pas préférer les ornemens à la base.

Je n'ai dissimulé ni les bonnes qualités ni les défauts de Louis XIV; mais il seroit injuste de lui reprocher toutes ses fautes. Nous avons vu le peu d'éducation qu'il avoit reçu : ajoutons le soin qu'on avoit pris d'altérer les vertus qu'il pouvoit avoir, et voyons ce qu'on doit imputer à ceux qui l'approchoient. Jamais prince n'a été l'objet de tant d'adorations : les hommages qu'on lui rendoit étoient un culte, une émulation de servitude, une conspiration d'éloges qu'il ne rougissoit pas de recevoir, puisqu'on ne rougissoit pas de les lui donner. La dédicace de sa statue à la place des Victoires fut une apothéose. Les prologues d'opéra l'enivroient de l'encens le plus infect, au point qu'il les chantoit naïvement lui-même. L'évêque de Noyon (Clermont-Tonnerre), si glorieux et si bas, fonde un prix à l'Académie pour célébrer à perpétuité les vertus de Louis XIV, comme un sujet inépuisable. On venoit le matin, dans la chapelle du Louvre, entendre le panégyrique de saint Louis; et le soir, à l'assemblée, on assistoit avec plus de dévotion à celui de Louis XIV. Ce n'étoit point à son insu : on alloit sans pudeur lui communiquer le sujet de chaque éloge. Ce n'a pas été sans contradiction de la part de quelques serviles académiciens que je suis venu à bout de dénaturer le sujet du prix : tant l'ame qui a rampé a de peine à se relever (1). Le duc de Gramont, fils du premier maréchal de ce nom, demanda au Roi un brevet d'historiographe, pour être un flatteur en titre. Si on lui en préféra d'autres, la vérité n'y gagna pas davantage.

Faut-il s'étonner qu'au milieu d'une cour d'empoisonneurs, Louis ait pu tomber dans un délire d'amour propre et d'adoration de lui-même? Les maladies seules pouvoient lui rappeler qu'il étoit un homme. Il ne concevoit pas qu'on pût séparer l'Etat de sa personne : on ne lui avoit pas appris que, pour accoutumer les sujets à confondre ces deux idées, le prince ne doit jamais séparer leur intérêt du sien. Louvois, en inspirant à Louis XIV un esprit de conquêtes, lui

(1) Rien ne peint mieux l'impression que la présence du Roi faisoit dans les esprits, que ce qui arriva à Henri-Jules de Bourbon, fils du grand Condé. Il étoit sujet à des vapeurs que, dans tout autre qu'un prince, on auroit appelées folie. Il s'imaginoit quelquefois être transformé en chien, et aboyoit alors de toutes ses forces. Il fut un jour saisi d'un de ces accès dans la chambre du Roi. La présence du monarque imposa à la folie, sans la détruire. Le malade se retira vers la fenêtre; et, mettant la tête dehors, étouffa sa voix le plus qu'il put, en faisant toutes les grimaces de l'aboiement. (D.)

avoit persuadé qu'il pouvoit disposer des biens et du sang de ses peuples. De là sortirent ces armées immenses, qui forcèrent nos ennemis d'en opposer de pareilles : mal qui s'est étendu, et qui continue de miner la population de l'Europe. J'ai observé, dans ma jeunesse, que ceux qui avoient le plus vécu sous son règne lui étoient le moins favorables. Ces impressions se sont effacées, à mesure que les malheureux qui gémissoient sous lui ont disparu; mais comme il subsiste des monumens de sa gloire, son règne sera toujours une époque remarquable dans les fastes de la monarchie.

On peut regretter une certaine dignité qui faisoit alors respecter les hommes en place : il y a aujourd'hui moins de décence dans nos mœurs. Je sais que de tout temps on a exalté les vertus antiques : ces discours, répétés d'âge en âge, prouvent que les hommes sont, au fond, toujours les mêmes. Cependant il y a des siècles où le vice se montre plus ou moins à découvert; et jamais on ne s'est moins caché que pendant et depuis la dernière régence. On pourroit m'objecter l'hypocrisie, ce vice méprisable et odieux, si connu dans les dernières années de Louis XIV; mais il y avoit de moins les vicieux que fait naître l'exemple.

Quelle que soit ma façon de voir et de juger, j'ai exposé si fidèlement les faits, que je ne prive pas le lecteur de la faculté de porter un jugement différent du mien.

RÉGENCE DU DUC D'ORLÉANS.

SUITE DU LIVRE SECOND.

[1715] CONSIDÉRONS maintenant les principaux personnages qui vont paroître sur la scène. Le duc d'Orléans étoit d'une figure agréable, d'une physionomie ouverte, d'une taille médiocre; mais avec une aisance et une grâce qui se faisoient sentir dans toutes ses actions. Doué d'une pénétration et d'une sagacité rare, il s'exprimoit avec vivacité et précision. Ses réparties étoient promptes, justes et gaies. Ses premiers jugemens étoient les plus sûrs; la réflexion le rendoit indécis. Des lectures rapides, aidées d'une mémoire heureuse, lui tenoient lieu d'une application suivie : il sembloit plutôt deviner qu'étudier les matières. Il avoit plus que des demi connoissances en peinture, en musique, en chimie, en mécanique. Avec une valeur brillante, modeste en parlant de lui, et peu indulgent pour ceux qui lui étoient suspects sur le courage, il eût été général, si le Roi lui eût permis de l'être; mais il fut toujours en sujétion à la cour, et en tutèle à l'armée. Une familiarité noble le mettoit au niveau de tous ceux qui l'approchoient; il sentoit qu'une supériorité personnelle le dispensoit de se prévaloir de son rang. Il ne gardoit aucun ressentiment des torts qu'on avoit eus avec lui, et en tiroit avantage pour se comparer à Henri IV. Son insensibilité, à cet égard, venoit de son mépris pour les hommes : il supposoit que ses serviteurs les plus dévoués auroient été ses ennemis, pour peu que leur intérêt les y eût portés. Il soutenoit que l'honnête homme étoit celui qui avoit l'art de cacher qu'il ne l'est point : jugement aussi injuste pour l'humanité que déshonorant pour celui qui le porte. Il tenoit cette manière de penser de l'homme le plus corrompu (l'abbé depuis cardinal Dubois), qui ne croyoit pas à la vertu ni à la probité, et n'étoit pas fait pour y croire.

Le duc d'Orléans avoit eu successivement quatre gouverneurs (1), qui moururent à si peu de distance l'un de l'autre, que Benserade disoit qu'on ne pouvoit pas élever de gouverneur à ce prince. Saint-Laurent, officier de Monsieur, et homme du plus grand mérite, fut le précepteur; mais il mourut trop tôt pour son élève. Il avoit pris, pour copier les thêmes du jeune prince, l'abbé Dubois, moitié scribe, moitié valet du curé de Saint-Eustache. Lorsque Saint-Laurent mourut, le prince étoit assez grand pour que les sous-gouverneurs, à qui Dubois s'étoit attaché à plaire, dissuadassent Monsieur de prendre un précepteur en titre; et Dubois en continua les fonctions. La mémoire des gouverneurs et du précepteur fut toujours chère au duc d'Orléans; mais Dubois lui fit perdre celle de leurs leçons.

Il est assez curieux de connoître l'origine de cet homme singulier. Fils d'un apothicaire de Brives,

(1) Le maréchal de Navailles, le maréchal d'Estrades, le duc de La Vieuville, et le marquis d'Arcy, chevalier des ordres, et conseiller d'État d'épée. Les sous-gouverneurs furent La Bertière et Fontenay. (D.)

après avoir fait quelques études, il fut précepteur du fils du président de Gourgues. On prétend qu'il se maria ensuite secrètement. La misère lui inspirant le désir d'aller tenter fortune, d'accord avec sa femme, qu'il laissa en Limosin, il se rendit à Paris. Ignoré par sa propre obscurité, il entra au collége de Saint-Michel, pour y faire les fonctions les plus basses. Né avec de l'esprit, il acquit bientôt assez de littérature pour qu'un docteur de Sorbonne le retirât chez lui. Ce premier maître étant mort, le curé de Saint-Eustache le prit à son service. Ce fut là qu'il fut connu de Saint-Laurent, ami du curé. Souple, insinuant, prévenant, il obtint, sinon l'amitié, du moins la compassion de Saint-Laurent, qui le prit et l'employa sous lui, comme nous l'avons vu. On l'habilla convenablement, pour lui donner la vraie figure d'un abbé, relever un peu son extérieur piètre et bas, et le rendre présentable. Il s'insinua par degrés dans l'esprit du jeune prince, et finit par s'en emparer après la mort de Saint-Laurent.

Comme l'intimité laisse bientôt voir le caractère, l'abbé sentit qu'il seroit méprisé de son élève, s'il ne le corrompoit lui-même : il n'y oublia rien, et malheureusement n'y réussit que trop. On ne fut pas long-temps à s'apercevoir du crédit de l'abbé sur le prince; mais le peu d'importance du personnage le sauvant alors de la jalousie, on ne fut pas fâché d'avoir quelqu'un dont on pût se servir, dans l'occasion, comme d'un instrument sans conséquence.

Le dessein que le Roi prit de faire épouser mademoiselle de Blois, sa fille naturelle, au duc de Chartres, mit l'abbé Dubois en œuvre. Le Roi, qui sentit bien que Monsieur, tout soumis qu'il étoit, répugneroit à la proposition, et que la hauteur allemande de Madame en seroit indignée, pensa d'abord à s'assurer du consentement du duc de Chartres. Il sut que personne n'y réussiroit mieux que l'abbé Dubois, et le fit charger de cette commission. L'abbé avoit déjà persuadé à son disciple qu'il n'y avoit ni vice ni vertu; mais n'ayant pas été à portée d'attaquer ni même de connoître les maximes de l'honneur du monde, cela devenoit une entreprise. Il étoit plus difficile de détruire des préjugés d'orgueil que des principes de morale, et ces préjugés ne laissoient pas d'être fondés en raison. Dubois vint à bout d'en triompher, en effrayant le duc de Chartres de la puissance du Roi, et en lui présentant l'appât d'une augmentation de crédit et de dignité personnelle par la continuation des honneurs du Fils de France, supérieurs à ceux de petit-fils..

Le mariage fut conclu, malgré les incertitudes du duc de Chartres, les répugnances de Monsieur et les fureurs de Madame, qui donna un soufflet à son fils, à la première déclaration qu'il lui en fit.

Le duc de Chartres trouvoit d'ailleurs, dans la femme qu'il épousoit, figure, esprit, vertu, et noblesse de caractère; mais elle s'étoit fait sur sa naissance une illusion singulière : elle s'imaginoit avoir fait à son mari autant d'honneur qu'elle en avoit reçu. Fière de sa naissance, qu'elle devoit au Roi, elle ne faisoit pas la moindre attention à la marquise de Montespan, sa mère. On la comparoit assez plaisamment à Minerve, qui, ne reconnoissant point de mère, se glorifioit d'être fille de Jupiter. Cette manie ne l'empêchoit pas de se prévaloir, avec ses frères et ses sœurs, des honneurs qu'elle ne devoit qu'à son mariage. Moins sensible à l'amour qu'aux respects qu'elle exigeoit de son mari, elle eut toujours plus de dépit que de jalousie des maîtresses qu'il prit, et n'auroit pas fait les moindres avances pour le ramener.

Tant de hauteur fortifia le goût du duc d'Orléans pour une vie libre, qui devint quelquefois crapuleuse. Humain, compatissant, il auroit eu des vertus, si l'on en avoit sans principes : l'abbé Dubois les lui avoit fait perdre. La sujétion où le Roi le tenoit lui faisoit donner de grands éloges à la liberté anglaise (1). Il est vrai que celle qu'il désiroit pour lui, il la laissoit aux autres. Il eut quelquefois des rivaux, qui ne s'en cachoient pas trop. A l'égard de ses sociétés, il n'y étoit ni difficile ni gênant : dès qu'on lui plaisoit, on devenoit son égal. Malgré ses talens, et les ressources de son esprit, il ne pouvoit se suffire long-temps à lui-même : la dissipation, le bruit, la débauche lui étoient nécessaires. Il admettoit dans sa société des gens que tout homme qui se respecte n'auroit pas avoués pour amis, malgré la naissance et le rang de quelques-uns d'entre eux. Le Régent, qui pour se plaire avec eux ne les en estimoit pas davan-

(1) Il aimoit à raconter que le grand prieur de Vendôme, exilé de la cour de Louis XIV, étoit allé à Londres, où il devint amoureux d'une maîtresse de Charles II. Ce prince l'ayant prié de cesser ses poursuites sans pouvoir l'obtenir, lui défendit l'entrée de son palais. Le grand prieur n'en eut que plus d'affectation à suivre cette femme aux spectacles, aux promenades, et toujours aux yeux du Roi, qui fut enfin obligé de s'adresser à Louis XIV, et de le prier de rappeler le grand prieur. Louis se fit obéir à Londres : l'exilé revint trembler à Versailles. (D.)

tage, les appeloit ses *roués*, en parlant d'eux et devant eux. La licence de cet intérieur étoit poussée au point que la comtesse de Sabran lui dit un jour, en plein souper, que Dieu, après avoir créé l'homme, prit un reste de boue, dont il forma l'ame des princes et des laquais. Le Régent, loin de s'en fâcher, en rit beaucoup, parce que le mot, vrai ou faux, lui parut plaisant. Le curé de Saint-Côme (Godeau) fit, dans un prône, un tableau dont l'application étoit frappante contre le Régent. Le prince, à qui l'on en parla, dit sans s'émouvoir : « De quoi se mêle-t-il? « je ne suis pas de sa paroisse. »

Quant à la religion, il seroit difficile de dire quelle étoit celle du Régent : il étoit de ceux dont on dit qu'ils cherchent maître. Sans faire attention que le respect pour la religion importe plus aux princes qu'à qui que ce soit, le Régent affectoit et affichoit une impiété scandaleuse. Les jours consacrés pour la dévotion publique étoient ceux qu'il célébroit par quelques débauches d'éclat; son impiété étoit une sorte de superstition. Ces excès ou ces petitesses déceloient un homme qui n'est rien moins que ferme dans ses sentimens, et veut s'étourdir sur ce qui le gêne. En cherchant à douter de la Divinité, il couroit les devins et les devineresses, et montroit toute la curiosité crédule d'une femmelette. Il y a grande apparence que s'il fût tombé dans une maladie de langueur, il auroit recouru aux reliques et à l'eau bénite. J'ai rapporté le trait par lequel le Roi l'avoit si bien caractérisé. Madame ne le connoissoit pas moins lorsqu'elle disoit : « Les fées furent conviées « à mes couches; et chacune douant mon fils d'un

« talent, il les eut tous. Malheureusement on avoit « oublié une vieille fée qui, arrivant après les autres, « dit : *Il aura tous les talens, excepté celui d'en* « *faire bon usage.* »

Madame aimoit tendrement son fils, quoiqu'elle en blâmât fort la conduite. Cette princesse, avec un sens droit, étoit attachée à la vertu, à l'honneur, aux bienséances, à l'étiquette de son rang. Une santé inaltérable, qui l'empêchoit de connoître aucune délicatesse pour elle, la faisoit paroître dure pour les autres, en qui elle ne supposoit pas plus de besoins. Franche jusqu'à la grossièreté, bienfaisante, capable d'amitié, elle ne cherchoit point à plaire; elle ne vouloit être aimée que de ceux qu'elle estimoit. Elle aimoit fort sa nation, et il suffisoit d'être Allemand pour en être accueilli. Tous ses parens lui étoient chers, et son inclination se régloit sur la proximité du sang, même à l'égard de ceux qu'elle n'avoit jamais vus. Elle estimoit sa belle-fille, et l'auroit aimée si elle eût été légitime. Sa sévérité sur les devoirs excitoit en elle la plus forte indignation contre la duchesse de Berri, sa petite-fille. On ne pouvoit louer dans celle-ci que la figure et les grâces; car beaucoup d'esprit, dont elle abusa toujours, n'est pas un sujet d'éloge. Sans avoir les bonnes qualités de son père, elle en outroit tous les vices. Il avoit été son précepteur à cet égard : elle devint bientôt son émule, et le surpassa.

Nous avons vu la vanité bizarre que la duchesse d'Orléans tiroit de sa naissance : sa fille rougissoit de lui devoir la sienne. Une telle opposition d'idées et une trop parfaite égalité d'orgueil ne devoient pas maintenir l'union entre la mère et la fille : les dissensions étoient donc continuelles, et alloient souvent jusqu'à l'éclat. La duchesse d'Orléans s'en affligeoit, parce qu'elle étoit mère ; ce sentiment la préservoit de la haine pour sa fille : mais celle-ci, qui avoit renoncé à tout sentiment honnête, ne dissimuloit ni son mépris ni son aversion. Le duc d'Orléans se contentoit de la désapprouver, et n'osoit la réprimander.

Le père et la fille vivoient dans une telle intimité, que des bruits qui n'avoient été que des murmures sourds devinrent des propos publics, et allèrent jusqu'au duc de Berri. Sa religion ne lui permettoit pas de les croire ; mais comme il aimoit éperdument sa femme, il étoit importuné des assiduités de son beau-père, et ce tiers incommode lui donnoit une humeur qu'il ne contenoit pas toujours. Il étoit d'ailleurs effrayé des discours impies que le père et la fille affectoient devant lui. C'étoit entre eux deux un assaut d'irréligion et de mépris des mœurs. Leur impiété étoit autant une manie qu'un vice. La princesse railloit imprudemment son mari sur une dévotion qui étoit pourtant l'unique préservatif qu'il eût contre des soupçons qu'elle devoit tâcher de détruire. Le père et la fille n'avoient, pour se justifier, que l'excès d'une folle imprudence : mais la folie de leur conduite, et leur indifférence sur les propos du public, n'étoit pas une preuve d'innocence ; et la cour, qui n'avoit ni la vertu ni la religion du duc de Berri, n'étoit pas si réservée dans ses jugemens. Le duc d'Orléans en fut averti, et s'en indigna d'horreur ; sa fille n'en fut révoltée que d'orgueil ; et ni l'un ni l'autre ne se contraignirent pas davantage.

Si le duc d'Orléans étoit amoureux de sa fille, il n'en étoit pas jaloux, et vit toujours avec assez d'indifférence le débordement de sa vie. A peine eut-elle épousé le duc de Berri, qu'elle eut des galanteries où le respect qu'on devoit à son rang l'obligeoit de faire les avances. Le commerce qu'elle eut avec La Haye, écuyer de son mari, fut porté à un degré de frénésie incroyable. Non contente de laisser éclater sa passion, elle proposa à son amant de l'emmener en Hollande. La Haye frémit à cette proposition, et se vit obligé, pour ne pas être la victime de sa discrétion sur un pareil délire, d'en faire part au duc d'Orléans. Il fallut tour à tour effrayer et flatter cet esprit égaré, pour que le projet ne perçât pas jusqu'au Roi. Peu à peu l'accès se dissipa, et cette furieuse céda enfin à l'impossibilité de se satisfaire, ou à la crainte de rendre sa folie funeste à son amant.

Lorsque son mari fut attaqué à Marly de la maladie dont il mourut, au lieu de venir de Versailles pour le voir, elle se contenta d'en demander la permission au Roi, qui répondit qu'étant grosse, elle feroit peut-être une imprudence; mais qu'elle en étoit la maîtresse. Elle ne vint point; et son mari mourut sans l'avoir vue, et sans en avoir prononcé le nom.

La duchesse de Berri, malgré son orgueil, trembloit devant le Roi, et rampoit devant madame de Maintenon. Nous verrons bientôt le reste de sa vie, qui fut courte, répondre à ses commencemens.

Reprenons la suite des faits. Le lendemain de la mort du Roi, le parlement s'assembla pour décider de la régence. Le duc d'Orléans, les princes et les pairs s'y rendirent, et dès huit heures tout étoit en place.

On sait que Louis XIV nommoit par son testament, au lieu d'un régent, un conseil de régence dont le duc d'Orléans ne seroit que le chef, et que le duc du Maine devoit avoir le commandement des troupes de la maison du Roi.

Comme le procès-verbal de cette séance du 2 septembre, et celui du lit de justice, où le jeune Roi vint se faire reconnoître le 12, sont entre les mains de tout le monde, je me contenterai d'y renvoyer le lecteur, et rappellerai seulement quelques circonstances qui ne se trouvent pas dans l'imprimé.

Le duc d'Orléans étoit également occupé et inquiet d'un jour si décisif. Le premier président s'étant vendu au duc du Maine, le duc d'Orléans acheta le colonel des gardes françaises (le duc de Guiche-Gramont) : en conséquence, le régiment occupa sourdement les avenues du Palais; et les officiers avec des soldats d'élite, mais sans l'uniforme, se répandirent dans les salles. L'abbé Dubois affecta de mener dans une des lanternes Stairs, ambassadeur d'Angleterre, pour insinuer que la cour de Londres, en cas d'événement, appuieroit le duc d'Orléans. Ces différentes mesures furent superflues : le personnel des deux concurrens décida de tout.

Le duc d'Orléans, en réclamant les droits de sa naissance, n'oublia pas de dire des choses flatteuses pour le parlement. Sa contenance ne fut pas d'abord bien libre; mais il se raffermit par degrés, à mesure que les esprits paroissoient lui devenir favorables. Enfin la régence lui ayant été déférée, il y eut encore sur la tutèle du jeune Roi, et sur le commandement des troupes de sa maison, quelques discussions qui donnoient au Régent et au duc du Maine un air de cliens aux pieds de la cour. Les amis du premier, sentant que la seule égalité de rôle le dégradoit, lui conseillèrent de remettre la séance à l'après-midi, pour régler le reste. Ce conseil fut un coup de parti : le Régent leva la séance, et se rendit chez lui, où il eut le temps de reprendre ses esprits. Il fit venir le procureur général d'Aguesseau, et le premier avocat général Joly de Fleury. Ces deux magistrats, les plus éclairés du parlement, n'ont point encore eu de successeurs. Le premier, plein de lumières, de connoissances et de probité, cherchoit, voyoit et vouloit toujours le bien; l'autre, avec autant d'esprit, mais plus fin, distinguoit du premier coup d'œil entre deux biens celui qui lui convenoit le mieux, et savoit le faire envisager comme le meilleur.

L'un et l'autre comprirent également qu'il ne s'agissoit plus d'examiner si l'exécution du testament eût été préférable ou non à la régence, déjà déférée au duc d'Orléans : ils sentirent le danger de séparer l'autorité militaire d'avec l'administration politique. Le Régent, appuyé des princes et des pairs contre les légitimés, se seroit bientôt servi de l'autorité qu'il avoit déjà obtenue, pour s'emparer de celle qui lui seroit refusée; ce qui ne pourroit se faire sans troubler l'Etat : au lieu que le duc du Maine étant dépouillé de tout, sa timidité répondoit de la paix.

Les choses, ainsi disposées au Palais-Royal, ne

trouvèrent plus de difficulté dans la séance de l'après-midi. Le parlement aima mieux faire un régent, que de risquer qu'il se fît de lui-même. Quelques-uns, en annulant le testament de Louis XIV, n'étoient pas fâchés d'insulter au lion mort, et de paroître accorder librement ce qui ne manqueroit pas de leur échapper.

Je vois, dans les lettres du prince de Cellamare, ambassadeur d'Espagne en France, que Philippe V s'étoit flatté d'obtenir la régence, et de la faire administrer en son nom par un représentant. Cellamare écrit qu'il a sondé les dispositions de tous ceux qui pourroient servir le roi d'Espagne, et que tous déclarèrent que la proposition seule révolteroit la nation entière; mais que tous aussi avouoient ouvertement que si le Roi mineur venoit à manquer, Philippe V ne trouveroit aucune difficulté à passer sur le trône de France. Cellamare cite, parmi ceux à qui il s'est ouvert, la maison de Condé, le duc de Guiche, colonel des gardes, Courtenvaux, capitaine des cent-suisses, le maréchal de Berwick, le cardinal de Polignac, le marquis de Torcy, secrétaire d'Etat, le duc de Noailles et le maréchal d'Estrées, ces deux derniers particulièrement attachés au duc d'Orléans. Les instructions de Cellamare alloient jusqu'à lui ordonner de faire une protestation contre tout régent qui seroit préféré à Philippe V: il fut assez sage pour n'en rien faire.

Le duc du Maine, qui, si le testament eût subsisté, devoit jouer un rôle principal, en fit un bien misérable. Ce n'étoit pas un Dunois que son mérite légitima: il ne sut ni retenir ni remettre l'autorité, et s'en laissa dépouiller. La duchesse du Maine, espèce de petit monstre par la figure, vive, ambitieuse, avec de l'esprit, et ce qu'il peut rester de jugement à un vieil enfant gâté par les louanges de sa petite cour, entreprit dans la suite de relever son mari, et pensa le perdre.

Le Régent, au sortir du parlement, se rendit à Versailles auprès du Roi, et passa ensuite chez Madame, qui lui dit : « Mon fils, je ne désire que le bien de « l'Etat et votre gloire; je n'ai qu'une chose à vous « demander pour votre honneur, et j'en exige votre « parole (il la donna) : c'est de ne jamais employer « ce fripon d'abbé Dubois, le plus grand coquin « qu'il y ait au monde, et qui sacrifieroit l'Etat et « vous au plus léger intérêt. » La suite fera voir que Madame avoit plus de jugement que son fils n'avoit de parole.

Le Régent commença par de grandes réformes dans la maison, les bâtimens et les équipages du Roi. Louis XIV n'ayant donné aucun ordre pour ses funérailles, on se conforma à l'économie que Louis XIII avoit prescrite pour les siennes. Les entrailles furent portées à Notre-Dame, et le cœur aux Jésuites.

Louis XIV avoit ordonné qu'aussitôt après sa mort on conduisît le jeune Roi à Vincennes, à cause de la salubrité de l'air. Le Régent le désiroit, pour être plus à portée de Paris et de ses plaisirs. Les médecins de la cour, plus commodément logés à Versailles qu'ils ne seroient à Vincennes, trouvoient que l'air le plus pur étoit celui du lieu qui leur étoit le plus commode; et toute la domesticité, par le même intérêt, approuvoit la médecine. Le Régent manda les médecins de Paris, qui, par des raisons peut-être aussi désintéressées que celles des médecins de la cour, se déclarèrent pour Vincennes; et le Roi y fut conduit le 9, sans traverser Paris. Le même jour, le corps de Louis XIV fut porté à Saint-Denis. L'affluence fut prodigieuse dans la plaine : on y vendoit toutes sortes de mets et de rafraîchissemens. On voyoit de toutes parts le peuple danser, chanter, boire, se livrer à une joie scandaleuse; et plusieurs eurent l'indignité de vomir des injures, en voyant passer le char qui renfermoit le corps.

Le Régent, dans son premier travail avec les secrétaires d'Etat, se fit présenter la liste de toutes les lettres de cachet; et il y en eut beaucoup dont ils ne purent lui dire les motifs. Il fit rendre la liberté à tous ceux qui n'étoient pas détenus pour crime réel, et il s'en trouva peu de ceux-là; presque tous étoient des victimes de ministres et du père Tellier. Il sortit, entre autres, un chevalier d'Aremberg d'un cachot où il étoit depuis onze ans, pour avoir procuré l'évasion du père Quesnel des prisons de Malines. Je l'ai vu quelquefois depuis dans ma jeunesse; et quoiqu'il ne fût pas âgé, la rigueur de sa prison lui avoit donné l'air de la décrépitude. Il se trouva encore à la Bastille un Italien arrêté depuis trente-cinq ans, le jour qu'il étoit arrivé à Paris. Il représenta que sa liberté seroit désormais son plus grand malheur, et qu'il réclameroit inutilement des parens qui peut-être ne vivroient plus, ou dont il seroit méconnu. Le Régent ordonna qu'il fût bien traité à la Bastille, avec liberté de sortir et de rentrer. L'état dans lequel parurent les prisonniers de la bulle faisoit horreur. Ce premier acte de justice fit donner au Régent les plus grands éloges; et il n'est pas inutile d'observer que l'ouverture des prisons ne se fit que deux jours après le convoi de Louis XIV, et par conséquent ne fut pas la cause de la joie que le peuple y fit paroître : mais le désir et l'espoir d'un meilleur état étant toujours le seul bien qu'on lui laisse, il applaudit à toute révolution dans le gouvernement, en attendant qu'il se détrompe encore.

Dès que le Roi eut tenu son premier lit de justice, le Régent rendit au parlement le droit de remontrances (1), dont il n'étoit plus question depuis longtemps. Il nomma aussi les différens conseils qu'il avoit annoncés. Celui de régence, auquel tous les autres devoient être subordonnés, fut composé en partie de membres nommés par le testament : La Vrillière en fut le secrétaire; Pontchartrain y entra aussi, mais sans fonction, et tous les deux sans voix. Le maréchal de Tallard, quoique nommé dans le testament, ne pouvant se faire employer, alloit criant partout qu'il ne lui restoit, pour son honneur, que de se faire écrire le testament sur le dos. Il fut dans la suite admis au conseil de régence.

Le public, touché de la vertu et de la persécution qu'avoit éprouvée le cardinal de Noailles, applaudit

(1) Par l'édit de 1667, il avoit été ordonné que, dans les cas où le parlement croiroit devoir faire des remontrances, elles seroient présentées dans les huit jours après l'envoi des édits, ordonnances ou déclarations : passé lequel temps, les édits, etc., seroient censés enregistrés. Par édit de 1673, il fut ordonné que tout enregistrement se feroit sur le premier réquisitoire du procureur général, sauf à faire des remontrances dans les huit jours qui suivoient; mais sans que l'exécution des édits, ordonnances, etc., pût être suspendue. Les remontrances étant devenues inutiles, on n'en faisoit plus. Le Régent fit rendre au parlement le droit de remontrances, par une déclaration du Roi du 15 septembre 1715. (D.)

à sa nomination de chef du conseil de conscience. Il y avoit peu de jours que tout trembloit sous la bulle : en vingt-quatre heures, tout devint ou se déclara contre.

Le parlement fut flatté de voir d'Aguesseau, Joly de Fleury et l'abbé Pucelle entrer au conseil de conscience ; et Roujault, Goissard et l'abbé Minguy admis dans celui des affaires de l'intérieur du royaume.

Le père Tellier, nommé confesseur par le codicille de Louis XIV, se voyant sans fonction, attendu l'âge du Roi, demanda au Régent quelle étoit sa destination présente. « Cela ne me regarde pas, répondit le « prince ; adressez-vous à vos supérieurs. »

A peine les conseils alloient-ils s'assembler, qu'il survint une difficulté dans celui des finances, le seul où il y eût des conseillers d'Etat. Pour connoître sur quoi elle portoit, il faut se rappeler que, lors de la signature du traité de Bade, La Houssaye, conseiller d'Etat, et troisième ambassadeur avec le maréchal de Villars et le comte Du Luc, prétendit signer avant le comte, et ne céder qu'aux gens titrés, ou grands officiers de la couronne. Le Roi, au lieu de décider la question, rappela La Houssaye, et envoya Saint-Contest, qui, n'étant que maître des requêtes, voulut bien signer après le comte Du Luc. D'après cet exemple, les conseillers d'Etat demandoient la préséance sur le marquis d'Effiat, chevalier des ordres, mais ni titré, ni grand officier de la couronne. Le Régent, après force négociations, nomma d'Effiat vice-président du conseil des finances ; et les conseillers d'Etat y acquiescèrent d'autant plus volontiers, qu'ils s'assuroient ainsi la préséance sur tout autre qui, n'étant titré ni grand officier, deviendroit simple membre du conseil. En effet, lorsqu'une affaire obligeoit les conseillers d'Etat de venir au conseil de régence, ils se plaçoient après les maréchaux de France, et au-dessus des autres membres de la régence; et le maître des requêtes rapportoit debout.

Le succès des conseillers d'Etat donna lieu à une prétention des maîtres des requêtes, savoir, de rapporter assis au conseil de régence, à moins que ceux qui n'étoient ni ducs, ni grands officiers, ni conseillers d'Etat, ne fussent aussi debout. Le Régent, toujours embarrassé d'ordonner, souffrit pendant plus d'un an que les chefs ou présidens des autres conseils rapportassent eux-mêmes les affaires, et la plupart s'en acquittoient fort mal. Le maréchal de Villars écrivoit de façon que personne, ni lui-même, ne pouvoit lire son écriture; le maréchal d'Estrées s'embrouilloit si fort en rapportant, qu'il rendoit souvent l'affaire inintelligible. Cela ne finit qu'à la mort du chancelier Voisin. D'Aguesseau trancha la difficulté, en obligeant les maîtres des requêtes de rapporter debout.

Amelot, après avoir inutilement sollicité à Rome la tenue d'un concile national, revint à Paris, et disoit librement que le Pape gémissoit d'avoir donné sa constitution. Le père Tellier ne cessoit d'écrire que le Roi la désiroit, et le Pape le dit formellement dans l'exorde de la bulle. Le Pontife, qui se piquoit de latinité, avoit composé cet exorde; mais Jouvency avoit corrigé le thême, dont le cardinal Fabroni et le jésuite Daubenton avoient fourni la matière. « Si le père Tel-
« lier, ajoutoit le Pape, ne m'avoit pas persuadé du

« pouvoir absolu du Roi, je n'aurois jamais hasardé « cette constitution. » Amelot, excité par la confiance du Pape, lui dit : « Mais pourquoi, saint-père, au lieu « de cette condamnation *in globo* de tant de propo- « sitions différentes, ne vous êtes-vous pas borné à « quelques-unes de vraiment répréhensibles, qu'on « peut trouver dans quelque livre que ce puisse être « quand on les cherche bien ? — Eh ! mon cher Ame- « lot, que pouvois-je faire ? Le père Tellier avoit dit « au Roi qu'il y avoit dans le livre de Quesnel plus « de cent propositions censurables : il n'a pas voulu « passer pour menteur. On m'a tenu le pied sur la « gorge pour en censurer plus de cent ; je n'en ai « mis qu'une de plus, et l'on en vouloit cent trois. » Ce récit simple dispense de toutes réflexions.

Le désordre des finances exigeoit la plus forte attention du gouvernement. On a, depuis quelques années, fait tant d'ouvrages bons ou mauvais sur l'agriculture, le commerce et les finances, qu'il faut espérer que les vrais principes seront enfin connus. Il n'y aura plus qu'à désirer des ministres instruits, et plus attachés à l'Etat qu'à leurs places. Sans entrer dans une discussion systématique sur ces matières, je me bornerai à rapporter les événemens.

Le maréchal de Villeroy étoit le chef de représentation du conseil des finances, et n'a jamais été autre chose, quelque poste qu'il ait occupé. Il avoit eu une des belles figures qu'on pût montrer dans un bal, un carrousel ; magnifique avec l'air et les manières d'un grand seigneur, esprit borné et sans culture, de la vieille galanterie, un jargon de cour, de la morgue, haut ou plutôt glorieux, et plus bas que respectueux auprès du feu Roi et de madame de Maintenon.

Le duc depuis maréchal de Noailles, président de ce même conseil des finances, en étoit le véritable maître, et donnoit principalement sa confiance à Rouillé-Ducoudray, parfaitement honnête homme, avec beaucoup d'esprit et de littérature, mais aimant le vin jusqu'à l'ivresse, débauché jusqu'au scandale, et ne se retenant sur rien. Un jour qu'en plein conseil, et en présence du Régent, il s'exprimoit avec sa liberté ordinaire, le duc de Noailles lui dit : « M. Rouillé, il « y a ici de la bouteille. — Cela se peut, M. le duc, « répliqua Rouillé; mais jamais de *pot de vin.* » Le trait fut d'autant mieux senti, que les Noailles passoient pour ne se pas contraindre sur les affaires; et Rouillé avoit les mains si nettes, qu'une compagnie de traitans lui ayant présenté une liste de leurs associés où il trouva des noms en blanc, il leur en demanda la raison : ils lui répondirent que c'étoient les places dont il pouvoit disposer. « Mais si je partage « avec vous, leur dit-il, comment pourrai-je vous faire « pendre, au cas que vous soyez des fripons? »

A l'égard du duc de Noailles, en le décomposant, on en auroit fait plusieurs hommes, dont quelques-uns auroient eu leur prix. Il a (car il vit encore) beaucoup et de toute sorte d'esprit, une éloquence naturelle, flexible, et assortie aux différentes matières; séduisant dans la conversation, prenant le ton de tous ceux à qui il parle, et souvent par là leur faisant adopter ses idées, quand ils croient lui communiquer les leurs; une imagination vive et fertile, toutefois plus féconde en projets qu'en moyens. Sujet à s'éblouir lui-même, il conçoit avec feu, commence avec chaleur, et quitte subitement la route qu'il suivoit, pour prendre celle qui vient la traverser. Il n'a de suite que pour son intérêt personnel, qu'il ne perd jamais de vue. Maître alors de lui-même, il paroît tranquille quand il est le plus agité. Sa conversation vaut mieux que ses écrits; car, en voulant combiner ses idées, à force d'analyser il finit par faire tout évaporer. Ses connoissances sont étendues, variées, et peu profondes. Il accueille fort les gens de lettres, et s'en est servi utilement pour des Mémoires. Dévot ou libertin, suivant les circonstances, il se fit disgracier en Espagne, en proposant une maîtresse à Philippe v. Il suivit ensuite madame de Maintenon à l'église, et entretint une fille d'Opéra au commencement de la régence, pour être au ton régnant. Le désir de plaire à tous les partis lui a fait jouer des rôles embarrassans, souvent ridicules, et quelquefois humilians. Citoyen zélé quand son intérêt propre le lui permet, il s'appliqua à rétablir les finances, et y seroit peut-être parvenu, si le Régent l'eût laissé continuer ses opérations. Quelque fortune que le duc de Noailles se fût procurée, ce ne pouvoit être un objet pour l'Etat : on auroit du moins évité la secousse du pernicieux système de Law, qui n'a enrichi que des fripons grands ou petits, ruiné la moyenne classe, la plus honnête et la plus utile de toutes, bouleversé les conditions, corrompu les mœurs, et altéré le caractère national.

Comme il n'y a rien de fixe dans l'étiquette et le cérémonial de France, attendu que les ministres ont intérêt que cela soit ainsi, pour être toujours maîtres, dans les occasions, de décider suivant leurs affections particulières, le service qui se fit à Saint-Denis pour le feu Roi donna lieu à des discussions assez vives entre le parlement et les ducs et pairs, qui portoient les honneurs. Le Régent se garda bien de prononcer. Il aimoit assez la division entre les corps, et disoit quelquefois : *Divide, et impera;* mais il entroit dans sa conduite au moins autant de foiblesse que de politique. Il affectoit encore de mépriser l'étiquette : il y en a cependant des articles qui, au premier coup d'œil, paroîtroient un pédantisme, et seroient approuvés par un jugement plus réfléchi. Dans beaucoup d'occasions, l'étiquette entretient la subordination, supplée aux mœurs, et quelquefois les conserve. Elle est si peu indifférente de nation à nation, que c'est toujours par une diminution de puissance et de considération qu'un prince se relâche de son étiquette à l'égard d'un autre.

Chacun voyant dans la régence qu'on pouvoit régler ses droits sur ses prétentions, la duchesse de Berri, plus autorisée que personne, prit quatre dames du palais, quoique aucune fille de France n'eût jamais eu qu'une dame d'honneur et une dame d'atours (1). Elle voulut aussi avoir une compagnie de gardes. Le Régent lui représenta inutilement que jamais fille de France ni reine, excepté la Reine régente, mère de Louis XIV, n'avoit eu cette distinction : il fallut la satisfaire; mais il donna en même temps une pareille compagnie de gardes à sa mère, Madame, veuve de Monsieur.

Au défaut du titre de reine, la duchesse de Berri, cherchant à s'en attribuer les honneurs, et même à

(1) *Voyez* les Etats de la France avant la régence. (D.)

les outre-passer, traversa Paris depuis le Luxembourg où elle logeoit, jusqu'aux Tuileries, entourée de ses gardes, avec trompettes et timbales sonnantes (1). Le maréchal de Villeroy représenta au Régent que cet honneur n'appartenoit à qui que ce fût qu'au Roi, dans le lieu où il est : or il habitoit alors les Tuileries, où on l'amena le 30 décembre 1715, pour la commodité des conseils et celle du service. La duchesse de Berri fut donc obligée de s'en tenir à ce premier essai de trompettes et de timbales, qui restèrent depuis au Luxembourg. Elle voulut s'en dédommager par une autre entreprise qui ne lui réussit pas mieux : elle parut sous un dais à l'Opéra, et le lendemain à la Comédie, quatre de ses gardes sur le théâtre, et les autres dans le parterre. Le cri fut général; et, de dépit, elle se renferma depuis dans une petite loge, où elle étoit *incognito*; et comme la comédie se jouoit alors trois fois la semaine sur le théâtre de l'Opéra au Palais-Royal, la loge servoit aux deux spectacles.

Le chevalier de Bouillon, qui se faisoit alors nommer le prince d'Auvergne, donna le projet des bals de l'Opéra, qui détourneroient des bals particuliers, où il arrivoit souvent du désordre; au lieu qu'une garde militaire maintiendroit la police à l'Opéra. Le projet fut approuvé, et valut six mille livres de pension au prince d'Auvergne, pour son droit d'avis. La proximité de l'appartement du Régent fit qu'il s'y

(1) Le caractère de la duchesse de Berri n'alloit pas jusqu'à l'ambition : ce vice étoit plus haut qu'elle ; mais elle avoit toutes les passions et toutes l'étourderie de la vanité. Duclos me disoit un jour : « Elle ne doutoit de « rien, non plus qu'une intendante. » (V.)

montra souvent en sortant du souper, dans un état peu convenable à l'administrateur du royaume. Dès le premier bal, le conseiller d'Etat Rouillé y vint ivre, parce que c'étoit son goût et son usage ; et le duc de Noailles dans le même état, pour faire sa cour.

Si le Régent eût eu dessein de maintenir les lois et le bon ordre, il auroit profité du duel entre Ferrant, capitaine au régiment du Roi, et Girardin, capitaine aux gardes, pour faire un exemple ; mais il se contenta de leur faire perdre leurs emplois. Sans s'expliquer trop ouvertement, il insinuoit que les duels étoient un peu trop passés de mode. Il permit à Caylus de venir se purger du sien contre le comte d'Auvergne. Le Régent défendit cependant les voies de fait au duc de Richelieu et au comte de Bavière, qui, ayant eu ensemble quelques paroles vives, avoient pris un rendez-vous. Peu de temps après, le duc de Richelieu et Gacé, fils du maréchal de Matignon, se battirent, et se blessèrent légèrement. Le parlement les décréta, et le Régent les envoya à la Bastille. Tout se borna au plus amplement informé, sans garder prison. Peu de temps après, Jonsac d'Aubeterre, et Villette, frère de la comtesse de Caylus, se battirent aussi. Le parlement procéda contre eux ; mais ils sortirent du royaume. Cette affaire réveilla celle de Ferrant et Girardin, qui furent effigiés.

Plus d'un an avant la mort de Louis XIV, Stairs, ambassadeur d'Angleterre en France, avoit cherché à se lier avec le futur régent. Il sentit bien que si le duc du Maine avoit l'autorité, élevé dans les principes du Roi, il seroit favorable à la maison Stuart. Il se tourna donc vers le duc d'Orléans, et par le moyen de l'abbé Dubois eut des conférences secrètes, et persuada à ce prince que le roi Georges et lui avoient les mêmes intérêts. Pour gagner d'autant mieux sa confiance, il convenoit que Georges étoit un usurpateur à l'égard des Stuarts; mais il ajoutoit que si le foible rejeton de la famille royale en France venoit à manquer, toutes les renonciations n'empêcheroient pas que lui duc d'Orléans ne fût regardé comme un usurpateur à l'égard du roi d'Espagne. Il ne pouvoit donc, disoit Stairs, avoir d'allié plus sûr que le roi Georges. L'abbé Dubois, qui avoit les vues que nous verrons dans la suite, s'appliqua continuellement à inspirer ces sentimens à son maître.

A peine le duc d'Orléans étoit-il déclaré régent, que Stairs vint le trouver. Il lui parla d'une conspiration vraie ou fausse qui étoit, disoit-il, près d'éclater à Londres contre le roi Georges, et lui proposa un traité de garantie pour les successions de France et d'Angleterre. Quoi qu'il en fût de la conspiration de Londres, le comte de Marr, à la tête d'un parti en Ecosse en faveur du Prétendant, faisoit assez de progrès pour que l'on conseillât à ce prince d'aller le fortifier par sa présence. Il partit de Bar, et traversoit la France pour aller s'embarquer en Bretagne. Stairs en fut averti, et vint demander au Régent de faire arrêter ce prince, qui devoit passer à Château-Thierry. Le Régent, voulant à la fois fomenter les troubles d'Ecosse, et faire montre de zèle pour le roi Georges, donna en présence de Stairs des ordres à Contades, major des gardes, d'aller à Château-Thierry surprendre le Prétendant à son passage.

Contades, homme intelligent, et bien instruit des intentions secrètes du Régent, partit, bien résolu de ne pas trouver ce qu'il cherchoit.

Stairs, se fiant peu aux démonstrations du Régent, résolut de délivrer, par un coup de scélérat, le roi Georges de toutes ses craintes. Il apprit par ses espions que le Prétendant étoit caché à Chaillot, dans une maison du duc de Lauzun, d'où il devoit se rendre en Bretagne. Il chargea Douglas, colonel irlandais à la solde de France, d'aller s'embusquer à Nouancourt avec trois assassins. Ils demandèrent en arrivant et avec tant de vivacité si l'on n'avoit point vu passer une chaise, qu'ils en devinrent suspects à une madame L'Hôpital, maîtresse de la poste, femme d'esprit et de résolution. La nouvelle du voyage du Prétendant s'étoit déjà répandue depuis qu'il avoit disparu de Bar, et l'empressement de ces courriers fit juger qu'ils avoient de mauvais desseins. En effet, on sut depuis que les trois satellites de Douglas étoient des scélérats déterminés, qui, avant que de partir de Londres, avoient fait leur marché pour leur famille, au cas qu'ils fussent pris et exécutés après avoir fait leur coup. La maîtresse de la poste les assura que depuis quelques jours il n'étoit pas passé de chaise; qu'il étoit impossible qu'il en passât sans relayer, ou du moins sans être vues; et qu'ils pouvoient être sûrs que rien ne leur échapperoit. Douglas, après être resté deux heures inutilement sur la porte, mit un de ses gens en sentinelle, donna ses ordres au second en lui parlant à l'oreille, et amena le troisième avec lui pour aller en avant sur le chemin de Bretagne. La maîtresse détacha aussitôt un de ses gens sur la route de Paris, pour veiller à l'arrivée de la chaise, et la détourner chez une amie sûre qu'elle alla prévenir, en sortant par les derrières de sa maison. A son retour, elle apprit qu'un des deux Anglais, qui par son état paroissoit supérieur à l'autre, s'étoit jeté sur un lit où il reposoit. Elle dit à celui qui étoit sur la porte qu'il seroit aussitôt averti dans la maison que dans la rue, et lui proposa de boire un coup. Il rentra, et un postillon affidé l'ayant excité à boire, l'enivra complétement. En même temps elle enferma à double tour celui qui reposoit, et envoya chercher la maréchaussée. L'Anglais enfermé fut saisi sur le lit où il dormoit : il entra en fureur de se voir arrêté, et se réclama de l'ambassadeur. On lui répondit que jusqu'à ce qu'il eût justifié qu'il appartenoit au comte de Stairs, il demeureroit en prison, où l'on fit aussi partir celui qui étoit ivre.

Pendant ce temps-là le Prétendant arriva, et fut conduit dans la maison où il étoit attendu. Madame L'Hôpital alla l'y trouver, et lui expliqua ce qui se passoit. Le Prétendant, pénétré de reconnoissance, ne dissimula point qui il étoit, et demeura caché à Nonancourt, pour y prendre des mesures contre ceux qui n'étoient pas arrêtés.

Douglas, bientôt instruit de ce qui venoit de se passer à l'égard des deux Anglais de Nonancourt, s'en retourna à Paris. Peu de jours après, le Prétendant partit, déguisé en ecclésiastique, dans une chaise que lui procura sa libératrice. Il lui donna une lettre pour la reine d'Angleterre, à qui elle alla rendre compte de tout à Saint-Germain. La Reine lui donna son portrait; le Prétendant lui envoya aussi le sien, la situation de la mère et du fils ne leur permettant pas d'autres marques de reconnoissance. La bonne madame de L'Hôpital, contente du service qu'elle avoit rendu, ne demanda rien au Régent de ce qu'elle avoit dépensé, et demeura vingt-cinq ans maîtresse de la poste, que son fils et sa belle-fille tiennent encore. L'audacieux Stairs, pour voiler son crime, eut l'impudence de parler de l'emprisonnement de ces assassins, comme d'un attentat au droit des gens. On lui fit sentir combien pour son honneur il lui convenoit de se taire, et il se tut.

Nesmond, évêque de Bayeux, mourut cette année. C'étoit un homme simple, naïf, plein de vertu. Il dit un jour, à un curé qui s'excusoit de s'être trouvé à un repas de noces, sur l'exemple de Jésus-Christ aux noces de Cana : « Ce n'est pas le plus bel endroit de « sa vie. » On ne connut qu'à sa mort ses charités cachées à de pauvres familles de son diocèse. Il faisoit remettre secrètement chaque année trente mille livres au roi Jacques II.

Le maréchal de Chamilly (Bouton), célèbre par sa belle défense de Grave, mourut aussi cette année. Il avoit été beau et bien fait, et avoit servi dans sa jeunesse en Portugal, où il avoit été fort aimé d'une religieuse. C'est à lui que les *Lettres portugaises* sont adressées.

Quoique le Régent eût donné parole à Madame de ne jamais employer l'abbé Dubois, il lui donna une place de conseiller d'Etat, au grand scandale de la magistrature. Ce qui détermina principalement le Régent fut qu'aucun prélat ne demanda la place, ne voulant pas être précédé au conseil par l'abbé Bignon, simple ecclésiastique. On n'en fut pas moins révolté de voir un tel personnage succéder à un des plus dignes prélats du royaume, Fortin de La Hoquette, archevêque de Sens. Il avoit refusé l'ordre du Saint-Esprit, n'ayant pas, dit-il, la naissance exigée par les statuts. On lui offrit d'altérer sa généalogie; il répondit : « Je ne veux pas dégrader l'ordre par ma « naissance, et encore moins me dégrader moi-même « par un mensonge. » Le Roi lui ayant offert de le dispenser des preuves, il répondit qu'il ne vouloit pas servir d'exemple à la violation des règles, et persista dans son refus (1).

Si l'entrée de l'abbé Dubois au conseil marquoit peu de considération pour le public, le Régent et la duchesse de Berri le respectoient encore moins par leurs mœurs.

Le Régent donnoit aux affaires la matinée, plus ou moins longue, suivant l'heure où il s'étoit couché. Il y avoit un jour fixe destiné aux ministres étrangers; les autres jours se partageoient entre les chefs des conseils : vers les trois heures il prenoit du chocolat, et tout le monde entroit, comme on fait aujourd'hui au lever du Roi. Après une conversation générale d'une demi-heure, il travailloit encore avec quelqu'un, ou tenoit conseil de régence. Avant ou après ce conseil ou ce travail, il alloit voir le Roi, à qui il témoignoit toujours plus de respect que qui

(1) Le maréchal Fabert avoit déjà refusé l'ordre du Saint-Esprit, par les mêmes motifs que La Hoquette. Le maréchal de Catinat fit le même refus, parce que ses preuves de noblesse n'auroient pas été totalement complètes. Le Roi loua leur modestie, mais ne les pressa pas. Ce sont les trois seuls exemples de pareils refus, quoique plusieurs chevaliers aient eu occasion de les imiter. D.)

que ce fût; et l'enfant le remarquoit très-bien. Entre cinq et six heures, toutes affaires cessoient : il alloit voir Madame, soit dans son appartement l'hiver, soit à Saint-Cloud dans la belle saison, et lui a toujours marqué beaucoup de respect. Il étoit rare qu'il passât un jour sans aller au Luxembourg voir la duchesse de Berri. Vers l'heure du souper, il se renfermoit avec ses maîtresses, quelquefois des filles d'Opéra, ou autres de pareille étoffe, et dix ou douze hommes de son intimité, qu'il appeloit tout uniment *ses roués*. Les principaux étoient Broglie, l'aîné du maréchal de France, premier duc de son nom; le duc de Brancas, grand-père de celui d'aujourd'hui; Biron, qu'il fit duc; Canilhac, cousin du commandant des mousquetaires; et quelques gens obscurs par eux-mêmes, et distingués par un esprit d'agrément ou de débauche. Chaque souper étoit une orgie : là régnoit la licence la plus effrénée; les ordures, les impiétés étoient le fond ou l'assaisonnement de tous les propos, jusqu'à ce que l'ivresse complète mît les convives hors d'état de parler et de s'entendre. Ceux qui pouvoient encore marcher se retiroient, l'on emportoit les autres; et tous les jours se ressembloient. Le Régent, pendant la première heure de son lever, étoit encore si appesanti, si offusqué des fumées du vin, qu'on lui auroit fait signer ce qu'on auroit voulu.

Quelquefois le lieu de la scène étoit au Luxembourg, chez la duchesse de Berri. Cette princesse, après plusieurs galanteries de passage, s'étoit fixée au comte de Riom, cadet de la maison d'Aydie, et petit-neveu du duc de Lauzun. Il avoit peu d'esprit, une figure assez commune, et un visage bourgeonné qui auroit pu répugner à bien des femmes. Il étoit venu de sa province pour tâcher d'obtenir une compagnie, n'étant encore que lieutenant de dragons, et bientôt il inspira à la princesse la passion la plus forte : elle n'y garda aucune mesure, et la rendit publique. Riom fut logé magnifiquement au Luxembourg, entouré de toutes les profusions du luxe : on alloit lui faire la cour avant de se présenter chez la princesse, et l'on en étoit toujours reçu avec la plus grande politesse ; mais il n'en usoit pas ainsi avec sa maîtresse : il n'y a point de caprices qu'il ne lui fît essuyer. Quelquefois étant prête à sortir, il la faisoit rester ; il lui marquoit du dégoût pour l'habit qu'elle avoit pris, et elle en changeoit docilement. Il l'avoit réduite à lui envoyer demander ses ordres pour sa parure, et pour l'arrangement de sa journée ; et après les avoir donnés il les changeoit subitement, lui faisoit des brusqueries, la réduisoit aux larmes, et à venir lui demander pardon des incartades qu'il lui avoit faites. Le Régent en étoit indigné, et fut souvent prêt de faire jeter Riom par les fenêtres : mais sa fille lui imposoit silence, lui rendoit les traitemens qu'elle recevoit de son amant, et il finissoit par faire à sa fille les soumissions que Riom exigeoit d'elle. Si ces différentes scènes n'avoient pas eu tant de témoins, elles seroient incroyables. Ce qui étoit encore inconcevable, c'étoit la politesse de Riom avec tout le monde, et son insolence avec la princesse. Il devoit ce système de conduite au duc de Lauzun son oncle. Celui-ci, s'applaudissant de voir son neveu faire au Luxembourg le même personnage qu'il avoit fait lui-même avec mademoiselle de Montpensier, lui donnoit des principes de famille, et lui avoit persuadé qu'il perdroit sa maîtresse s'il la gâtoit par une tendresse respectueuse, et que les princesses vouloient être gourmandées. Riom avoit profité jusqu'au scandale des leçons de son oncle, et le succès en prouvoit l'efficacité. Cette princesse, si haute avec sa mère, si impérieuse avec son père, si orgueilleuse avec tout l'univers, rampoit devant un cadet de Gascogne. Elle eut cependant quelques goûts de traverse, notamment avec le chevalier d'Aydie, cousin de Riom; mais ce ne fut que des fantaisies courtes, et la passion triompha jusqu'à la fin.

Les soupers, les bacchanales, les mœurs du Luxembourg étoient les mêmes qu'au Palais-Royal, puisque c'étoient à peu près les mêmes sociétés. La duchesse de Berri, avec qui les seuls princes du sang pouvoient manger, soupoit ouvertement avec des gens obscurs que Riom lui produisoit. Il s'y trouvoit même un certain père Reiglet, jésuite, complaisant, commensal, et soi-disant confesseur. Si elle avoit fait usage de son ministère, elle auroit pu se dispenser de lui dire bien des choses dont il étoit témoin et participe.

La marquise de Mouchy (1), dame d'atours de la princesse, en étoit la digne confidente (2). Elle vivoit

(1) Fille de Forcade, commis des parties casuelles, et d'une femme de chambre de madame de Berri. Mouchy, gentilhomme de Picardie, n'avoit d'autre bien que son nom. (D.) — (2) Duclos m'a raconté que la duchesse de Berri avoit sollicité madame de Mouchy de lui céder le comte de Riom. La Mouchy étoit une femme svelte : madame de Berri avoit la taille épaisse. Quoiqu'on ne pût guère les prendre l'une pour l'autre, il fut convenu que madame de Berri seroit substituée à la dame d'atours. Celle-ci donna un rendez-vous à Riom : la princesse en profita. Riom, étonné de cet embonpoint, disoit le lendemain à un de ses amis : « Voyez « cette madame de Mouchy, qui a l'air grosse comme une mauviette,

en secret avec Riom, comme la duchesse y vivoit publiquement; et cette rivale, cachée et commode, réconcilioit les deux amans, quand les brouilleries pouvoient aller trop loin.

Ce qu'il y avoit de singulier, c'est que la duchesse de Berri croyoit réparer ou voiler le scandale de sa vie par une chose qui l'aggravoit encore. Elle avoit pris un appartement aux Carmélites de la rue Saint-Jacques, où elle alloit de temps en temps passer une journée. La veille des grandes fêtes, elle y couchoit, mangeoit comme les religieuses, assistoit aux offices du jour et de la nuit, et revenoit de là aux orgies du Luxembourg.

[1716] Le Régent voulut aussi, de son côté, édifier le public, et n'y réussit pas mieux que sa fille. Il marcha en grand appareil à Saint-Eustache le jour de Pâques, et y communia. Le contraste de sa vie habituelle et de cet acte de religion fit le plus mauvais effet.

Quoique la paix régnât pour nous dans l'Europe, les négociations n'en étoient pas moins vives. L'Anglais traitoit à la fois avec la France et l'Espagne, et cherchoit à étendre son commerce, au préjudice des deux puissances. Notre intérêt étoit de prendre pour modèle la conduite de la maison d'Autriche, tant qu'elle avoit régné sur l'Espagne et dans l'Empire; mais l'abbé Dubois entraînoit le Régent vers l'Angleterre, dont il lui vantoit la puissance et les secours, dans le cas où le Roi viendroit à mourir.

D'un autre côté, Alberoni, avec le seul titre d'envoyé de Parme à Madrid, gouvernoit la Reine, et par

« cela tient une place énorme dans un lit. » Tel fut le commencement de ce scandaleux amour. (V.)

conséquent la monarchie. C'étoit un de ces hommes que la fortune offre quelquefois comme un objet d'émulation aux ambitieux nés dans la poussière. Fils d'un jardinier, il sortit de son état en entrant dans celui de l'Eglise, qui les admet tous, et souvent les confond. Le duc de Parme ayant quelques affaires à communiquer au duc de Vendôme, général de l'armée espagnole en Italie, lui envoya Rencoveri, évêque de Borgo. Le duc de Vendôme étoit en chemise sur sa chaise percée, lorsqu'on lui annonça l'évêque. Il le fit entrer, et ne se contraignit pas plus en lui donnant audience qu'il ne faisoit avec l'armée. Tout en parlant d'affaires, il continua les différentes opérations de sa toilette devant le prélat, qui s'en trouva très-scandalisé, et à son retour assura que jamais il ne reparoîtroit à une audience si peu décente. Le duc de Parme fit chercher quelqu'un d'intelligent, qui ne fût pas en droit d'être difficile sur le cérémonial. On lui présenta l'abbé Alberoni. Le prince l'ayant entretenu, jugea qu'il conviendroit fort à la négociation, et que le duc de Vendôme, du caractère dont il étoit, s'embarrasseroit peu de la dignité du personnage, qui d'ailleurs étoit masqué de l'habit ecclésiastique. Alberoni fut reçu comme l'évêque l'avoit été; mais, sans se formaliser de rien, il entrecoupa la conférence de plaisanteries assorties à la situation, et qui réjouissoient le duc de Vendôme. Ce général, en se relevant de dessus sa chaise, se présenta de façon que l'abbé s'écria : *Ah! culo di angelo!* Le duc de Vendôme fut si content de l'humeur de l'abbé, qu'il ne voulut traiter qu'avec lui. L'affaire du duc de Parme fut bientôt terminée; et l'abbé en ayant rendu compte à son maître, vint s'établir commensal de la maison du duc de Vendôme. Son état n'y étoit pas bien décidé : on le voyoit parfois aumônier, secrétaire dans l'occasion, et plus souvent cuisinier, faisant des soupes au fromage pour le duc, et, par dessus tout, en possession de l'amuser par des contes orduriers. Cette faveur subalterne procuroit dans la maison si peu de considération à l'abbé, qu'un des officiers, offensé de ses libertés, lui donna un jour des coups de canne sans que l'abbé en parût dégradé, et il n'en fut autre chose que de faire rire le duc, qui ne l'en prisa ni plus ni moins qu'il faisoit. A la fin de la campagne, Alberoni suivit en France son maître, qui lui fit donner une pension de mille écus. Il eut alors l'air d'un secrétaire en titre, et retourna en Italie à la suite du duc de Vendôme. Ce général y étant mort, Alberoni se retira à Parme ; et son prince, le connoissant propre aux affaires, en fit son résident à Madrid. Ce fut là qu'ayant eu part au mariage de la princesse de Parme avec Philippe v, il prit le vol qui l'éleva si haut. Il écarta successivement tous ceux qui pouvoient balancer son crédit, et travailloit à se faire cardinal, soit en servant Rome, soit en s'y faisant craindre.

La cour d'Espagne étoit déjà mal avec celle de Rome au sujet de la Sicile, sur laquelle on avoit fulminé un interdit pour un sujet qui mérite d'être rapporté.

Il faut d'abord se rappeler que, vers 1125, Roger, duc de Sicile, fit ériger ses Etats en royaume héréditaire par le Pape, à condition de relever du Saint-Siége ; mais, par le même acte, il fut convenu qu'il y auroit en Sicile un tribunal perpétuellement subsistant, tout composé de laïques à la nomination du roi, et absolument indépendant du Pape; que ce tribunal jugeroit souverainement et sans appel toutes les causes civiles et criminelles de laïque à laïque, de laïque à ecclésiastique, et enfin entre ecclésiastiques, archevêques, évêques, prêtres, moines et chapitres, même dans les cas de censures et d'excommunications, sans que ce tribunal fût jamais soumis à rendre compte de sa conduite qu'aux rois, et jamais aux papes; et sans que le roi pût en aucuns cas être sujet à citations, censures ou excommunications. Ce tribunal de la monarchie avoit, depuis son établissement, joui de toute sa juridiction, lorsqu'en 1711 un fermier de l'évêque de Lipari porta des pois au marché. Les commis aux droits du roi voulurent faire payer le droit ordinaire d'étalage. Le fermier, sans dire qui il étoit, refusa le paiement, et se fit saisir ses pois. L'évêque, se prévalant de l'immunité ecclésiastique, qui l'exemptoit du droit sans aucune information, excommunia les commis. Ceux-ci n'apprenant que par là à qui les pois appartenoient, les rapportèrent aussitôt, et se plaignirent du fermier, qui par un mot auroit prévenu l'affaire. L'évêque exigea des réparations si ridicules, que les commis en rendirent compte à leurs supérieurs, dont les représentations les firent excommunier eux-mêmes. Le tribunal de la monarchie, voulant concilier les esprits, se fit excommunier aussi: troisième excommunication pour des pois chiches. La cour de Rome, supportant impatiemment ce tribunal de Sicile, avoit voulu, pour le détruire, profiter d'un nouveau gouvernement qu'elle se flattoit de trouver plus foible que le précédent. L'évêque, jugeant que sa dignité ne le sauveroit pas de la prison, se réfugia à Rome. L'accueil qu'il y reçut enflamma le zèle de plusieurs autres évêques; et chacun ayant lancé sa foudre s'enfuit prudemment à Rome, et le Pape mit aussitôt la Sicile en interdit. Alors une populace de prêtres et de moines, n'osant s'exposer aux châtimens dûs à ceux qui observeroient l'interdit, suivirent les prélats. Ce schisme étoit dans toute sa force, lorsque par le traité d'Utrecht, en 1713, la Sicile fut cédée au duc de Savoie, avec le titre de roi. Le Pape ne crut pas devoir plus d'égards à Victor qu'à Philippe V; mais le nouveau gouvernement de Sicile tint ferme, d'autant qu'il y demeura assez de prêtres sensés pour faire le service, et que les puissances catholiques blâmèrent cette entreprise ecclésiastique. Le parlement de Paris prit fait et cause à ce sujet, et, par arrêt du 15 février 1716, reçut le procureur général appelant comme d'abus; ce qu'il n'avoit osé faire du vivant de Louis XIV.

Les jésuites voulant observer l'interdit sans renoncer à leurs établissemens, employoient tous leurs manéges pour fomenter la sédition. Le comte Maffei, vice-roi de Sicile, prit si bien ses mesures, qu'une nuit tous les jésuites, sans exception de pères ni de frères, sains ou malades, furent enlevés, embarqués sur deux vaisseaux, bientôt débarqués sur les côtes de l'Etat ecclésiastique, et abandonnés à leur bonne ou mauvaise fortune. Ils se rendirent comme ils purent à Rome.

Le Pape, très-embarrassé de cette inondation de moines, n'en devint pas plus traitable; mais la chambre apostolique se lassant bientôt de fournir la subsistance à tant de commensaux, on vit tout d'un coup afficher dans Rome un ordre à tous les proscrits de sortir de la ville, sous des peines rigoureuses, et sans leur procurer aucuns moyens de se retirer. Il fallut cependant obéir. La faim refroidissant le fanatisme, ils voulurent regagner la Sicile ; mais le comte Maffei ne leur permit plus d'y rentrer. Ils se répandirent dans les campagnes d'Italie, où la plupart périrent de misère. Le roi de Sicile fut aussi ferme que le Pape étoit opiniâtre. Le Pontife, sans lever l'interdit, n'osa pas user, contre le prince ni ses ministres, de censures dont il prévoyoit qu'ils feroient peu de cas. Les choses restèrent donc de part et d'autre dans le même état, jusqu'au temps où l'Empereur devint maître de la Sicile par la cession de la Sardaigne, dont le roi Victor prit le titre. La prétention ecclésiastique s'évanouit; l'interdit se leva de lui-même; le tribunal de la monarchie resta en pleine puissance de sa juridiction ; et le Pape se trouva très-heureux que l'Empereur, déjà maître de Naples et de Milan, voulût bien ignorer les suites de l'aventure des pois chiches, et qu'il n'en fût plus parlé.

Je n'entreprends pas d'écrire, comme j'en ai prévenu, une histoire politique qui exigeroit les plus grands détails, et fatigueroit le plus grand nombre des lecteurs; mais je rappellerai les différens objets de négociations qui seront nécessaires pour éclaircir, lier les faits, et faire connoître le caractère et les intérêts de ceux qui auront eu part aux affaires. Il n'est que trop vrai que les traités de paix ne sont que des trèves : à peine a-t-on quitté les armes, que la guerre de cabinet commence. On négocie, on cherche des alliances, pour se mettre en état de recommencer les hostilités avec plus d'avantage.

Jamais la fermentation des cours ne fut plus grande que dans la régence; mais l'Etat, fort agité dans son intérieur, demeura tranquille avec ses voisins. Les différens intérêts des princes, en se croisant réciproquement, entretenoient la paix.

Le Pape, voyant avec frayeur un puissant armement des Turcs, craignoit pour l'Italie, et demandoit des secours à la France, à l'Espagne et au Portugal. L'Empereur songeoit en même temps à se défendre contre le Turc, et à s'agrandir en Italie; de sorte que le Pape le redoutoit autant que le Turc.

L'Espagne négocioit avec l'Angleterre, venoit de conclure le traité de l'*assiento*, si favorable aux Anglais; et la Hollande ayant son traité de barrière, ne pensoit qu'à se réparer par le commerce.

L'Angleterre, où la succession dans la ligue protestante n'étoit pas encore bien affermie, craignoit toujours quelque révolution. Quoique le Prétendant eût échoué dans son entreprise, le parti jacobite étoit encore puissant. Les wighs et les torys (1) luttoient continuellement les uns contre les autres. Toutes les puissances avoient besoin de conserver la paix; et la plupart, craignant la guerre, étoient près de la déclarer.

Le Régent désiroit plus que personne de maintenir

(1) Ces noms ne subsistent plus en Angleterre. Les wighs étoient originairement le parti républicain, et les torys le parti du Roi; mais les uns et les autres ayant changé d'intérêt, on ne connoît plus que le parti de la cour, et le parti de l'opposition. (D.)

la tranquillité au dedans et au dehors. Stairs et l'abbé Dubois, agissant de concert, lui persuadèrent donc que si le Roi venoit à mourir, les renonciations seroient regardées comme nulles; que le Régent ne pourroit monter sur le trône qu'en usurpateur; et qu'alors lui et le roi Georges, ayant des titres pareils, n'avoient d'autre parti à prendre que de s'unir étroitement d'avance, pour se soutenir l'un l'autre en cas d'événement. Dubois s'assuroit par cette union la protection du roi d'Angleterre, dont il connoissoit le crédit sur l'Empereur; quelle autorité celui-ci avoit sur le Pape : et l'abbé se promit bien de profiter de toutes les circonstances que le temps et ses intrigues feroient naître.

Le Régent n'eut jamais un désir vif de régner : le soin qu'il prit de la conservation du Roi en est une preuve convaincante. Mais il croyoit qu'il eût été de son honneur de soutenir les renonciations, si le cas en fût arrivé. En le disculpant des horreurs dont la calomnie l'a chargé, et dont les impressions subsistent encore dans quelques esprits, je suis très-éloigné d'en faire le panégyrique : avec tout l'esprit et les talens possibles, il fut toujours incapable d'un bon gouvernement; et la régence, quoique tranquille au dehors, a été pernicieuse à l'Etat, et surtout aux mœurs.

Des mesures sages, des précautions, une défiance prudente de la maison d'Autriche et de l'Angleterre, une union constante avec l'Espagne, tel étoit l'intérêt de la France; mais ce n'étoit pas celui de l'abbé Dubois. S'il tâchoit de semer la discorde entre deux rois du même sang, il étoit parfaitement secondé dans ce projet par Alberoni, autre scélérat de même étoffe. Celui-ci, maître de la monarchie d'Espagne, imposoit au Pape; et le traité de l'*assiento* étoit si favorable aux Anglais, qu'on ne doutoit point qu'Alberoni n'en eût reçu des sommes considérables, dont il comptoit acheter le chapeau, s'il ne pouvoit le conquérir. Comme il avoit remarqué le goût que Philippe v conservoit pour la France, il avoit soin de présenter à ce prince les renonciations comme illusoires : ainsi Dubois et Alberoni s'appliquoient également, chacun de son côté, à inspirer au roi d'Espagne et au Régent de l'éloignement l'un pour l'autre.

Quoique la négociation fût déjà entamée avec l'Angleterre, Stairs continuoit de donner des alarmes sur la France, pour procurer au roi Georges des subsides que le parlement n'auroit pas accordés s'il eût cru la paix affermie. Cette manœuvre a souvent été employée par le ministère anglais, et presque toujours avec succès. Ce ministère travailloit en même temps à rendre septennaire le parlement, qui n'étoit que triennal. La plupart des pairs, mécontens du gouvernement, étoient opposés à ce projet, et désiroient un autre parlement, dont ils étoient toujours sûrs d'être membres; au lieu que ceux de la chambre basse vouloient une prolongation, qui leur épargnoit les brigues qu'ils seroient obligés de faire pour obtenir les suffrages dans une nouvelle élection de députés. Les wighs, qui dominoient alors, avoient si cruellement persécuté les torys, qu'ils en craignoient le ressentiment, s'ils reprenoient le dessus dans un nouveau parlement. Les ministres agirent si vivement dans cette occasion, que le parlement fut prolongé.

Le Régent, déjà assez occupé des négociations politiques, étoit encore persécuté par le nonce Bentivoglio au sujet de la constitution, tandis que Bissy et Rohan, blessés de la faveur du cardinal de Noailles, cherchoient à lui donner des dégoûts. Ils s'avisèrent de proposer de bénir de nouveau la chapelle des Tuileries, où le service s'étoit toujours fait tant que Louis XIV avoit demeuré à Paris, et où le jeune Roi entendoit journellement la messe depuis son retour de Vincennes. Leur objet étoit que le cardinal de Rohan eût l'honneur de faire la cérémonie de cette bénédiction, en qualité de grand aumônier. Ils ignoroient que cette question avoit déjà été décidée à l'occasion de la chapelle de Versailles, dont la bénédiction avoit été déférée au cardinal de Noailles, contre la prétention du grand aumônier, le cardinal de Janson. Tout le fruit que Rohan retira de cette tentative fut de faire ses protestations. Il fit une autre entreprise qui ne lui réussit pas mieux. Le cardinal de Noailles, en interdisant les jésuites, avoit conservé les pouvoirs aux pères Gaillard, de La Rue, Lignières et Du Trévoux : ce dernier avoit le titre de confesseur du Régent. Le grand aumônier a le droit de nommer les prédicateurs de la chapelle du Roi; et celui qui prêche à la Toussaint prêche aussi l'avent. Rohan, en partant pour Strasbourg, affecta de choisir pour le sermon de la Toussaint le père de La Ferté, parent ou allié de toute la cour, et dont les pouvoirs finissoient au mois d'août. Le cardinal de Noailles pouvoit l'arrêter tout court, en lui faisant signifier une interdiction personnelle. Il n'en fit rien, voulut éviter un éclat, et se contenta d'en écrire le lendemain du sermon au cardinal de Rohan, qui ne fit point de réponse : mais l'archevêque, las d'attendre cette réponse, fit signifier une interdiction générale aux jésuites, et nommément au père La Ferté. Il s'étoit fait jésuite malgré le maréchal son père, qui n'en parloit qu'avec emportement, comme de la dernière bassesse. Le duc de La Ferté étant mort sans enfans, le jésuite seroit devenu duc et pair, s'il n'eût pas fait ses vœux ; et l'humeur qu'il en montra quelquefois en donna aux jésuites, qui le reléguèrent à La Flèche, où il est mort.

Pour prévenir les brigues des jésuites, le Régent nomma pour confesseur du Roi l'abbé Fleury, si célèbre par son *Histoire ecclésiastique*, et surtout par les excellens discours qu'il y a joints. Il avoit été sous-précepteur des ducs de Bourgogne, d'Anjou et de Berri.

Le Régent, tourmenté par Stairs et fatigué par Bentivoglio, pouvoit faire rappeler l'un et l'autre : le premier, en calmant les inquiétudes du roi Georges par l'abandon ouvert du Prétendant, sans se lier formellement par un traité avec l'Angleterre ; le second, en instruisant le Pape des mœurs scandaleuses de ce nonce. Il est vrai que le Pape pouvoit objecter celles du jésuite Lafiteau, notre ministre à Rome, où il passoit par les grands remèdes, pendant que Bentivoglio s'y préparoit à Paris. La crainte de perdre le chapeau, récompense ordinaire de la nonciature de France (1), l'auroit rendu aussi souple que le Régent l'auroit

(1) La France a toujours le choix du nonce. Le Pape présente trois sujets, entre lesquels elle choisit, et qu'elle peut rejeter tous trois. L'Empereur et l'Espagne ont le même privilége. (D.)

voulu; mais il falloit plus de fermeté qu'il n'en avoit. S'il en montroit si peu dans les affaires importantes, on peut juger de toutes ses complaisances pour tous ses entours.

La duchesse de Berri se fit donner le château de La Muette; et le prix en fut payé par le Roi à d'Armenonville, qui eut en outre la jouissance du château de Madrid dans le bois de Boulogne, la survivance pour son fils Morville, et un brevet de retenue de quatre cent mille livres sur sa charge de secrétaire d'Etat. La princesse obtint encore pour La Haye, son ancien amant réformé, une troisième place de gentilhomme de la manche du Roi, avec six mille livres de pension; et bientôt on en fit une quatrième pour un protégé de madame de Ventadour.

La duchesse de Berri, ennuyée du deuil de Louis XIV, obligea le Régent de réduire tous les deuils à moitié, à l'occasion de celui de la reine mère de Suède.

Pour passer les nuits d'été dans le jardin du Luxembourg avec une liberté qui avoit plus besoin de complices que de témoins, elle en fit murer toutes les portes, à l'exception de la principale, dont l'entrée se fermoit ou s'ouvroit, suivant les occasions.

Le Régent acheta pour son fils naturel (le chevalier d'Orléans) la charge de général des galères, du maréchal de Tessé, qui y gagna deux cent mille livres.

Rouillé-Ducoudray (1) persuada aussi de rappeler

(1) Cette famille de Rouillé n'est pas la même que celle qui s'est élevée de nos jours au ministère, et alliée avec messieurs d'Harcourt : les Rouillé-Ducoudray sont ou se disent plus anciens. Le poëte Rousseau fut d'abord précepteur de ce Ducoudray. (V.)

les comédiens italiens, qui avoient été chassés par le feu Roi pour avoir joué *la Fausse Prude*, dont le public fit l'application à madame de Maintenon.

La nouvelle troupe prit le titre de comédiens du Régent, et fut, sous l'inspection de Rouillé, indépendante des gentilshommes de la chambre. Cette nouveauté fit pendant quelque temps déserter le Théâtre Français, et les farces italiennes éclipsèrent les chefs-d'œuvre de notre scène.

Les brevets de retenue se donnoient sans mesure et sans choix. Parmi tant de grâces prodiguées ou prostituées, le Régent rendit justice au mérite de Vittemant, en le nommant sous-précepteur du Roi. Une harangue qu'il avoit faite à la tête de l'Université, dont il étoit recteur, l'avoit fait connoître de Louis XIV, qui lui donna la place de lecteur du Dauphin. A peine eut-il commencé les fonctions de sous-précepteur, que le jeune Roi parut s'y attacher. Le Régent, qui le remarqua, et qui pendant son administration s'étudia toujours à donner l'exemple du respect pour le Roi, et à chercher ce qui pouvoit lui plaire, voulut lui procurer le plaisir de faire une grâce à Vittemant. Il apporta un jour au Roi le brevet d'une abbaye de quinze mille livres de rente en faveur de Vittemant. L'enfant, charmé de faire lui-même cet acte de maître, fit venir Vittemant, et, en présence du Régent, du maréchal de Villeroy et de l'évêque de Fréjus, lui donna le brevet, en le nommant par le titre de l'abbaye. Vittemant ne comprenant pas d'abord pourquoi le Roi lui donnoit un nouveau nom, le Régent prit la parole, et lui expliqua la grâce que le Roi lui faisoit. Vittemant se confondit en remercîmens, et dit qu'il étoit comblé de bienfaits du Roi ; que sa fortune étoit déjà au-delà de ses désirs, et que, n'ayant point de parens dans le besoin, il ne sauroit à quoi employer une augmentation de revenus. « Vous en ferez des « charités, lui dit l'évêque de Fréjus. — Et pourquoi, « répondit Vittemant, recevoir l'aumône pour la faire ? « D'ailleurs je ne suis pas à portée, à la cour, de con- « noître ceux qu'il faudroit secourir : un curé s'en ac- « quittera mieux que moi. » Le Régent, Villeroy et l'évêque, peu accoutumés à un tel langage, regardèrent d'abord Vittemant comme un habile hypocrite, et le pressèrent en souriant d'accepter : mais le refus étoit très-sérieux, rien ne put vaincre sa résistance. Il fallut chercher pour cette abbaye un personnage moins étrange, et il ne fut pas difficile à trouver. Le modeste Vittemant ne s'occupa à la cour que de son emploi ; et lorsque ses fonctions furent finies, il se retira à la Doctrine chrétienne. Je n'ai pas dû laisser dans l'oubli le nom d'un homme si vertueux : je n'aurai pas assez d'anecdotes pareilles pour en fatiguer le lecteur.

La chambre de justice, établie par un édit du mois de mars, commençoit ses opérations, dont les effets furent très-différens de ceux qu'on s'en étoit promis. On s'étoit flatté de retirer par les taxes des sommes immenses, qui fourniroient aux dépenses les plus urgentes. On devoit, disoit-on, rembourser tous les brevets de retenue, les charges militaires, les rendre libres, n'en plus laisser vendre ; de manière que le Roi seroit toujours en état de récompenser le mérite, et d'entretenir l'émulation. Beaux projets sans doute, mais qui ne sont jamais imaginés que par ceux qui n'ont pas le crédit de les effectuer. Tout le fruit de cette chambre de justice, qui subsista un an, fut d'ouvrir la porte à des milliers de délations vraies ou fausses. La consternation se mit dans toute la finance, et parmi leurs alliés; l'argent fut caché, et la circulation totalement interceptée. On sacrifia quelques financiers à la haine du peuple. Le crédit vendu, les protections achetées firent remettre ou modérer les taxes : celles qui furent payées devinrent la proie des femmes perdues ou intrigantes, et des compagnons de débauche du Régent.

L'inutilité de la chambre de justice pour l'Etat faisoit chercher d'autres moyens de le libérer : on alla jusqu'à proposer une banqueroute générale. Ceux qui présentèrent ce cruel remède alléguoient qu'il étoit également impossible de payer l'immensité des dettes, et de laisser subsister l'énormité des impôts, dont le poids écrasoit le peuple. Parmi les créanciers de l'Etat, beaucoup avoient abusé des malheurs publics; toutes les créances, tant légitimes qu'usuraires, se bornoient presque à la capitale : cela ne regardoit ni le corps de la noblesse, ni les laboureurs, ni les artisans. Les cris, disoit-on, seroient grands; mais la libération des impôts exciteroit des applaudissemens capables d'étouffer toutes les clameurs.

On comptoit, dans le préambule de l'édit, s'appuyer sur des motifs de droits justes ou spécieux. La couronne, disoit-on, n'est pas purement héréditaire comme les biens des particuliers, puisque les femmes n'y peuvent succéder : c'est une substitution de mâle en mâle. Le Roi n'est qu'un usufruitier, qui ne peut s'engager au-delà de sa vie. Les biens substitués des particuliers ne répondent pas des dettes : la couronne seroit-elle de pire condition? Le successeur n'est donc pas tenu du fait de son prédécesseur : il ne tient rien de lui, mais de la loi. Si ce principe, ajoutoit-on, peut s'imprimer dans l'esprit de la nation, l'Etat ne pourra jamais se trouver dans la situation où il est : chacun sera convaincu qu'en prêtant au Roi, il ne peut compter que sur la vie et la probité personnelle du prince. Le Roi, hors d'état d'emprunter et de séduire par l'appât du gain, se trouveroit dans l'heureuse impossibilité de ruiner ses sujets, et réduit à un gouvernement économe : les rentiers ne formeroient plus une classe oisive dans l'Etat; la population excessive de Paris reflueroit dans les provinces. On pourroit craindre qu'un prince dissipateur, ne trouvant pas à emprunter, n'eût recours à la multiplication des impôts; mais l'excès en cette matière est dangereux pour la personne même du prince.

On répondoit : N'y a-t-il point d'alternative entre la banqueroute et la perpétuité des impôts? Ne peut-on, par la suppression des dépenses superflues ou abusives, par une régie économe, par un examen réfléchi, une distinction juste de la nature des créances, et surtout en prouvant à la nation l'intégrité d'une administration nouvelle et la bonne foi du gouvernement, inspirer la confiance, rétablir la circulation, alléger le poids des impôts, et commencer la libération des dettes légitimes et urgentes? Ne mettra-t-on aucune différence entre ceux qui ont tout sacrifié au service de l'Etat, et ceux qui ont tiré leur fortune de ses malheurs?

Le Régent fut touché de ces représentations, et le

projet de la banqueroute fut rejeté. La pitié pour des créanciers légitimes et malheureux ne servit que de prétexte au refus : le vrai motif fut l'intérêt personnel des administrateurs des finances, qui trouvoient dans la liquidation, dans la continuation des impôts, dans le renouvellement des traités, mille moyens de se faire des créatures, et d'amasser des millions.

Le système de Law a fait autant ou plus de malheureux que la banqueroute, a corrompu les mœurs, et n'a eu aucun des avantages de l'édit proposé. Ce système, considéré en lui-même, a eu ses apologistes, qui ont prétendu qu'il n'a été pernicieux que par l'abus qu'on en a fait, et par la mauvaise volonté de ceux qui avoient intérêt de le faire échouer. D'autres ont soutenu, avec plus de raison, qu'il étoit aussi vicieux dans son principe qu'il a été funeste dans ses effets; d'autres enfin l'ont toujours réprouvé comme insoutenable dans une monarchie absolue, quelques avantages qu'il pût avoir dans une république, et dans un gouvernement mixte. L'expérience n'a que trop justifié ce sentiment.

La meilleure opération de Law fut l'établissement de la banque générale, composée de douze cents actions, de trois mille livres chacune. L'avantage s'en fit d'abord sentir : la circulation fut ranimée; et le succès en eût été assuré, si cette banque générale n'eût pas dégénéré en banque royale, ce qui donna bientôt naissance au malheureux système.

Quelques assemblées de protestans en Poitou, en Languedoc et en Guienne donnèrent de l'inquiétude au gouvernement : elle augmenta encore, par la découverte d'un grand amas de fusils et de baïonnettes près d'un lieu où les protestans s'étoient assemblés. La crainte d'un soulèvement, et l'horreur de renouveler les barbaries qui avoient suivi la révocation de l'édit de Nantes, agitèrent fort l'esprit du Régent : il fut sur le point d'annuler l'édit, et de rappeler les protestans. Il en conféra séparément avec plusieurs membres du conseil, et presque tous l'en détournèrent. La question pour ou contre la liberté en fait de religion se décide communément par la passion. L'irréligion, ainsi que la superstition, a son fanatisme; et le Régent étant très-susceptible du premier, il fallut lui faire envisager l'affaire en homme d'Etat, et uniquement du côté de la politique.

Il est indubitable que les consciences doivent être libres; mais la tranquillité de l'Etat permet-elle que le culte le soit? L'exemple de l'Angleterre et de la Hollande n'est pas exactement applicable à la France dans son état actuel : 1° les deux Etats allégués ont comme nous leur culte national, les autres religions n'y sont que tolérées; 2° elles y sont multipliées, et il est plus facile d'entretenir la paix entre quatre ou cinq religions qu'entre deux également puissantes, parce que la haine partagée s'affoiblit, et qu'on peut alors se borner à une émulation de bonnes mœurs; 3° en Angleterre et en Hollande, les hétérodoxes sont aussi nombreux que les orthodoxes : l'expérience de leurs malheurs passés leur fait craindre de voir leur nation armée contre elle-même.

En France, les protestans sont en petit nombre, relativement aux catholiques. Si l'on accorde aux protestans un culte public, et en tout les mêmes avantages qu'aux autres citoyens, leur nombre croîtra;

l'attrait de la nouveauté leur fera des prosélytes parmi les catholiques mêmes; la dissension naîtra dans les familles; le zèle religieux deviendra fanatisme; les esprits s'enflammeront; une émeute populaire sera le signal de la guerre civile : nous nous trouverons replongés dans les horreurs que nous ne pouvons nous rappeler qu'avec effroi.

L'uniformité de religion seroit le plus grand bonheur de l'Etat; mais ce n'est pas l'ouvrage des hommes. Bornons-nous aux efforts d'une prudence humaine. Que, sans annuler formellement l'édit de révocation, ni remettre les protestans dans le même état où ils étoient auparavant, on leur assure celui de citoyens par une déclaration dûment enregistrée. Qu'ils soient libres de leurs sentimens : n'exigeons plus que, par une complaisance criminelle à leurs yeux, ils viennent partager notre culte; mais ne leur en permettons point d'extérieur. Que l'exercice de leur religion se renferme dans l'intérieur de chaque famille; qu'ils jouissent de tous les droits de citoyens, dont ils supportent les charges; mais qu'ils ne puissent aspirer à aucunes places, ni emplois publics. Châtions sévèrement quiconque troublera leur tranquillité. Nulle persécution, beaucoup d'indifférence et d'oubli, c'est la mort de toutes les sectes : ce qui en subsiste par opiniâtreté aveugle ne fait plus que végéter dans le mépris. La vérité même, constamment méprisée, mais non persécutée, auroit peu de partisans.

Je parle d'après l'expérience. J'ai vu, dans ma jeunesse, une petite ville où les protestans étoient en aussi grand nombre que les catholiques. Un seigneur d'un caractère bienfaisant, qui en a le domaine, en

16.

rendant une exacte justice aux protestans, mais en procurant toutes les distinctions aux catholiques, en favorisant les mariages, a amené les choses au point qu'il n'y reste plus que deux vieillards qui, en persévérant dans leur secte, ont oonsenti eux-mêmes à l'abjuration de leurs enfans.

La tolérance civile est de droit naturel; mais pour l'imprimer dans l'esprit d'une nation il faudroit le règne long d'un prince absolu, conservateur des mœurs par l'autorité et l'exemple, observateur exact et respectueux du culte dominant, fût-il indifférent sur tous. Le Régent n'avoit malheureusement que la dernière de ces qualités. Elle suffisoit pour le rendre favorable au retour des protestans; mais l'abbé Dubois, voulant à toute force devenir cardinal, sentit qu'il n'auroit rien à prétendre de Rome après un tel éclat; et comme il étoit le grand casuiste du Régent en politique et en religion, il lui fit abandonner son dessein.

Dans ce temps-là, les princes du sang présentèrent une requête au Roi, signée de M. le duc, du comte de Charolais et du prince de Conti, contre l'édit de 1711 et la déclaration de 1715, qui donnent au duc du Maine et au comte de Toulouse la qualité de princes du sang, et l'habileté de succéder à la couronne.

Aussitôt les ducs et pairs présentèrent une requête au Roi, tendante à faire réduire les princes légitimés au rang de leur pairie.

L'Angleterre, en négociant avec le Régent, traitoit aussi avec l'Espagne, dont elle vouloit tirer beaucoup d'avantages pour le commerce; et le Régent, qui ne désiroit que d'entretenir la paix, se prêta volontiers aux vues de l'Angleterre. Pour cet effet, il représenta au roi Georges que ce qui plairoit le plus à l'Espagne seroit la restitution de Gibraltar. Georges, avec une marine puissante, et maître de Port-Mahon, ne tiroit pas une grande utilité de Gibraltar, et y dépensoit considérablement. Il consentit donc à faire ce sacrifice; mais craignant de mécontenter les Anglais, il manda au Régent que cette affaire ne pouvoit réussir que par le plus grand secret; qu'il falloit charger un homme fidèle à Madrid de traiter directement avec le roi d'Espagne, sans la participation d'Alberoni. Le Régent en chargea Louville, qui avoit été gentilhomme de la chambre de Philippe V, et de tous les Français celui que ce prince avoit le plus aimé. On savoit qu'il ne l'avoit sacrifié qu'à regret à la princesse des Ursins; et l'on ne doutoit pas que Philippe, en le revoyant, ne reprît pour lui tout le goût qu'il avoit eu dès l'enfance.

Les motifs qui firent choisir Louville furent précisément ce qui fit tout échouer. Muni de ses instructions, il partit secrètement, et arriva à Madrid chez le duc de Saint-Agnan, notre ambassadeur. Alberoni en fut instruit par ses espions, dont il avoit grand nombre; conçut les plus vives inquiétudes d'un voyage si mystérieux, et crut qu'il n'avoit d'autre objet que de le perdre dans l'esprit du Roi. A peine Louville étoit-il arrivé, qu'il reçut ordre de sortir sur-le-champ d'Espagne. Il répondit qu'il étoit chargé d'une lettre de créance du Roi, et d'une autre du Régent, qu'il devoit mettre en main propre à Sa Majesté Catholique; et qu'il ne partiroit pas sans avoir exécuté sa commission.

La nuit même, il eut une si violente attaque de néfrétique, qu'on lui prépara un bain. Sa réponse n'étant pas propre à rassurer Alberoni, il vint lui-même chez le duc de Saint-Agnan, et trouva Louville dans le bain. Il lui dit que le Roi étoit très-mécontent de son arrivée; qu'il ne vouloit absolument pas le voir; et qu'il n'avoit qu'à remettre ses dépêches, et repartir sur-le-champ. Louville lui répondit que son devoir lui défendoit le premier article, et que son état ne lui permettoit pas le second. Alberoni, ne pouvant douter de l'impossibilité où Louville étoit de se remettre en chemin, feignit de le plaindre, lui exagéra la prétendue colère du Roi, et promit de faire ses efforts pour faire agréer une excuse, qui cependant ne pouvoit durer qu'autant que la maladie. Au bout de trois jours, Louville reçut de nouveaux ordres plus absolus encore que les premiers. Voyant enfin qu'il ne pouvoit obtenir d'audience, et soupçonnant qu'Alberoni abusoit du nom du Roi, il hasarda de se présenter sur le passage du prince, dans l'espérance d'en être aperçu, et de présenter ses lettres. Mais Alberoni, qui faisoit veiller sur les moindres démarches de Louville, rendit la tentative inutile, en enveloppant le Roi d'un gros de créatures vendues au ministre. Le moment d'après, le secrétaire d'Etat Grimaldo vint trouver Louville, et lui ordonna positivement, de la part du Roi, de partir, le menaçant de le faire enlever de force, s'il différoit d'un instant. Le duc de Saint-Agnan, peut-être mécontent du secret qu'on lui faisoit de l'affaire, et craignant quelque violence, pressa Louville d'obéir. Il partit donc sans avoir rien fait, et sans que le Roi ait jamais rien su de ce qui se passoit sous son nom ; et un insolent ministre fit manquer à l'Espagne la seule occasion qui se soit trouvée de recouvrer Gibraltar. Les mesures étoient si bien prises, que si Louville eût pu voir le roi d'Espagne, il lui eût fait aisément accepter et signer les conditions peu importantes qu'exigeoit le roi Georges; et celui-ci envoyoit aussitôt au roi d'Espagne l'ordre pour le gouverneur de remettre la place; un corps de troupes paroissoit à l'instant pour en prendre possession; et Gibraltar eût été au pouvoir des Espagnols, avant que le parlement d'Angleterre en eût eu la première nouvelle. Alberoni savoit qu'il étoit odieux aux Espagnols; qu'il ne tiroit son autorité que de la Reine; qu'il étoit suspect au Roi, et que ce prince le chasseroit infailliblement, si les plaintes sur l'administration parvenoient jusqu'à lui. Il n'oublioit donc rien pour écarter tous ceux qui pouvoient déceler ses manœuvres, ou traverser son crédit. Les deux hommes qui l'inquiétoient le plus à la cour étoient le cardinal del Judice, premier ministre de nom, grand inquisiteur, et gouverneur du prince des Asturies; l'autre, le jésuite Daubenton, confesseur du Roi. Celui-ci n'aimoit pas Alberoni; mais il n'osoit pas lutter contre un ministre cher à la Reine, et se souvenoit que la princesse des Ursins l'avoit fait chasser, et ne redoutoit pas moins la Reine, qui n'aimoit pas les jésuites, et n'en avoit jamais voulu aucun pour confesseur.

Alberoni, tout au désir du chapeau de cardinal, savoit que del Judice étoit indigné qu'on lui destinât un pareil confrère, et n'ignoroit pas que le Pape avoit beaucoup de confiance en Daubenton, avec qui il étoit même en commerce de lettres. En conséquence il prit le parti de s'attacher à celui-ci, pour perdre l'autre ; et tous deux y travaillèrent de concert, chacun dans son genre. Alberoni représenta à la Reine qu'il étoit dangereux pour elle de laisser l'héritier de la monarchie entre les mains d'un homme qui lui inspiroit les principes de l'ancien gouvernement, et l'éloigneroit d'une belle-mère ; de sorte que si elle venoit à perdre le Roi, elle se trouveroit sans considération, et peut-être reléguée dans un couvent.

Daubenton, de son côté, fit entendre au Roi que les fonctions de grand inquisiteur ne permettoient pas au cardinal del Judice de donner les soins nécessaires à l'éducation du prince des Asturies, qui avoit besoin d'un homme uniquement occupé d'un emploi si important. La Reine et le confesseur agirent si efficacement, que la place de gouverneur du prince fut ôtée au cardinal, et donnée au duc de Popoli, napolitain, homme de beaucoup d'esprit, habile courtisan, foncièrement corrompu, avec toutes les grâces extérieures qui, en voilant le vice, ne le rendent que plus dangereux. Il étoit véhémentement soupçonné d'avoir empoisonné sa femme, qui étoit de sa maison, héritière de la branche aînée, et dont la mort le laissoit maître de tous les biens.

Peu de jours après, le cardinal reçut ordre de ne plus venir au conseil. Il se démit alors de la place de grand inquisiteur, et bientôt après se retira à Rome.

Le prince de Cellamare, fils du duc de Giovenazzo, frère du cardinal del Judice, étoit alors ambassadeur d'Espagne en France. Dans la crainte de se perdre auprès du puissant et vindicatif Alberoni, il lui écrivit, le priant de ne pas le confondre avec son oncle, et de lui conserver sa protection auprès de la Reine. Alberoni tira grand parti de cette lettre, et affectoit de la montrer, en disant qu'il falloit que le cardinal eût bien des torts, puisqu'il étoit même abandonné par un neveu si sage et si éclairé. Cette lettre ne prouvoit que l'ambition et la bassesse de Cellamare.

Daubenton se vit obligé d'écrire au Pape, pour lui exagérer les rares qualités, les vertus même d'Alberoni, mais surtout son zèle pour la cour de Rome, et sa puissance en Espagne. Ce dernier article étoit le plus décisif pour prémunir le Pape contre les accusations de Judice, et des autres ennemis du ministre. Daubenton comptoit qu'après avoir contribué au cardinalat d'Alberoni, celui-ci n'ayant plus rien à prétendre, l'aideroit à y parvenir. C'est ainsi que ce précieux chapeau peut mettre en mouvement tout le clergé d'une nation, et quelquefois de l'Europe. Alberoni en connoissoit tout le prix, jugeoit que la pourpre le mettroit à couvert de tous les événemens; et sa chute même a prouvé qu'il n'avoit pas tort.

Alberoni, ne craignant plus rien des Espagnols auprès du Roi, étoit encore inquiet des Parmésans, que la curiosité de voir la Reine pouvoit attirer à Madrid, et n'oublioit rien pour les écarter. La facilité avec laquelle il avoit subjugué la Reine lui faisoit craindre qu'un autre ne prît le même ascendant sur l'esprit de cette princesse. Il vit avec beaucoup de chagrin arriver la nourrice de la Reine, avec une espèce de paysan son mari, et un fils capucin. Ces sortes de gens ne paroissent pas ordinairement sur la scène; mais ils placent et déplacent quelquefois les acteurs qui jouent les plus grands rôles. Alberoni étoit parti de trop bas pour être en droit de ne pas craindre un capucin, frère de lait de la Reine : heureusement celui-ci se trouva un sot; mais la nourrice, avec la grossièreté de son premier état, voulut être comptée pour quelque chose, et y parvint. Elle étoit fine, adroite, et savoit employer à propos le manége et la hardiesse : la suite le prouvera.

Le Régent, offensé de l'insolence d'Alberoni à l'égard de Louville, et encore plus indigné de voir à quel point le roi d'Espagne étoit asservi sous un audacieux ministre, se flatta de retirer ce prince de sa léthargie, en lui écrivant directement. La lettre étoit forte : la difficulté étoit de la faire parvenir à l'insu d'Alberoni. Le Régent chargea le père Du Trévoux de l'envoyer au père Daubenton, qui devoit la rendre uniquement au Roi. Daubenton la reçut; mais ayant déjà été près d'être perdu pour s'être chargé d'une pareille commission de la part du Pape, il porta la lettre au ministre.

Alberoni sentit l'effet que cette lettre auroit pu produire sur l'esprit du Roi, avant qu'on l'eût préparé à la recevoir. Il se concerta avec la Reine, et commença par écrire à Monti, qui étoit alors à Paris, une lettre qu'il le chargeoit de montrer au Régent. Il y disoit que le Roi étoit très-mécontent de celle que Daubenton avoit remise, comme on le verroit par la réponse. Ensuite, pour outrager le Régent sous le nom d'autrui, il protestoit d'un respect et d'un attachement infini pour ce prince, et ajoutoit qu'il étoit au désespoir de tout ce qu'il entendoit dire à Madrid par les ministres étrangers, savoir, que le Régent ne pensoit qu'à s'assurer la couronne de France; que lorsque ses mesures seroient prises, la personne du Roi ne l'embarrasseroit pas; et que c'étoit l'opinion de toute l'Europe.

Alberoni, de concert avec la Reine, s'arrangea pour suggérer au Roi une réponse confirmative de la lettre écrite à Monti, et cela ne fut pas difficile.

La retraite continuelle où Philippe v vivoit depuis long-temps, et ses excès avec la Reine, l'avoient fait tomber dans un état que, par respect, on nommoit des vapeurs, et qui bientôt méritèrent un autre nom, du moins de la part de ceux qui entroient dans l'intérieur.

La Reine et Alberoni saisirent un moment favorable pour lui parler de la lettre du Régent, et n'eurent qu'à lui répéter contre ce prince ce qu'ils faisoient dire par des étrangers dans la lettre à Monti : c'étoit toucher l'endroit sensible. La Reine ajouta qu'un roi aussi éclairé, aussi absolu qu'il l'étoit, ne devoit pas souffrir qu'un régent de France entreprî td'entrer dans le gouvernement d'Espagne; et que, pour lui imposer silence, il suffiroit au Roi de répondre que tout se faisoit par ses ordres, et qu'il vouloit être maître chez lui.

Rien ne flatte plus un homme foible, et ne l'entretient mieux dans cet état de foiblesse, que les éloges qu'on lui donne sur sa fermeté. Philippe écrivit donc la lettre telle qu'Alberoni l'avoit dictée à la Reine, qui eut soin d'y faire ajouter tous les éloges possibles pour son ministre.

Alberoni, délivré d'inquiétude du côté de la France, s'occupa uniquement de sa promotion au cardinalat.

Le Pape vouloit engager Alberoni, par l'espoir du chapeau, à terminer à l'avantage de Rome les différends de cette cour avec celle d'Espagne, bien résolu d'user ensuite des défaites; mais Alberoni, trop fourbe lui-même pour ne pas soupçonner les autres, étoit très-déterminé à ne rien accorder qu'il ne fût pourvu, sauf à éluder ensuite ses engagemens. Cette lutte de défiance et de manéges dura long-temps; mais comme elle est étrange à ces Mémoires, je ne m'y arrêterai pas.

Le Régent vit clairement, par l'obsession où étoit le roi d'Espagne, qu'il n'y avoit rien à en espérer, et ne pensa plus qu'à conclure avec l'Angleterre un traité qui, par la mésintelligence de la France et de l'Espagne, devenoit nécessaire.

L'abbé Dubois alla joindre à La Haye Stanhope, ministre du roi Georges. Les articles furent arrêtés entre eux à la fin de novembre; mais on convint de tenir le traité secret, pour donner le temps aux Hollandais de se déterminer à y accéder.

Le parlement enregistra cette année un édit pour le rétablissement de la surintendance des postes en faveur de Torcy, et de celle des bâtimens en faveur du duc d'Antin. L'enregistrement souffrit beaucoup de difficulté, parce que l'édit de suppression portoit qu'elles ne pourroient plus être rétablies, et qu'on trouvoit d'ailleurs que plus de quatre-vingt mille livres de gages pour ces deux places seroit une charge pour le peuple, sans utilité pour l'Etat.

Le prince de Courtenay, descendant de mâle en mâle de Louis-le-Gros, présenta au Régent un mémoire en réclamation du titre de prince du sang. Le droit étoit incontestable; mais on éluda la décision, comme on avoit déjà fait plusieurs fois. Ce prince de Courtenay avoit eu deux fils et une fille : l'aîné, étant mousquetaire, fut tué au siége de Mons en 1691, et le Roi fit, à cette occasion, une visite au père; le second fut tué d'un coup de pistolet en 1730, sans qu'on ait su le motif de cette fin désespérée. Il ne reste aujourd'hui (en 1762) de cette maison que la comtesse de Beaufremont, sœur cadette des deux frères.

Le maréchal de Château-Regnault, vice-amiral, mourut cette année. C'étoit un brave et honnête homme, connu par de belles actions sur mer. Le malheur de Vigo n'avoit point donné d'atteinte à sa réputation.

La vice-amirauté fut donnée à Coëtlogon, avec l'applaudissement du public. Trois jours avant la mort de Château-Regnault, dont le fils unique avoit épousé une sœur du duc de Noailles, celui-ci surprit au Régent un brevet de retenue de cent vingt mille livres sur la charge de vice-amiral, qui n'avoit jamais été vendue. Coëtlogon, à qui on vint demander le paiement de ce brevet, répondit qu'il n'en paieroit pas un sou; qu'il avoit toujours mérité les honneurs où il étoit parvenu, et n'en avoit jamais acheté. Il s'expliqua enfin si publiquement et si énergiquement, que le duc de Noailles se vit réduit à rapporter ce honteux brevet au Régent, qui fit payer les cent vingt mille livres aux dépens du Roi. La marine, ni le public, ne se contraignirent pas là-dessus pendant quelque temps.

Pour réunir ici ce qui concerne Coëtlogon, j'ajouterai que M. le duc, devenu premier ministre, fit, le premier janvier 1724, une promotion de maréchaux de France, où Coëtlogon fut oublié, quoique nommé par le public et par les étrangers. M. le duc crut apparemment le dédommager en le faisant chevalier de l'ordre. Coëtlogon n'en jugea pas ainsi; mais il ne fit pas plus de plaintes qu'il n'avoit fait de sollicitations. Peu d'années après, il se retira au noviciat des Jésuites, pour ne plus s'occuper que de son salut. Sous le ministère du cardinal de Fleury, le duc d'Antin, appuyé du comte de Toulouse, vint trouver Coëtlogon, pour lui offrir, de la part du cardinal de Fleury, le bâton de maréchal, et telle somme d'argent qu'il voudroit pour sa démission de la vice-amirauté, qu'ils vouloient faire avoir à un petit-fils du duc d'Antin. Coëtlogon, toujours le même, leur dit que pour le bâton de maréchal, il lui suffisoit de l'avoir mérité; qu'à l'égard de l'argent, il n'en vouloit point; qu'il ne vendoit pas ce qu'il n'avoit pas voulu acheter, et ne feroit point cette injure à la marine. Rien ne put l'ébranler. Le public applaudit à la vertu de Coëtlogon, rappela ses actions passées; et les éloges qu'on lui donna firent enfin rougir le gouvernement. Quatre jours avant la mort de ce respectable vieillard, on lui envoya le bâton de maréchal. Son confesseur le lui annonça. Il répondit qu'il y auroit été fort sensible autrefois; mais que, dans l'état où il étoit, il ne voyoit plus que le néant du monde; et pria son confesseur de ne lui plus parler que de Dieu.

La veuve du surintendant Fouquet mourut cette année. Sa vie fut une pratique continuelle des vertus: elle étoit petite-fille, par sa mère, du célèbre président Jeannin, un des ministres de Henri IV.

L'abbé Servien, fils du surintendant Abel Servien,

termina sa vie cynique. Avec des mœurs dépravées et un esprit de saillies, il auroit été fait pour briller dans les soupers du Régent, s'il eût été moins vieux. C'étoit lui qui, voulant assister à une assemblée de l'Académie française où l'on recevoit un médiocre sujet, et ne pouvant percer la foule qui s'y trouve toujours, s'écria : « Il est plus difficile d'entrer ici « que d'y être reçu. » Il n'y a que trop d'occasions de répéter la même chose. Un autre jour, au parterre de l'Opéra, un jeune homme qu'il pressoit vivement lui dit : « Que me veut donc ce b..... de prêtre ? — « Monsieur, répondit l'abbé avec le ton doux de ses « pareils, je n'ai pas l'honneur d'être prêtre (1). »

(1) Il est honteux de prostituer l'histoire à répéter des bons mots de liberté. L'éditeur auroit servi Duclos en supprimant cette anecdote infâme. Il ne m'a pas lu cet endroit : je l'en aurois fait rougir. (V.)

LIVRE TROISIÈME.

Quelque secret qu'on voulût garder sur le traité de La Haye, il fallut enfin en parler au maréchal d'Uxelles, le chef du conseil des affaires étrangères, dont la signature étoit nécessaire. Le maréchal, piqué de n'avoir eu aucune communication d'une affaire qui étoit de son département, refusa de signer. Le Régent employa inutilement raisonnemens, excuses et caresses : le maréchal parut inflexible, disant qu'on lui couperoit plutôt le poing, que de lui faire signer un pareil traité. Le Régent, piqué de tant de résistance, lui envoya le traité, avec ordre de signer à l'instant, ou de quitter sa place ; et le maréchal signa. D'Uxelles, avec une figure de philosophe austère, étoit rustre et assez borné, jouant le sage et le Romain. Le maréchal de Villars disoit assez plaisamment de lui : « J'ai toujours entendu dire que d'Uxelles « étoit une bonne caboche ; mais personne n'a jamais « osé dire que ce fût une bonne tête. » Il n'avoit pas montré beaucoup de capacité dans les conférences pour la paix d'Utrecht, et étoit fort étonné que Ménager, un de nos plénipotentiaires, insistât fort sur la pêche de la morue : il ignoroit que c'est l'école des meilleurs matelots. Pour peu qu'on traitât d'affaires avec le maréchal d'Uxelles, on connoissoit bientôt la portée de son esprit : l'aventure du traité fit connoître son ame. Lorsqu'on fit au conseil le rapport des articles, il fut de l'avis du traité. Un des opinans, sachant ce qui s'étoit passé pour la signature, dit qu'il n'étoit pas assez instruit de l'affaire pour opiner en connoissance de cause; mais qu'il ne risquoit rien d'être de l'avis du maréchal d'Uxelles, qui sans doute avoit bien examiné le tout.

Les principales conditions du traité furent la retraite du Prétendant hors d'Avignon, l'expulsion de France de tous les jacobites, et la destruction du canal de Mardick, qui pouvoit suppléer au port de Dunkerque. Ce traité, après l'accession des Hollandais, du 4 janvier, fut nommé la triple alliance.

[1717] La nuit du premier au 2 de février, le chancelier Voisin mourut subitement. Le Régent l'ayant appris à son lever, envoya chercher le procureur général d'Aguesseau, qui étoit à la messe de sa paroisse. Sur sa réponse qu'il iroit après l'office, le Régent fut obligé de lui envoyer ordre de venir sur-le-champ au Palais-Royal. Durant ces messages, La Rochepot, Vaubourg et Trudaine, conseillers d'Etat (le premier gendre, et les deux autres beaux-frères de Voisin), apportèrent la cassette des sceaux. Aussitôt que d'Aguesseau fut arrivé, le Régent, le présentant à la foule que la curiosité avoit attirée dans l'appartement : « Vous voyez, dit-il, un nouveau et « très-digne chancelier. » Il le fit tout de suite monter en carrosse avec lui, le mena aux Tuileries saluer le Roi, qui, instruit par le Régent, posa la main sur la cassette, et la remit à d'Aguesseau.

Le chancelier revint à l'instant chez lui, et entra dans l'appartement de son frère d'Aguesseau de Valjouan. Celui-ci, homme de beaucoup d'esprit et de savoir, mais paresseux, voluptueux, très-singulier, et fort indifférent sur tous les événemens, étoit encore en robe de chambre, et fumoit tranquillement une pipe auprès du feu. « Mon frère, lui dit d'Aguesseau, « je viens vous annoncer une nouvelle qui vous fera « grand plaisir : je suis chancelier. — Vous chance- « lier! lui dit froidement Valjouan, et sans se dé- « tourner. Qu'avez-vous fait de l'autre ? — Il est mort « subitement, et le Roi m'a donné sa place. — Hé « bien! mon frère, j'en suis bien aise, reprit Val- « jouan; j'aime mieux que ce soit vous que moi. » Et continua de fumer sa pipe.

Le même jour, la charge de procureur général fut donnée à Joly de Fleury, premier avocat général. Ces deux choix furent d'autant plus applaudis, que personne n'étoit en droit d'en être jaloux.

Je ne m'arrêterai pas à faire connoître le mérite du nouveau chancelier : son éloge, que j'ai fait donner pour sujet du prix de l'Académie française, est entre les mains de tout le monde. Mais l'intérêt de la vérité m'oblige de dire qu'on l'a accusé d'une partialité outrée pour la robe : il a soustrait au châtiment des juges coupables, pour ne pas décrier la magistrature. Le duc de Gramont l'aîné lui demandant un jour s'il n'y auroit pas moyen d'abréger les procédures, et de diminuer les frais : « J'y ai souvent pensé, dit le chan- « celier; j'avois même commencé un réglement là- « dessus : mais j'ai été arrêté, en considérant la quan- « tité d'avocats, de procureurs et d'huissiers que « j'allois ruiner. » Quelle réponse de la part d'un homme d'Etat !

Son goût pour les sciences et belles-lettres lui prenoit un temps infini, au préjudice de l'expédition des affaires. On lui reprochoit encore un esprit d'indécision, qu'il tenoit, soit de s'être trop exercé au parquet dans la discussion du pour et contre, soit de l'abondance de ses lumières, qui l'éblouissoient quelquefois, au lieu de l'éclairer. Le comte de Cerest-Braneas, conseiller d'Etat d'épée, et ami du chancelier, m'a dit qu'il lui parloit un jour de la lenteur de ses décisions. « Quand je pense, répondit le magis- « trat, qu'une décision de chancelier est une loi, il « m'est bien permis d'y réfléchir long-temps. »

Le Régent, après avoir si bien disposé de la place de chancelier et de celle de procureur général, fit un déluge de grâces qui ne furent pas si approuvées (1).

(1) Il donna l'administration des biens de St.-Cyr au duc de Noailles, qui eut sous lui d'Ormesson, beau-frère du chancelier. Noailles conseilla aussi de détruire Marly, dont les matériaux auroient été à sa disposition; mais on en détourna le Régent. Noailles obtint du moins d'en faire vendre les meubles et le linge. Tout s'y donna à si bas prix, que ce fut plutôt un partage qu'une vente; et le remplacement a coûté des sommes immenses au Roi.

Le prince de Rohan eut un brevet de retenue de quatre cent mille livres sur le gouvernement de Champagne, et la survivance de la compagnie des gendarmes pour son fils. Le duc de Chaulnes fit aussi donner à son fils la survivance de la compagnie des chevau-légers, avec l'augmentation du brevet de retenue jusqu'à quatre cent mille livres.

La survivance de Desmarais, grand fauconnier, lui fut accordée pour son fils, âgé de sept ans.

Maillebois fit porter jusqu'à quatre cent mille livres son brevet de retenue sur sa charge de maître de la garde-robe.

Le prince Charles de Lorraine, en épousant madame de Noailles, obtint du Régent un brevet de retenue d'un million sur la charge de grand écuyer.

Le premier président reçut une somme considérable. La duchesse de Ventadour, en remettant le Roi entre les mains des hommes, eut pour soixante mille écus de pierreries.

La duchesse d'Albret se crut aussi bien fondée que les autres à demander des survivances, et obtint celle de grand chambellan pour son fils aîné, et celle de premier gentilhomme de la chambre pour son neveu

Les princes seroient trop heureux, s'ils n'avoient à s'occuper que de la politique et du gouvernement temporel de l'Etat. Malheureusement les affaires de l'Eglise s'y mêlent toujours; et comme elles sont communément un tissu de manœuvres, de tracasseries et d'intrigues, elles causent plus d'embarras aux princes que les négociations les plus épineuses avec les puissances étrangères. L'affaire de la constitution étoit précisément dans ce cas-là; et le Régent, qui travailloit à affermir la paix au dehors, désiroit la tranquillité au dedans du royaume.

Après avoir mis à la tête du conseil de conscience le cardinal de Noailles, avoir écarté des affaires le cardinal de Bissy et sa cabale, avoir chassé de la cour

le duc de La Trémouille, âgé de neuf ans. Il n'y eut pas jusqu'à l'abbé de Maulevrier qui se fit donner son neveu pour survivancier dans sa place d'aumônier du Roi.

L'abbé Dubois, cherchant à fortifier son existence de toutes les pièces de détail à sa convenance, obtint la place de secrétaire du cabinet avec la plume, vacante par la mort de Callières, homme de mérite. Peu de jours après, il fit entendre qu'étant plus initié que personne dans le nouveau système politique, il étoit convenable qu'il entrât au conseil des affaires étrangères; et, pour déterminer le Régent, il ajouta qu'il ne se prévaudroit point de sa place de conseiller d'Etat pour la préséance sur les membres du conseil non titrés, ni officiers de la couronne. Quelque mépris que les autres conseillers d'Etat fissent du personnel de Dubois, ils ne voulurent pas que son titre de conseiller d'Etat fût dégradé. Ainsi le Régent, croyant tout concilier, imagina de donner à l'abbé d'Estrées, à Canilhac et à Cheverny, tous trois du conseil des affaires étrangères, des brevets expectatifs de conseillers d'Etat, d'une date antérieure à celui de Dubois, afin que leur préséance ne fit point de difficulté. Ils n'étoient pas trop contens de ne le précéder qu'à ce titre; d'autre part, les conseillers d'Etat trouvoient fort mauvais qu'on leur donnât trois confrères surnuméraires, contre le réglement de 1664, qui fixe leur nombre à trente, vingt-quatre de robe, trois d'Eglise, et trois d'épée. Cependant il fallut recevoir Dubois pour compagnon, en attendant qu'on l'eût pour maître. (D.)

les jésuites, exilé de Paris Tellier, Doucin, et les autres brouillons de la société, il n'avoit plus qu'à laisser agir les parlemens, soutenus de la Sorbonne, des universités, des curés, toujours respectés du peuple et de l'honnête bourgeoisie. Les communautés séculières et régulières les plus distinguées dans les lettres, et par leurs établissemens, se déclaroient hautement pour le cardinal de Noailles. Quoiqu'il eût consenti ou ne se fût pas opposé à la destruction de Port-Royal, la haine contre les jésuites, l'opposition à la cour de Rome, lui avoient ramené les jansénistes, parmi lesquels il y en avoit encore alors de très-distingués par leur réputation; les évêques acceptans n'étoient pas en état de soutenir le parallèle avec leurs adversaires. L'ambition, l'intérêt, le bon air, si puissant en France, le vent de la cour, auroient décidé les indifférens et ramené les autres : le petit nombre que l'opiniâtreté ou le point d'honneur d'un engagement public auroit retenus dans le parti de la constitution se seroit éteint, comme il est arrivé à celui des appelans.

Il n'en auroit pas beaucoup coûté au Régent, très-indifférent sur le fond du dogme, d'afficher une neutralité pacifique. Le Pape se seroit plaint, le nonce auroit crié. Rien de plus facile que d'imposer silence au dernier, ou de le faire rappeler. A l'égard du Pape, le Régent pouvoit lui écrire de ce ton de respect pour la personne, avec lequel on fait cependant sentir la fermeté d'un parti pris. Clément XI auroit sûrement donné les explications qu'on lui demandoit sur la bulle, ou elle seroit insensiblement tombée en oubli, comme tant d'autres.

Si, d'après ce que je viens d'établir, on me soupçonnoit de jansénisme, on se tromperoit fort. Les jansénistes d'aujourd'hui ne rappellent pas l'idée de Port-Royal, et il ne seroit pas à désirer qu'ils prissent le dessus. Quelle que soit la constitution pour le fond, elle est si généralement acceptée, qu'il faut la regarder comme bonne, pour la tranquillité du gouvernement. Les conséquences éloignées que les papes en pourroient tirer pour leurs prétentions ne passeroient pas jusqu'aux effets. La cour de Rome ne hasardera pas désormais de ces coups qu'une partie de l'Europe n'a repoussés qu'en se séparant de l'Eglise.

Le Régent, en cherchant à concilier les deux partis qui la divisoient, n'en put contenir aucun. Celui de la constitution en vint jusqu'à la faire déclarer règle de foi par un certain nombre de prélats : aussitôt quatre évêques et la Sorbonne publièrent leur appel au futur concile. Si le cardinal de Noailles eût fait alors paroître le sien, presque tous les corps du royaume l'auroient suivi. Il temporisa, et perdit tous ses avantages.

Le Régent, piqué de l'éclat de cet appel dans le temps qu'on tenoit au Palais-Royal des conférences pour trouver des tempéramens, fit donner ordre aux quatre évêques de se retirer dans leurs diocèses. Ravechet, syndic de Sorbonne, fut exilé à Saint-Brieux ; mais en y allant il mourut à Rennes chez les bénédictins, où il est inhumé.

Pendant la guerre de la constitution, les princes du sang poussoient vivement celle qu'ils avoient déclarée aux princes légitimés, à qui les ducs et pairs vouloient aussi faire perdre le rang intermédiaire accordé par l'édit de 1694.

Les mémoires respectifs sont si répandus, que je n'en donnerai pas même d'extrait.

Le Régent ne prit pas visiblement parti avec les princes du sang : 1° pour ne pas offenser la duchesse d'Orléans sa femme, sœur des légitimés ; 2° pour ne pas paroître juge et partie dans une affaire qui seroit portée au conseil de régence.

La duchesse du Maine, princesse du sang par elle-même, furieuse de voir attaquer le rang de son mari et de ses enfans, eut recours à tous les moyens qu'un intérêt si cher lui suggéroit. Il semble qu'elle auroit dû diriger tous ses efforts contre la requête des princes du sang, parce que si le rang en étoit conservé à son mari, la demande des ducs tomboit d'elle-même ; mais comme elle craignoit d'échouer dans sa défense contre les princes, elle n'oublioit rien de ce qui pouvoit retarder le jugement. D'ailleurs, si elle étoit affligée de la poursuite des princes, elle se croyoit outragée par la réclamation des ducs en faveur de la pairie. Elle imagina donc de leur susciter des ennemis, qui pussent la venger en les attaquant eux-mêmes.

Elle fit entendre à un nombre de gentilshommes que les ducs avoient des prétentions injurieuses à la noblesse, dont ils vouloient se séparer, en faisant entre eux un corps particulier. Ces gentilshommes prirent aisément feu, et sonnèrent l'alarme. Leur nombre s'augmenta bientôt : chacun s'empressoit de s'y joindre, les principaux par jalousie contre les ducs, les autres pour faire acte de noblesse ; il s'en trouva quelques-uns que la bourgeoisie eût pu revendiquer. Le grand prieur de Vendôme, intéressé personnellement pour les légitimés, persuada aux chevaliers de Malte qui étoient à Paris d'entrer dans l'association. Le bailli de Mesmes, ambassadeur de la religion, et frère du premier président, concourut aux désirs du grand prieur, et y étoit sourdement poussé par le premier président, secrètement lié avec le duc, la duchesse du Maine, et grand ennemi des ducs depuis l'affaire du bonnet.

Cette confédération se répandit d'abord en propos dans le public, et six (1) des plus considérables présentèrent au Régent un mémoire contre les ducs. Ce prince les reçut très-sèchement, leur dit qu'il trouvoit fort mauvais un pareil attroupement, refusa le mémoire, et fit défense à tous chevaliers de Malte de s'assembler, que pour les affaires de leur ordre; et un arrêt du conseil de régence défendit toute association de gentilshommes, et de signer aucune requête en commun, sous peine de désobéissance (2).

Plusieurs gentilshommes de l'association ne dissimuloient pas trop leur passion : Beaufremont disoit hautement qu'il vouloit détruire les ducs, puisqu'il

(1) Châtillon, de Rieux, de Laval, de Pons, de Beaufremont, de Clermont-Tonnerre. (D.) — (2) Cette partie de la noblesse croyoit, en 1717, s'autoriser de l'exemple des cent soixante-sept gentilshommes qui, en 1649, présentèrent une requête à la Régente, mère de Louis XIV, contre le rang de prince accordé à la maison de Bouillon, et contre les tabourets de la princesse de Guémené et la marquise de Senecey, et de la comtesse de Fleix. L'association de 1649 n'étoit pas plus légale que celle de 1717; mais elle avoit un objet plus fixe et plus déterminé. Les ducs et pairs présentèrent alors leur requête; mais le corps de la noblesse concouroit au même but. La Régente et son conseil craignant les suites de cette fermentation, les concessions furent révoquées pour le moment, et rétablies ensuite, lorsque l'autorité fut plus affermie. (D.)

ne l'étoit pas. On a vu depuis le marquis de Châtillon, devenu duc, s'enthousiasmer de ce titre.

Cependant les princes du sang continuoient leurs poursuites contre les légitimés. Le Régent auroit peut-être éludé la décision, par égard pour sa femme; mais la duchesse du Maine, emportée par la passion, fit faire à son mari une démarche qui lui nuisit beaucoup. Il s'avisa de dire au Régent que cette affaire, en étant une d'Etat, ne pouvoit être jugée que par un roi majeur, ou même par les Etats généraux.

Le Régent sentit quelle atteinte une telle prétention donnoit à son autorité. 1° C'est une maxime que le Roi est toujours majeur, quant à la justice; 2° ce qui s'étoit fait sans l'intervention des Etats généraux n'en avoit pas besoin pour être défait. En conséquence il fut rendu, le 6 juin, un arrêt du conseil de régence qui nommoit six conseillers d'Etat pour recevoir les mémoires respectifs des princes du sang et des légitimés, et en faire le rapport au conseil.

La duchesse du Maine, consternée du mauvais succès de sa démarche, persuada à trente-neuf gentilshommes qu'ils pouvoient stipuler pour le corps de la noblesse, et les engagea à présenter au parlement une requête tendante à demander qu'une affaire qui concernoit la succession à la couronne fût renvoyée aux Etats généraux (1). C'étoit du moins au Roi seul qu'ils devoient s'adresser, s'ils eussent eu mission de l'ordre de la noblesse. Il étoit d'ailleurs assez singu-

(1) Elle étoit en forme de protestation contre tout jugement sans l'intervention des Etats généraux, et signifiée au greffier en chef et au procureur général. Le 19 juin, le duc du Maine et le comte de Toulouse vinrent prendre place au parlement, et y présentèrent un acte pareil. *Voyez* le journal du parlement. (D.)

lier de voir un ordre qui range le parlement dans celui du tiers Etat intituler sa requête : *A nosseigneurs du parlement, supplient, etc.* Le premier président et les gens du Roi la portèrent au Régent, qui fit mettre à la Bastille ou à Vincennes les six principaux gentilshommes.

Le Régent résolut sur-le-champ de faire juger l'affaire par le conseil. Les princes du sang, les légitimés et les ducs en furent exclus comme parties. L'archevêque de Bordeaux, d'Uxelles, Biron et Beringhen les remplacèrent. Saint-Contest fit le rapport; et, le premier juillet, le conseil de régence rendit un arrêt en forme d'édit qui révoque et annule celui de 1714, et la déclaration de 1715; déclare le duc du Maine et le comte de Toulouse inhabiles à succéder à la couronne, les prive de la qualité de princes du sang, et leur en conserve seulement les honneurs leur vie durant, attendu la longue possession. Cet édit fut enregistré au parlement le 8 juillet. Les honneurs ont depuis été conservés aux deux fils du duc du Maine, accordés au duc de Penthièvre, fils du comte de Toulouse, et ont passé au comte de Lamballe, fils du duc de Penthièvre.

En rapportant ce qui concerne l'affaire des légitimés, j'ai particulièrement nommé la duchesse du Maine, parce qu'elle fut l'ame de tout. Le duc du Maine, au désespoir de sa chute, mais naturellement timide, obéissoit à toutes les passions de sa femme. Le comte de Toulouse se joignit à son frère pour la défense de leur état; mais il n'entra dans aucune des intrigues de la duchesse du Maine. Il avoit partagé le rang de son frère sans l'avoir sollicité; il en prévoyoit le peu de stabilité, et ne parut ni humilié ni affligé de la révolution de son état.

Pour la duchesse du Maine, transportée et aveuglée de fureur, elle ne s'occupa donc que de projets de vengeance contre le Régent, et entretint des liaisons secrètes avec cette partie de la noblesse qu'elle avoit déjà échauffée. Nous la verrons bientôt former une conjuration mal organisée qui devint funeste à plusieurs gentilshommes, et qui pensa perdre absolument le duc du Maine.

Au milieu de toutes les affaires dont le Régent étoit occupé, il fut obligé de donner ses soins à la réception du czar Pierre I, qui vint cette année à Paris.

Ce prince, qui s'étoit créé lui-même, travailloit à devenir le créateur de sa nation, et y seroit parvenu si une telle entreprise pouvoit être l'ouvrage d'un règne, et qu'il ne fallût pas une suite de siècles pour former ou régénérer un peuple. Quelque génie qu'on remarquât dans le Czar, il laissoit quelquefois échapper des traits de férocité, mais jamais rien de petit. Il a fait entrer son empire dans le système politique de l'Europe. La Russie y tient un rang distingué; mais les sciences et les arts y paroissent des plantes exotiques, dont il faut renouveler la semence. On ne trouve point encore de noms russes dans la liste des savans qui soutiennent l'Académie de Pétersbourg. Cette société, où il y a des étrangers d'un mérite reconnu, n'a pas du moins pris, comme les nôtres, une devise orgueilleuse : elle s'est bornée à celle qui conviendra toujours à l'homme, et dont les plus éclairés sentent la justesse : *Paulatìm* (peu à peu).

Quoi qu'il en soit, le Czar, pour jeter les fondemens du grand édifice qu'il projetoit, avoit voyagé dans tous les Etats du nord de l'Europe. Cherchant partout à s'instruire, pour instruire ensuite ses sujets, il avoit travaillé lui-même dans les ateliers d'Amsterdam.

Il y avoit long-temps qu'il désiroit de voir la France, et il l'avoit témoigné à Louis XIV dans les dernières années du règne; mais le Roi, déjà attristé par les infirmités de l'âge, et à qui l'état de ses finances ne permettoit plus d'étaler le faste d'une cour brillante comme il auroit fait autrefois, fit détourner le Czar de son projet le plus honnêtement qu'il fut possible.

Le Czar voyant qu'il n'auroit pas beaucoup à attendre, n'en témoigna rien; mais, quelque temps après la mort de Louis XIV, il chargea le prince Kourakin, son ambassadeur, de faire part à notre cour du désir qu'il avoit de voir le Roi, et d'annoncer qu'il partoit. Le Czar et Kourakin avoient épousé les deux sœurs; et quoique la Czarine eût été répudiée, et enfermée dans un couvent, Kourakin n'avoit pas perdu la confiance de son maître : le Czar lui en avoit même donné une preuve assez forte. Comme il avoit conçu le projet d'allier la Russie par des mariages avec les premiers Etats de l'Europe, particulièrement avec les maisons de France et d'Autriche, il jugea que la différence de religion y seroit un obstacle, et crut que la religion grecque, qu'on professe en Russie, n'étant pas fort éloignée de la romaine, il ne lui seroit pas difficile de faire adopter celle-ci par ses sujets. Pour cet effet, il envoya Kourakin à Rome, et l'y retint trois ans sans caractère, mais y vivant en grand seigneur, et à portée de s'instruire des principes politiques de la cour de Rome, et de sa conduite avec les puissances catholiques. Le clergé romain, loin de cacher ses prétentions, les étala si indiscrètement, que Kourakin à son retour n'eut rien de satisfaisant à dire à son maître. La cour de Rome manqua une si belle acquisition par les mêmes maximes qui lui ont fait perdre tant d'autres Etats. Quelque désir qu'eût le Czar d'être catholique, il aimoit encore mieux être maître chez lui, et prit le parti de laisser en Russie la religion telle qu'elle est, mais de s'en faire déclarer le chef. Il avoit déjà senti la nécessité de réprimer le clergé, et d'abaisser le patriarche : c'étoit avec l'appui des patriarches que la maison régnante étoit montée sur le trône; et ceux qui l'y avoient élevée pouvoient l'en faire descendre. Il préféra sa sûreté à la reconnoissance, prit des mesures justes, chassa le patriarche de Moscou, et parvint à se faire chef de l'Eglise russe.

Les choses étoient en cet état lorsque le Czar vint en France. Le Régent auroit bien voulu se dispenser de recevoir un tel hôte, non-seulement à cause de la dépense que son séjour exigeroit, mais encore par les inconvéniens qui pouvoient naître du caractère et des mœurs encore barbares d'un prince qui, très-populaire avec des artisans et des matelots, n'en seroit peut-être que plus exigeant avec la cour. Mais ce qui peinoit davantage le Régent, alors plein d'égards pour l'Angleterre, étoit la haine que le Czar avoit pour le roi Georges, et qu'il a conservée jusqu'à la mort. On sait que l'ambition du Czar étoit de faire fleurir le commerce dans ses Etats : dans ce dessein, il avoit fait ouvrir plusieurs canaux. Il y en eut un dont le roi Georges arrêta la continuation, parce qu'il auroit traversé une petite partie de ses Etats d'Allemagne; et le Czar ne put le lui pardonner. Son ressentiment le porta à faire à Amsterdam ce qu'on appelle une espiéglerie de page à l'ambassadeur d'Angleterre, qui envoya lui demander une audience. Ce prince, qui sortoit alors pour aller à bord d'un vaisseau, lui fit dire de l'y venir trouver. L'ambassadeur s'y étant rendu, le Czar, déjà monté sur la hune, lui cria de venir recevoir son audience. L'ambassadeur, peu ingambe, auroit bien voulu s'en dispenser; mais il n'osa témoigner sa crainte. Le Czar lui donna audience; et après avoir joui assez long-temps de la peur du ministre sur ce plancher mobile, le congédia.

Le Régent envoya le marquis de Nesle et Du Libois, gentilhomme ordinaire, avec les équipages du Roi, attendre le Czar à Dunkerque, le recevoir au débarquement, le défrayer sur la route, et lui faire rendre partout les mêmes honneurs qu'au Roi. Le maréchal de Tessé alla au devant de lui jusqu'à Beaumont, et le conduisit à Paris, où il arriva le 7 de mai.

Le rang et le mérite personnel du Czar exigent que je donne une espèce de journal abrégé de son arrivée et de son séjour. Le Czar descendit à neuf heures du soir au Louvre, à l'appartement de la Reine, où tout étoit éclairé et meublé superbement. Il le trouva trop beau, demanda une maison particulière, et remonta sur-le-champ en carrosse. On le conduisit à l'hôtel de Lesdiguières, proche l'Arsenal. Comme les meubles n'en étoient pas moins magnifiques, il vit bien qu'il falloit prendre son parti là-dessus. Il fit tirer d'un fourgon qui le suivoit un lit de camp, et le fit tendre dans une garde-robe. Vertod, un des maîtres d'hôtel du Roi, étoit chargé d'entretenir matin et soir au prince une table de quarante couverts, sans compter celle des officiers et des domestiques. Le maréchal de Tessé avoit le commandement de toute la maison, et devoit accompagner partout le Czar, escorté d'un détachement de gardes du corps.

Ce prince étoit grand, très-bien fait, assez maigre; le teint brun et animé, les yeux grands et vifs, le regard perçant, et quelquefois farouche, surtout lorsqu'il lui prenoit dans le visage un mouvement convulsif qui démontroit toute sa physionomie. Ce tic étoit une suite du poison qu'on lui avoit donné dans son enfance; mais lorsqu'il vouloit faire accueil à quelqu'un, sa physionomie devenoit riante, et ne manquoit pas de grâce, quoiqu'il conservât toujours un peu de majesté sarmate. Ses mouvemens brusques et précipités déceloient l'impétuosité de son caractère et la violence de ses passions. Aucune décence n'arrêtoit l'activité de son ame; et un air de grandeur, mêlé d'audace, annonçoit un prince qui se sent maître partout. L'habitude du despotisme faisoit que ses volontés, ses désirs, ses fantaisies se succédoient rapidement, et ne pouvoient souffrir la moindre contrariété des temps, des lieux, ni des circonstances. Quelquefois importuné de l'affluence des spectateurs, mais jamais gêné, il les congédioit d'un mot, d'un geste, ou sortoit pour aller à l'instant où sa curiosité l'appeloit. Si ses équipages n'étoient pas prêts, il entroit dans la première voiture qu'il trouvoit, fût-ce un carrosse de place. Il prit un jour celui de la maréchale de Matignon, qui étoit venue le voir, et se fit mener à Boulogne. Le maréchal de Tessé et les gardes couroient alors comme ils pouvoient pour le suivre. Deux ou trois aventures pareilles firent qu'on tint toujours dans la suite des carrosses et des chevaux prêts.

Quelque peu occupé qu'il parût de l'étiquette de son rang, il y avoit des occasions où il ne la négligeoit pas : il marquoit quelquefois, par des nuances assez fines, la distinction des dignités et des personnes. En voici des traits.

Quoiqu'il eût la plus grande impatience de parcourir la ville, dès le moment de son arrivée il ne voulut jamais sortir de chez lui, qu'il n'eût reçu la première visite du Roi.

Le lendemain de l'arrivée du Czar, le Régent alla le voir. Le Czar sortit de son cabinet, fit quelques pas au devant du Régent, l'embrassa; puis lui montrant de la main la porte du cabinet, se tourna aussitôt, et passa le premier, suivi du Régent, puis du prince Kourakin, qui leur servit d'interprète. Il y avoit deux fauteuils, dont le Czar occupa le premier, Kourakin restant debout. Après une demi-heure d'entretien, le Czar se leva, et s'arrêta où il avoit reçu le Régent, qui en se retirant fit une profonde révérence, à laquelle le Czar répondit par une inclination de tête.

Le lundi 10 mai, le Roi vint faire sa visite. Le Czar descendit dans la cour, reçut le Roi à la descente du carrosse; et tous deux marchant sur la même ligne, le Roi à la droite, entrèrent dans l'appartement, où le Czar présenta le premier fauteuil, cédant partout la main. Après avoir été assis quelques instans, le Czar se leva, prit le Roi dans ses bras, l'embrassa à plusieurs reprises, les yeux attendris, avec l'air et les transports de la tendresse la plus marquée. Le Roi, quoique enfant, ne fut nullement étonné, fit un petit compliment, et se prêta de bonne grâce aux caresses du Czar. Les deux princes gardèrent en sortant le même cérémonial qu'à l'arrivée. Le Czar, en donnant au Roi la main sur lui jusqu'au carrosse, conserva toujours le maintien de l'égalité; et s'il se permit dans des instans, et peut-être avec dessein, une sorte de supériorité que l'âge peut donner, il eut soin de la voiler par des caresses et des démonstrations d'amour pour l'enfant qu'il prenoit dans ses bras.

Le lendemain 11, le Czar rendit au Roi sa visite. Il eût été reçu à la descente du carrosse; mais aussitôt qu'il aperçut sous le vestibule des Tuileries le Roi marchant vers lui, il sauta du carrosse, courut au devant du Roi, le prit dans ses bras, monta ainsi l'escalier, et le porta jusqu'à l'appartement. Tout se passa exactement comme la veille, à l'exception de la main, que le Roi donna partout chez lui au Czar, comme il l'avoit eue chez ce prince.

Aussitôt qu'il eut reçu la visite du Roi, il ne cessa de se promener dans Paris, entrant dans les boutiques et chez les ouvriers, s'arrêtant à tout ce qui attiroit son attention, questionnant les artistes par le moyen du prince Kourakin, et donnant partout des preuves de ses lumières et de ses connoissances. Les choses de pur goût et d'agrément le touchoient peu; mais tout ce qui avoit un objet d'utilité, trait à la marine, au commerce, aux arts nécessaires, excitoit sa curiosité, fixoit son attention, faisoit admirer la sagacité d'un esprit étendu, juste, et aussi prompt à s'instruire qu'avide de savoir. Il ne donna qu'un léger coup d'œil aux diamans de la couronne, qu'on lui étala ; mais il admira les ouvrages des Gobelins, alla deux fois à l'Observatoire, s'arrêta long-temps au Jardin des Plantes, examina les cabinets de mécanique, et s'entretint avec les charpentiers qui faisoient le Pont-Tournant.

On juge aisément qu'un prince de ce caractère n'étoit pas recherché dans sa parure. Un habit de bouracan ou de drap, un large ceinturon où pendoit un sabre, une perruque ronde sans poudre, qui ne lui passoit pas le cou, une chemise sans manchettes, tel étoit son ajustement. Il avoit commandé une perruque : le perruquier ne douta pas qu'il ne lui en fallût une à la mode, qui étoit alors de les porter longues et fournies. Le Czar fit donner un coup de ciseau tout autour, pour la réduire à la forme de celle qu'il portoit.

Madame, mère du Régent, la duchesse de Berri, la duchesse d'Orléans, s'étoient attendues à recevoir la visite du Czar aussitôt qu'il auroit rendu celle du Roi; mais n'en ayant point entendu parler, elles lui envoyèrent faire compliment chacune par son premier écuyer. Le Czar alla ensuite les voir dans l'ordre où je viens de les nommer, et y fut reçu comme le Roi l'auroit été.

Le jour qu'il fit sa visite à Madame, vendredi 14, le Régent vint l'y trouver, et le conduisit à l'Opéra en grande loge ; et tous deux y furent seuls sur le même banc. Vers le milieu de la représentation, le Czar demanda de la bière : le Régent en fit apporter à l'instant, se leva, en présenta un gobelet sur une soucoupe, et ensuite une serviette. Le Czar but sans se lever, remit le gobelet et la serviette au Régent toujours debout, et le remercia par un sourire et un signe de tête, et sortit de l'Opéra au quatrième acte, pour aller souper.

Il dînoit à onze heures, et soupoit à huit. L'état de cette dépense étoit de dix-huit cents livres par jour. Il étoit toujours splendidement servi, quoiqu'il eût ordonné des retranchemens dès le premier jour. Ce n'étoit point par sobriété : il aimoit la table, et n'en vouloit supprimer que le luxe. Il mangeoit excessivement à dîner et à souper, buvoit deux bouteilles de vin à chaque repas, et ordinairement une de liqueur au dessert, sans compter la bière et la limonade entre les repas. Plusieurs de ses officiers lui tenoient tête là-dessus, et entre autres son aumônier, qu'il aimoit et estimoit beaucoup à cet égard-là. Il se livroit quelquefois avec eux à des excès dont les suites avoient besoin d'être ensevelies dans l'obscurité.

Le Czar fit une visite particulière au Régent ; mais il n'en fit à aucun autre de la maison royale, prince ou princesse, qu'aux trois que je viens de nommer. On lui avoit dit que les princes du sang viendroient lui rendre une visite, s'il vouloit promettre d'aller ensuite voir les princesses. Il refusa avec hauteur cette visite conditionnelle, et il n'en fut plus question. Si les visites d'apparat, les spectacles et les fêtes l'amusoient peu, il n'en étoit pas ainsi des choses qui pouvoient l'instruire. Le même jour qu'il fut à l'Opéra, il avoit passé la matinée entière dans la galerie des plans, conduit par le maréchal de Villars, et suivi des officiers généraux qui se trouvoient à Paris. Le maréchal l'accompagna encore aux Invalides le 16, jour de la Pentecôte. Le Czar y voulut tout voir, tout examiner, et finit par le réfectoire, où il demanda un coup du vin des soldats, but à leur santé, les traitant de camarades, et frappant sur l'épaule de ses voisins. Il remarqua parmi les spectatrices la maréchale de Villars, dont la figure étoit frappante : il apprit qui elle étoit, et lui fit un accueil distingué. Le maréchal d'Estrées lui donna à dîner dans sa maison d'Issy le mardi 18, et lui plut beaucoup, par les cartes et plans de marine qu'il lui montra.

Le Czar passant aux Tuileries le 24, entra chez le maréchal de Villeroy, où le Roi vint comme par hasard. Tout cérémonial fut alors supprimé, et le Czar se livra encore aux plus vifs transports de tendresse. Le soir même, il se rendit à Versailles, et passa trois jours à voir le château, la ménagerie, Trianon, Marly, et surtout la machine, plus admirable alors qu'elle ne l'est aujourd'hui, que la mécanique est plus perfectionnée.

Ce prince coucha à Trianon, où ses officiers avoient mené des filles dans l'appartement de madame de Maintenon; ce que Blouin, ancien serviteur de la favorite, regarda comme une profanation. Ces mœurs faisoient en effet un furieux contraste avec les dernières années de Louis XIV. On a prétendu que le Czar et ses officiers s'étoient ressentis de la compagnie qu'ils avoient menée.

Le 30 mai, il alla dîner à Petitbourg chez le duc

d'Antin, qui le conduisit le même jour à Fontainebleau, où le comte de Toulouse lui donna le lendemain le plaisir de la chasse. Il ne voulut, au retour, manger qu'avec ses gens dans l'île de L'Etang. Le comte de Toulouse et le duc d'Antin durent savoir gré au Czar de les en avoir exclus. Il fallut porter ce prince et ses gens dans les carrosses pour revenir à Petitbourg, où ils arrivèrent dans un état fort dégoûtant.

Le mardi premier juin, les fumées de la veille étant dissipées, le Czar s'embarqua sur la Seine pour descendre à Paris. Il s'arrêta à Choisy, où la princesse de Conti, douairière, le reçut. Après avoir parcouru les jardins, il rentra dans sa gondole, traversa Paris, passant sous tous les ponts, et descendit au-dessous de la porte de la Conférence.

Le 3, il retourna passer plusieurs jours à Versailles, à Marly, à Trianon, qu'il vouloit revoir avec plus de détail. Le 11, il se rendit à Saint-Cyr, vit toutes les classes, se fit expliquer les exercices des pensionnaires, et monta ensuite chez madame de Maintenon, qui, l'ayant prévu, s'étoit mise au lit, ses rideaux et ceux de ses fenêtres fermés. Le Czar, en entrant, tira les rideaux des fenêtres, puis ceux du lit, la considéra attentivement, et sortit sans dire un mot, et sans lui faire la moindre politesse.

Madame de Maintenon fut pour le moins étonnée d'une si étrange visite, et dut sentir la différence des temps.

Le jour qu'il alla voir la Sorbonne, il témoigna plus de considération à la statue du cardinal de Richelieu, qu'il n'en avoit marqué à la personne de madame de

Maintenon. Aussitôt qu'il aperçut le tombeau du cardinal, il courut embrasser la figure de ce ministre, en lui adressant ces paroles : « Je donnerois la moitié de mon empire à un homme tel que toi, pour « qu'il m'aidât à gouverner l'autre. »

Le Czar alla dîner, le 15, chez le duc d'Antin. Madame la duchêsse s'y rendit avec les princesses ses filles, pour le voir du moins une fois avant son départ. Le duc d'Antin, voulant satisfaire leur curiosité, engagea ce prince à se promener dans le jardin, et le conduisit le long de l'appartement du rez-de-chaussée, où les princesses et leur suite étoient aux fenêtres. En approchant d'elles, on prévint le Czar que madame la duchesse y étoit, et du désir qu'elle avoit de le voir. Il ne répondit rien, ne demanda pas même laquelle c'étoit, marcha lentement, les regarda toutes, les salua en général d'une seule inclination de tête, et passa.

Le Czar, en entrant dans la salle à manger, fut frappé de voir sous un dais le portrait de la Czarine, que le duc d'Antin avoit trouvé moyen de se procurer. Cette galanterie lui plut si fort, qu'il s'écria qu'il n'y avoit que les Français qui en fussent capables. Il ne tarda pas à en éprouver une encore plus marquée, que je porterai à sa date.

Le 16, il vit la revue de la maison du Roi. La magnificence des uniformes parut lui déplaire. Sans attendre la fin, il partit brusquement, et, d'un temps de galop, se rendit à Saint-Ouen, où il soupa chez le duc de Tresmes.

Le Czar parloit facilement le latin et l'allemand ; il auroit pu se faire entendre en français, qu'il entendoit assez bien ; et on le soupçonnoit de mettre de la dignité à se servir d'interprète.

Le 18, il reçut la dernière visite du Régent, et alla prendre congé du Roi, qui le lendemain vint lui dire adieu. Il n'y eut aucun cérémonial d'observé; mais on remarqua toujours la même effusion de cœur et le même attendrissement de la part du Czar.

Le même jour, ce prince assista, dans une tribune de la grand'chambre, au jugement d'une cause. L'avocat général Lamoignon, aujourd'hui chancelier, en la résumant, parla de l'honneur que la cour recevoit ce jour-là, et l'on en fit registre.

L'après-midi, le Czar assista à l'assemblée de l'Académie des sciences, et ensuite à celle des belles-lettres, convoquée extraordinairement. Ces deux compagnies l'occupèrent chacune dans leur genre. Il prit séance à l'une et à l'autre, et fit asseoir les académiciens.

La galanterie qu'on lui fit et que j'ai annoncée fut à la Monnoie des médailles. Le Czar, après avoir examiné la structure, la force et le jeu du balancier, se joignit aux ouvriers pour le mettre en mouvement. Rien n'égale la surprise où il fut quand il vit sortir de dessous le coin son portrait, supérieur, pour la ressemblance et pour l'art, à toutes les médailles qui avoient été frappées pour lui. Il parut aussi fort satisfait du revers. C'étoit une Renommée passant du nord au midi, avec ces mots de Virgile : *Vires acquirit eundo,* par allusion aux connoissances que ce prince acquéroit dans ses voyages.

Le Czar accepta du Roi deux tentures de tapisseries des Gobelins, et refusa une épée garnie de diamans.

Il donna plusieurs médailles d'or et d'argent des principales actions de sa vie, et son portrait enrichi de diamans, aux maréchaux d'Estrées et de Tessé, au duc d'Antin, et à Verton. Il prit pour celui-ci, qui le fit servir pendant son séjour, une amitié singulière, et demanda au Régent de le lui envoyer chargé des affaires de France en Russie. Il fit distribuer soixante mille livres aux domestiques qui l'avoient servi. Il témoigna le plus grand désir de faire une alliance d'amitié avec nous; mais comme cela ne s'accordoit pas avec le nouveau plan politique du Régent, ou plutôt de l'abbé Dubois, on ne lui répondit que par des démonstrations vagues d'attachement, qui n'eurent point de suites.

Le Czar partit d'ici le 20 juin, pour se rendre à Spa, où il avoit donné rendez-vous à la Czarine. Il s'attendrit beaucoup, en partant, sur la France, et dit qu'il voyoit avec douleur qu'elle ne tarderoit pas à se perdre par le luxe.

Il arriva cette année un de ces événemens qui devroient servir d'exemple à ceux qui, abusant d'une autorité précaire, font quelquefois haïr l'autorité légitime. Les habitans de la Martinique, excédés des vexations de La Varenne, gouverneur général, et de Ricouart, intendant de cette île, avoient souvent et inutilement fait passer leurs plaintes au ministère de France. Las de n'en point recevoir de réponse, les insulaires se concertèrent avec tant de justesse et de secret, qu'ils surprirent le gouverneur et l'intendant, qui dînoient ensemble. Ils les empaquetèrent l'un et l'autre dans un bâtiment qui retournoit en France, remirent au capitaine un nouveau cahier de leurs griefs, et de protestations de fidélité pour le Roi, le firent jurer de le rendre fidèlement, conduisirent le vaisseau à douze lieues au large, avec deux pirogues bien armées, pour s'assurer du départ, et défendirent aux deux visirs déposés de remettre jamais le pied dans l'île.

La conduite des insulaires après cette expédition fut si tranquille et si soumise, l'ordre si bien maintenu dans la colonie, qu'on prit à la cour le parti de fermer les yeux sur ce qui s'étoit passé. Les deux bannis furent obligés de dévorer leur rage, et (ce qui est le comble du châtiment en France) se virent l'objet des ris et des ridicules, qu'on ne leur épargna pas.

Plusieurs successeurs de La Varenne et de Ricouart n'ont pas trop profité de l'exemple. Nous venons de voir, par la facilité avec laquelle la Martinique s'est rendue aux Anglais, combien il importe à un gouvernement de ne se pas rendre odieux.

Pendant que les Martiniquois se faisoient justice, les habitans du Périgueux imploroient celle du Régent contre Courson, intendant de Bordeaux. Il étoit fils de Lamoignon de Basville, le despote du Languedoc, et avoit été intendant de Rouen. Le brigandage de ses secrétaires, et l'arrogante protection qu'il leur donnoit, avoient pensé le faire lapider à Rouen, dont il étoit d'abord intendant : il fut obligé de s'enfuir, et le crédit de son père le fit passer à l'intendance de Guienne. L'esprit de despotisme qu'il avoit puisé chez son père, sans en avoir la capacité, le porta à imposer des taxes, de son autorité privée. La ville de Périgueux lui porta ses plaintes; et, pour réponse, il fit mettre en prison les échevins. La ville envoya des députés à la cour réclamer contre la tyrannie; mais ils furent plus de deux mois à assiéger le cabinet du duc de Noailles, sans pouvoir passer l'antichambre. Ce ministre, ami de Courson, vouloit, à force de longueurs, rebuter ces malheureux. D'ailleurs, une maxime des tyrans et sous-tyrans est de donner toujours raison aux supérieurs. Par bonheur, le comte de Toulouse, parfaitement honnête homme, entendit parler de l'affaire. Il en instruisit quelques membres du conseil de régence, et particulièrement le duc de Saint-Simon, ennemi juré du duc de Noailles, et qui mettoit à tout la plus grande vivacité.

Le premier jour que le duc de Noailles vint rapporter au conseil de régence, le duc de Saint-Simon lui demanda quand il comptoit finir l'affaire de Périgueux, en exposa sommairement, mais très-vivement, l'objet. Le comte de Toulouse l'appuya de ce ton froid et d'indignation qu'un déni de justice donne à un honnête homme. Tout le conseil tourna les yeux sur le duc de Noailles, qui dit en balbutiant que cette affaire exigeoit beaucoup d'examen, et que des objets plus importans l'avoient empêché d'y travailler. Le comte de Toulouse et Saint-Simon répliquèrent qu'il n'y avoit rien de si important que d'éclaircir des accusations, vraies ou fausses, qui depuis trois mois retenoient des citoyens dans les fers. Le Régent ordonna donc au duc de Noailles de rapporter cette affaire dans huitaine. Noailles arriva huit jours après au conseil, avec un sac très-plein. Saint-Simon lui demanda si l'affaire de Périgueux y étoit : Noailles répondit avec humeur qu'elle étoit prête, qu'elle viendroit à son tour, et commença le rapport d'une autre, puis d'une autre encore. A la fin de chaque rapport, Saint-Simon demandoit toujours : « Et l'affaire de Périgueux? » C'étoit un jour d'Opéra, où le Régent alloit toujours en sortant du conseil; et Noailles s'étoit flatté d'amuser le bureau jusqu'à l'heure du spectacle, et peut-être à la fin de faire oublier Périgueux. Enfin l'heure de l'Opéra étant arrivée, Noailles dit qu'il ne restoit plus que l'affaire en question; mais que le rapport en seroit long; qu'il ne vouloit pas priver M. le Régent de son délassement; et se mit tout de suite à serrer ses papiers. Saint-Simon l'arrêtant par le bras, et s'adressant au Régent, lui demanda s'il se soucioit si fort de l'Opéra, et s'il n'y préféreroit pas le plaisir de rendre justice à des malheureux qui l'imploroient. Le Régent se rassit, et consentit à entendre le rapport.

Noailles l'entama donc avec une fureur concentrée : mais Saint-Simon, qui étoit à côté de lui, avoit l'œil sur toutes les pièces, les relisoit après Noailles, et suivoit le rapport avec la défiance la plus affichée et la plus outrageante. L'affaire étoit si criante, que Noailles conclut lui-même à l'élargissement des prisonniers; mais il voulut excuser Courson, et s'étendit sur les services de Basville son père. Le pétulant Saint-Simon l'interrompit, en disant qu'il ne s'agissoit pas du mérite du père, mais de l'iniquité du fils; et en opinant ajouta qu'il falloit dédommager les prisonniers aux dépens de Courson, le chasser de l'intendance, et en faire une justice si éclatante, qu'elle servît d'exemple à ses pareils. Le Régent dit qu'il se chargeoit du dédommagement; qu'il laveroit la tête à Courson, qui méritoit pis, mais dont le père méritoit aussi des égards; qu'il cassoit cependant les ordonnances de Courson, avec défenses de récidiver. Saint-Simon demanda que l'arrêt fût écrit à l'instant, n'osant pas, dit-il, s'en fier à la mémoire du duc de Noailles; et le Régent l'ordonna. Noailles, tremblant de fureur, pouvoit à peine tenir sa plume : Saint-Simon, pour le soulager, se mit à lui dicter. Quand Noailles en fut à la cassation des ordonnances et à la défense de récidiver, il s'arrêta : « Poursuivez donc, « lui dit Saint-Simon; tel est l'arrêt. » Noailles regarda tout le conseil, pour voir s'il n'y auroit point d'adoucissement. Saint-Simon interpella toute la compagnie, qui fut là-dessus d'un avis unanime. Ainsi finit l'affaire de Périgueux.

Peu de temps après, Courson fut révoqué, et dit, comme cela se pratique en pareil cas, qu'il avoit demandé son rappel. Si cela est, la province lui en témoigna sa reconnoissance par des feux de joie. Cela ne l'a pas empêché d'avoir, dans la suite, une place de conseiller au conseil royal des finances.

Quoique ce ne soit ici qu'une affaire particulière, j'ai cru devoir la rapporter pour donner une idée du manége des ministres, des vexations qui se commettent au nom du Roi, de l'impunité qui leur est assurée sans des circonstances uniques, telles que le hasard qui instruisit le comte de Toulouse, dont l'équité fut échauffée par le ressentiment du duc de Saint-Simon. On voit encore, par la fortune de Courson, que ceux qui ont un nom dans leur classe y font à peu près le même chemin, mérite ou non.

J'ai oublié de dire que le chancelier d'Aguesseau, tout juste qu'il étoit, fut le seul du conseil qui chercha à adoucir l'arrêt, parce que les gens de robe font toujours cause commune quand ils n'ont point d'intérêt contraire, et qu'ils craignent d'altérer le respect pour la magistrature. Il procura, cette année, la noblesse aux conseillers du grand conseil, avec l'exemption des lods et ventes pour les biens relevant du Roi. A propos des égards pour la magistrature, le Régent avoit eu envie, l'année dernière, d'assister à la procession de la mi-août, pour le vœu de Louis XIII. Le parlement prétendit avoir la droite, alléguant que Gaston n'avoit marché qu'à la gauche dans une pareille cérémonie pendant la minorité de Louis XIV, quoique Gaston fût fils de France, et alors lieutenant général de l'Etat. Le Régent, sans entrer en discussion là-dessus, s'abstint de la procession. Cette année, le même désir lui reprit; et il annonça qu'il précéderoit le parlement, fondé sur l'exemple du duc de Montpensier, qui l'avoit précédé à la procession de Sainte-Geneviève du 10 septembre 1570. Le parlement lui opposa que le duc de Montpensier n'avoit eu cette préséance qu'en vertu d'une procuration du Roi, et pour le représenter; il ajouta que le Régent, étant lui-même membre du parlement, ne pourroit marcher qu'entre deux présidens, s'il ne représentoit pas le Roi. Le Régent, ne voulant pas se prévaloir de son autorité, ni sacrifier une envie puérile, crut faire merveille de saisir l'expédient du duc de Montpensier, et parut à cette cérémonie comme représentant le Roi, avec gardes du corps, cent-suisses, capitaine de quartier, premier gentilhomme de la chambre, enfin tout l'appareil de la royauté. Cela réussit fort mal : les mécontens disoient que le Régent faisoit un essai public de la couronne, pour y accoutumer le peuple en cas d'événement; les amis de ce prince trouvoient fort mauvais qu'un régent de France ne précédât le parlement qu'en vertu d'une commission qui ne lui donnoit rien de personnel; le parlement gagnoit toujours du terrain, et le peuple n'y voyoit qu'un de ces spectacles qui le consolent de tout. On ne les lui épargnoit pas : la fête de Saint-Louis fut célébrée aux Tuileries par des feux d'artifice qui attiroient une foule innombrable dans le jardin et dans les cours.

C'étoit dans ces occasions que le maréchal de Villeroy développoit ses grands talens pour l'éducation. Il menoit continuellement le Roi d'une fenêtre à l'autre, en lui disant : « Voyez, mon maître, voyez « ce peuple : hé bien ! tout cela est à vous, tout vous « appartient, vous en êtes le maître. » Belle leçon ! au lieu de lui faire remarquer l'amour des peuples, et lui inspirer la reconnoissance que le Roi leur doit. Mais le maréchal n'en savoit pas tant.

Le parlement, après avoir essayé, dans une procession, l'égalité avec le Régent, fit une entreprise plus importante dans le gouvernement. Il fut question d'enregistrer la suppression du dixième : le parlement demanda l'état des revenus et des dépenses du Roi : le Régent le refusa, et répondit qu'il ne souffriroit pas qu'on donnât atteinte à l'autorité du Roi pendant la régence. Le parlement pourroit sans doute être fort utile au peuple; mais il saisit communément fort mal les occasions de résistance. Il s'agissoit, par exemple, ici d'une suppression que le public attendoit avec impatience; et ce qu'il pouvoit y avoir à réformer dans quelques articles n'étoit pas difficile à régler : ainsi il fallut enregistrer. D'ailleurs, il y eut du schisme dans le parlement sur la nomination des commissaires : les enquêtes commençoient à soupçonner que le premier président étoit un fripon double entre son corps et la cour. En effet, le premier président avoit déjà reçu deux fois son brevet de retenue de cinq cent mille livres, et ne prétendoit pas encore avoir donné quittance : nous verrons dans la suite qu'il avoit raison.

Pendant que le Régent cherchoit à conserver la paix avec nos voisins, il vit avec inquiétude les préparatifs de guerre qu'on faisoit en Espagne. Alberoni ayant terminé les différends de son maître avec le Pape, dont il tira un indult pour mettre une imposition sur le clergé d'Espagne, avoit préparé un armement considérable, et faisoit entendre au Pape que c'étoit pour s'opposer aux entreprises que les Turcs pourroient faire sur l'Italie. Clément XI, pour reconnoître tant de services, lui donna enfin, quoique avec beaucoup de répugnance, le chapeau. Le sacré collége cria beaucoup, le Pape en pleura lui-même; mais enfin Alberoni fut cardinal, et dit alors à ses familiers que, n'ayant plus rien à prétendre pour lui, il alloit travailler pour la gloire du Roi.

Le plan d'Alberoni étoit, disoit-il, 1° de sauver l'honneur du roi d'Espagne; 2° de maintenir le repos de l'Italie; 3° d'assurer aux fils de la reine d'Espagne les successions de Toscane et de Parme, et d'obtenir, pour le roi d'Espagne, Naples, la Sicile, et les ports de

Toscane; 4° diviser l'Etat de Mantoue, en donnant la ville et une partie du Mantouan aux Vénitiens, l'autre partie au duc de Guastalla; 5° le Milanais entier et le Montferrat à l'Empereur; 6° la Sardaigne au roi Victor, pour le dédommager de la Sicile; 7° restituer Comachio au Pape; 8° partager les Pays-Bas catholiques entre la France et la Hollande.

Alberoni, pour établir dans la suite un équilibre et une paix durable, commençoit par allumer un incendie, sans avoir les moyens ni les forces suffisantes pour exécuter ses projets. Tel est cet Alberoni qu'on a cherché à donner pour un grand homme, titre qu'on défère trop légèrement aux hommes extraordinaires, et qu'ils ne doivent qu'à ceux qui auroient le plus d'intérêt à les décrier, à des écrivains nés dans la classe moyenne, qui est la victime, et porte le fardeau des grandes entreprises. Le grand homme est celui qui, pour des objets grands et utiles, proportionne les moyens aux entreprises, les couronne par le succès, et peut s'applaudir des événemens, puisqu'il a su les prévoir, les préparer et les amener. Ceux mêmes qu'on appelle à juste titre de grands génies peuvent élever ou détruire les Etats; mais ils ne sont pas les plus propres à l'administration. Ils font des malheureux, ne laissent qu'un grand nom, et, pour comble de malheur, excitent l'émulation de successeurs médiocres, qui ne causent que des désordres.

Alberoni, né dans la poussière, s'élève par son esprit, et parvient à une des plus hautes dignités : cela n'est pas d'un homme commun. Mais il engage son maître dans une guerre ruineuse, le met dans la nécessité de faire une paix forcée, et finit par se faire chasser lui-même, pour aller à Rome vivre dans l'opulence et le mépris. Il fut près d'y être dégradé, et ne l'évita que par l'intérêt qu'ont tous les cardinaux de rendre la pourpre invulnérable dans ceux même qui la déshonorent. Voilà les faits : que le lecteur juge.

Aussitôt que la flotte espagnole eut abordé en Sardaigne, toutes les puissances furent en mouvement : chacune soupçonnoit les autres d'être d'intelligence avec l'Espagne. L'Empereur, fier de ses victoires en Hongrie, reprochoit au Pape d'avoir accordé un indult au roi d'Espagne, sous prétexte d'un armement contre le Turc, et de le voir employé contre les chrétiens : il menaçoit Clément XI de porter incessamment la guerre en Italie. Le Pape, effrayé, pleuroit amèrement, et disoit, dans sa douleur, qu'il s'étoit damné en donnant le chapeau à Alberoni ; à quoi le cardinal del Judice répondit qu'il se feroit toujours honneur de suivre Sa Sainteté, excepté en enfer.

L'Angleterre étoit alors divisée dans son intérieur par deux partis opposés. La mésintelligence entre le roi Georges et le prince de Galles, son fils, éclatoit en haine ouverte. Le Roi, en faisant la revue de sa maison, n'avoit pas voulu passer devant le régiment de son fils, à moins que ce prince ne se retirât ; et venoit même de le reléguer dans le village de Richmond, près de Londres. Georges étoit outré d'avoir pour successeur un prince qu'il ne regardoit pas comme son fils. Personne n'ignoroit ce qui s'étoit passé à Hanovre, avant que Georges fût parvenu à la couronne d'Angleterre. Ce prince, soupçonnant un commerce criminel entre sa femme et le comte de

Konigsmarck, avoit fait jeter celui-ci dans un four chaud, et avoit tenu long-temps l'électrice enfermée dans un château. La naissance du prince de Galles fut toujours suspecte au roi Georges, qui ne put jamais le souffrir.

Alberoni, dans une sécurité réelle ou apparente sur les puissances étrangères, eut une vive alarme en Espagne. Le Roi tomba dangereusement malade. La Reine et Alberoni tenoient ce prince en chartre privée. Presque tous les officiers du palais, réduits à des titres sans fonctions, ne voyoient le prince que des momens, à ses repas, ou à la chapelle. Deux gentilshommes de la chambre, dont l'un étoit même majordome de la Reine, et quelques domestiques absolument nécessaires, faisoient tout le service.

La nourrice de la Reine entroit seule dans la chambre pour la chausser, dans le moment que le Roi se levoit, et donnoit de fortes jalousies à Alberoni; mais il n'y avoit pas moyen de l'exclure, et il étoit dangereux de le tenter.

La maladie du Roi obligea d'appeler le premier médecin, et les autres officiers de santé. Le droit et le devoir du majordome major étant d'assister à la préparation et à l'administration de tous les remèdes, le marquis de Villena, duc d'Escalone, voulut faire sa charge, vint dans l'intérieur, et jusqu'au lit du Roi. Alberoni chercha à lui faire insinuer que le prince en étoit importuné : Villena continua son assiduité auprès du Roi. Alberoni, piqué, défendit à l'huissier de laisser entrer Villena. Celui-ci s'étant présenté, l'huissier, entrebâillant la porte, lui dit l'ordre qu'il avoit reçu. Villena le traite d'insolent, pousse la porte, entre, et s'avance vers le lit du Roi, qui étoit trop mal pour s'apercevoir de rien. La Reine et Alberoni étoient au chevet, et les officiers de service à l'écart. Alberoni voyant avancer le marquis, courut au devant, voulut lui persuader de sortir, et le prit par le bras pour le faire retourner. Villena, fort goutteux, en se débattant contre le cardinal, tomba dans un fauteuil; mais saisissant Alberoni par la manche, il lui appliqua sur les épaules et sur les oreilles nombre de coups de canne, le traitant de prestolet, de petit faquin, à qui il apprendroit le respect qu'il lui devoit.

Alberoni, étourdi d'un pareil traitement fait à un cardinal, et peut-être par un sentiment de son ancienne bassesse, ne songea qu'à se débarrasser des mains du colère marquis, et se réfugia auprès du lit, sans que la Reine par dignité, et les domestiques par un plaisir secret, fussent sortis de leurs places. Après cette expédition, un des valets vint aider Villena à se relever du fauteuil, et à sortir de la chambre. Le Roi ne s'aperçut pas le moins du monde de cette scène. A peine le marquis fut-il rentré chez lui, qu'il reçut ordre de se rendre dans une de ses terres. Le cardinal n'osa recourir aux censures, dans la crainte de rendre l'aventure publique, qui ne le devint pas moins. Quelques mois après, Villena fut rappelé, se refusa à toutes les avances du cardinal, et le traita toujours avec hauteur.

Le Roi fut assez mal pour que la Reine lui fît faire un testament par lequel elle étoit vraisemblablement nommée régente, car on n'en a jamais su les dispositions. On se contenta de faire certifier et signer par six grands d'Espagne, à qui néanmoins on ne communiqua rien du contenu, que la signature du Roi étoit vraie. La santé de ce prince se rétablit; mais quoiqu'il ait vécu près de trente ans depuis (il n'est mort qu'en 1746), son esprit resta fort affoibli. Si je continue ces Mémoires jusqu'à sa mort, j'en donnerai de singulières preuves, tirées de la correspondance de nos ministres à Madrid.

Alberoni, haï du peuple, et méprisé des grands autant qu'un ministre puissant peut l'être, n'en montroit pas moins d'assurance à toutes les puissances étrangères. Le nonce Aldovrandi ayant reçu un bref du Pape qui révoquoit l'indult, ne put le notifier au Roi, toujours enfermé, et le remit au ministre, qui n'en tint compte, et prétendoit, par dérision sans doute, que le Pape devoit lui être fort obligé d'avoir fait accepter la constitution par les évêques d'Espagne. Clément XI, qui auroit été flatté d'une telle acceptation en France, la trouva téméraire en Espagne. La cour de Rome prétend que ses bulles soient reçues par les évêques espagnols *provoluti ad pedes* (c'est son expression), et ne veut point du terme d'acceptation, qui suppose examen, et qu'elle appelle une phrase française.

D'un autre côté, l'Empereur, traitant toujours le Pape avec fierté, lui faisoit dire et même ordonner de révoquer le nonce Aldovrandi, de citer Alberoni à Rome, ou qu'on lui fît son procès en Espagne.

Alberoni ne s'en émut pas davantage, promettoit au Pape de le venger bientôt de l'Empereur, et demandoit en attendant une dispense de résider à Malaga, dont il venoit de se faire donner l'évêché, valant dix mille livres. Le Pape sachant que cette dispense seroit un nouveau grief auprès de l'Empereur, la refusa extérieurement; mais n'osant aussi mécontenter Alberoni, lui fit dire par le père Daubenton qu'il lui accordoit la dispense pour six mois par an, et que les conciles lui donnant six autres mois, il auroit ainsi une dispense perpétuelle de résider.

Cependant toutes les puissances de l'Europe étoient en mouvement. Jamais les négociations n'avoient été plus actives, plus variables, ni les intérêts plus compliqués. Nous verrons quel en fut le résultat, après avoir rapporté quelques événemens particuliers de cette année.

Le Roi ayant eu sept ans le 15 février, passa entre les mains des hommes. Il seroit à désirer que les princes leur fussent remis dès la naissance. C'est aux femmes à les soigner, aux hommes à les élever, surtout quand on choisit des Montausier, des Beauvilliers, des Bossuet, des Fénelon. On trouvera, on fera naître leurs égaux, quand on consultera la voix publique. C'est une justice qu'il faut rendre à Louis XIV : il a souvent réglé ses choix sur la renommée. Louvois ne put jamais écarter Turenne.

A l'occasion du passage des femmes aux hommes, les premiers gentilshommes réclamèrent leur ancien droit de coucher dans la chambre du Roi : les premiers valets de chambre opposèrent la longue possession où ils se trouvoient; et le Régent, voulant ménager tout le monde, renvoya la décision à la majorité, toutes choses restant en état; et elles y sont demeurées depuis. C'est ainsi que, par négligence et non-usage, plusieurs officiers de la cour sont tout autres qu'ils n'étoient dans leur origine; c'est encore par là que le grand écuyer perdit son procès contre le premier de la petite écurie, qui étoit devenu successivement presque son égal, et s'est maintenu dans l'indépendance.

Le prince électoral de Saxe, aujourd'hui roi de Pologne, se fit ou se déclara catholique cette année, afin de préparer sa succession au trône de son père. Lorsque celui-ci s'étoit fait catholique, l'électrice sa femme, zélée protestante, ne voulut plus avoir de commerce avec son mari, ni recevoir aucuns honneurs de reine.

Le chevalier d'Oppède, neveu du cardinal Janson, mourut cette année. N'ayant d'autre bien que sa figure, il avoit épousé par besoin la marquise d'Argenton, maîtresse du Régent, et mère du chevalier d'Orléans, et tint, par honneur, son mariage secret. Je ne rapporte un fait si peu important que pour faire voir qu'on vouloit encore alors se marier honnêtement: je n'entends pas blâmer par là les mariages disproportionnés par la naissance ou par la fortune, et justifiés par le mérite.

Massillon, prêtre de l'Oratoire, célèbre par ses sermons, et surtout par son *Petit Carême*, sans autre protection que son mérite, fut nommé à l'évêché de Clermont. Il n'auroit pas été en état d'accepter, si Crozat le cadet n'eût payé les bulles.

La duchesse de Berri mit parmi ses dames la marquise d'Arpajon, fille de Le Bas de Montargis, trésorier de l'extraordinaire des guerres, et mère de la comtesse de Noailles d'aujourd'hui. Avec une figure belle et noble, elle étoit encore plus distinguée par sa vertu et sa piété. C'étoit d'elle et de la marquise de La Rochefoucauld, fille du financier Prondre, que la duchesse de Berri se faisoit accompagner aux Carmélites, à qui elle disoit : « Je vous amène mes « deux bourgeoises. »

On prétendoit que le mal aux yeux que le Régent eut dans ce temps-ci venoit d'un coup d'éventail qu'il avoit reçu de la marquise d'Arpajon, avec qui il avoit essayé de prendre des libertés un peu vives. Ces deux femmes figuroient mieux aux Carmélites qu'elles n'auroient fait dans les soupers que la princesse faisoit avec les roués du Régent, et dont elles avoient l'honneur d'être exclues. La duchesse de Berri créa une charge de maître de la garde-robe, qu'elle donna à un marquis de Bonnivet, bâtard de Gouffier, et grand spadassin. Elle étoit bien aise, disoit-elle, d'avoir un homme de main dans sa maison ; ce qui ne paroissoit pas trop un meuble fait pour la première princesse de France. Je ne rapporterai ce qui concernera cette princesse qu'à mesure que les occasions s'en présenteront. Si l'on vouloit réunir tout ce qui la regarde, le récit en seroit trop étendu.

Louise-Adelaïde d'Orléans, sa sœur cadette, prit le voile dans l'abbaye de Chelles le 30 mars. Cette princesse, avec de la beauté et beaucoup d'esprit, avoit la tête très-vive. Sa mère en craignit les suites, et ne contribua pas peu à la vocation de sa fille (1). Sa clô-

(1) Elle avoit pour maître à chanter Caucherau, un des meilleurs acteurs de l'Opéra, d'une figure agréable, et avec de l'esprit. Un jour qu'il chantoit une scène très-passionnée, la jeune princesse, qui étoit dans une loge avec la duchesse d'Orléans sa mère, s'écria : « Ah, mon cher

ture la détermina à se livrer à la chimie, à l'anatomie, à l'étude de l'histoire naturelle. Elle avoit la plus grande facilité pour tout ce qu'elle vouloit apprendre, et trouva beaucoup de moyens de ne pas s'ennuyer. Elle écrivit une lettre qu'elle soussigna *épouse de Jésus-Christ;* sur quoi le prince dit qu'il se croyoit très-mal avec son gendre : plaisanterie plus digne d'un libertin que d'un philosophe, et messéante à un homme dont toutes les paroles étoient remarquées.

Les chanceliers n'ayant eu jusqu'alors d'autre logement que leur propre maison, le Régent attribua à la chancellerie la maison de la place Vendôme, qui faisoit partie de la taxe de Bourvalais.

Le Régent fit aussi pour la couronne l'acquisition du diamant le plus gros et le plus parfait qu'il y eût en Europe. On le nomme *le Régent,* et quelquefois *le Pitt,* du nom du vendeur, beau-frère de Stanhope, secrétaire d'Etat d'Angleterre, et oncle du célèbre Pitt d'aujourd'hui. On en demandoit quatre millions; mais, faute d'acheteurs, on le donna pour deux, et

« Caucherau ! » La mère trouva l'expression de sa fille trop expressive, et sur-le-champ la destina au cloître. Tantôt austère, tantôt dissipée, tour à tour religieuse ou princesse, elle devint fort incommode à l'abbesse, sœur du maréchal de Villars, et très-attachée à la règle. Après quelque temps de patience inutile, madame de Villars donna sa démission en faveur de la princesse, et se retira chez les bénédictines du Cherche-Midi, avec une pension de douze mille livres, y fut l'exemple de la maison, et y est morte fort regrettée.

Une princesse abbesse n'est pas astreinte à une règle fort austère : elle jouit d'une grande liberté; et l'on prétend qu'elle en usa beaucoup avec Augeard son intendant, aimable et jeune. Enfin, fatiguée elle-même de ses fantaisies, elle se démit de son abbaye; elle se retira à la Madeleine de Tresnel, et y vécut avec la plus grande régularité jusqu'à sa mort. (D.)

de plus les rognures qui sortirent de la taille. Il pèse six cents grains. Pitt l'avoit acquis d'un ouvrier des mines du Mogol. Parmi ceux qu'on y emploie, il y a des hommes libres qui y passent quelquefois des années ; mais lorsqu'ils veulent en sortir, on prend la précaution de les purger, et de leur donner un lavement pour leur faire rendre ce qu'ils auroient pu avaler, ou se fourrer dans le fondement. L'ouvrier dont il est question avoit pris le dernier parti ; mais aussitôt qu'il eut caché ainsi son larcin, il se fit une large entaille à la cuisse, comme s'il fût tombé sur une pierre tranchante. Il cria ensuite au secours. La quantité de sang dont il étoit couvert fit qu'on le transporta dehors, sans prendre la précaution accoutumée. Il eut l'adresse de retirer et de cacher le diamant dans le peu de temps qu'on le laissa reposer, après avoir simplement bandé sa plaie. Il feignit ensuite d'être hors d'état de travailler, se fit payer de ce qui lui étoit dû de son salaire, pour ne pas déceler sa fortune, et trouva le moyen de passer en Europe.

Pour faire mieux entendre ce qui va suivre, commençons par donner une idée des différens intérêts qui mettoient les acteurs en mouvement.

Le duc et la duchesse du Maine, désespérés de la perte de leur procès contre les princes du sang, travaillèrent sourdement à fomenter des troubles. Ils entretenoient des correspondances en Espagne, et cherchoient à se faire des amis dans le parlement, dont le premier président leur étoit entièrement dévoué. D'ailleurs, le parlement, qui s'étoit flatté d'avoir part à l'administration, saisissoit toutes les occasions de faire des remontrances ; et le Régent y fournissoit souvent matière. Le maréchal de Villeroy et toute la vieille cour n'oublioient rien pour le décrier dans le public : le maréchal affectoit là-dessus des procédés aussi indécens que ridicules, mais qui en imposoient au peuple. Il tenoit sous la clef le linge et le pain du Roi, délivroit avec une ostentation puérile les choses les plus communes pour le service, et cherchoit à faire remarquer ses précautions sur le vin du prince. Les sots admiroient, les malintentionnés applaudissoient, les gens sensés rioient de mépris, et sentoient que s'il y avoit eu du danger, les viandes, les boissons, et mille autres moyens de crime, auroient rendu inutiles les risibles précautions du gouverneur. Il avoit le titre de chef du conseil des finances ; et comme il étoit incapable d'y rien entendre, il n'en étoit que plus jaloux du duc de Noailles, qui, n'étant que le président, étoit cependant le maître de toute l'administration. Celui-ci, à son tour, voyoit avec chagrin le crédit que Law prenoit auprès du Régent : cette concurrence dans la partie des finances étoit un obstacle au désir que Noailles eut toujours de devenir premier ministre. L'abbé Dubois, qui tendoit de loin au même but, appuyoit secrètement Law, dont il tiroit beaucoup d'argent. Sans m'arrêter à discuter la nature du système, je remarquerai simplement que, vu le caractère du Régent, Law lui plaisoit par son esprit, et surtout par des idées extraordinaires, hors de la route commune. C'étoit aussi par là qu'elles déplaisoient au chancelier, qui d'ailleurs étoit ami du duc de Noailles. Le Régent les trouvant toujours opposés à ses nouveaux projets, l'un par intérêt, l'autre par droiture, se dégoûta d'eux. On s'attachoit en même temps à lui persuader qu'il n'y a rien de moins propre au gouvernement que la magistrature. Si l'on entend par là un corps nombreux, tel qu'un parlement, on peut dire que ses formes arrêteroient souvent l'activité nécessaire des ressorts de l'Etat. D'ailleurs, des magistrats, habitués au positif des lois, sont rarement propres à faire céder les préjugés de la routine aux vrais principes de l'administration. Mais doit-on plus attendre de certains ministres qui n'ont donné d'autres preuves de talent que d'avoir passé du sein de la dissipation et des plaisirs à la tête des affaires? On pouvoit reprocher au chancelier son indécision; mais ce qu'il avoit de plus incommode, c'étoit sa vertu.

[1718] Quoi qu'il en soit, les remontrances du parlement du 26 janvier furent si fortes, et le chancelier si foible, soit par un sentiment d'équité, soit par sa considération habituelle pour la magistrature, que le Régent résolut de lui ôter les sceaux, qui furent donnés à d'Argenson, alors lieutenant de police; et le chancelier eut ordre de se retirer à Fresnes. Le duc de Noailles, en apprenant la disgrâce du chancelier, ne douta pas de la sienne, et vint à l'instant donner sa démission des finances, dont l'administration fut remise à d'Argenson en même temps que les sceaux.

L'Etat ne gagna pas à ce changement, qui favorisa le malheureux système de Law; mais Paris perdit le meilleur lieutenant de police qu'il y ait eu. D'Argenson, avec une figure effrayante, qui imposoit à la populace, avoit l'esprit étendu, net et pénétrant, l'ame ferme, et toutes les espèces de courage. Il prévint ou calma plus de désordres par la crainte qu'il inspiroit, que par des châtimens. Beaucoup de familles lui ont dû la conservation de leur honneur et de la fortune de leurs enfans, qui auroient été perdus sans ressource auprès du Roi, si ce magistrat n'eût pas étouffé bien des frasques de jeunesse. Fontenelle a parfaitement peint le plan de la police de Paris, et d'Argenson l'a rempli dans toute son étendue; mais comme sa fortune étoit son principal objet, il fut toujours plus fiscal qu'un magistrat ne doit l'être. Machault lui succéda dans la place de lieutenant de police, et la fit avec plus d'intégrité que d'intelligence.

Le Régent, pour consoler le duc de Noailles de la perte des finances, le plaça dans le conseil de régence, et donna au fils, âgé de cinq ans, la survivance de la charge et des gouvernemens du père.

La facilité que le Régent avoit d'accorder tout à ceux qui l'obsédoient engagea le duc de Lorraine, son beau-frère, à venir en France, où il garda l'*incognito*, sous le nom de comte de Blamont. Pour la duchesse de Lorraine, elle parut toujours dans sa qualité de petite-fille de France, dont le rang étoit décidé. On leur donna toutes les fêtes possibles pendant deux mois de séjour; mais le duc de Lorraine avoit un objet plus important que celui de s'amuser : il désiroit un arrondissement en Champagne, et le titre d'altesse royale.

Sur le premier article, il tâchoit de faire revivre de vieilles prétentions qui avoient toujours été rejetées, et même anéanties par les derniers traités; il fondoit le second sur ce que le duc de Savoie, également beau-frère du Régent, avoit eu le titre d'altesse royale, que sa femme, petite-fille de France et altesse royale par elle-même, lui avoit communiqué; ce qui n'étoit pas exactement vrai. Victor-Amédée, avant d'avoir obtenu en 1713 le titre de roi, avoit été long-temps marié et duc de Savoie, sans qu'il eût participé au titre de sa femme. Pour y parvenir, il renouvela celui de roi de Chypre, obtint à Rome la salle royale pour ses ambassadeurs, et à Vienne le traitement de ceux des têtes couronnées; ce qui s'établit successivement dans toutes les cours. Ces articles gagnés lui procurèrent le traitement personnel d'altesse royale; mais ce qui y contribua le plus fut l'importance de ses Etats, celle de son alliance, et son influence dans les affaires d'Italie.

Le duc de Lorraine alléguoit son prétendu titre de roi de Jérusalem; mais sa puissance étoit peu comptée, et il n'avoit de commun avec le duc de Savoie que d'avoir un titre chimérique de roi, et d'avoir épousé une petite-fille de France. L'amitié de Madame, passionnée pour tout ce qui tenoit à l'Allemagne, décida tout.

Saint-Contest, qui, sous un extérieur simple et grossier, étoit l'homme le plus fin, le courtisan le plus adroit, fut chargé de rapporter au conseil de régence l'affaire concernant les prétentions du duc de Lorraine en Champagne. Comme il avoit été long-temps intendant à Metz, personne n'étoit plus en état que lui de connoître les inconvéniens de ce qu'on alloit accorder, et par conséquent de les déguiser dans son rapport. Il le fit tel qu'on le désiroit; et l'affaire passa tout d'une voix, et ne souffrit pas plus de difficulté au parlement, qui l'enregistra sans la moindre représentation. Le duc de Lorraine gagna une supériorité sur les princes du sang, qui précédemment n'auroient pas souscrit à l'égalité. La réunion de la Lorraine à la France a obvié aux suites fâcheuses que ce jugement pouvoit avoir; mais on ne pouvoit pas alors le prévoir.

Le grand duc de Toscane, gendre de Gaston, et dont la maison a donné deux reines à la France, de l'une desquelles la branche régnante est issue, ne tarda pas à prétendre l'altesse royale. Le duc de Holstein-Gotorp fit la même demande; mais l'un et l'autre furent refusés. Quelque temps après, le Régent accorda le traitement de majesté au roi de Danemarck, et le titre de hautes puissances aux Etats-généraux de Hollande.

L'entrée du duc de Noailles au conseil de régence inspira aux autres chefs le désir d'y entrer, et ils l'obtinrent sans perdre leurs autres places. Il s'y trouva, à la fin, près de trente personnes. Il est vrai que cela leur donnoit peu de part au gouvernement. L'abbé Dubois s'empara insensiblement de tout le secret des affaires étrangères, et celles de finances se traitoient uniquement entre d'Argenson et Law; ce qui n'empêchoit pas que chacun ne tirât les émolumens de ses titres oisifs.

D'Argenson demanda le tabouret pour sa femme, et l'obtint. C'est la première qui l'ait eu à titre de femme d'un garde des sceaux (1).

(1) Avant le chancelier Seguier, aucun office de la couronne ne donnoit le tabouret à la femme de l'officier. Seguier obtint de Louis XIII, par la protection du cardinal de Richelieu, que sa femme eût le tabou-

Le temps des usurpations à la cour est nécessairement celui des tracasseries, qui l'emportent souvent sur les affaires. Le maréchal de Villars, en qualité de chef du conseil de la guerre, écrivit aux colonels des lettres circulaires. Aucun n'auroit osé, sous le feu Roi, se plaindre du style des secrétaires d'Etat : le marquis de Beaufremont s'avisa de le trouver mauvais de la part d'un maréchal de France, et répondit une lettre si insolente, qu'il fut mis à la Bastille ; et les maréchaux de France demandoient qu'il fît, de plus, des excuses au maréchal de Villars. Le Régent, qui voyoit les femmes et toute la jeunesse prendre parti pour Beaufremont, craignit de heurter un corps si respectable, se contenta de faire venir le jeune homme en présence du maréchal, et de dire à celui-ci que Beaufremont n'avoit pas eu dessein de lui manquer ; de sorte que Beaufremont n'ouvrant pas la bouche, il n'y eut que le Régent qui fit l'excuse.

Poirier, qui avoit succédé à Fagon dans la place de premier médecin, la seule qui se perde à la mort

ret à la toilette de la Reine ; ce qui n'étoit qu'une espèce d'entrée particulière. Lorsque Seguier fut fait duc à brevet, sa femme fut assise partout de droit ; mais cela tira si peu à conséquence pour la place de chancelier, que Louis XIV trouva fort mauvais que la chancelière de Pontchartrain, qui étoit assise à la toilette de la duchesse de Bourgogne, eût pris le tabouret à une audience de cette princesse, parce que c'étoit une occasion publique. Le garde des sceaux d'Aligre, qui le fut pendant deux ans, à la mort de Seguier, sans que l'on nommât un chancelier, ne prétendit point de tabouret pour sa femme ; mais elle le prit lorsque son mari fut chancelier. D'Argenson, profitant de l'absence du chancelier, représenta la similitude extérieure des deux places, demanda qu'elle fût entre les femmes comme elle étoit entre les maris ; et le Régent le permit : de sorte que la femme du garde des sceaux Chauvelin a été assise en présence de la chancelière, lorsque d'Aguesseau revint de Fresnes sans avoir les sceaux. (D.)

des rois, étant mort, le Régent déclara qu'il ne vouloit pas se mêler du choix; mais qu'il donnoit l'exclusion à Chirac parce qu'il étoit son médecin, et à Boudin pour les insolens propos qu'il avoit tenus contre lui, duc d'Orléans, à la mort du duc de Bourgogne et des autres princes. La place fut donnée à Dodart, homme d'esprit, de mérite et de vertu, qui a laissé deux fils dignes de lui. L'un est aujourd'hui intendant de Bourges, l'autre sert avec distinction dans les carabiniers.

Le jeudi saint, le grand aumônier étant absent, le cardinal de Polignac, à la messe, prétendit que c'étoit à lui à donner à baiser au Roi le livre des Evangiles, par préférence au premier aumônier. Cette dispute édifiante empêcha le Roi de baiser l'Evangile, et l'affaire fut ensuite jugée en faveur du premier aumônier.

L'abbé de Saint-Pierre, premier aumônier de Madame, ayant donné son livre de la *Polysynodie,* dans lequel il faisoit valoir l'avantage de la pluralité des conseils, les ennemis de la régence voulurent voir dans l'ouvrage une satire du gouvernement de Louis XIV, et tâchèrent de mortifier le Régent dans un officier de sa maison; mais ne pouvant rien faire de juridique contre l'abbé de Saint-Pierre, ils cabalèrent dans l'Académie française, dont il étoit membre, et l'en firent exclure. Il n'en resta pas moins l'ami des académiciens lettrés, qui obtinrent que sa place ne seroit remplie qu'à sa mort. L'exclusion de cet excellent citoyen est une preuve de l'autorité que prennent dans les compagnies littéraires ceux qui n'y entrent que pour usurper un titre de protecteur qu'ils ne remplissent jamais, et une réputation d'esprit qu'ils n'obtiennent pas toujours.

Une affaire très-importante fut alors promptement terminée, parce qu'on s'y prit bien. Il y avoit trois archevêques, douze évêques, et quantité d'abbés, à qui le Pape refusoit des bulles, s'ils ne se soumettoient à des conditions contraires à nos libertés. Quelques-uns des prélats nommés n'y répugnoient pas trop; mais d'autres, plus Français, réclamoient contre cette servitude. Le Régent défendit au cardinal de La Trémouille, notre ambassadeur à Rome, de recevoir aucune de ces bulles si on ne les donnoit toutes, et nomma en même temps une commission prise du conseil de régence pour statuer sur les moyens de se passer du Pape, en cas d'opiniâtreté de sa part. Hennequin, Petitpied et Le Gros, docteurs de Sorbonne, fournirent aux commissaires des mémoires instructifs à ce sujet; mais la commission n'eut pas la peine de travailler. A peine en fut-on instruit à Rome, que la consternation s'y mit : le Pape fit partir sur-le-champ un courrier, qui apporta toutes les bulles. On en auroit envoyé en blanc, si l'on en avoit demandé.

Les négociations au sujet des différends entre l'Empereur et l'Espagne continuoient cette année avec la plus grande vivacité. L'Empereur ne vouloit renoncer à aucune de ses prétentions sur plusieurs Etats de la succession d'Espagne. Alberoni, se flattant de recouvrer tout ce qui avoit appartenu à la branche espagnole de la maison d'Autriche, ne traitoit dans ses manifestes l'Empereur que d'archiduc. Alberoni mettoit dans ses démarches une hauteur qui n'étoit pas d'une ame commune, et qui persuadoit à chacune des puissances que ce ministre pouvoit s'être assuré des autres.

Alberoni vouloit, pour préliminaires, 1° que l'Empereur fît une renonciation absolue à tous les Etats dont Philippe v étoit actuellement possesseur; 2° que les maisons de Médicis et de Farnèse venant à s'éteindre, les enfans de la Reine, héritière de ces deux maisons, y succédassent. Il comptoit chasser à la fin d'Italie tous les Allemands, et faisoit les plus grands préparatifs de guerre.

La duchesse de Saint-Pierre, qui fut placée auprès de la reine d'Espagne par Alberoni, m'a dit qu'il l'avoit assurée qu'il ne faisoit la guerre que pour obéir à Philippe v; mais il en imposoit sûrement : Philippe n'étoit pas en état d'avoir une volonté. Sans cesse frappé de l'image de la mort, il se confessoit à chaque instant; et le père Daubenton, assidu auprès du lit de ce prince, ne le quittoit que lorsqu'il étoit endormi. D'ailleurs, Alberoni affichoit l'autorité la plus absolue, et déclaroit aux secrétaires d'Etat que s'ils s'écartoient de ses ordres, ils le paieroient de leur tête.

Les choses ont si fort changé de face, l'état de l'Europe est si différent aujourd'hui, que le détail des négociations de ce temps-là n'intéresseroit actuellement personne; mais les intrigues, les artifices des ministres, les manéges de cour étant de tous les lieux et de tous les temps, on peut, en peignant ce qui s'est passé, donner une idée de ce qui se passe journellement.

Alberoni s'étant fait nommer archevêque de Séville, le Pape n'osa lui donner des bulles, dans la crainte d'irriter de plus en plus l'Empereur; et Alberoni, ne pouvant les obtenir, s'empara et jouissoit à la fois, par provision, du revenu des églises de Séville et de Malaga.

Le Pontife le menaça des censures ecclésiastiques. Alberoni, affectant une sensibilité hypocrite à ces menaces, répondit qu'il croyoit le Saint-Père trop prudent pour entreprendre contre le ministre absolu d'une grande monarchie ce qu'il n'osoit faire contre le cardinal de Noailles, chef d'une poignée d'hérétiques.

Cependant il fit partir la flotte d'Espagne, qui aborda en Sicile. Le marquis de Leyde, qui la commandoit, s'empara du château de Palerme; mais comme la suite des opérations ne répondoit pas à l'impétuosité d'Alberoni, et que Leyde s'excusoit sur la nécessité de ménager le soldat, Alberoni lui écrivit humainement que les soldats sont faits pour mourir, quand cela convient.

Le peu de déférence de ce ministre pour la médiation des différentes puissances fit conclure le traité de la quadruple alliance entre la France, l'Empereur, l'Angleterre et la Hollande. Alberoni, furieux contre le Régent, chercha tous les moyens d'exciter des troubles en France, et de profiter des mécontentemens du parlement.

La fermentation y étoit très-grande; et un édit du mois de mai sur les monnoies, très-préjudiciable au public, l'augmenta encore. Le parlement ayant fait des remontrances qui n'eurent aucun succès, défendit par arrêt l'exécution de l'édit. Le conseil de régence cassa l'arrêt du parlement, comme attentatoire à l'autorité royale ; mais cela ne la fit pas respecter davantage. Le parlement manda le prevôt et les six corps des marchands, les principaux banquiers, pour se faire rendre compte de l'état des rentes de la ville, et des inconvéniens de l'édit des monnoies, et voulut entrer dans toutes les parties de l'administration. Le public, qui croit voir des protecteurs dans les magistrats, applaudissoit à leurs démarches ; la chaleur gagnoit tous les esprits, et une circonstance plus importante qu'elle ne le paroît y contribuoit encore. Les Mémoires du cardinal de Retz venoient de paroître : chacun les lisoit avec avidité ; la plupart, saisis d'un esprit de liberté, se flattoient de voir renaître la Fronde, et d'y jouer un rôle. Le parlement, dont les procédés ne sont pas toujours aussi réguliers que ses plaintes sont justes, cherchoit à donner la loi au Régent. L'ancienne cohue des enquêtes se renouvelant demanda, comme dans la minorité de Louis XIV, l'adjonction des autres cours supérieures : celles-ci s'en excusèrent, et se contentèrent de faire leurs remontrances. Le parlement redoubloit les siennes (1), et n'oublioit rien pour enflammer le public. Mais l'esprit de la nation n'étoit plus le même : un règne absolu de soixante-douze ans avoit plié deux ou trois générations à l'obéissance et à la crainte ; les édits les plus ruineux ne produisoient que des murmures ou des chansons. Cependant le Régent n'étoit pas tranquille : le peuple français est le seul qu'un in-

(1) Les objets des délibérations et des remontrances du parlement étoient l'aliénation des domaines, les traités avec les princes étrangers, les affaires de la cour de Rome, les rentes sur la ville, toutes les dettes du Roi, la banque de Law devenue banque royale, enfin toutes les affaires d'Etat. (D.)

stant peut régénérer ou corrompre; et la vie dissolue du Régent lui faisoit plus de tort qu'il ne l'imaginoit. Son affectation d'impiété excitoit le mépris des sages, l'indignation des hommes religieux, et accréditoit l'imputation des crimes dont on le croyoit capable. La profusion des grâces sur les courtisans aigrissoit la misère des peuples, et ne lui concilioit la reconnoissance de personne: on n'attribuoit ses bienfaits qu'à la foiblesse et à la crainte, quand on les voyoit également répandus sur amis et ennemis. La plupart de ses familiers, tels que d'Effiat, Canilhac, Bezons, d'Uxelles, étoient liés de longue main avec le duc du Maine. Une habitude de respect pour les volontés du feu Roi, et le désordre des affaires, faisoient regretter que le testament n'eût pas été suivi. On craignoit pour les jours du jeune Roi : on les auroit crus plus en sûreté entre les mains d'un prince qui n'auroit pas touché à la couronne de si près que le Régent; et ses imprudences autorisoient les calomnies fomentées par les partisans de la vieille cour. Le public applaudissoit aux entreprises du parlement, qu'on regardoit comme justes et nécessaires dans les circonstances où l'Etat se trouvoit. Le premier président de Mesmes ne s'appliquoit qu'à se maintenir entre sa compagnie et le Régent, dont il tiroit un argent prodigieux, et qu'il dépensoit avec une magnificence qui donne toujours de la considération. Le Régent le connoissoit bien; mais il comptoit en être maître à force d'argent, et qu'il ne s'agiroit jamais que du prix. Il supposoit que ce magistrat pouvoit également retenir ou pousser sa compagnie; en quoi il se trompoit. Matthieu Molé, avec les meilleures intentions connues, et le respect dû à sa vertu, ne fut pas en état de modérer la fougue du parlement dans la Fronde. Aussi voyoit-on de Mesmes déserté par les enquêtes toutes les fois qu'il entreprenoit de les contenir. Il en profitoit alors pour tirer du Régent de nouvelles sommes, et ne ramenoit les fugitifs qu'en participant à leurs excès. Le Régent devoit savoir qu'on n'est jamais sûr de ceux qui se vendent, et que le premier président étoit de tout temps livré au duc du Maine par goût et par intérêt (1). En effet, dans le dessein formé que le parlement montroit de partager l'autorité royale, il devoit préférer au Régent le duc du Maine, qui, n'ayant pas les mêmes droits de naissance, ne seroit, à la tête du gouvernement, qu'un membre ou un instrument du corps qui l'auroit élevé.

Ce que le Régent avoit déjà perdu d'autorité faisoit croire à ses ennemis qu'on pourroit l'en dépouiller totalement; et ceux qui devoient lui être le plus attachés s'arrangeoient là-dessus, bien déterminés à suivre la fortune.

Le mécontentement de la capitale gagnoit les provinces. Le parlement de Rennes s'étoit ouvertement déclaré pour celui de Paris. Les Etats de Bretagne, qui se tenoient alors, étoient fort orageux, et l'alié-

(1) Il y eut un jour une délibération par laquelle les enquêtes arrêtèrent que qui que ce fût n'iroit chez le premier président que pour affaire indispensable, et de l'aveu de la compagnie. Le président Hénault, qui lui étoit particulièrement attaché, et de qui je tiens ces faits, l'étant allé voir en secret pour l'instruire de cette délibération : « Vous les verrez tous demain chez moi, lui dit le premier président. » En effet, ayant le lendemain montré de l'humeur contre le Régent, toute la cohue des enquêtes le suivit chez lui. (D.)

nation des esprits y avoit commencé dès l'année précédente.

Le maréchal de Montesquiou, commandant en Bretagne, pour tenir les Etats à Dinan, débuta fort mal avec la noblesse. Quatre ou cinq cents gentilshommes allèrent au devant de lui à quelque distance de la ville : ils se présentèrent pour lui faire cortége, ne doutant pas qu'il ne montât à cheval avec eux, et ne se mît à leur tête pour entrer ainsi dans la ville. Il se contenta de les saluer de sa chaise, et continua sa route sans leur faire la moindre excuse. Ils furent, avec raison, choqués de ce premier accueil. Le jour suivant, il fit tout aussi mal. La députation des trois ordres étant allée à pied pour l'inviter et l'accompagner à l'ouverture des Etats, au lieu de marcher à leur tête, il entra dans sa chaise à porteurs, laissant la députation le suivre comme elle étoit venue (1). Dès ce moment, tout se tourna de part et d'autre en procédés désagréables.

Le lendemain de l'ouverture des Etats, la demande du don gratuit se fait par l'intendant, en présence du commandant et des autres commissaires du Roi; après quoi ils se retirent, pour laisser les Etats en délibérer. Anciennement, avant que de répondre à la demande, les Etats examinoient l'état de leurs fonds, et contestoient quelquefois long-temps sur la quotité de la somme. Il arriva, sous le commandement du duc de Chaulnes, et dans les temps prospères de la France, que les Etats, emportés par leur zèle, accor-

(1) La députation rentre aujourd'hui dans la salle des Etats après avoir fait l'invitation, et avant que les commissaires du Roi se mettent en marche. (D.)

dèrent le don gratuit par acclamation, et sans en délibérer. Cet exemple fut imité dans les Etats suivans, et devint un usage qui subsista jusqu'en 1717. Alors les Etats, épuisés par les efforts qu'ils avoient faits pendant la guerre, et déjà indisposés par le maréchal de Montesquiou, voulurent, avant de rien accorder, examiner l'état de leurs affaires. Le maréchal s'en trouva offensé, fut quelques jours à tâcher de ramener les Etats à l'acclamation, et ne pouvant y réussir, sépara l'assemblée.

On exila plusieurs gentilshommes des Etats et du parlement; ce qui ne ramena pas les esprits (1).

Cependant les Etats furent rassemblés en 1718, et l'on y prit un *mezzo termine*, qui fut que les Etats délibéreroient sur le don gratuit dans la même séance qu'il seroit demandé, et ne pourroient traiter de rien autre chose, ni faire de représentations qu'après l'avoir accordé. Cette forme subsiste encore aujourd'hui.

Si les Etats de 1718 ne furent pas séparés, ils n'en furent guère plus tranquilles; le procureur général syndic (2) fut exilé, et les esprits restèrent plus aliénés que jamais. Nous en verrons les suites.

Le parlement de Paris, fier de ses succès, excité par le cri public, et calculant ses forces sur la foiblesse du Régent, crut que rien ne devoit l'arrêter, et rendit le célèbre arrêt du 12 d'août, par lequel il arrêtoit toutes les opérations de la banque, et faisoit défenses à tous étrangers, même naturalisés, de s'immiscer dans l'administration des deniers royaux, etc.

Non content d'avoir rendu cet arrêt, le parlement

(1) Piré, Noyan, Bonamour et Du Groësquier, le président de Rochefort, et Lambilly, conseiller. (D.) — (2) Coëtlogon de Mejusseaume. (D.)

envoya les gens du Roi demander au Régent compte des billets qui avoient passé à la chambre de justice, à la compagnie d'Occident, ou à la Monnoie. Le parlement différoit de quelques jours la publication de son arrêt, parce qu'il vouloit instruire secrètement le procès de Law. Des commissaires nommés d'office avoient déjà entendu des témoins, et l'on ne se proposoit pas moins que de se saisir du coupable, de terminer son procès en deux heures de temps, de le faire pendre dans la cour du Palais, les portes fermées, et de les ouvrir ensuite pour donner au public le spectacle du cadavre.

L'arrêt et le projet du parlement furent révélés au Régent. On prétend que ce fut par le président Dodun, qui depuis a été contrôleur général. Quoi qu'il en soit, le Régent en fut instruit; et lorsque les gens du Roi vinrent, le 22 août, lui faire la proposition dont ils étoient chargés au sujet des billets d'Etat, il se contenta de les écouter, et, sans leur répondre, de rentrer dans son cabinet. Ce silence froid et méprisant les déconcerta plus qu'une réponse vive. Sur le rapport qui en fut fait au parlement, quelques-uns soupçonnèrent que le Régent méditoit un parti de vigueur, tel que de faire enlever les chefs de meute, ou de tenir un lit de justice. D'autres prétendoient que ce prince n'oseroit ni l'un ni l'autre au milieu d'un peuple de mécontens.

Ce prince, outré des entreprises du parlement, n'avoit point encore de projet arrêté. Plusieurs de ceux qui l'entouroient, amis du premier président, entretenoient le Régent dans la crainte de la magistrature, et le maréchal de Villeroy ne cherchoit qu'à le rendre odieux au public. Le duc de Noailles, dépouillé des finances par le garde des sceaux et par Law, désiroit la perte de l'un et de l'autre. De l'autre côté, le duc de Saint-Simon, plein d'un mépris maniaque pour la robe, ne voyoit qu'avec dépit la considération du Régent pour le parlement, et en parloit comme d'une assemblée de bourgeois que le moindre acte d'autorité feroit rentrer dans le devoir. Le Régent auroit bien voulu se le persuader; mais les conseils de Saint-Simon, passionné contre le parlement pour les prérogatives des ducs, lui étoient suspects (1).

L'indécision du Régent jetoit Law dans les plus cruelles angoisses : il craignoit d'être pendu, pendant qu'on cherchoit si lentement les moyens de l'en garantir; et ne se jugeant pas en sûreté à la banque, qui étoit le lieu et le corps du délit, il se réfugia au Palais-Royal. L'abbé Dubois, plus pendable encore que Law, sentoit qu'il pourroit devenir la seconde victime du public; que toute son existence tenoit uniquement à la puissance de son maître, et que si elle étoit une fois détruite, les dignités dont le ministre étoit revêtu, loin de le sauver, feroient son premier crime. Le nouveau garde des sceaux n'ignoroit pas combien le parlement étoit blessé de se voir subordonné à celui qu'ils avoient long-temps traité en subalterne. D'Argenson étant lieutenant de police, avoit plusieurs fois été cité à la barre de la cour, et

(1) Il faut lire, dans les Mémoires de Saint-Simon, le ton d'élévation et de mysticité avec lequel il parle de la dignité de duc et pair : ce sont des méditations métaphysiques plus abstruses qu'un traité *de attributis*. (V.)

là, debout et découvert, y avoit reçu des réprimandes avec plus de respect que de timidité, et avec un mépris intérieur qu'il étoit aujourd'hui en état de manifester. C'étoit l'homme le moins orgueilleux, mais le plus ferme, et plein d'expédiens dans les affaires. Celui qui se présentoit naturellement étoit de détruire, dans un lit de justice, tout ce que le parlement avoit fait. Le garde des sceaux pour maintenir l'autorité du Roi, l'abbé Dubois par des motifs moins nobles, mais non moins puissans, assiégèrent le Régent, lui firent honte de sa foiblesse. Le duc de Saint-Simon les seconda vivement; et M. le duc, par un intérêt personnel, s'unissant à eux, le lit de justice fut résolu (1).

Depuis que M. le duc étoit majeur, il supportoit très-impatiemment de voir la surintendance de l'éducation du Roi entre les mains du duc du Maine, prétendoit que cette place ne devoit appartenir qu'au premier prince du sang majeur, et que, depuis l'arrêt de 1717, le duc du Maine n'avoit que les honneurs de prince, et ne l'étoit plus. Le Régent, n'osant rien lui refuser en face, chargea Saint-Simon de le dissuader d'une prétention qui ne feroit que multiplier les mécontens. En vain Saint-Simon représenta-t-il à

(1) Quoique ce lit de justice paroisse aujourd'hui peu intéressant, j'ai cru devoir en parler avec quelque détail : 1° c'est le premier que le Roi ait tenu chez lui ; 2° il fera de plus en plus connoître le caractère, les intérêts, les passions des personnages de ce temps-là, et donnera une idée de ce qui se passe journellement à la cour parmi ceux qui y jouent un rôle dans des intrigues conduites et travaillées de main de courtisans. Les principaux faits de ce lit de justice et des préliminaires sont extraits des Mémoires du duc de Saint-Simon, et d'un Journal du parlement. (D.)

M. le duc les dangers d'une guerre civile ; que le changement de surintendant n'avoit pas besoin d'un lit de justice ; que le Régent s'engageroit, parole d'honneur, et même par écrit, de satisfaire M. le duc lorsque les affaires d'Etat seroient réglées. Celui-ci répondit qu'il ne se fioit pas plus à l'écrit qu'à la parole du Régent ; qu'il ne vouloit pas laisser au duc du Maine le temps de s'établir dans l'esprit du Roi, ce qui arriveroit infailliblement s'il y restoit jusqu'à la majorité ; et que c'étoit au Régent à voir s'il préféroit un légitimé à un prince du sang, dont l'amitié ou la haine constante seroit le prix de l'acceptation ou du refus de sa demande.

Les plus honnêtes gens de la cour n'oublient jamais leurs intérêts particuliers. Le duc de Saint-Simon, voyant l'opiniâtreté de M. le duc, voulut en tirer parti pour lui-même. « Monsieur, lui dit-il, « puisque nulle considération ne peut vous détour- « ner de votre projet, je vais vous donner des faci- « lités pour l'exécution. Otez aux légitimés tout ex- « térieur de princes du sang, en les faisant réduire « au rang de leur pairie ; alors la surintendance de « l'éducation tombe d'elle-même : le maréchal de « Villeroy ne peut plus être subordonné à son égal, « et même son cadet, dans la pairie. Vous pourrez, « dans votre demande, employer cette considéra- « tion, avec un mot d'éloge pour le maréchal de Vil- « leroy, dont sa vanité sera flattée. Par là vous vous « faites un partisan d'un des chefs de la cabale, vous « vous fortifiez des ducs, et vous vous les attachez « tous : il n'y en a pas un qui ne vous regarde comme « l'auteur du rang intermédiaire laissé aux légitimés.

« M. le Régent, soit pour s'excuser envers les pairs « soit pour rejeter sur vous leur ressentiment, ne « leur a pas laissé ignorer que vous seul fûtes opposé' « à la réduction des légitimés au rang de leur pairie, « lorsqu'on leur ôta le droit de succession à la cou- « ronne. Il ne vous est pas indifférent d'avoir pour « ami ou pour ennemi un corps si considérable. Vous « venez de m'assurer qu'un ressentiment inaltérable « ou un attachement inviolable pour M. le Régent « seroit le prix de votre demande refusée ou accor- « dée : comptez que tous les pairs vous font ici, par « ma bouche, la même protestation à votre égard, « au sujet de la réduction des légitimés. »

M. le duc accéda sur-le-champ à la proposition du duc de Saint-Simon. « Je consens, ajouta-t-il, à la ré- « duction des légitimés ; mais vous me les avez peints « si redoutables par leurs établissemens et par l'ac- « cumulation de leurs dignités, qu'il faut les dépouil- « ler totalement, et ne leur laisser que ce qui sera « nécessaire pour soutenir leur rang de pair. C'est à « regret que je sacrifie le comte de Toulouse ; mais « le danger de laisser subsister le duc du Maine tel « qu'il est rend le sacrifice nécessaire. Je veux d'ail- « leurs pour mon frère le comte de Charolais un « gouvernement convenable à sa naissance, et il n'y « en a pas de vacant : la dépouille du duc du Maine « le procurera. — Vous allez, monsieur, beaucoup « trop loin, reprit Saint-Simon : il est contre la jus- « tice de dépouiller qui que ce soit, sans le déclarer « criminel. Si l'on en venoit à une telle violence, il « n'y a personne dans le royaume qui n'en craignît au- « tant pour soi ; tous ceux qui jouissent des moindres

« places regarderoient la cause des légitimés comme « la leur : moi-même je m'y joindrois, et le soulève- « ment seroit général. On pouvoit, à la mort du Roi, « imputer aux légitimés le crime de lèse-majesté « contre la couronne (1), de s'être fait déclarer ca- « pables d'y succéder. Qu'en leur faisant grâce de la « vie, de la liberté et de leurs biens, on leur eût ac- « cordé le seul rang de duc et pair par respect pour « le sang de leur père, et qu'on les eût dépouillés de « tout le reste, tout étoit juste alors : mais aujour- « d'hui que leurs établissemens ont été confirmés, « vous ne pouvez les attaquer que par le vice de nais- « sance, toujours subsistant, et les réduire au rang « de leur pairie. M. le comte de Charolais ne man- « quera pas d'établissemens, et vous pourrez lui en « procurer sans recourir à l'injustice et à la violence. « A l'égard du comte de Toulouse, il y a un moyen « bien simple de le distinguer de son frère : c'est de « faire la réduction de l'un et de l'autre par un édit, « et tout de suite de rétablir par une déclaration le « comte de Toulouse dans le rang dont il jouit au- « jourd'hui, sans que ces honneurs puissent jamais « passer à sa postérité. Par là vous faites justice au « mérite, et désunissez les deux frères. Quelque dé-

(1) Voilà un de ces excès du duc de Saint-Simon dont j'ai parlé dans ma préface. Il seroit peut-être à désirer que les rois, ne fût-ce que par respect pour les mœurs, ne reconnussent jamais publiquement leurs enfans naturels, en leur procurant néanmoins un sort convenable à leur naissance. Mais, quoi qu'en pense le duc de Saint-Simon, il y a grande apparence qu'au défaut de la race légitime pour une couronne héréditaire, la nation préféreroit à tout autre concurrent les fils naturels ou leurs descendans, pour peu que le choix ne fût pas contraint par la force. (D.)

« férence que le comte de Toulouse ait pour son « aîné, il est trop sage pour s'unir au ressentiment « de ce frère, et aux fureurs de la duchesse du « Maine. Au reste, si le comte de Toulouse se lais- « soit séduire au point de s'écarter de son devoir, « on le dépouilleroit de tout avec l'approbation pu- « blique. »

M. le duc, charmé de pouvoir concilier sa haine contre le duc du Maine avec son amitié pour le comte de Toulouse, consentit à tout ce que proposoit Saint-Simon; et celui-ci, profitant des dispositions de M. le duc : « Ce n'est pas assez, lui dit-il, que de consen- « tir; il faut que vous en fassiez votre propre affaire « auprès du Régent. C'est vous qui avez perdu les « ducs et pairs : c'est à vous à les rétablir, et à faire « succéder la reconnoissance au ressentiment. J'en « exige votre parole, parce que je sais qu'on y doit « compter. » M. le duc la donna, et la tint. Saint-Simon vint rendre compte au Régent de sa conférence avec M. le duc; mais il ne lui déclara pas d'abord l'engagement que ce prince avoit pris en faveur des pairs, et se contenta de lui rappeler combien de fois il lui avoit fait espérer le rétablissement des pairs. Le Régent, voulant user de faux-fuyans, s'engagea beaucoup plus qu'il ne pensoit, rejeta tout sur M. le duc, et dit que s'il y consentoit, lui Régent en seroit charmé. Le duc de Saint-Simon le laissa paraphraser sa bienveillance pour les pairs; et quand il le vit bien engagé, lui déclara que M. le duc y seroit d'autant plus porté, qu'il vouloit se décharger de la haine des pairs, dont on l'avoit rendu l'objet. Le Régent devint tout à coup sombre et rêveur. Saint-Simon ne lui laissa pas le temps de se remettre, le poussa vivement, et enfin l'obligea à dire, avec l'air d'un homme qui revient à soi, qu'il concourroit avec plaisir à ce que M. le duc voudroit en faveur des pairs. Saint-Simon le quitta là-dessus, comptant cependant moins sur lui que sur M. le duc. En effet, celui-ci chargea Millain, long-temps secrétaire du chancelier de Pontchartrain, homme très-intelligent, et qui depuis la retraite de son maître s'étoit attaché à la maison de Condé, de dresser le projet de l'édit de la réduction des légitimés.

Il n'étoit plus question que de prendre les mesures pour le lit de justice, dont le parlement ne devoit être averti que le matin du jour même. Il n'y avoit dans le secret que le garde des sceaux, les ducs de Saint-Simon et de La Force, Law, Fagon, et l'abbé Dubois. Ce dernier, qui n'avoit d'appui que le Régent, vouloit tourner l'affaire en négociation, s'en faire le médiateur, et proposa de remettre à la Saint-Martin la cassation des arrêts du parlement. Il étoit à craindre que cet avis, si conforme à la mollesse du Régent, ne l'emportât; mais le garde des sceaux toujours ferme, Saint-Simon plus vif que jamais, et La Force, se liguèrent contre l'abbé, et firent résoudre le lit de justice pour le vendredi 26, lendemain de la Saint-Louis.

Tous les obstacles n'étoient pas levés. On fit réflexion que le duc du Maine et le maréchal de Villeroy, à la première proposition d'un lit de justice, allégueroient la crainte d'exposer la santé du Roi à la chaleur, à la fatigue, au mauvais air de la ville, où il régnoit alors beaucoup de petites véroles; qu'ils prendroient acte de leurs représentations, et en effraieroient un enfant de huit ans, qui refuseroit d'aller au parlement. Ces réflexions commençoient à décourager le comité, lorsque Saint-Simon proposa de tenir ce lit de justice aux Tuileries. Cet expédient ranima tous les acteurs. Nul prétexte sur la santé du Roi : quoiqu'il soit partout le maître, il le paroîtroit encore plus dans son palais; l'imagination des magistrats en seroit plus frappée, ils s'y trouveroient plus étrangers, et moins assurés que sur leurs siéges ordinaires. Il restoit encore des difficultés : il falloit, avant le lit de justice, faire rapport au conseil de régence des arrêts, édits et déclarations qu'on vouloit faire enregistrer. Les légitimés étoient de ce conseil, la majeure partie leur étoit dévouée : des résolutions si importantes demandoient d'être approuvées au moins de la pluralité, et l'on n'y pouvoit pas compter. M. le duc prétendit que l'on ne devoit rapporter au conseil que l'arrêt de cassation, et ne rien dire des autres; mais le risque n'étoit pas moindre : tous les membres du conseil qui avoient séance au lit de justice, déjà opposés au fond de l'affaire, seroient offensés du secret qu'on leur en auroit fait; le duc du Maine et ses partisans ne manqueroient pas de déclarer que rien n'avoit été communiqué au conseil, et justifieroient ce que le parlement ne cessoit de répandre dans le public, que tout se faisoit par la volonté seule du Régent, contre l'engagement authentiquement pris de se conformer à la pluralité des suffrages, engagement qui avoit servi comme de base à la régence. Le maréchal de Villeroy, disoit-on, attestera les mânes du feu Roi, répandra des larmes, déraisonnera, mais d'un ton pathétique, plus contagieux que des raisons; l'audacieux Villars, le seul général français décoré de victoires, auteur ou instrument du salut de la France à Denain, s'élèvera avec une éloquence militaire qui lui est naturelle, et qui persuade ou entraîne; le parlement, se voyant appuyé, reprendra ses esprits : la présence d'un roi de huit ans, loin de leur en imposer, peut même tourner à leur avantage. Si cet enfant, précieux à l'État, qui sera venu à une telle assemblée comme au spectacle, vient à s'effrayer d'un tumulte si nouveau; s'il vient à se laisser toucher des larmes de son vieux gouverneur, si lui-même en répand, quel parti n'en tirera-t-on pas? Le Régent sera représenté comme un tyran qui abuse du nom et de l'autorité d'un roi enfant.

Ces considérations frappèrent le Régent, qui fut près de revenir en arrière. M. le duc, moins éclairé, mais d'une opiniâtreté insurmontable, le raffermit sur un parti pris, déclarant que la guerre civile dût-elle en être la suite, il l'aimoit encore mieux dans une minorité que sous un roi majeur.

Il fut enfin arrêté qu'on prépareroit secrètement tout le matériel du lit de justice; qu'on ne le disposeroit que le jour même aux Tuileries, en deux heures de temps; que le parlement, les pairs et les officiers de la couronne ne seroient avertis qu'à six heures du matin; que le conseil se tiendroit à huit; qu'on n'y rendroit compte que de l'arrêt de cassation; et que les autres actes, tout prêts et scellés, ne se manifesteroient qu'au lit de justice.

La crainte du Régent fut extrêmement tempérée par celle que le parlement, le duc du Maine et le maréchal de Villeroy montrèrent. Un côté de la balance ne peut baisser, que l'autre ne s'élève. Le Régent prit de la fermeté dès qu'il vit mollir ses adversaires. Le duc du Maine lui ayant fait demander par le comte de Toulouse s'il y avoit quelque fondement aux bruits qui se répandoient que lui duc du Maine devoit être arrêté, il fit voir par là qu'il avoit autre chose à se reprocher qu'un mécontentement oisif; et le Régent ne répondit pas de façon à le tranquilliser. Le maréchal de Villeroy, avec une contenance embarrassée, demandant les mêmes éclaircissemens, le Régent lui dit qu'il pouvoit se rassurer, et ne le persuada que foiblement : aussi ne vouloit-il pas dissiper toutes ses craintes. Le maréchal en parla à l'abbé Dubois, bien étonné de voir s'éclipser devant lui la morgue du fier seigneur. Le parlement eut une conduite encore plus ridicule. Ce Law, qu'il vouloit pendre il y avoit trois jours, quitta l'asyle du Palais-Royal, revint hardiment dans sa maison, et y reçut les avances du parlement. Le duc d'Aumont, aussi avide d'argent que le premier président son ami, et cherchant à plaire à Law, alla le trouver, lui dit qu'il n'y avoit que du malentendu de la part du parlement, et que lui duc d'Aumont vouloit tout pacifier. Il traitoit une convulsion dans l'Etat comme une tracasserie de société, et se vantoit surtout d'être un médiateur sans intérêt. Law, sachant à quoi s'en tenir sur le désintéressement de nos courtisans, convint avec celui-ci d'un rendez-vous pour le 27, parce que tout devoit être terminé le 26.

Le Régent vit clairement que la cabale étoit désorientée. Il eut envie de frapper sur le premier président; mais on lui fit sentir qu'il valoit beaucoup mieux le rendre suspect dans sa compagnie, en faisant croire qu'il étoit d'intelligence avec la cour.

Le jeudi 25 fut employé à prendre les mesures nécessaires. On convint d'abord que le lit de justice se tiendroit portes ouvertes, parce qu'alors les affaires s'y traitent comme aux grandes audiences, et que le garde des sceaux, y prenant les voix tout bas, les rapporteroit comme il le voudroit; et l'on étoit sûr de lui; 2° que M. le duc, lorsqu'il seroit question de la surintendance, sortiroit comme partie intéressée, et obligeroit par là les légitimés de sortir aussi.

Pour parer à tous les inconvéniens, on avoit prévu tous les cas. Si le parlement refusoit de venir, l'interdiction étoit prête, avec l'attribution des causes au grand conseil. Si une partie venoit, et qu'une autre ne vînt pas, interdire les refusans. Si le parlement venu refusoit d'opiner, passer outre. Si, non content de ne pas opiner, il sortoit, tenir également le lit de justice; et huit jours après en tenir un autre au grand conseil, pour enregistrer le tout. Si les légitimés, ou quelques-uns de leur parti, faisoient de l'éclat, les arrêter dans la séance ou à la sortie, suivant les signaux dont on conviendroit avec les officiers des gardes du corps.

Les ordres ne furent donnés aux commandans des troupes de la maison du Roi que le 26, à quatre heures du matin. Le duc du Maine, qui revenoit d'une des fêtes que sa femme recevoit souvent, ou se donnoit elle-même, ne faisoit que se mettre au lit, lorsque Contades lui fut annoncé. Le duc, craignant que ce ne fût pour l'arrêter, demanda si Contades étoit seul, et se rassura lorsqu'il apprit que c'étoit pour assembler les gardes suisses.

A cinq heures, les troupes prirent leurs postes; et à six, le parlement et tous ceux qui devoient se trouver au lit de justice, déjà éveillés par le bruit des tambours, reçurent les lettres de cachet et les billets d'invitation. A huit heures, le conseil de régence étoit déjà assemblé aux Tuileries. Le garde des sceaux faisoit disposer dans une chambre particulière tout l'attirail du sceau, et, aussi froid que s'il ne s'étoit agi que d'une audience de police, déjeûnoit tranquillement, pour se préparer contre la longueur d'une séance qui retarderoit son dîner.

Chacun s'étant rendu dans la pièce du conseil, le Régent y arriva d'un air riant et assuré. Tous n'avoient pas le maintien si libre. Le duc du Maine, pâle et embarrassé, prévoyoit qu'il seroit question d'autre chose que de cassation d'arrêt. Plusieurs se joignoient, examinoient, se parloient bas, cherchoient à deviner ce qui alloit se passer.

Le duc du Maine et le comte de Toulouse étoient venus en manteau de pair, quoiqu'ils n'eussent point reçu de billets d'invitation. On avoit affecté de ne leur en point envoyer, sous prétexte que depuis l'édit de 1717, qui révoquoit celui de 1714, ils ne vouloient plus se trouver au parlement. Le Régent s'étoit flatté là-dessus qu'ils se dispenseroient du lit de justice; ce qui l'auroit fort soulagé. C'est pourquoi, s'adressant au comte de Toulouse : « Je suis surpris, « lui dit-il d'un ton d'amitié, de vous voir en man- « teau; je ne vous ai pas fait avertir, sachant que

« vous n'aimez pas à vous trouver au parlement. — « Cela est vrai, répondit le comte de Toulouse; mais « quand il s'agit du bien de l'Etat, j'y fais céder toute « autre considération. » Le Régent, touché de cette réponse, le prit en particulier, lui confia tout; et le comte de Toulouse ayant joint son frère, lui en dit assez pour qu'ils prissent le parti de se retirer.

Le Régent, les voyant sortir, jugea qu'il n'y avoit plus d'inconvénient à faire au conseil le rapport de tout ce qu'on s'étoit proposé d'y tenir caché. Ils étoient vingt en séance (1).

Dès qu'on fut en place, le Régent, avec un air d'autorité, ordonna au garde des sceaux de lire ce qu'il avoit à rapporter. Le Régent annonçoit chaque pièce par un discours sommaire, que le garde des sceaux paraphrasoit suivant l'importance de la matière.

Le Régent dans ce conseil opina le premier, contre la règle ordinaire, et prit toujours les avis en commençant par la tête du conseil, pour que les préopinans, dont il étoit sûr, fissent pressentir aux autres le parti qu'il y avoit à suivre.

Lorsqu'on opina sur l'arrêt de cassation, ceux qui se trouvoient gênés des entraves qu'on mettoit au parlement se contentèrent de s'incliner, pour mar-

(1) Le Régent, M. le duc, le prince de Conti, le garde des sceaux d'Argenson, les ducs de Saint-Simon, de La Force, de Guiche, le maréchal de Villeroy, le duc de Noailles, le maréchal duc de Villars, le duc d'Antin, le maréchal de Tallard, le maréchal d'Estrées, le maréchal d'Uxelles, le maréchal de Bezons, l'ancien évêque de Troyes (Bouthillier de Chavigny), le marquis de Torcy, le marquis de La Vrillière, le marquis d'Effiat, le marquis de Canilhac, Le Pelletier de Souzy, conseiller d'Etat. Les deux légitimés s'étoient retirés. (D.)

quer leur acquiescement à l'avis ouvert. Le maréchal de Villeroy dit simplement, à voix étouffée, au sujet du parlement : « Mais viendra-t-il ? — Je n'en doute « pas, dit le Régent d'un ton sec, et en élevant la voix ; « il m'a fait dire par des Granges qu'il obéiroit. »

Le Régent annonça l'édit de la réduction des légitimés à leur rang de pairie, par un discours en faveur des pairs plus fort que l'édit même. Le duc de Saint-Simon dit qu'étant partie, il ne pouvoit pas être juge ; et que, pour tout avis, il n'avoit que des remercîmens à faire de la justice que Son Altesse Royale rendoit aux pairs. Le Régent, saisissant cette idée, ne demanda pas l'avis des autres pairs, et ceux qui le suivoient n'opinèrent qu'en s'inclinant. Cependant le duc de Saint-Simon, pour obvier à ce que les maréchaux ducs de Villeroy et de Villars pourroient objecter s'ils prenoient la parole, avoit mis sur la table la requête que les pairs avoient présentée l'année dernière contre les légitimés, et au bas de laquelle ces deux maréchaux pouvoient lire leurs noms en gros caractères. M. le duc prit ensuite la parole, et, s'adressant au Régent, dit que puisqu'on faisoit justice aux pairs, il réclamoit aussi les droits de sa naissance ; que M. du Maine, n'étant plus prince du sang, ne pouvoit garder la surintendance ; qu'un homme du mérite de M. le maréchal de Villeroy ne devoit pas être précédé par son cadet dans la pairie ; que lui (M. le duc), aujourd'hui majeur, demandoit cette place, qui ne pouvoit être refusée à sa qualité, ni à son attachement pour le Roi ; et qu'il n'oublieroit rien pour profiter des leçons de M. de Villeroy, et mériter son amitié.

Le Régent, opinant le premier, dit que la demande étoit juste, et, portant les yeux sur tout le monde, ordonna plutôt qu'il ne prit les opinions. Le maréchal de Villeroy, faisant effort pour parler, dit en soupirant : « Voilà donc toutes les dispositions du « feu Roi renversées! je ne le puis voir sans douleur : « M. du Maine est bien malheureux. — Monsieur, « répondit le Régent d'un ton vif et haut, M. du « Maine est mon beau-frère; mais j'aime mieux un « ennemi découvert que caché. » Ce peu de mots, et quelques regards portés sur plusieurs, jetèrent la terreur dans l'ame de ceux qui avoient des reproches à se faire.

Dans ce moment, on demanda le garde des sceaux à la porte. Il sortit, rentra aussitôt, et parla à l'oreille du Régent. Celui-ci, dont la fermeté croissoit par la consternation du conseil, dit qu'on lui donnoit avis que le premier président avoit proposé de ne point aller aux Tuileries, où l'on n'auroit point de liberté; et qu'on délibéroit actuellement là-dessus. Le Régent demanda au garde des sceaux quel parti il y avoit à prendre, si le parlement se portoit à une désobéissance si formelle. Le garde des sceaux répondit qu'il n'y en auroit pas d'autre que l'interdiction, et fit entendre que tous les cas étoient prévus, et les remèdes prêts.

L'avis de la désobéissance du parlement étoit faux. J'ai actuellement sous les yeux un journal très-fidèle de ce qui s'y passa : il ne fut question que d'arrêter ce que le premier président diroit à un lit de justice dont on ne pouvoit prévoir absolument l'objet. On se fixa à demander la communication de ce qui seroit proposé aux Tuileries, et l'on se mit en marche.

Aussitôt qu'on vit le parlement entrer dans la cour des Tuileries, après avoir traversé la ville à pied, le Régent défendit à qui que ce fût de sortir avant que les magistrats fussent en place, afin qu'on ne pût pas les prévenir de ce qui avoit été décidé dans le conseil. On passa tout de suite chez le Roi; et la députation étant venue l'inviter, on le conduisit au trône. Le Régent, voulant prévenir ce que le maréchal de Villeroy seroit tenté de dire au lit de justice, et qu'il avoit eu tant de peine à retenir au conseil, le fit assurer de son estime, de sa confiance, lui en fit dire assez pour dissiper une frayeur qui quelquefois rend téméraire, et pas assez pour lui inspirer du courage. On recommanda aussi à Lamoignon de Blancménil, premier avocat général, aujourd'hui chancelier, d'être sage; et on lui dit à l'oreille que toute sa fortune répondroit de la moindre ambiguïté dans ses conclusions.

Tant de précautions étoient superflues. La consternation avoit gagné depuis le duc du Maine jusqu'au dernier huissier du parlement. Plusieurs conseillers avoient déserté pendant la marche. Le président de Blamont, qui avoit tant fait le tribun dans les assemblées du parlement, se trouva mal sur l'escalier des Tuileries : on le transporta dans la chapelle, où l'on employa le vin des burettes pour lui rendre la connoissance. Enfin, hors d'état de paroître en séance, il se fit conduire chez lui (1).

Je ne m'arrêterai pas aux formalités d'un lit de justice : on les trouve partout. J'observerai seulement

(1) *Voyez* le procès-verbal imprimé du lit de justice. (D.)

que le garde des sceaux, au milieu d'un parlement dont il étoit détesté, étoit aussi libre dans ses démarches, ses discours et son ton, que s'il n'eût vu autour de lui que des commissaires de police.

Après la lecture de l'arrêt de cassation, le premier président se borna à demander qu'il fût communiqué au parlement, vu l'importance de la matière, pour en délibérer. Sur quoi le garde des sceaux, ayant pris l'ordre du Roi pour la forme, dit : « Le Roi veut « être obéi, et obéi sur-le-champ. » Tout le reste se passa avec tranquillité : les enregistremens faits en présence du Roi, Sa Majesté se leva, retourna dans son appartement, et le parlement s'écoula en silence.

Comme les bagatelles font mieux connoître la disposition des esprits et les caractères que les affaires majeures, je citerai deux traits qui feront voir l'opinion générale qu'on avoit du Régent, et donneront une idée de son désouci sur les affaires, quand il s'agissoit de ses plaisirs.

Lorsque le duc de Saint-Simon alla chez Fontanieu pour convenir avec lui du lit de justice, il commença par lui dire qu'il s'agissoit d'une affaire importante; mais qu'il s'agissoit, avant tout, de savoir si Son Altesse Royale pouvoit compter sur lui. Fontanieu devint pâle, ne doutant point qu'il ne fût question de quelque expédition tragique, dont il auroit le malheur d'être l'instrument : il répondit, en balbutiant, que *tant que son devoir lui permettroit....., il seroit.....* Le duc de Saint-Simon le rassura par un sourire et un geste, moitié de compassion, moitié d'indignation. Fontanieu revint à lui, et par des excuses embrouillées acheva de faire voir la crainte qu'il avoit eue, et ce dont on croyoit le Régent capable.

Le second trait est que le Régent, ayant paru très-pressé d'apprendre ce que Saint-Simon auroit arrangé avec Fontanieu, lui ordonna de lui en venir rendre compte sur-le-champ. La conférence chez Fontanieu ayant exigé de longs détails, lorsque Saint-Simon revint, le Régent étoit dans ses cabinets; et c'étoit l'heure des *roués*, heure où tout devoit céder à la débauche. Saint-Simon fut réduit à lui écrire : encore fallut-il bien des mystères pour rendre le billet. Ce n'étoit pourtant pas que ce prince n'eût tiré une ligne de séparation très-marquée entre ceux qui avoient part aux affaires, et ses compagnons de plaisirs : ce qui faisoit dire au duc de Brancas, un des *roués*, qu'il avoit beaucoup de faveur, et nul crédit. Le Régent s'étoit fait d'ailleurs un système de discrétion, auquel il étoit fidèle jusque dans l'ivresse. La comtesse de Sabran, une de ses favorites, ayant voulu profiter d'un de ces momens-là pour lui faire une question sur les affaires, il l'amena devant une glace, et lui dit : « Regarde-toi; vois si c'est à un si joli visage « qu'on doit parler d'affaires. »

Puisque je me suis permis une digression sur la domesticité du Régent, je ne dois pas oublier un homme d'une vertu rare, qui n'étoit ni du rang ni de la naissance des *roués*; mais il n'auroit voulu aucune liaison avec eux, et ne leur dissimuloit guère son mépris : c'étoit d'Ibagnet, concierge du Palais-Royal. Attaché à la maison d'Orléans dès son enfance, il avoit vu naître le Régent, l'aimoit tendrement, et le servoit avec zèle, lui parloit avec la liberté d'un vieux domestique, et avec la droiture et la vérité d'un homme digne d'être l'ami de son maître. Le Régent avoit pour d'Ibagnet cette sorte de respect où la vertu oblige : il n'auroit osé lui proposer d'être le ministre de ses plaisirs, il étoit sûr du refus. Quelquefois, un bougeoir à la main, d'Ibagnet conduisoit son maître jusqu'à la porte de la chambre où se célébroit l'orgie. Le Régent lui dit un jour, en riant, d'entrer : « Monseigneur, répondit d'Ibagnet, mon service finit ici; « je ne vais point en si mauvaise compagnie, et je « suis très-fâché de vous y voir. » Une autre fois, il traita comme le dernier des hommes Cauche (1), valet de chambre et mercure du Régent, sur ce que ce domestique avoit séduit une jeune fille de douze à treize ans, pour la livrer à son maître.

Revenons à la suite du lit de justice. Il étoit fini, que la duchesse d'Orléans, étant à Saint-Cloud avec Madame, mère du Régent, ignoroit encore qu'il y en eût eu un. Qu'on se rappelle sa folie sur sa naissance, qu'elle croyoit du moins égale à celle de son mari, on jugera quel coup c'étoit lui porter que de lui apprendre la dégradation du duc du Maine. Il falloit cependant bien l'en instruire; et le Régent chargea de cette cruelle commission le duc de Saint-Simon. Il en instruisit d'abord Madame, qui, élevée dans les principes, ou, si l'on veut, les préjugés allemands, en fut ravie, et dit que son fils auroit dû depuis longtemps prendre ce parti (2). Pour la duchesse d'Or-

(1) C'est sous le nom de ce Cauche que l'abbé de Saint-Albin, archevêque de Cambray, fils du Régent et de la Florence, actrice de l'Opéra, a été baptisé. (D.) — (2) Après l'édit de 1714 et la déclaration de 1715, les légitimés furent dans l'Almanach royal immédiatement après les princes

léans, elle fut saisie d'une douleur morne, revint sur-le-champ à Paris, et déposant, pour la première fois de sa vie, son orgueil, dit au Régent que l'extrême honneur qu'il lui avoit fait en l'épousant étouffoit tout autre sentiment dans son cœur; qu'il falloit que son frère fût bien coupable pour s'être attiré le châtiment qu'il recevoit; et qu'elle étoit réduite à le désirer.

Les deux frères, en sortant de la pièce du conseil, s'étoient enfermés avec leurs familiers dans le cabinet du duc du Maine aux Tuileries pendant le lit de justice. De là, le comte de Toulouse se retira chez lui, où la duchesse du Maine vint avec ses enfans. Elle étoit dans des convulsions de fureur, reprochoit au comte de Toulouse d'avoir été distingué de son frère, et prétendoit qu'il ne pouvoit s'en laver qu'en renonçant à l'indigne grâce qu'on lui faisoit. Le comte de Toulouse fut enchanté; mais Valincour, homme d'un grand sens, et fort attaché au prince, le prenant en particulier, lui représenta les suites d'une telle démarche. Le marquis d'O, qui avoit été son gouverneur, lui tint le même langage; et le chevalier d'Hautefort, son premier écuyer, échauffé par un intérêt plus vif que celui de son maître, parla encore plus efficacement : « Monseigneur, lui dit-il, seriez-vous « assez dupe pour vous associer aux fureurs d'une « folle? Quand vous aurez fait pendant trois jours « l'admiration des sots, vous serez pendant quarante « ans la risée des gens sensés. Pour moi, en m'atta-

du sang, et sans séparation. Après l'édit de révocation de 1717, ils furent séparés par une ligne. Après la réduction des légitimés à leur rang de pairie, en 1718, le comte de Toulouse fut inscrit seul dans l'Almanach, et séparé par une ligne. Le duc du Maine n'y fut pas inscrit; mais il ne le fut pas aussi avec les pairs. (D.)

« chant à vous, je comptai être avec un prince du « sang, vrai ou apparent; sur ce pied-là, j'y resterai « toute ma vie : mais si vous voulez cesser de l'être, « ni moi, ni tous ceux de votre maison qui valent « quelque chose, ne pourrons y demeurer. »

Le comte de Toulouse, frappé du néant où il alloit se précipiter, laissa partir pour Sceaux le duc et la duchesse du Maine, rendit le lendemain au Régent une visite qui tenoit lieu de remercîment, sans le prononcer; et, le jour suivant, se trouva au conseil de régence.

Le samedi 27, les chambres s'assemblèrent. On gémit plus qu'on ne délibéra; on s'écria beaucoup sur l'installation d'un garde des sceaux, sans qu'il eût, suivant les règles, présenté sa requête; on prit acte, comme cela se pratique en pareille occasion, du défaut de liberté; l'assemblée continuée au lundi 29. Mais ce jour-là le parlement fut occupé d'un nouveau sujet de délibération. A trois heures du matin, le président de Blamont, Faydeau de Calande et Saint-Martin, conseillers, furent enlevés de chez eux chacun par huit mousquetaires et un officier, et conduits, le premier aux îles d'Hières, le second à Belle-Ile, le troisième dans l'île d'Oleron.

Le parlement envoya aussitôt une députation demander au Roi la liberté de ces magistrats. Le garde des sceaux répondit que ce qui s'étoit fait étant pour affaires d'Etat, demandoit le silence, et que la conduite du parlement détermineroit les sentimens du Roi à cet égard. La même députation continua ses sollicitations, et reçut toujours les mêmes réponses jusqu'à la clôture du parlement. Quelques-uns proposèrent de cesser le service, et il fut suspendu un jour; d'autres, de ne point prendre de vacances jusqu'à ce qu'on eût satisfaction : mais les plus avisés aimèrent mieux sortir librement de Paris, que de s'exposer à s'en voir exiler. Le parlement se sépara donc, et la chambre des vacations fut chargée de continuer à demander les exilés.

Le parlement de Bretagne écrivit en leur faveur au Régent, qui le trouva très-mauvais. Les ministres étrangers, au nom de leurs maîtres, lui applaudirent d'avoir réprimé ces légistes : langage de princes qui veulent que rien ne résiste à leurs volontés. Il est sûr que l'autorité doit toujours être respectée, pour la tranquillité des peuples mêmes ; mais si aucun corps n'élève la voix en leur faveur, ils seront donc livrés au despotisme des ministres, et même des commis.

Ce fut pendant les vacances, le 3 octobre, que le cardinal de Noailles publia son appel de la constitution au futur concile. L'université, presque tous les curés du diocèse, et quantité de communautés séculières et régulières, adhérèrent à l'appel. Le cardinal se retira le même jour du conseil de conscience, qui dès-lors ne subsista plus, et dont la chute entraîna celle des autres conseils. Il y avoit déjà du temps que ce n'étoit plus qu'une vaine représentation : Law faisoit tout dans les finances, et l'abbé Dubois dans les affaires étrangères. Celui-ci, sachant que le chapeau de cardinal, où il tendoit, dépendroit du crédit qu'on lui verroit en France, se fit nommer seul ministre des affaires étrangères. Le Blanc fut déclaré en même temps secrétaire d'Etat de la guerre. Tous les membres des différens conseils furent remerciés de leurs services, et conservèrent leurs appointemens, qui étoient de douze mille livres. Le marquis de Canilhac les refusa; mais il entra au conseil de régence, où la place valoit vingt mille livres. Tous ces nobles membres des conseils ressembloient à des gens qui, en sortant d'une maison, en emportent les meubles. Le comte d'Evreux conserva le détail de la cavalerie; Coigny, celui des dragons; d'Asfeld, les fortifications et le génie; le marquis de Brancas eut les haras; le premier écuyer, Beringhen, les ponts et chaussées; l'archevêque de Bordeaux (Bezons) prit les économats : ainsi des autres. Le Régent ne savoit rien refuser; et ce qu'il ne donnoit pas, on le lui arrachoit. Il avoit des inconséquences singulières. Le changement dans l'Etat des légitimés embarrassa fort l'évêque de Viviers (Chambonas), dont le frère et la belle-sœur étoient de la maison du duc du Maine. Le prélat, chef de la députation des Etats de Languedoc, demanda au Régent de quelle manière il traiteroit le prince de Dombes, gouverneur en survivance : le Régent lui dit d'en user comme à l'ordinaire. En conséquence, l'évêque traita d'altesse sérénissime le prince de Dombes, qui n'y pouvoit plus prétendre.

Le Régent se laissa enfin fléchir en faveur des exilés. Ils revinrent successivement; et le parlement, devenu souple, en fit des remercîmens, comme d'une grâce. Cela ne l'empêcha pas de faire des difficultés sur l'enregistrement de la banque royale : on trouvoit très-indécent de voir le Roi devenu banquier. L'événement prouva que cela étoit encore plus malheureux.

Le coup d'autorité frappé au lit de justice avoit étourdi les ennemis du Régent, mais ne les avoit pas abattus. La fureur que la duchesse du Maine étoit obligée de cacher n'en étoit que plus vive, et sa correspondance avec l'Espagne plus fréquente. Le prince Cellamare, attentif à tout ce qui se passoit à Paris et en Bretagne, cherchoit à faire des créatures au Roi son maître, et beaucoup d'officiers avoient pris des engagemens avec lui. Le projet étoit de faire révolter tout le royaume contre le Régent, de mettre le roi d'Espagne à la tête du gouvernement de France, et sous lui le duc du Maine. On comptoit sur l'union des parlemens. Tout s'étoit traité assez énigmatiquement dans des lettres qui pouvoient être surprises; mais Alberoni voulut, avant d'éclater, voir les plans arrêtés, et les noms de ceux dont on devoit se servir. Il étoit très-dangereux de confier de pareils détails à un courrier, que l'abbé Dubois n'auroit pas manqué de faire arrêter.

Cellamare imagina qu'il n'y auroit rien de moins suspect que le jeune abbé Porto-Carrero, neveu du cardinal de ce nom. Ce jeune homme étoit depuis quelque temps à Paris. Monteleone, fils de l'ambassadeur d'Espagne en Angleterre, étoit aussi venu de Hollande; et ces deux jeunes gens, se rencontrant ensemble à Paris, se lièrent naturellement, cherchoient les mêmes plaisirs, s'embarrassoient peu d'affaires, et firent partie de s'en retourner ensemble.

Cellamare crut que de pareils courriers seroient à l'abri de tout soupçon. L'abbé Dubois n'en prenoit point en effet; et cependant tout fut découvert.

Il y avoit alors à Paris une femme nommée la Fillon, célèbre appareilleuse, par conséquent très-connue de l'abbé Dubois (1). Elle paroissoit même quelquefois aux audiences du Régent, et n'y étoit pas plus mal reçue que d'autres. Un ton de plaisanterie couvroit toutes les indécences au Palais-Royal, et cela s'est conservé dans le grand monde. Un des secrétaires de Cellamare avoit un rendez-vous avec une des filles de la Fillon, le jour que partoit l'abbé Porto-Carrero. Il y vint fort tard, et s'excusa sur ce qu'il avoit été occupé à des expéditions de lettres dont il falloit charger nos voyageurs. La Fillon laissa les amans ensemble, et alla sur-le-champ en rendre compte à l'abbé Dubois (2). Aussitôt on expédia un courrier muni des ordres nécessaires pour avoir main-forte. Il joignit les voyageurs à Poitiers, les fit arrêter; tous leurs papiers furent saisis, et rapportés à Paris le jeudi 8 décembre. Ce courrier arriva chez l'abbé Dubois précisément à l'heure où le Régent entroit à l'Opéra.

L'abbé ouvrit le paquet, eut le temps de tout examiner, et de mettre en réserve ce qu'il voulut : nous verrons pourquoi. Au sortir de l'Opéra, l'abbé joignit le Régent, lui rendit compte de la capture. Tout autre prince auroit été pressé de s'éclaircir; mais c'étoit la

(1) Le Régent fut obligé, dans la suite, de paroître sacrifier cette femme. Elle disparut : elle eut ordre de passer pour morte. On lui donna douze mille livres de rente, et trente mille francs d'argent. Elle devint madame la comtesse de ***, qui alla vivre décemment dans une petite ville d'Auvergne, où Castanies se trouvant quelques années après sans la reconnoître, elle le prit à part, et lui révéla son secret. (V.) — (2) *A l'abbé Dubois* : On prétend que le complot ne fut pas révélé à Dubois par la Fillon, mais par un commis de la bibliothèque du Roi, que le prince de Cellamare employoit dans ses bureaux.

précieuse heure du souper, et rien ne l'emportoit là-dessus. L'abbé eut jusqu'au lendemain assez tard pour prendre ses mesures avant d'en conférer avec le Régent, qui, dans les premières heures de la matinée, avoit encore la tête offusquée des fumées de la digestion, n'étoit pas en état d'entendre affaires, et signoit presque machinalement ce qu'on lui présentoit.

L'abbé Dubois, en aspirant à tout, sentoit pourtant qu'il n'étoit rien par lui-même, prévoyoit les révolutions qui pouvoient arriver par la mort de son maître, et vouloit se ménager des protecteurs en cas d'événemens.

Il résolut de s'emparer tellement de l'affaire, qu'il pût sacrifier ceux dont la perte seroit sans conséquence, et sauver ceux auprès de qui il s'en feroit un mérite. Le Régent ne vit rien dans cette affaire que par les yeux de l'abbé. Le garde des sceaux et Le Blanc en furent les seuls confidens; et l'abbé, saisi des pièces du procès, se trouva maître de la condamnation ou de l'absolution des coupables.

Le prince Cellamare, instruit par un courrier particulier de ce qui étoit arrivé à Poitiers, et se flattant que ses deux Espagnols n'avoient été arrêtés que parce qu'ils voyageoient avec un banquier fugitif pour une banqueroute, prit un air d'assurance, et alla le vendredi 9, sur le midi, chez Le Blanc, réclamer le paquet de lettres dont il avoit, dit-il, chargé par occasion l'abbé Porto-Carrero. L'abbé Dubois étoit déjà chez Le Blanc. L'un et l'autre répondirent à l'ambassadeur que ces lettres avoient été lues, et que, loin de les lui rendre, ils avoient ordre de faire en sa présence la visite des papiers de son cabinet; et tout de suite le prièrent de monter avec eux en carrosse, pour se trouver tous trois ensemble à cet inventaire.

Cellamare, jugeant que les mesures étoient prises en cas de résistance, ne fit aucune difficulté, et fut ramené à son hôtel, dont un détachement de mousquetaires avoit déjà pris possession. On ouvrit les bureaux et les cassettes. Le scellé du Roi et le cachet de l'ambassadeur furent mis sur tous les papiers, à mesure qu'on en faisoit l'examen et le triage. Après cette opération, les deux ministres se retirèrent, laissant l'ambassadeur à la garde de Dulibois, gentilhomme ordinaire du Roi.

Durant la visite des papiers, Cellamare, d'un air libre, affecta de traiter Le Blanc avec politesse, et l'abbé avec un mépris froid. Cela fut au point que Le Blanc allant ouvrir une cassette : « M. Le Blanc, dit « l'ambassadeur, cela n'est pas de votre ressort; ce « sont des lettres de femmes. Laissez cela à l'abbé, « qui toute sa vie a été m......... » L'abbé sourit, et feignit d'entendre plaisanterie.

Le soir, il y eut conseil, où l'on rendit un compte sommaire de la conspiration. On y lut des lettres de Cellamare au cardinal Alberoni; et le Régent y justifia très-bien son procédé à l'égard de l'ambassadeur, qui, ayant violé lui-même le droit des gens, avoit perdu les priviléges de son titre. Les lettres furent imprimées, répandues partout : aucun des ministres étrangers ne prit la défense de Cellamare, qui partit de Paris, accompagné de Dulibois et de deux capitaines de cavalerie. Ils s'arrêtèrent à Blois, où Cellamare fut gardé jusqu'à l'arrivée en France du duc de

Saint-Agnan, notre ambassadeur à Madrid; après quoi on le laissa continuer librement sa route.

Le matin du samedi 10, le marquis de Pompadour, dernier de son nom, père de la belle Courcillon, et aïeul de la princesse de Rohan, fut mis à la Bastille.

Le comte d'Aydie, cousin (1), beau-frère et du même nom que Riom, prit la fuite, et se retira en Espagne, où il est mort long-temps après, assez bien établi. Le soir même que Cellamare fut arrêté, d'Aydie étant dans une maison où il devoit souper, voyoit jouer une partie d'échecs. On vient dire que Cellamare étoit arrêté : d'Aydie, très-attentif à une nouvelle si intéressante pour lui, ne montra pas la moindre émotion. Un des joueurs ayant dit qu'il ne pouvoit plus gagner la partie, d'Aydie offrit de prendre le jeu, fut accepté, joua tranquillement, et gagna. Quand on servit le souper, il sortit sous prétexte d'incommodité, prit la poste, et partit.

Foucault de Magny, introducteur des ambassadeurs, et fils du conseiller d'Etat, se sauva aussi : c'étoit un fou qui n'avoit jamais rien fait de sage que de s'enfuir. Un abbé Brigault, fort enfoncé dans cette affaire, fut arrêté à Montargis sur son signalement, et amené à la Bastille. Il ne se fit pas presser pour déclarer tout ce qu'il savoit, ajoutant qu'on en verroit le détail dans les papiers qu'il avoit laissés au chevalier de Menil, qui fut arrêté; mais il avoit déjà brûlé les papiers, que le Régent regretta fort. On arrêta successivement

(1) Sa femme, sœur de Riom, mourut, en 1716, dame d'honneur de la duchesse de Berri. Le chevalier et l'abbé d'Aydie étoient frères du comte. (D.)

beaucoup de personnes avant d'en venir au duc et à la duchesse du Maine. Cela ne tarda pas : le duc fut arrêté à Sceaux par La Billarderie, lieutenant des gardes du corps, conduit au château de Dourlens en Picardie, et laissé sous la garde de Favancourt, brigadier des mousquetaires.

La duchesse, en considération de sa naissance, fut traitée avec plus de distinction. Ce fut le duc d'Ancenis, capitaine des gardes du corps, qui l'arrêta dans une maison de la rue Saint-Honoré, qu'elle avoit prise pour être plus à portée des Tuileries. Le duc d'Ancenis la quitta à Essone, d'où un lieutenant et un exempt des gardes du corps la conduisirent au château de Dijon.

Le duc du Maine ne montra dans son malheur que de la soumission, protesta souvent de son innocence, et de son attachement au Roi et au Régent. Pour la duchesse, elle se plaignit beaucoup du traitement qu'on faisoit à une princesse du sang, et déclama avec fureur contre son neveu M. le duc quand elle se vit dans le château de Dijon, dont il étoit gouverneur ; et le public n'approuva pas qu'il devînt le geolier de sa tante.

Tous les domestiques de la maison du Maine furent arrêtés en même temps que leur maître, et renfermés à la Bastille. Mademoiselle de Launay, qui depuis a été madame de Staal, fut du nombre. Ses Mémoires méritent d'être lus ; ses portraits sont assez fidèles, à l'exception de celui du chevalier de Menil, qu'elle aimoit trop pour en bien juger. Je l'ai quelquefois rencontré chez elle, et il m'a paru au-dessous du médiocre.

Pendant que ces choses se passoient à Paris, le duc de Saint-Agnan, notre ambassadeur à Madrid, y étoit très-désagréablement (1). Quoiqu'on n'y sût encore rien de ce qui étoit arrivé à Paris, la rupture entre les deux couronnes paroissoit si prochaine, et la violence d'Alberoni si connue, que le duc de Saint-Agnan ne se crut pas en sûreté. Il partit secrètement avec sa femme et peu de domestiques, et arriva au pied des Pyrénées. Là, ne doutant point qu'Alberoni ne fît courir après lui, il prit des malles pour lui, sa femme, et les valets absolument nécessaires, traversa les montagnes, et ne s'arrêta qu'à Saint-Jean-Pied-de-Port. Il avoit pris la précaution de laisser dans son carrosse un valet de chambre et une femme, qui s'annonçoient, en continuant leur route, pour l'ambassadeur et l'ambassadrice. Le duc avoit à peine avancé une lieüe dans les montagnes, que des gens détachés par Alberoni investirent le carrosse. Les domestiques jouèrent bien leur jeu, crièrent fort haut contre la violence, et furent ramenés à Pampelune. Lorsque le duc de Saint-Agnan fut arrivé à Bayonne, il envoya réclamer ses équipages, qui furent rendus : et le gouverneur manda la méprise au cardinal ministre, qui fut dans la plus grande fureur.

Pendant que la guerre s'allumoit au midi, le Nord eut le bonheur d'être délivré du roi de Suède Charles XII.

(1) Nous avons vu ce duc mourir plus de cinquante ans après. Son père étoit né en 1610 ; en sorte que le père et le fils ont parcouru entre eux les trois longs règnes de Louis XIII, Louis XIV et Louis XV, qui forment une période de cent soixante-quatre ans. Il épousa sur la fin mademoiselle Turgot, qui se trouva ainsi la bru d'un homme né en 1610, et la belle-sœur du duc de Beauvilliers, gouverneur du duc de Bourgogne, père de Louis XV. (V.)

Un coup de fauconneau en fit justice au siége de Friedrichshaal. Ce prince avoit des qualités estimables, qui l'auroient fait chérir s'il n'eût été qu'un particulier : une frénésie guerrière en fit un fléau pour le genre humain. Son père, tyran obscur, avoit accablé ses sujets, abattu le sénat et la noblesse, anéanti les lois. Le fils, destructeur plus éclatant, fut moins haï, par le brillant de cette gloire qui en impose au vulgaire, admirateur insensé des héros qui font son malheur. Charles fit celui de ses Etats et de ses voisins. Des milliers d'hommes détruits par le fer et le feu furent les fruits de son règne. La dévastation, la dépopulation de la Suède étoient, à la mort de Charles XII, au point qu'il ne restoit plus d'hommes, que des enfans et des vieillards. On ne voyoit plus que des femmes et des filles labourer les terres, servir les postes, et jusque dans les bains publics : on étoit réduit à les employer à toutes les fonctions que la foiblesse et la décence semblent leur interdire. Je tiens ces faits du comte Cerest-Brancas, l'homme le plus vrai, et notre ministre en Suède immédiatement après la mort de Charles XII.

Les Suédois profitèrent des circonstances pour rentrer dans le droit d'élire leurs souverains. Sans égard pour les prétentions du duc de Holstein, fils de la sœur aînée de Charles, ils élurent pour reine Ulrique-Eléonore, sa sœur cadette. Ils consentirent ensuite à lui associer son mari, le prince de Hesse; mais avec une telle limitation de pouvoir dans leurs personnes et celles de leurs descendans, que le despotisme ne peut renaître de long-temps.

LIVRE QUATRIÈME.

[1719] CETTE année s'ouvrit par la déclaration de guerre contre l'Espagne. Elle avoit été précédée d'un manifeste (1), pour prévenir les esprits sur la justice de nos motifs. Les ennemis du gouvernement ne s'oublièrent pas dans cette occasion, et répandirent quatre pièces séditieuses. La première étoit un manifeste du roi d'Espagne, adressé aux trois Etats de la France; la seconde, une lettre de Philippe v au Roi; la troisième, une lettre circulaire aux parlemens; et la quatrième, une prétendue requête présentée à Philippe v, de la part des trois Etats de France. Le parlement se contenta de supprimer par arrêt ces libelles, qui méritoient beaucoup plus.

Les officiers qui devoient servir contre l'Espagne furent nommés; et l'on fut pour le moins surpris de voir le maréchal de Berwick, décoré de la grandesse et de la Toison, et dont le fils, duc de ***, jouissoit des mêmes honneurs en Espagne, accepter le commandement d'une armée contre Philippe v. D'Asfeld, depuis maréchal de France, fit un parfait contraste avec Berwick, qui le demandoit pour servir sous lui. Il alla trouver le Régent : « Monseigneur, lui dit-il,

(1) Ce manifeste fut composé par Fontenelle, sur les Mémoires de l'abbé Dubois. Cette pièce, et les quatre autres dont je parle ensuite, sont imprimées partout, et principalement dans les Mémoires de la Régence, ouvrage d'ailleurs aussi mauvais que j'en connoisse. L'auteur et l'éditeur, qui a joint des notes, sont également mal instruits. (D.)

« je suis Français ; je vous dois tout, et n'attends rien « que de vous. » Puis, montrant sa Toison : « Que « voulez-vous que je fasse de ceci, que je tiens du « roi d'Espagne? Dispensez-moi de servir contre un « de mes bienfaiteurs. »

Il eût été bien étrange que le Régent, facile sur tout, n'eût résisté qu'à une action aussi honnête : aussi dispensa-t-il d'Asfeld de servir, et ne l'en estima que plus. Le roi d'Espagne lui en sut beaucoup de gré, et les nations y applaudirent.

Le prince de Conti eut le commandement de la cavalerie, tira beaucoup d'argent pour ses équipages, fit payer jusqu'à ses frais de poste ; et ce fut tout ce qu'il recueillit de gloire de sa campagne.

Les jeux de hasard avoient été défendus. Le duc de Tresmes prétendoit, comme gouverneur de Paris, avoir le droit d'un de ces coupe-gorges privilégiés. Le lieutenant de police Machault, qui ne trouvoit pas ce privilége-là dans les ordonnances, déclara qu'il toléreroit tous ces repaires, si celui du gouverneur subsistoit.

Le Régent, pour ne mécontenter personne, acheta le désistement du duc de Tresmes de deux mille livres de pension. Peu d'années après, sous le ministère de M. le duc, la dévote princesse de Carignan obtint de faire tenir un jeu dans son hôtel de Soissons. Aussitôt le duc de Tresmes reprit le sien, en gardant sa pension. Des fripons galonnés, brodés, et même décorés de croix de différens ordres, faisoient les honneurs de ces deux antres, où les enfans des bourgeois venoient perdre ce qu'ils voloient à leurs familles. Plusieurs aventures tragiques firent enfin connoître que ces lieux étoient les séminaires de la Grève. Le cardinal de Fleury, devenu ministre, les défendit. Ce vil droit de gouverneurs subsiste encore dans plusieurs provinces : les protecteurs ne rougissent point de la source infâme du revenu qu'ils en tirent, et pensent apparemment, comme Tibère, que l'argent n'a point d'odeur.

Ce fut dans ce temps-là que parurent les *Philippiques*, poëme contre le Régent, composé par La Grange (1). Cet ouvrage, où il n'y a que très-peu de strophes poétiques, est un amas d'horreurs, où la calomnie la plus effrénée s'appuie de quelques vérités. Les copies s'en répandirent par toute la France. Le Régent en entendit parler, et voulut les voir. Le duc de Saint-Simon prétend que ce fut lui qui, pressé par les sollicitations du prince, lui fit lire cet effroyable libelle. Il ajoute que lorsque le Régent en fut à l'endroit où il est représenté comme l'empoisonneur de la famille royale, il frémit, pensa s'évanouir, et, ne pouvant retenir ses larmes, s'écria : « Ah, c'en est « trop! cette horreur est plus forte que moi, j'y suc- « combe. » Il ne revint que difficilement de son désespoir.

La Grange fut arrêté, et envoyé aux îles Sainte-Marguerite, d'où il sortit pendant la régence même, et se montra librement dans Paris. J'ai toujours cru que c'étoit pour détruire l'opinion où l'on étoit que le Régent l'avoit fait assassiner; sans quoi c'eût été le comble de l'impudence. Un auteur qui en auroit

(1) La Grange avoit été page de la princesse de Conti, fille de Louis XIV. Il a fait plusieurs pièces où l'on trouve des situations, de l'intérêt, et toutes mal ou foiblement écrites. (D.)

fait la moitié moins contre un conseiller au parlement eût été envoyé aux galères.

On a pu voir jusqu'ici que je ne dissimule ni les mœurs dépravées ni la mauvaise administration du Régent ; mais je dois rendre justice à sa bonté naturelle. Quand on ne fait attention qu'à son caractère d'humanité, on ne peut s'empêcher de regretter qu'il n'ait pas eu plus de vertus de prince.

Dès que le duc et la duchesse du Maine furent arrêtés, l'alarme se répandit dans leur parti. Le maréchal de Villeroy perdit sa morgue, Villars son audace ; d'Uxelles, Tallard, Canilhac, d'Effiat et le premier président montroient leur crainte par les efforts qu'ils faisoient pour la cacher. La meilleure protection que les accusés pussent avoir étoit dans le cœur du Régent : les bons et les mauvais procédés, les services et les offenses le touchoient foiblement ; il donnoit, et ne récompensoit point, pardonnoit facilement, n'estimoit guère, et haïssoit encore moins.

D'ailleurs l'abbé Dubois sentoit qu'il seroit chargé par le public d'avoir animé, ou du moins de n'avoir pas arrêté, la sévérité du Régent. L'impétuosité de M. le duc faisoit craindre que, s'il étoit une fois délivré du contre-poids des légitimés et de leurs partisans, il ne s'élevât lui-même sur les ruines du Régent, et ne recueillît seul le fruit de tout ce que celui-ci auroit fait pour affermir l'autorité. L'abbé comptoit, en sauvant le duc du Maine et le premier président, se faire, en cas d'événement, une protection contre le parlement même, qui pouvoit le rechercher un jour. Ce qu'il faisoit pour sa propre sûreté, il persuada aisément au Régent qu'il en étoit seul l'objet, l'effraya sur le caractère de M. le duc, et lui fit entendre que le public ne regardoit pas absolument les accusés comme criminels de lèse-majesté, mais comme des hommes attachés à l'Etat, et qui n'avoient cherché qu'à mettre les jours du Roi en sûreté. Les mœurs du Régent, son irréligion affichée, les bruits anciens et nouveaux, ne favorisoient que trop ces idées. Ce prince en fut frappé : sa paresse naturelle, la crainte de troubler ses plaisirs, se joignant à ses réflexions, il laissa l'abbé maître unique de cette affaire.

Il n'y eut point de procès en règle, ni renvoi au parlement. Le garde des sceaux et Le Blanc interrogeoient les prisonniers, et chaque jour on en amenoit de nouveaux. On avoit vu, par les papiers de Cellamare, que ce ministre entretenoit différentes correspondances qui n'avoient aucun rapport à la duchesse du Maine, et qui toutes cependant se rapportoient à l'Espagne, sans que les coupables eussent aucune relation entre eux. Par exemple, on mit à la Bastille le duc (aujourd'hui maréchal) de Richelieu, et le marquis de Saillans (d'Estaing). Le jour qu'ils furent arrêtés, le Régent dit publiquement qu'il avoit dans sa poche de quoi faire couper au duc de Richelieu quatre têtes, s'il les avoit. C'étoient quatre lettres adressées au cardinal Alberoni, signées du duc, et par lesquelles il s'engageoit à livrer à l'Espagne Bayonne, où son régiment et celui de Saillans étoient en garnison. Ce jeune étourdi, qui n'a guère changé de tête, comptoit être l'auteur d'une révolution dans le royaume, et avoir, pour récompense, le régiment des gardes. Ce complot, que le dernier officier de la place eût fait échouer, n'excita que la risée publique. Ce jeune homme se crut un personnage en se voyant traiter en criminel d'Etat, et prit sa prison avec la légèreté qu'il a toujours montrée en amour, en affaires, et à la guerre. Le Régent, qui trouva cela fort plaisant, fit procurer au jeune prisonnier tout ce qu'il demanda, valet de chambre, deux laquais, des jeux, des instrumens; de sorte qu'au lieu de liberté, il eut toute la licence possible.

Pendant que le Régent étoit occupé des affaires d'Etat, il étoit encore tourmenté de tracasseries domestiques. La duchesse de Berri, emportée par le plus fol orgueil, ou avilie dans la crapule, donnoit des scènes publiques dans l'un et l'autre genre.

L'ambassadeur de Venise étant venu pour lui rendre visite, elle s'avisa de le recevoir placée dans un fauteuil, sur une estrade de trois marches. L'ambassadeur s'arrêta un moment, s'avança ensuite avec lenteur, comme un homme qui médite son parti, fit une révérence, et aussitôt tourna le dos, et sortit sans avoir dit un mot. Il assembla le jour même les ministres étrangers, et tous déclarèrent publiquement qu'aucun d'eux ne remettroit le pied chez la princesse, s'ils n'étoient assurés d'être reçus comme il leur convenoit (1).

La vie domestique de cette princesse faisoit un étrange contraste avec ses saillies d'orgueil en public. J'ai déjà parlé du vil esclavage où le comte de Riom la tenoit; et il se relâchoit d'autant moins de son insolence avec elle, qu'il s'en étoit fait un système, et que ses duretés, ses humeurs, ses caprices affermis-

(1) Jamais reine qui ne l'est pas de son chef n'a donné d'audience sur une estrade. (D.)

soient la constance de sa maîtresse. On n'a pas oublié non plus que des retraites aux Carmélites précédoient ou suivoient des orgies. Une religieuse qui accompagnoit la princesse à tous les offices du couvent, étonnée de la voir prosternée, mêlant des soupirs aux prières les plus ferventes : « Bon Jésus! madame, est-il pos-« sible que le public puisse tenir sur vous tant de pro-« pos scandaleux qui parviennent jusqu'à nous? Le « monde est bien méchant! Vous vivez ici comme une « sainte. » La princesse se mettoit à rire. Ces disparates marquoient certainement un degré de folie. C'étoit avec le plus violent dépit qu'elle apprenoit qu'on osât censurer sa conduite. Elle devint enfin grosse; et quand elle approcha de son terme, elle se tint assez renfermée, et souvent au lit, sous des prétextes de migraine. Mais les excès de vin et de liqueurs fortes qu'elle continua toujours lui allumèrent le sang. Dans sa couche, une fièvre violente la mit dans le plus grand danger. Cette femme hardie, impérieuse, bravant toutes les bienséances, qui avoit hautement affiché son commerce avec Riom, se flatta d'en cacher les suites au public, comme si les actions des princes pouvoient jamais être ignorées! Il n'entroit dans sa chambre que Riom, la marquise de Mouchy, dame d'atour, digne confidente de sa maîtresse, et les femmes absolument nécessaires à la malade : le Régent même n'entroit que des instans. Quoiqu'il ne fût pas possible de le supposer dans l'ignorance de l'état de sa fille, il feignoit devant elle de ne s'apercevoir de rien, soit dans la crainte de l'aigrir s'il paroissoit instruit, soit dans l'espoir que son silence arrêteroit l'indiscrétion des autres. Tant de précautions n'empêchoient pas le scandale, et alloient bientôt l'augmenter. Le danger fut si pressant, qu'il parvint à la connoissance du curé de St.-Sulpice, Languet. Il se rendit au Luxembourg, y vit le Régent, lui parla de la nécessité d'instruire la princesse du péril où elle étoit, pour la disposer à recevoir les sacremens; et ajouta qu'au préalable il falloit que Riom et la Mouchy sortissent du palais. Le Régent, n'osant ni contredire hautement le curé, ni alarmer sa fille par la proposition des sacremens, encore moins la révolter par le préalable du pasteur, essaya de faire entendre au curé que l'expulsion de Riom et de la Mouchy causeroit le plus grand scandale. Il chercha des tempéramens : le curé les rejeta tous, jugeant bien que, dans une occasion d'éclat telle que celle-là, au milieu des querelles de la constitution, où il jouoit un rôle, il se seroit décrié dans le parti contraire, s'il ne se montroit curé en toute rigueur. Le Régent, ne pouvant persuader le curé, offrit de s'en rapporter au cardinal de Noailles. Languet y consentit, et n'eût peut-être pas été fâché que la complaisance du cardinal, en débarrassant un prêtre subordonné, qui auroit eu l'honneur de la morale sévère, prêtât le flanc aux constitutionnaires, et belle matière à paraphraser. Le cardinal, prié de se rendre au Luxembourg, y arriva, et, sur l'exposé du Régent, approuva la conduite du curé, et insista à congédier les deux sujets de scandale.

La Mouchy, ne pouvant se dissimuler le danger où étoit sa maîtresse, croyoit avoir tout prévu en faisant venir un cordelier pour confesser la princesse, et ne doutoit pas que le curé n'apportât ensuite le viatique. Elle ne soupçonnoit pas qu'elle fût elle-même le principal sujet de la conférence, lorsque le Régent la fit demander. Elle entr'ouvrit la porte; et le Régent, sans entrer ni la faire sortir, lui dit quelles conditions on mettoit à l'administration des sacremens. La Mouchy, étourdie du compliment, paya pourtant d'audace, s'emporta sur l'affront qu'on faisoit à une femme d'honneur, assura que sa maîtresse ne la sacrifieroit pas à des cagots, rentra, et quelques momens après vint dire au Régent que la princesse étoit révoltée d'une proposition si insolente, et referma la porte. Le cardinal, à qui le Régent rendit la réponse, représenta que ce n'étoit pas celle qu'il falloit chasser qu'on dût charger de porter la parole; que c'étoit au père à s'acquitter de ce devoir, et à exhorter sa fille à remplir le sien. Le prince, qui connoissoit le caractère violent de sa fille, s'en défendit; et, sur son refus, le cardinal se mit en devoir d'entrer, et de parler lui-même. Le Régent, craignant que l'aspect du prélat et du curé ne causât à la malade une révolution qui la fît mourir, se jeta au devant du cardinal, et le pria d'attendre qu'on l'eût préparée à une telle visite. Il se fit encore ouvrir la porte, et annonça à la Mouchy que l'archevêque et le curé vouloient absolument parler. La malade, qui l'entendit, entra dans une égale fureur contre son père et contre les prêtres, disant que ces cafards abusoient de son état et de leur caractère pour la déshonorer, et que son père avoit la foiblesse et la sottise de le souffrir, au lieu de les faire jeter par les fenêtres.

Le Régent, plus embarrassé qu'auparavant, vint dire au cardinal que la malade étoit dans un tel état de souffrance, qu'il falloit différer. Le prélat, las d'insister inutilement, se retira, après avoir ordonné au curé de veiller attentivement aux devoirs de son ministère.

Le Régent, fort soulagé par la retraite du cardinal, auroit bien voulu être encore délivré du curé. Mais celui-ci s'établit à poste fixe à la porte de la chambre; et pendant deux jours et deux nuits, lorsqu'il sortoit pour se reposer, ou prendre quelque nourriture, il se faisoit remplacer par deux prêtres qui entroient en faction. Enfin le danger étant cessé, cette garde ecclésiastique fut levée, et la malade ne pensa qu'à se rétablir.

Malgré ses fureurs contre les prêtres, la peur de l'enfer l'avoit saisie. Il lui en resta une impression d'autant plus forte, que sa santé ne se rétablissoit pas parfaitement, et que sa passion étoit aussi vive que jamais. Riom, aidé des conseils du duc de Lauzun son oncle, résolut de profiter des dispositions de sa maîtresse pour l'amener à un mariage qui tranquilliseroit sa conscience, et assureroit ses plaisirs. Le duc de Lauzun imaginoit le plan, les moyens, les expédiens, et Riom agissoit en conformité.

Ils ne trouvèrent pas grande difficulté avec une femme éperdue d'amour, effrayée du diable, et subjuguée de longue main. Riom n'avoit qu'à ordonner pour être obéi : aussi le fut-il, et il ne se passa pas quatre jours du projet à l'exécution. Quelques dates rapprochées le prouveront; et comme la duchesse de Berri mourut fort peu de temps après, je rapporterai tout de suite ce qui la regarde.

Cette princesse tomba malade le 26 mars : Pâques étoit le 9 avril; et dès le mardi saint 4, elle fut hors de danger. Il faut savoir que l'usage des paroisses de Paris est de porter pendant la semaine sainte la communion à tous les malades, sans qu'ils soient dans le cas de la recevoir en viatique : il suffit qu'ils soient hors d'état d'aller faire leurs Pâques à l'église. Il y avoit donc une double raison de porter les sacremens à la princesse, celle de son état, et celle du temps. Loin que le public eût vu remplir ce devoir, les motifs du refus avoient éclaté, et la semaine de Pâques n'en étoit que plus embarrassante à passer dans Paris.

Quoique cette princesse fût en convalescence, elle étoit encore loin de soutenir la fatigue d'un voyage : cependant, quelques représentations qu'on lui fît, elle partit le lundi de Pâques, et alla s'établir à Meudon. Son mariage étoit déjà fait, c'est-à-dire qu'elle et Riom avoient reçu la bénédiction d'un prêtre peu difficultueux, et bien payé. Cela suffisoit pour calmer ou prévenir des remords, mais non pas pour constater le mariage d'une princesse du sang, petite-fille de France.

Le Régent le savoit, et s'y étoit foiblement opposé. Il supposa que si sa fille retomboit dans l'état où elle avoit été, une confidence faite au curé le rendroit plus flexible, et lui feroit éviter un éclat. La complaisance de ce prince n'en est pas moins inconcevable, et faisoit penser qu'il y avoit eu entre le père et la fille une intimité qui passoit la tendresse paternelle et filiale, et que le père craignoit un aveu de sa fille dans un accès de dépit furieux. Malheureusement tout étoit croyable de la part de deux personnes si dégagées de scrupules et de principes. De toutes les horreurs des *Philippiques*, le Régent n'avoit paru vraiment sensible qu'à l'article du poison, dont il étoit incapable.

Quoi qu'il en soit, Riom, qui n'avoit pas désiré le mariage par motif de conscience, ne pouvoit satisfaire son ambition que par la publicité. Les plus grands établissemens en devenoient une suite nécessaire. Il échauffa là-dessus la tête de sa maîtresse, et l'obligea d'en importuner le Régent. Ce prince lui opposoit en vain des raisons : elle y répondoit par des fureurs.

Les altercations entre le père et la fille transpirèrent. Madame et Son Altesse Royale, duchesse d'Orléans, en apprirent la cause. Son Altesse Royale ne fut peut-être pas trop fâchée de l'humiliation d'une fille dont elle éprouvoit continuellement des hauteurs. A l'égard de Madame, elle n'y voyoit aucun embarras; et, outrée de colère, elle ne trouvoit rien de si simple que de finir tout en jetant Riom par les fenêtres, ou dans la rivière.

Le Régent étoit le plus peiné; et il auroit pu suivre le conseil de Madame, s'il n'eût craint la vengeance et peut-être les aveux d'une fille effrénée. Pour éviter ses persécutions, il la vit rarement, sous prétexte des affaires, et de l'éloignement de Meudon; et, pour gagner du temps, fit ordonner à Riom de joindre son régiment, qui étoit de l'armée du maréchal de Berwick. Tous les colonels étoient déjà partis, et l'honneur ne permettoit pas à Riom de différer. Il obéit sur-le-champ, malgré les pleurs de sa maîtresse. Elle en fut au désespoir, et déclara à son père, qui la vint voir quelques jours après, qu'elle étoit résolue de déclarer son mariage; qu'elle étoit veuve, maîtresse de sa personne et de ses biens; qu'elle en vouloit disposer à sa volonté; et répéta enfin tout ce que Riom lui avoit appris de mademoiselle de Montpensier. Le Régent, excédé des emportemens de sa fille, lui donna des espérances, lui demanda du temps, et la quitta, bien résolu de ne plus revenir.

Au bout de quelques jours, la princesse, inquiète de ne point revoir son père, craignit que cette rareté de visites ne parût une diminution de crédit, le fit prier de venir souper à Meudon, où elle vouloit lui donner une fête. C'étoit dans les premiers jours de mai. Le Régent n'ayant pu la refuser, elle voulut que le souper se fît sur la terrasse, quelques remontrances qu'on pût lui faire sur la fraîcheur de la nuit, et sur le danger d'une rechute dans une convalescence mal affermie. Ce fut précisément ce qui la fit s'opiniâtrer, s'imaginant qu'une fête de nuit, et en plein air, détromperoit le public de l'opinion qu'elle fût accouchée.

Ce qu'on lui avoit annoncé arriva : la fièvre la prit, et ne la quitta plus. Le Régent s'étant excusé sur les affaires de la rareté de ses visites, elle prit le parti de se faire transporter à La Muette, où la proximité de Paris engageroit son père à la voir plus fréquemment.

Le trajet de Meudon à La Muette aggrava encore les accidens de sa maladie. Elle se trouva si mal vers la mi-juillet, qu'on fut obligé de lui faire entendre le terrible nom de la mort. Elle n'en fut point effrayée, fit dire la messe dans sa chambre, et reçut la communion à portes ouvertes, comme elle auroit donné une audience d'apparat. L'orgueil inspiroit ou soutenoit son courage; car, aussitôt que la cérémonie fut achevée, elle fit congédier les assistans, et demanda à ses familiers si ce n'étoit pas là mourir avec grandeur. Le même jour, elle fit retirer tout le monde, à l'exception de la Mouchy, lui ordonna d'apporter son baguier, qui valoit plus de deux cent mille écus, et lui en fit présent. La Mouchy l'ayant reçu sans témoins, craignit qu'on ne l'accusât de l'avoir volé, accusation que sa réputation n'auroit pas détruite. Elle jugea donc à propos de le déclarer pendant que la princesse vivoit encore, et alla avec son mari en rendre compte au Régent. Ce prince, pour toute réponse, demanda le baguier, le prit, examina s'il n'y manquoit rien, le serra dans un tiroir, et les congédia, avec défense de retourner à La Muette.

La mourante ne parut pas s'apercevoir, pendant deux jours qu'elle vécut encore, de l'absence de la Mouchy : uniquement occupée de son dernier moment, sans ostentation ni foiblesse, elle demanda ses derniers sacremens, et fut administrée, en présence du curé de Passy, par l'abbé de Castries, son premier aumônier, nommé dès-lors archevêque de Tours, et qui depuis l'a été d'Alby. Les médecins n'ayant plus d'espérance, on proposa l'élixir de Garus, qui étoit alors dans sa première vogue. Garus le donna lui-même, et recommanda surtout qu'on ne donnât aucun purgatif, sans quoi son élixir tourneroit en poison. En peu de momens, la malade parut ranimée, et le mieux se soutint jusqu'au lendemain. On prétend que Chirac, par un point d'honneur de médecin, qui sacrifieroit plutôt le malade que de laisser la gloire de la guérison à un empirique, fit prendre un purgatif à la malade, et qu'aussitôt elle tourna à la mort, tomba en agonie, et mourut la nuit du 20 au

21 juillet. Garus cria au meurtre contre Chirac, qui ne s'en émut pas davantage, regarda l'empirique avec un mépris froid, et sortit de La Muette, où il n'y avoit plus rien à faire.

Ainsi finit, à vingt-quatre ans, une princesse également célèbre par l'esprit, la beauté, les grâces, la folie et les vices. Sa mère et son aïeule apprirent cette mort avec plus de bienséance que de douleur. Le père fut dans la plus grande désolation; mais, sans y faire peut-être réflexion, il se sentit bientôt soulagé de ne plus éprouver les caprices, les fureurs d'une folle, et la persécution d'un mariage extravagant. Cette princesse ne fut d'ailleurs regrettée de personne, parce que les appointemens et le logement furent conservés à toute sa maison, à l'exception de la Mouchy, qui fut exilée dans ses terres.

Le duc de Saint-Simon prétend qu'à l'ouverture du corps de la duchesse de Berri, on trouva qu'elle étoit déjà devenue grosse. En tout cas, elle n'avoit pas perdu de temps depuis sa couche. Saint-Simon devoit pourtant être instruit, puisque sa femme avoit assisté à l'ouverture, comme dame d'honneur de la princesse.

On porta le cœur au Val-de-Grâce, et le corps à Saint-Denis. Il n'y eut point d'eau bénite de cérémonie : le convoi fut simple; et au service on s'abstint prudemment d'oraison funèbre. Le deuil du Roi fut de six semaines; et quoique la cour ne porte les deuils de respect qu'autant que le Roi, on le porta trois mois, comme le Régent; et les spectacles furent fermés huit jours.

Une bagatelle peut encore fournir un trait du caractère de la princesse. Dans le commencement de sa maladie, elle voua au blanc pour six mois elle et sa maison; et, pour accomplir son vœu, elle ordonna carrosse, harnois et livrées en argent, voulant du moins ennoblir par le faste cette dévotion monacale.

La fille de la duchesse de Berri et du comte de Riom, que j'ai vue dans ma jeunesse, est actuellement religieuse à Pontoise, avec trois cents livres de pension.

Une mort qui ne fit pas tant de bruit que celle dont je viens de parler fut la mort de madame de Maintenon, dont le nom avoit pendant trente-cinq ans retenti dans toute l'Europe. Du moment qu'elle eut perdu le Roi, elle se renferma dans Saint-Cyr, et n'en sortit plus. Elle y étoit avec une étiquette équivoque de reine douairière. Lorsque la reine d'Angleterre alloit dîner avec elle, chacune avoit son fauteuil : les jeunes élèves de la maison la servoient, et tout annonçoit l'égalité. Quelques anciens amis de la vieille cour lui rendoient des visites, et toujours après l'en avoir fait prévenir, afin qu'elle donnât le jour et l'heure. Aimée, crainte et respectée dans la maison, elle partageoit toutes ses journées entre les exercices de la piété, et l'éducation d'un certain nombre d'élèves qui étoient attachées à sa chambre.

Le duc du Maine étoit le seul qui pût aller la voir sans le lui faire demander. Il lui rendoit des devoirs fréquens, et en étoit toujours reçu avec une tendresse de mère. Elle fut plus sensible à la dégradation de ce fils adoptif, qu'elle ne l'avoit été à la mort du Roi. En apprenant qu'il étoit arrêté, elle succomba à la douleur : la fièvre la prit, et, après trois mois de langueur, elle mourut à quatre-vingt-trois ans, le samedi 15 d'avril.

Les Mémoires et les lettres de madame de Maintenon étant imprimés, me dispensent de m'étendre davantage à son sujet. J'ajouterai seulement qu'elle n'a jamais nié ni assuré formellement qu'elle eût épousé le Roi; mais elle le laissoit facilement croire. La belle princesse de Soubise, mère du cardinal de Rohan, mort en 1749, ayant signé *avec respect* une lettre adressée à madame de Maintenon, celle-ci finit sa réponse en disant : « A l'égard du respect, je vous « prie qu'il n'en soit plus question entre nous : vous « n'en pourriez devoir qu'à mon âge, et je vous crois « trop polie pour me le reprocher. » Cette réponse, que j'ai lue, est une défaite. Si elle avoit épousé le Roi, la princesse de Soubise lui devoit beaucoup de respect; sinon, madame de Maintenon en devoit elle-même à madame de Soubise. Si elle fût morte avant le Roi, c'eût été un événement dans l'Europe; et deux lignes dans la gazette apprirent sa mort à ceux qui ignoroient si elle vivoit encore.

La banque, le Mississipi, la constitution, la guerre d'Espagne, occupoient tous les esprits. L'union entre la France et l'Angleterre étoit telle, que le marquis de Senneterre, nommé notre ambassadeur à Londres, ayant demandé ses instructions, l'abbé Dubois répondit qu'il n'en avoit point d'autre à donner que de suivre ce que lui presciroient les ministres du roi Georges.

Stairs, ministre du roi d'Angleterre à Paris, étoit trop avantageux pour ne pas chercher les occasions de faire de nouvelles tentatives. Il fit une des plus magnifiques entrées qu'on eût vues; et quand il vint prendre son audience du Roi, il prétendit entrer dans la cour en carrosse à huit chevaux. On l'arrêta à la porte, où il y eut une contestation assez longue; mais il fut à la fin obligé de faire dételer six chevaux, et d'entrer à deux, suivant l'usage. Il ne s'en tint pas là: après avoir fait sa visite aux princes du sang, il attendoit la leur. Le prince de Conti, qui vint le premier pour la rendre, ne voyant point Stairs au bas de l'escalier pour le recevoir (ce qui est de règle), attendit quelque temps dans son carrosse; mais l'ambassadeur ne paroissant point, le prince fit tourner, et alla tout de suite se plaindre au Régent. Sur-le-champ les princesses, à qui Stairs avoit déjà demandé audience, furent averties de ne le pas recevoir, qu'il n'eût rendu aux princes ce qu'il leur devoit. Il se passa deux mois de disputes et de négociations là-dessus, et il fallut enfin que Stairs rentrât dans la règle.

Le Régent, toujours importuné des querelles sur la constitution, les auroit arrêtées avec de la fermeté: il avoit des exemples de ce que peut un prince qui parle en maître. L'archevêque de Malines (de Bossu) ayant voulu se faire un des apôtres de la constitution, l'Empereur lui fit défendre de parler ni d'écrire sur cette matière, et le prélat demeura tranquille.

Le roi de Sardaigne, instruit des premières disputes sur le même sujet, manda les supérieurs des jésuites, leur déclara qu'il ne prétendoit pas qu'on en usât chez lui comme en France; et que s'il étoit question le moins du monde de constitution, il les chasseroit tous. Les respectueux pères essayèrent de lui persuader qu'ils n'avoient aucune part à ces disputes. « Je « n'entre point, dit le Roi, en éclaircissement là-des-

« sus; mais si j'en entends parler davantage, je vous « chasse tous sans retour. » Il les congédia d'un signe de tête, leur tourna le dos, et depuis n'entendit jamais parler de constitution.

Il n'en étoit pas ainsi en France, où il y avoit guerre ouverte entre les constitutionnaires et les appelans. Le parlement, très-opposé à la cour de Rome, en réprimoit les entreprises, et rendit un arrêt contre le décret de l'inquisition, qui dénonçoit au saint-office tous les opposans. Quelque temps auparavant, un huissier du Châtelet, nommé Le Grand, étoit allé à Rome, où, se mêlant dans la foule de ceux qui présentoient des placets au Pape, il lui remit en mains propres l'acte d'appel des quatre évêques. Le soir, il l'afficha au Vatican, au champ de Flore, et repartit en poste. Il rencontra en revenant le courrier du nonce Bentivoglio, qui lui demanda ce qu'il y avoit de nouveau à Rome. « Quand vous y serez, lui répondit Le « Grand, vous y apprendrez de mes nouvelles. » Paulucci, secrétaire d'Etat de Clément XI, fut fort étonné de trouver, parmi les placets que le Pape lui renvoya, une signification faite à Sa Sainteté, parlant à sa personne.

Cependant l'armée de France agissoit en Navarre : Fontarabie et Saint-Sébastien étoient pris, et l'armée d'Espagne n'étoit pas en état de s'opposer à la nôtre. Leur flotte avoit été battue l'année précédente par l'amiral Byng, commandant de la flotte anglaise; et le capitaine Byng, fils de l'amiral Byng, en apporta la nouvelle à Paris. C'est celui qui depuis a payé de sa tête le malheur qu'il avoit eu devant Mahon au commencement de la guerre présente : son sang, justement ou injustement répandu, a été la semence de toutes les victoires des Anglais. Quelques malheurs que nous ayons essuyés, nous pourrions nous relever un jour, si nous avions appris de ces rivaux qu'il faut récompenser et punir.

Pendant qu'on faisoit la guerre à l'Espagne, on s'appliquoit à découvrir ceux qui avoient eu des intelligences avec Alberoni. Le Régent ne vouloit pas qu'on fît le procès en forme au duc et à la duchesse du Maine; mais il craignoit aussi qu'on ne lui reprochât de les avoir fait arrêter par une haine personnelle. C'est pourquoi il exigea que la duchesse du Maine donnât une déclaration de toute son intrigue avec Cellamare et Alberoni. De quelques détours qu'elle usât dans ses aveux, il en résultoit toujours que le projet étoit de faire révolter contre le Régent Paris, les provinces, et particulièrement la Bretagne, où les vaisseaux espagnols devoient être reçus. Pour disculper son mari, elle déclaroit qu'il étoit trop timide pour qu'elle lui eût jamais confié un dessein dont il auroit été effrayé, et qu'il auroit sûrement dénoncé. Si le duc du Maine fut soulagé de se voir justifier, il ne dut pas être fort flatté des motifs.

Elle nomma d'ailleurs tous ceux qui étoient entrés dans la conspiration, parmi lesquels se trouvoient plusieurs gentilshommes bretons.

J'ai lu le procès de ceux qui furent exécutés à Nantes; je me suis entretenu plusieurs fois de cette affaire avec quelques-uns des juges, et de ceux qui furent effigiés : je n'ai jamais vu de complot plus mal organisé. Plusieurs ne savoient pas exactement de quoi il étoit question, ou ne s'accordoient pas les uns avec les autres. Le plus grand nombre pensoit seulement qu'il se feroit une révolution, s'étoit engagé de la seconder; et beaucoup avoient donné leur parole et leur signature, sans entrer en plus d'examen. Il y en a qui m'ont avoué une folie dans laquelle je n'aurois pas cru possible de donner, si leur récit n'étoit pas confirmé par la déclaration de la duchesse du Maine. Ils comptoient, disoient-ils, enlever le Roi à un voyage de Rambouillet, le conduire en Bretagne, et de là faire la loi au Régent. En suivant les différens chaînons de cette affaire, tel Breton s'y trouva impliqué, à qui le nom de la duchesse du Maine n'étoit jamais parvenu. On ne pouvoit se défendre de la compassion pour certains complices que j'ai connus, quand on considéroit leur peu de valeur personnelle.

Le duc et la duchesse du Maine obtinrent enfin leur liberté; et le Régent la fit rendre successivement à tous ceux qui étoient à la Bastille pour la même affaire. Il y a grande apparence qu'il en eût usé avec la même clémence à l'égard des gentilshommes bretons, si l'on ne lui eût pas persuadé de faire quelques actes de sévérité. On nomma donc une commission, qui alla s'établir à Nantes pour instruire le procès des accusés. Ainsi on sacrifia les plus innocens, ou du moins les plus excusables. L'amour de ma patrie ne me rendra point partial, ni ne me fera trahir la vérité; mais je rendrai justice à une province noblement attachée au Roi, et qui réclamoit contre la violation de ses priviléges. Les peuples les plus jaloux de leurs droits sont les plus attachés à leurs devoirs; et le mécontentement des Bretons étoit fondé dans son origine. Les Etats avoient voulu faire rendre compte a Montaran, leur trésorier : rien n'étoit plus juste, et n'intéressoit moins l'Etat : le Régent devoit, au contraire, approuver une conduite si régulière. Malheureusement pour la province, Montaran avoit un frère capitaine aux gardes, gros joueur, et fort répandu. Un tel sujet est un homme intéressant à Paris. Il employa le crédit de plusieurs femmes, qui prouvèrent clairement qu'on devoit beaucoup d'égards au frère d'un homme si utile à la société; et les Etats eurent le démenti de leur entreprise. De là, l'humeur gagna les bons citoyens; et s'ils cessèrent de l'être, le Régent devoit s'imputer d'en avoir été la première cause, en sacrifiant la justice et le bon ordre à des intrigues de femmes. Nous en verrons les malheureuses suites, lorsque j'aurai rapporté quelques événemens antérieurs, pour ne pas trop intervertir l'ordre des temps.

Le duc de Richelieu fut un des premiers qui obtinrent la liberté. Il ne parut pas d'abord à la cour; mais, après deux ou trois mois de courses à différentes campagnes, il se montra avec un vernis d'importance que lui donnoit une prison pour affaire d'Etat, et l'air brillant d'un jeune homme qui doit sa liberté à l'amour. J'aurai quelquefois occasion d'en parler, si je continue ces Mémoires jusqu'au terme que je me propose. On verra un homme assez singulier, qui a toujours cherché à faire du bruit, et n'a pu parvenir à être illustre; qui, employé dans les négociations et à la tête des armées, n'a jamais été regardé comme un homme d'Etat, mais comme le chef des gens à la mode, dont il est resté le doyen.

On a vu ce qui faisoit son crime. Pour entendre ce

qui lui valut son absolution, il faut savoir que, lors de la chambre de justice, Berthelot de Pleneuf, enrichi dans les vivres et dans les hôpitaux de l'armée, s'enfuit à Turin. Comme il n'avoit pas moins l'esprit d'intrigues que celui des affaires, il se lia avec les commis des bureaux, s'insinua par degrés auprès des ministres de cette cour; et, pour se faire un mérite qui pût lui procurer un retour agréable en France, il entreprit de négocier le mariage de mademoiselle de Valois avec le prince de Piémont, fils du roi Victor. Quand il vit la proposition assez bien reçue à Turin, il chargea sa femme, qu'il avoit laissée à Paris, d'en instruire le Régent, qui goûta fort ce mariage, et chargea l'abbé Dubois de suivre cette affaire. Il ne pouvoit pas s'adresser plus mal. L'abbé, dans le dessein de se rendre agréable à l'Empereur, dont la protection devoit lui procurer le chapeau de cardinal, favorisoit le projet que ce prince avoit d'enlever la Sicile au roi Victor : il n'avoit donc garde de faire prendre au Régent aucun engagement avec la cour de Turin. Il prit le parti de montrer beaucoup d'ardeur pour le succès de ce mariage, de peur que la négociation n'en fût donnée à un autre, et cependant de la faire échouer. Il se servit très-habilement des circonstances, et de la connoissance qu'il avoit du caractère de Madame, mère du Régent.

Pendant qu'on négocioit le mariage de mademoiselle de Valois, cette princesse s'étoit prise de passion pour le duc de Richelieu : la fatuité de l'un, l'étourderie de l'autre, firent assez d'éclat pour que Madame en fût instruite. Elle le prit avec autant de hauteur que de vertu, retint le plus qu'elle put sa petite-fille auprès d'elle, et fit avertir le duc de Richelieu que, s'il se soucioit de ses jours, il eût à ne pas approcher des lieux où elle seroit.

Le duc de Richelieu fut assez prudent pour profiter de l'avis : d'ailleurs, il avoit tiré de l'aventure le fruit le plus précieux pour lui, celui de l'éclat.

L'abbé Dubois saisit ce moment pour laisser transpirer ce qui se négocioit au sujet du mariage du prince de Piémont. Cela fut jusqu'à Madame, qui entretenoit avec la reine de Sicile une correspondance d'amitié assez suivie. Dans l'accès d'humeur où elle étoit contre sa petite-fille, elle n'eut rien de plus pressé que d'écrire à la reine de Sicile qu'elle étoit trop son amie pour lui faire un aussi mauvais présent que mademoiselle de Valois. Quelques jours après, et lorsque la lettre devoit être rendue, madame déclara au duc et à la duchesse d'Orléans le bel acte de franchise qu'elle avoit fait. La duchesse d'Orléans en fut au désespoir; mademoiselle de Valois ne s'en soucia guère; l'abbé Dubois joua le fâché, et s'applaudit intérieurement de son manége de coquin. Le Régent ne fit que rire de l'incartade allemande de sa mère, et s'inquiéta peu du chagrin de sa femme.

Cependant il songea à se débarrasser de sa fille, craignant qu'elle ne suivît les traces de la duchesse de Berri, sa sœur; et quoiqu'il ne fût pas fort délicat sur les mœurs de sa famille, il voulut prévenir des écarts plus frappans encore de la part d'une fille que d'une veuve, et ne tarda pas à conclure le mariage de mademoiselle de Valois avec le prince fils du duc de Modène, qui se trouva très-honoré de cette alliance : et, quelques propos qui lui fussent parvenus ou non sur la princesse, il n'étoit pas en droit d'être si difficile.

Mademoiselle de Valois ne prit pas son parti avec tant de facilité : mais il falloit obéir. Elle exigea du moins, pour prix du sacrifice, la grâce du duc de Richelieu, qui obtint de l'amour ce qu'il eût à la fin obtenu de la clémence du Régent.

Ce prince s'inquiétoit beaucoup moins de ses disgrâces domestiques que des difficultés du parlement. Cette compagnie, d'abord consternée du lit de justice, étoit revenue de son étourdissement. Son principe est de ne regarder comme juridiques que les enregistremens faits librement, et après examen ; l'enregistrement n'est point, suivant ses maximes, un simple acte de notoriété : elle pense, sans toutefois le dire formellement, qu'elle donne la sanction à la loi qu'elle enregistre, et que tout ce que le roi fait d'autorité, et sans liberté de suffrages, est nul. Je n'entrerai pas dans une discussion si délicate. Toujours est-il à désirer qu'il y ait, à une autorité absolue, un contre-poids qui l'empêche de devenir arbitraire. J'ai cherché quelquefois à éclaircir ces principes avec des hommes très-instruits de nos lois et de notre histoire. Un des plus éclairés et des plus zélés parlementaires, à qui je demandois de me marquer précisément les bornes qui séparent l'usurpation d'avec le droit des parlemens : « Les principes, répondit-il, en cette « matière, sont fort obscurs ; mais, dans le fait, le « parlement est fort sous un roi foible, et foible sous « un roi fort. » Un ministre de bonne foi donneroit peut-être la même réponse, s'il étoit obligé de s'expliquer sur la puissanoe royale relativement à la nation.

Le Régent, très-mécontent de la résistance du parlement contre les opérations de Law, avoit pris le parti de se passer d'enregistrement; mais il n'en sentoit pas moins la nécessité de compter avec l'opinion publique, parce que le public compte le parlement pour beaucoup. Cependant Law n'avoit rien à désirer pour le succès de son système : les billets de banque, les actions, tous les différens papiers étoient préférés à l'argent, qui a une valeur fixée par toutes les nations; au lieu que les effets en papier, ayant une valeur idéale, sont toujours susceptibles de celle que l'imagination y met. On ne feroit pas comprendre aujourd'hui la frénésie qui avoit saisi toutes les têtes : il y a des folies qui ne sont concevables que dans le temps où règne leur épidémie. Law, qui prévoyoit mieux que personne quel seroit le dénouement de sa pièce, auroit fort désiré de s'appuyer de l'approbation du parlement, et par là mettre un jour l'auteur à couvert de la vindicte publique; mais le Régent trouva toujours dans le parlement la plus grande opposition, peut-être autant contre la nouveauté que contre la folie du système.

Law n'ayant plus espérance de réussir auprès de cette compagnie, conçut le projet de l'anéantir. Appuyé de l'abbé Dubois et du duc de La Force, il persuada au Régent de rembourser en papier toutes les charges de judicature. Le public, prétendoient-ils, verroit avec plaisir supprimer la vénalité des charges; le Roi deviendroit ainsi le maître du parlement, et chaque place de président ou de conseiller ne seroit plus qu'une commission amovible.

Quelles que soient les déclamations contre la vénalité des charges, on comprend, après un examen réfléchi, qu'il est aussi dangereux de supprimer que d'établir de certains abus.

Le remboursement des charges, suivi du nouveau plan d'administration qu'on proposoit, anéantissoit la magistrature : et de quelle nécessité n'est-elle pas en France ? Si le parlement a quelquefois embarrassé mal à propos la marche du gouvernement, quels services n'a-t-il pas rendus ? Si tous les membres ne se préservèrent pas du poison de la Ligue, c'est le corps qui l'a étouffée : ceux même qui formoient le parlement de la Ligue se déclarèrent, au milieu des Guise et des Espagnols, pour les principes de la monarchie. C'est donc le parlement qui a conservé la couronne dans la maison régnante. Quelque exagérées que soient ses prétentions, si le Roi fait craindre sa puissance, c'est le parlement qui la fait respecter. Quel avantage n'est-ce pas pour le Roi d'avoir un corps dont les principes, toujours subsistans, s'opposent aux entreprises de la cour de Rome, à celles même du clergé de France, séculier ou régulier ? Quel avantage pour les sujets que ce même corps puisse mettre quelques entraves aux excès du crédit ministériel ? Le parlement peut suppléer à la foiblesse d'un prince timide, éclairer un roi puissant, mais superstitieux, contre les suggestions d'un confesseur fanatique. Dans combien d'occasions un roi ne peut-il pas laisser faire un bien que sa prudence l'empêche d'opérer lui-même ouvertement ?

Quoiqu'une nomination de bénéfices ne soit pas un événement d'histoire, je parlerai de celles qui auront quelque chose de singulier. L'abbé de La Tour-d'Auvergne fut nommé à l'archevêché de Tours. L'abbé de Thésul, qui écrivoit la liste sous la dictée du Régent : « Ah ! monseigneur, quel sujet! s'écria-t-il. « Faites attention au scandale. —Que diable ! dit le « Régent, je le sais bien. Mais les Bouillon me per- « sécutent; je veux m'en délivrer : écris toujours. » Thésul écrivit. On nomma en même temps évêque de Sisteron le jésuite Lafiteau, chargé des affaires à Rome, où il vivoit comme le nonce Bentivoglio à Paris; de sorte qu'avant de se faire sacrer, il fut obligé de faire chez un chirurgien une quarantaine qui lui tint lieu d'une retraite au séminaire. C'étoit un des grands arcs-boutans de la constitution : ce ne fut pourtant pas ce qui le fit évêque. L'abbé Dubois lui ayant fait part du désir d'être cardinal, le payoit à Rome pour en préparer les voies : le jésuite, qui avoit les mêmes vues, prenoit l'argent, et s'en servoit pour lui-même. Les coquins se devinent : l'abbé s'en aperçut; et, n'étant pas encore assez puissant pour en prendre une vengeance qui eût dévoilé ses desseins, résolut de s'en débarrasser, sous prétexte de récompenser ses services. Lafiteau, si différent des anciens évêques, le fut comme eux malgré lui. Egalement éloigné de Rome et de la cour, il se vit honnêtement relégué à Sisteron.

Le Blanc, secrétaire d'Etat, profitant de son crédit, fit, dans la même promotion, donner l'évêché d'Avranches à l'abbé Le Blanc son frère, curé de Dammartin, honnête homme, et bon ecclésiastique.

L'abbé Guérin de Tencin alla remplacer Lafiteau à Rome, afin qu'on ne s'y aperçût pas qu'on y eût rien perdu. Celui-ci, à beaucoup d'égards, valoit mieux que son prédécesseur. Fils d'un président au parlement de Grenoble, né avec de la figure et de l'esprit, surtout celui d'intrigues, sans scrupules ni mœurs de son état, il parvint à la plus haute fortune, puisqu'il est mort cardinal, et archevêque de Lyon. Il fut parfaitement secondé dans sa carrière par une sœur chanoinesse, qui, ne faisant qu'une ame et un cœur avec ce frère, reporta sur lui toute l'ambition qu'elle auroit eue, si son sexe la lui eût permise. Elle ne se réserva que la galanterie, qu'elle a aussi souvent employée comme moyen de réussir, que pour ses plaisirs. Je l'ai beaucoup connue : on ne peut pas avoir plus d'esprit; elle avoit toujours celui de la personne à qui elle avoit affaire. Le frère et la sœur s'étoient fait un système suivi de flatterie; et quoiqu'ils eussent l'indiscrétion de l'avouer, et qu'ils le portassent jusqu'au dégoût, il leur a toujours réussi. Le génie des plus habiles intrigantes s'éclipsoit devant celui de la Tencin. Elle étoit très-jolie étant jeune, et conserva dans l'âge avancé tous les agrémens de l'esprit. Elle plaisoit à ceux mêmes qui n'ignoroient rien de ses aventures.

Ses parens la firent religieuse malgré elle dans le couvent de Montfleury, près de Grenoble. En faisant ses vœux, elle songea aux moyens de les rompre; et son directeur fut l'instrument aveugle qu'elle employa pour ses desseins. C'étoit un bon ecclésiastique, fort borné, qui devint amoureux d'elle sans qu'il s'en doutât le moins du monde. La pénitente ne s'y trompa nullement, profita habilement du foible du saint homme, en fit son commissionnaire zélé, en tira les éclaircissemens nécessaires; et lorsque les choses furent au point où elle les désiroit, elle réclama contre ses vœux, et réussit enfin à passer de son cloître dans un chapitre de Neuville près de Lyon, en qualité de chanoinesse. Je tiens tout ceci d'elle-même. Bientôt elle fut aussi libre qu'elle pouvoit le désirer. L'inclination que l'abbé Dubois prit pour elle acheva le reste. J'ai ouï dire qu'elle eut avec le Régent une intrigue qui ne dura pas : elle se pressa un peu trop d'aller à ses fins, et dégoûta le prince, qui ne la prit qu'en passade, et dit qu'il n'aimoit pas les p...... qui parlent d'affaires entre deux draps. Elle tomba du maître au valet, et le crédit qu'elle prit sur l'abbé Dubois la consola. Ce n'étoit pas son coup d'essai : elle avoit déjà eu un enfant, en 1717, de Destouches, appelé communément Destouches-Canon (1).

Elle aimoit passionnément son frère, l'abbé de Tencin, dont l'avancement devint presque l'unique objet de toutes ses intrigues. Nullement intéressée, elle regardoit l'argent comme un moyen de parvenir, et non comme un but digne de la satisfaire. Elle n'a jamais joui que d'un revenu très-médiocre, et ne vouloit de richesses que pour son frère, afin qu'elles pussent aider à l'ambition. Elle étoit d'ailleurs très-serviable, quand elle n'avoit point d'intérêts contraires. Elle ambitionnoit la réputation d'être amie vive, ou ennemie déclarée; saisit habilement quelques occasions de le persuader, et s'attacha ainsi beaucoup de gens de mérite.

Elle n'eut pas besoin de tout son crédit sur l'abbé Dubois pour l'intéresser en faveur de l'abbé de Ten-

(1) Cet enfant est devenu un homme illustre, et qui a autant de vertu que de lumières. C'est d'Alembert. (D.)

cin : le premier reconnut bientôt que l'autre étoit l'ouvrier qu'il lui falloit. Il commença par le charger d'une opération ecclésiastique qui n'étoit pas difficile, et devoit cependant faire du bruit : c'étoit la conversion de Law. Cet Ecossais connoissoit déjà assez la France pour savoir qu'on n'y punit guère les coupables qui ont occupé de grandes places : en conséquence, il voulut se faire contrôleur général. Il ne le pouvoit sans être naturalisé, ni se faire naturaliser sans se faire catholique. Il se portoit pour protestant, et l'abbé de Tencin fut chargé de ce prosélyte. Après le temps supposé nécessaire pour une telle conversion, Law fit son abjuration à Melun, de peur qu'elle ne fût prise en plaisanterie dans la capitale ; et l'abbé de Tencin retira de ce pieux travail beaucoup d'actions et de billets de banque. Je vois cependant, dans une de ses lettres à sa sœur, qu'il se plaint de ce que sa fortune ne répond pas à l'opinion publique, et regrette fort de ne l'avoir pas justifiée. Quoi qu'il en soit, cette espèce de simonie ne lui fit point d'affaires ; mais il fut déféré au parlement pour une autre par un abbé de Vessière, et fit une étourderie majeure dans ce procès, où il assista en personne à la plaidoirie. Aubry, avocat adverse, ayant paru foiblir dans ses allégations, l'avocat de l'abbé de Tencin voulut s'en prévaloir, cria contre une accusation vague et destituée de preuves, et nia le marché simoniaque: Aubry joua l'embarras. L'abbé crut faire merveille de saisir ce moment pour confondre la calomnie, et s'offrit de s'en purger par serment, si la cour le permettoit. Aussitôt Aubry l'arrêta, dit qu'il n'en étoit pas besoin, et produisit le marché en original. Ce fut un coup de théâtre. Les juges montrèrent leur indignation, les huées partirent de l'assemblée, l'abbé confondu essaya de s'évader; mais des gens charitables lui fermèrent le passage, et ne le laissèrent fuir qu'après l'avoir donné long-temps en spectacle.

L'abbé de Tencin n'ayant plus rien qui l'engageât à rester à Paris, partit pour l'ambassade de Rome. Je vois encore dans ses lettres qu'il a toujours eu cette affaire-là sur le cœur. Nous le verrons bientôt à Rome, profitant de la leçon de prudence qu'il avoit reçue au parlement, montrer lui-même quel parti on peut tirer d'un marché signé.

Le motif qui m'a fait parler d'une nomination de bénéfices qui exigeoit quelques remarques m'engage à m'arrêter un peu sur une nomination de cardinaux de cette même année. Belluga, évêque de Murcie en Espagne, fut de cette promotion. Ce prélat avoit rendu les plus grands services à Philippe v dans la guerre de la succession. Lorsque ce prince fut obligé de fuir de sa capitale, Belluga exhorta ses diocésains à la fidélité; et, joignant aux prédications pathétiques un exemple qui l'étoit encore plus, il vendit tout ce qu'il possédoit, paya de son bien deux mois de solde aux troupes, fit subsister l'armée, enflamma enfin tous les Espagnols d'un héroïsme qui remit le Roi sur le trône. Belluga, croyant n'avoir fait que son devoir, ne parut point à la cour après le rétablissement du Roi, et ne s'occupa dans son diocèse que des fonctions épiscopales.

Nous avons vu qu'Alberoni, pour subvenir aux frais de la guerre contre l'Empereur, fit demander au

Pape, par Philippe v, un indult en vertu duquel on taxa tous les biens ecclésiastiques. La taxe fut poussée bien au-delà de l'indult. Belluga, regardant la surtaxe comme un abus de l'autorité, refusa de payer. L'exemple d'un prélat si respecté fut suivi de tout le clergé. Le Pape, mécontent de Philippe v, révoqua l'indult; et le Roi voulant, de son autorité, faire continuer la levée de l'imposition, menaça inutilement l'évêque de Murcie, qui persista dans son refus.

Dans ces circonstances, le Pape fit une promotion de dix cardinaux, et y comprit Belluga. Ce prélat déclara qu'il n'accepteroit pas sans la permission du Roi son maître, qui étoit fort éloigné de la donner. Philippe v, regardant cette nomination comme une injure personnelle à lui, ne l'eut pas plus tôt apprise, qu'il envoya défendre à Belluga d'accepter; mais le refus avoit prévenu l'ordre du Roi. Le Pape, alors plus mécontent que le prince, écrivit à Belluga un bref portant ordre de prendre la pourpre, en vertu de la sainte obéissance. Belluga répondit au Saint-Père qu'il étoit indifférent pour la religion qu'il fût cardinal ou non; mais qu'il étoit du devoir d'un sujet d'obéir à son prince. Le Pape menaça le prélat, qui ne fut pas plus ému des menaces du Saint-Père qu'il ne l'avoit été de celles du Roi sur l'imposition, ne s'en fit pas le moindre mérite à la cour, et refusa aussi constamment le chapeau que la taxe.

Plusieurs mois après, l'accommodement se fit entre les deux cours, sans que Belluga daignât s'en informer. Alors le Roi envoya à Rome sa nomination au cardinalat en faveur de Belluga, à qui il donna ordre en même temps d'accepter. Le cardinal vint à Madrid, présenta sa calotte au Roi, la reçut de sa main, et retourna dans son diocèse.

On ne croiroit jamais qu'une telle conduite fût celle d'un prélat espagnol. En voici le contraste dans un cardinal français de la même promotion.

Mailly, d'une ancienne noblesse de Picardie (1), né pauvre, et qui le fut long-temps, étoit enfin parvenu à être archevêque d'Arles, et ensuite de Reims. Il ne lui manquoit, pour couronner sa fortune, que le chapeau de cardinal; et il y avoit aspiré dès le temps où il étoit à peine en état de se vêtir. Il entretint une correspondance suivie avec tout ce qui tenoit à Rome, et gardoit sur ce commerce un secret d'autant plus exact, qu'il avoit pensé être perdu sous le feu Roi pour avoir écrit au Pape. C'étoit alors un crime d'Etat, pour un ecclésiastique, que d'écrire à Rome autrement que par le ministre des affaires étrangères, ou par les banquiers expéditionnaires. Il fallut pour le sauver, et le faire nommer depuis à Reims, tout le crédit du père Tellier. Mais dès que la constitution eut fait oublier nos principes, et que le Régent eut permis toute licence, Mailly ne se contraignit plus. Jaloux de la considération dont jouissoit le cardinal de Noailles, il entreprit de se distinguer dans le parti opposé, et y laissa bientôt derrière lui les plus fanatiques, qu'il appeloit des tièdes. Il fut si flatté de voir une de ses lettres pastorales brûlée par arrêt du par-

(1) Il étoit frère du comte de Mailly, qui épousa une nièce de madame de Maintenon. La comtesse de Mailly fut dame d'atour de la duchesse de Bourgogne. Le marquis de La Vrillière épousa une fille du comte de Mailly. Le comte de Saint-Florentin et la comtesse de Maurepas sont enfans de cette Mailly. (D.)

lement, qu'il fonda une messe en actions de grâces, disoit-il, d'avoir été jugé digne de participer aux opprobres de Jésus-Christ, et de souffrir pour la justice. Il espéroit que le parlement l'attaqueroit là-dessus; mais on voyoit si clairement qu'il ambitionnoit le titre de martyr, dont la couronne seroit le chapeau de cardinal, que, pour le punir, on le laissa en paix.

Cependant ses incartades faisoient merveilleusement pour lui à Rome; et il acheva de gagner le cœur du Pape en le priant de lui faire part de ses homélies, dont on parloit, disoit-il, avec admiration. C'étoit l'endroit sensible du bon Clément XI, qui se piquoit d'écrire supérieurement en latin; et cela pouvoit bien être avec le secours du jésuite Jouvency et autres. Le Pape, charmé de trouver à la fois dans Mailly tant de religion et de goût, le nomma cardinal *proprio motu*.

Le Régent, déjà très-mécontent de l'archevêque, entra dans la plus violente colère, et ordonna aussitôt à Villeron (1), enseigne des gardes du corps, d'aller à Reims défendre à l'archevêque d'en sortir et de porter la calotte, de la lui arracher s'il la lui trouvoit, et s'il le rencontroit en chemin, de le faire rétrograder.

La Vrillière, neveu de l'archevêque, lui avoit dépêché un courrier pour le prévenir de la colère du Régent, et parer aux imprudences que l'engouement de la calotte lui feroit faire. Cela ne l'empêcha pas de partir pour Paris; et il avoit déjà passé Soissons,

(1) Gentilhomme provençal, fils d'une sœur du cardinal de Janson. Il s'appela, dans la suite, le comte de Cambis, fut chevalier des ordres, et ambassadeur à Londres, où il est mort. (D.)

lorsque Villeron le rencontra. Heureusement l'archevêque n'avoit pas sa calotte : il étoit trop bien averti. Villeron fut fort aise de n'avoir pas de violence à faire, notifia ses ordres à l'archevêque, l'exhorta à retourner sur ses pas, et après beaucoup de pourparlers le ramena à Soissons, où ils couchèrent. Le lendemain, il fut question de continuer la route vers Reims. L'archevêque dit à Villeron qu'il étoit inutile de le conduire ; que cela ne feroit qu'un éclat désagréable ; que l'ordre étoit censé exécuté ; que, pendant qu'il retourneroit à Reims, Villeron iroit à Paris rendre compte au Régent de l'obéissance avec laquelle ses ordres avoient été reçus. Villeron se rendit ; mais à peine étoit-il parti, que l'archevêque le suivit assez lentement pour ne le pas retrouver, et assez vite pour arriver le même jour à Paris, où il se tint caché.

L'abbé de La Fare, intrigant, actif, bavard, ne doutant jamais de rien, difficile à déconcerter, et très-propre à essuyer la première bordée de l'abbé Dubois, vint le trouver de la part de l'archevêque, dont il étoit grand vicaire. Dubois, enragé de voir deux cardinaux français (1), nommés à la fois, sentant qu'un troisième chapeau, auquel il aspiroit sans oser encore le dire, n'en seroit que plus difficile à obtenir, avoit lui-même enflammé la colère du Régent. On peut juger de là comment il traita La Fare. L'orage

(1) Le cardinal de Gesvres, archevêque de Bourges, étoit l'autre. Il avoit eu successivement la nomination du roi de Pologne Auguste, puis de Stanislas, et une seconde fois du roi Auguste, après son rétablissement. Il se démit ensuite de son archevêché en faveur de l'abbé de Roye, qui a été le cardinal de La Rochefoucauld. (D.)

fut violent. La Fare laissa tout couler; puis, d'un air affectueux, il représenta à l'abbé Dubois qu'il ne convenoit pas à un homme de son mérite, à un grand ministre comme lui, fait pour être cardinal, de s'opposer aux grâces du Pape, le supplia d'y faire réflexion, et se retira.

L'abbé Dubois profita de l'avis, comprit que tôt ou tard il faudroit accommoder cette affaire, et qu'il valoit encore mieux s'en faire un mérite à Rome, que de le laisser à d'autres. Il étoit d'ailleurs si flatté que l'abbé de La Fare le trouvât fait pour la pourpre! Le projet étoit donc naturel; mais il ne falloit pas non plus y mettre soi-même obstacle.

Il manda l'abbé de La Fare; et, sans passer trop brusquement de la fureur de la veille à des caresses maladroites, il ne montra plus qu'un reste d'humeur et d'embarras. La Fare le pénétra, résolut de lui abréger la moitié du chemin; et, prenant lestement son parti : « Monsieur, lui dit-il, je vais vous parler fran-
« chement. Je n'ai aucun ressentiment de la manière
« dure dont vous me traitâtes hier; je vis bien que
« vous me parliez en ministre : vous autres grands
« politiques, vous ne pouvez pas faire autrement.
« Mais vous n'êtes sûrement pas fâché de faire quel-
« que chose d'agréable au Pape, dont vous aurez in-
« cessamment besoin; car on voit bien que vous ne
« pouvez pas manquer d'avoir bientôt le chapeau. »
La Fare partit de là pour se répandre en éloges, avec une fausse naïveté dont le ministre fut la dupe L'abbé Dubois, très-content de l'ouverture que La Fare lui donnoit pour sortir d'embarras, lui dit en souriant : « Vous êtes trop clairvoyant, l'abbé : il faut

« bien que j'avoue que vous m'avez deviné. Laissez-« moi ramener M. le Régent ; mandez seulement à « votre archevêque de se rendre secrètement ici, et « de s'y tenir caché jusqu'à ce que je l'avertisse : « cela ne sera pas long. » Nos deux fripons s'embrassèrent, se louèrent réciproquement sur leur pénétration, et se séparèrent fort contens l'un de l'autre, chacun s'applaudissant en soi-même, La Fare cependant avec plus de raison que Dubois.

Il fut enfin convenu que l'archevêque se rendroit secrètement au Palais-Royal, feroit au Régent les plus respectueuses excuses ; de là retourneroit à Reims, n'y prendroit ni titre ni marque de la dignité de cardinal ; que, dans toutes ses lettres adressées dans l'intérieur du royaume, il ne signeroit qu'*archevêque de Reims,* avec permission cependant de signer *cardinal de Mailly* dans celles qu'il écriroit pour le pays étranger.

Tout fut ponctuellement exécuté. L'archevêque retourné à Reims, y languit plus de trois mois, avec la consolation de tirer tous les jours de sa poche la précieuse calotte, de la regarder, de la baiser, de l'essayer devant un miroir, mourant d'impatience de l'arborer en public.

Le Régent voulut tirer parti de cette situation pour procurer sinon la paix, du moins une trêve, dans l'Eglise. Le cardinal de Noailles venoit de donner un corps de doctrine, approuvé des cardinaux de Rohan et de Bissy, et qu'ils eurent pourtant l'art de faire échouer dans la suite, par un tour de prêtres. Il s'agissoit de faire signer l'ouvrage par les prélats absens. On n'avoit garde d'oublier l'archevêque de

Reims, dont la signature feroit d'autant plus d'impression sur les autres, qu'il étoit ennemi déclaré du cardinal de Noailles; et cela faisoit craindre un refus.

L'abbé Dubois proposa cette commission à La Fare, qui étoit resté à Paris le négociateur de son archevêque. La Fare objecta la difficulté d'obtenir la signature d'un homme qu'on laissoit depuis si longtemps dans une position humiliante. Il ajouta qu'il n'y avoit, pour l'y engager, d'autre moyen que de lui accorder enfin les marques de sa dignité, et lui donner en même temps une distinction qui pût réparer le traitement qu'il avoit essuyé. Le corps de doctrine n'étoit porté aux autres prélats que par des ecclésiastiques du second ordre. La Fare proposa de l'envoyer par Languet, évêque de Soissons, premier suffragant de Reims : nous verrons pourquoi. Le Régent y consentit; mais, pour flatter la vanité de l'archevêque, et s'assurer en même temps de sa signature, il chargea Languet de deux lettres cachetées. Dans l'une, il ordonnoit à l'archevêque de signer sur-le-champ, sans quoi il devoit renoncer pour toujours au chapeau, et passer sa vie en exil; dans la seconde, il l'exhortoit à signer dans les termes les plus flatteurs, lui laissant néanmoins toute liberté, et l'assurant que, refusant ou acceptant, il pouvoit venir recevoir sa calotte des mains du Roi. L'archevêque, à la lecture des deux lettres, fut bientôt déterminé : il signa tout ce qu'on voulut, montra la seconde lettre à tout le monde, supprima la première, et vint jouir de l'objet de ses vœux en recevant la calotte.

Le dessein de La Fare en proposant Languet n'avoit pas été seulement d'honorer le cardinal de Mailly, mais encore de relever son triomphe par l'humiliation du prélat qui avoit le plus déclamé contre la promotion. Si la pourpre étoit le prix du fanatisme, Languet n'avoit pas absolument tort d'être jaloux. Mailly avoit eu un mandement brûlé par la main du bourreau; mais Languet en avoit eu deux. Son zèle n'en fut pas refroidi : il continua de servir Rome en troublant l'Eglise, et mourut enfin sans calotte plus de trente ans après.

La promotion de dix cardinaux ne fit pas tant de bruit en Europe que la chute du seul Alberoni.

Nous avons vu le soin qu'il prenoit d'écarter de Madrid tous les Parmesans, pour n'avoir pas de témoins de son ancienne bassesse, ou par crainte qu'ils n'eussent plus de facilité que d'autres d'approcher de la Reine. Il ne put cependant réussir à empêcher cette princesse de faire venir sa nourrice Laura Piscatori, dont elle fit son *assafeta*, ou première femme de chambre, place plus distinguée en Espagne qu'en France, où elle donne pourtant le crédit qui suit toujours l'intimité domestique.

Laura, paysanne aussi fine que rustre, sachant tout ce qu'Alberoni avoit fait pour l'empêcher d'arriver, ne fut pas la dupe des ménagemens extérieurs du ministre, aperçut la haine, et la rendit. Le cardinal insinuoit sourdement à la Reine la distance qu'elle devoit mettre dans sa confidence entre elle et sa nourrice. Laura, sans entrer dans ces distinctions fines, attaquoit brutalement le ministre, n'aiguisoit pas ses traits, mais portoit des coups assommans.

Le Régent vouloit se délivrer d'Alberoni, son ennemi personnel. L'abbé Dubois, instruit par ses espions de l'ascendant de Laura sur la reine d'Espagne, et sachant, par le sien sur son maître, combien ce ressort est puissant, entreprit de s'en servir pour accabler le ministre. Il fit offrir à Laura tout l'argent qu'elle voudroit; car elle ne pouvoit pas prétendre autre chose de sa faveur. Ainsi l'intérêt, réuni à la haine, détermina la nourrice. Il n'étoit pas difficile de lui persuader que le bien de l'Etat s'accordoit avec le sien. Quelque idée avantageuse qu'Alberoni eût pu donner de ses projets à Leurs Majestés Catholiques, il lui étoit impossible de cacher les mauvais succès : la flotte détruite, des places prises, des troupes battues, ou forcées de se retrancher, un roi sans alliés obligé de soutenir une guerre ruineuse et malheureuse contre les premières puissances, les projets du ministre, grands si l'on veut, mais sans moyens satisfaisans, et dès-là insensés.

Laura profita de tous ces avantages, fit envisager à la Reine, et par elle au Roi, l'ambition et la folie d'Alberoni. On est trop heureux quand les princes jugent, comme le peuple, les ministres et les généraux par les succès : c'est le plus sûr. La Reine, consternée de ses désastres, humiliée de son choix, se dégoûta de son ministre; et comme tous les manifestes des Etats ligués contre l'Espagne n'attaquoient directement qu'Alberoni, elle crut, en le sacrifiant, mettre à couvert l'honneur de la monarchie; et Alberoni reçut, par un billet de Philippe v, ordre de sortir en vingt-quatre heures de Madrid, et dans quinze jours de la domination d'Espagne, avec défense de voir personne, d'écrire au Roi, à la Reine, et à qui que ce fût. On mit en même temps auprès de lui un officier des gardes du corps, pour veiller sur sa conduite jusqu'à la frontière.

A Barcelone, le lieutenant de roi lui donna une escorte de cinquante cavaliers qui lui furent très-utiles; car deux cents miquelets l'ayant attaqué à Trenta-Passos, le cardinal, à la tête de l'escorte et de ses domestiques, fit face à ces brigands, et parvint à les écarter.

Pendant qu'Alberoni s'éloignoit, on s'aperçut à Madrid qu'il emportoit des papiers de conséquence, et entre autres le testament de Charles II, qui instituoit Philippe V héritier de la monarchie. Il avoit apparemment dessein de gagner la protection de l'Empereur, en lui livrant un titre si précieux. On fit courir après lui, et il fallut user de violence pour le fouiller; mais le détachement qui l'avoit défendu contre les miquelets obéissant alors aux ordres du Roi, l'officier fit défaire le bagage, et ouvrir les coffres du cardinal. Tout, jusqu'à sa personne, fut exactement visité. Le testament et généralement tous ses papiers furent saisis; et l'officier, jusqu'à ce moment respectueux pour le cardinal, le traita en exécuteur militaire, et le quitta, en l'envoyant, en termes formels, à tous les diables. Jamais victoire n'avoit fait éclater en Espagne autant de joie que la disgrâce du ministre : chacun en publioit ce qu'il savoit et ne savoit pas. Des actes de despotisme ministériel sont toujours si communs, qu'on n'est pas réduit à citer faux. Le Roi étoit le seul à les ignorer : la Reine devoit les savoir; mais, pour son honneur, elle feignoit de les apprendre. Les puissances étrangères félicitèrent à cette occasion Leurs Majestés Catholiques, et dès ce moment on ne douta plus de la paix.

La manière dont Alberoni venoit d'être visité, et les insultes qu'il craignoit encore en Espagne, lui firent presser sa marche vers la France, et y entrer avant même qu'il eût reçu le passe-port qu'il avoit fait demander.

Le chevalier de Marcieu, qui l'avoit fort connu avant sa fortune, reçut ordre d'aller le joindre à la frontière, sous prétexte de civilité et de sûreté pour sa personne, sans souffrir pourtant qu'il lui fût rendu aucun des honneurs d'usage; de l'engager à parler sur les affaires d'Espagne, le Roi, la Reine, le ministère actuel, et sur tout ce qu'il nous importoit de connoître; et de ne le quitter qu'à son embarquement à Antibes, d'où il comptoit passer en Italie.

Le cardinal, en voyant le chevalier de Marcieu venir à sa rencontre, ne douta pas que ce ne fût pour l'observer et en rendre compte, et le lui dit franchement. Marcieu s'en défendit toujours; et quoique le cardinal sût à quoi s'en tenir, il ne se contraignit pas davantage sur le Roi et la Reine, qu'il traitoit d'ingrats. « Si la Reine, disoit-il, qui a le diable au corps, « trouve un bon général, elle troublera l'Europe. Il « lui est facile de gouverner son mari, qui, dès qu'il « a dit à voix basse : *Je veux être maître moi*, finit « par obéir, et à qui il ne faut qu'un prie-dieu, et les « cuisses d'une femme. » Il ajoutoit que lui Alberoni, loin d'avoir excité la guerre, s'y étoit toujours opposé; qu'il n'avoit eu aucune part à la conjuration du prince; que le duc du Maine n'y avoit point paru; mais que la duchesse étoit une méchante diablesse, et que la plupart de ses partisans, qu'il ne nommeroit jamais, ne valoient pas un écu de bon argent; que le débarquement en Bretagne étoit une folie qu'il avoit toujours blâmée; qu'il avoit même traversé l'embarquement en Espagne; qu'il seroit partout pour M. le Régent tel que ce prince pourroit le désirer; et que les écrits contre la régence avoient tous été faits en France. Il prétendoit que le ministère qu'il laissoit en Espagne ne seroit plus composé que d'ignorans, obligés à des égards pour tous ceux qui approchoient un roi foible. Il ne doutoit pas qu'on eût voulu le faire assassiner par les miquelets, en l'obligeant de passer par la Catalogne, dont il avoit fait punir la rebellion; au lieu de le laisser sortir par Pampelune, comme il l'avoit demandé.

Le chevalier de Marcieu, suivant ses ordres, fit prévenir secrètement la douane de Narbonne de visiter exactement le bagage du cardinal, sous prétexte de voir s'il n'y avoit rien de sujet aux droits. On n'y trouva que douze cents pistoles, et aucun bijou de prix. Il falloit, vu l'état qu'il tint dans la suite à Rome, qu'il eût placé à tout événement, pendant sa faveur, des sommes considérables chez les étrangers. Il voulut persuader qu'il étoit pauvre; mais qu'il s'en inquiétoit peu, attendu qu'il n'avoit de parens qu'un neveu, qu'il avoit, disoit-il, *fait châtrer*, c'est-à-dire fait prêtre; et une nièce, qu'il faisoit religieuse. Ces détails, et plusieurs autres, se trouvent dans les lettres du chevalier de Marcieu, des 6 janvier 1720 et jours suivans, jusqu'au premier février, qu'il vit embarquer à Antibes, sur une galère génoise, le cardinal, qui le chargea pour le Régent d'un mémoire, et d'une lettre où il lui offroit les moyens de faire à l'Espagne la guerre la plus dangereuse. Le Régent ne l'honora pas d'une réponse. J'ai rapporté ailleurs ce que le cardinal dit, en passant à Aix, sur le renvoi de la princesse des Ursins.

Alberoni passa d'Antibes à Livourne, et se rendit à Parme, où il reçut tous les honneurs dus à sa dignité, par ordre du duc de Parme, dont il étoit né sujet. Cette vaine étiquette ne le consoloit pas de n'avoir d'asyle qu'au milieu de ses compatriotes, qui l'avoient méprisé dans son origine, jalousé dans son élévation, haï par l'abus de son pouvoir; ce que les Italiens expriment par la *prepotenza*, et qui triomphoient de son abaissement. Il sortit de Parme, et fut plus d'un an errant, fugitif, et comme exilé de la terre entière. Le respect pour la pourpre romaine ne lui parut pas une sauve-garde suffisante à Rome contre le ressentiment du Pape, qu'il avoit traité insolemment. Ce ne fut qu'en 1721 qu'il se rendit à Rome, au conclave qui suivit la mort de Clément XI.

Le plus vif chagrin d'Alberoni fut de n'avoir pas obtenu les bulles de l'archevêché de Séville, après avoir donné sa démission de l'évêché de Malaga; et comme s'il eût été en droit d'attester le Ciel, il entroit quelquefois en fureur, en s'écriant que le Pape, l'Empereur et Leurs Majestés Catholiques en répondroient devant Dieu. Il est sûr que s'il fût resté en possession d'un siége considérable, il auroit pu, aidé de la superstition espagnole, lutter souvent contre la puissance royale.

Je terminerai cette année par quelques événemens

particuliers qui auroient coupé la narration de faits plus importans.

Le Régent accorda à l'université l'éducation gratuite : c'est-à-dire que, par arrêt du conseil du 14 avril, enregistré au parlement le 8 mai, on assigna le vingt-huitième du prix du bail des postes et messageries pour le paiement des professeurs ; au moyen de quoi la jeunesse seroit instruite gratuitement. Cette grâce a peut-être beaucoup nui à l'émulation. Il ne faut pas que les gens de lettres soient dans le besoin, mais qu'ils aient intérêt de réussir, et de se distinguer. Je sais que depuis cet établissement plusieurs professeurs se sont fort relâchés. Le *gratis* fera, dans les lettres, ce que l'ordre du tableau fait dans le militaire.

Par édit du mois de mai, les compagnies des Indes orientales et occidentales furent réunies, sous le nom de compagnie des Indes. Cet édit ayant trouvé des difficultés au parlement, fut regardé par le Régent comme enregistré, en conséquence du réglement fait au lit de justice de 1718, au sujet des remontrances et des enregistremens.

Le conseil en usa encore ainsi pour l'édit du mois d'avril 1719, par lequel le Roi créoit des officiers dans l'ordre de Saint-Louis, à l'instar de celui du Saint-Esprit. Le garde des sceaux d'Argenson en fut chancelier ; Le Blanc, prevôt-maître des cérémonies ; et Fleuriau d'Armenonville, greffier. On trouva un peu étrange de voir trois hommes de robe porter sur leur habit une étoile d'or, avec ces mots inscrits autour : *Præmium bellicæ virtutis*. On disoit, avec assez de raison, que le cordon rouge ne devoit se porter que par ceux qui l'avoient teint de leur sang.

On essaya cette année un nouveau plan de perception pour la taille, afin d'en ôter l'arbitraire. Cela n'a pas eu de succès, ou n'a pas été suivi, soit qu'on s'y prît mal, soit par la raison qu'il n'y a rien de si difficile à faire que le bien, surtout en France, où le particularisme l'emporte toujours sur l'intérêt général.

Le fameux père Quesnel, dont le nom seroit peut-être déjà oublié s'il n'eût pas été l'occasion de la bulle *Unigenitus*, mourut à Amsterdam. Le jésuite Tellier, quelques mois avant la mort de Quesnel, rendit son ame atroce. Après avoir été le fléau des gens vertueux, l'horreur du public, la terreur de sa compagnie, dont il étoit détesté, relégué à La Flèche, méprisé de ses confrères, il succomba à la rage de ne pouvoir plus faire de mal.

Pecoil, maître des requêtes, mourut aussi cette année. Je ne parlerois pas d'un si petit événement, s'il ne me rappeloit la terrible fin de son père, qui avoit fait une fortune immense, en partant des plus bas emplois de la gabelle. Il ne jouit jamais de ses richesses, et ne songea qu'à les accumuler. Il avoit fait faire un caveau fermé à trois portes, dont la dernière étoit de fer. Il y alloit de temps en temps jouir de la vue de son trésor : quoique ce fût le plus secrètement qu'il pouvoit, sa femme et son fils s'en étoient aperçus. Un jour qu'il y étoit allé, et qu'on le croyoit sorti, sa famille ne le voyant point rentrer le soir, s'en inquiéta. La mère et le fils n'osèrent pendant deux jours enfoncer la porte de la cave, dans la crainte de le mettre en fureur s'il venoit à rentrer. Ils s'y déterminèrent à la fin. Après avoir enfoncé les deux premières portes, ils se trouvèrent arrêtés par celle de fer, qu'ils ne pouvoient ni rompre ni desceller sans maçons; et comme ils avoient commencé cette opération à la nuit, il fallut encore attendre jusqu'au jour. Alors ayant fait démonter la porte, dont la clef étoit en dedans, comme celles des deux premières, ils trouvèrent le malheureux vieillard étendu mort entre plusieurs coffres-forts, les bras rongés, et à côté de lui une lanterne dont la chandelle étoit finie.

Quelques précautions qu'on pût prendre, cet affreux spectacle avoit eu trop de témoins pour que cette aventure ne fût pas connue. Ce fut à Lyon que cela arriva. La mère et le fils vinrent s'établir à Paris, où le fils acheta une charge de maître des requêtes, comme tant d'autres. Il n'en fit presque aucunes fonctions, épousa une fille de Le Gendre, honnête et illustre négociant de Rouen, et mourut cette année, laissant une fille unique, mariée au duc de Brissac, frère aîné de celui d'aujourd'hui.

[1720] Law s'étant déclaré catholique, prit des lettres de naturalité; et le Régent, lui trouvant alors toute l'orthodoxie et les qualités nécessaires à ses desseins, le déclara contrôleur général. Le garde des sceaux, prévoyant dès-lors quelle seroit l'issue du système, se retira de l'administration des finances.

Il y avoit déjà long-temps que Law étoit obsédé de solliciteurs qui soupiroient après ses grâces; mais aussitôt que son état parut assuré, il eut une cour dans toutes les formes. Des femmes titrées se montroient courageusement sur le devant du carrosse de sa femme et de sa fille, et des hommes du plus haut rang assiégeoient son antichambre. Ils croyoient se disculper de leur bassesse en la tournant en plaisanterie; mais le ton plaisant, déjà usé, est en cette matière le dernier symptôme de l'incurabilité. Cette noblesse, qui sacrifie si gaiement sa vie à son honneur, immoloit sans scrupule son honneur à la fortune. Nous verrons, dans la suite, la gangrène de la cupidité gagner la classe de la société dévouée par état à l'honneur (le militaire). Si la régence est une des époques de la dépravation des mœurs, le système en est une encore plus marquée de l'avilissement des ames.

Il n'étoit pas possible qu'au milieu de tout l'encens qu'on brûloit devant Law, la fumée ne lui portât pas à la tête. Il demanda que son fils fût admis parmi les jeunes seigneurs qui devoient danser avec le Roi dans un ballet que le maréchal de Villeroy avoit imaginé, comme la plus précieuse partie de l'éducation. Le Régent ne trouva rien d'étrange dans la demande de Law; mais le maréchal en fut, avec raison, très-révolté. Le petit Law fut inscrit, et voulut vivre de pair avec les premiers enfans de l'Etat. Ces petits seigneurs, qui n'avoient encore que l'orgueil de leur naissance, n'eurent point du tout la politique de leurs pères, et firent justice du fils de l'aventurier par toutes les niches possibles. Leurs parens les réprimandoient; mais le public, plus juste et moins poli que la cour, leur applaudissoit : ainsi ils n'avoient garde de cesser. Heureusement pour le petit intrus, il tomba malade; ce qui le priva de danser avec le Roi, mais le délivra de mille désagrémens.

Le prince de Conti joua au père un tour un peu plus sérieux. Law, fatigué de prodiguer à ce prince les actions et les billets, refusa à la fin de se prêter à sa cupidité : aussitôt le prince envoya demander à la banque le paiement d'une si grande quantité de billets, qu'on en ramena trois fourgons chargés d'argent. Law se plaignit au Régent d'un exemple qui, s'il étoit suivi, alloit renverser le système. Le Régent ne le sentit que trop, fit au prince de Conti la plus forte réprimande, le contint pour la suite; et le public, également indigné de l'avidité et de l'ingratitude, se déclara pour Law contre le prince de Conti.

C'étoient là en effet les attaques que Law redoutoit : il ne s'inquiétoit plus guère de celles du parlement. Cette cour avoit été si consternée du lit de justice, qu'au lieu de s'occuper de remontrances sur les opérations de finances, elle s'étoit bornée à demander le rappel des exilés, comme une grâce; et lorsque le Régent rendit la liberté au président de Blamont, l'arrêté du parlement fut qu'on feroit au prince les remercîmens les plus forts. Blamont, jugeant de là que sa compagnie étoit un frêle appui, y fut depuis l'espion du Régent. On a quelquefois vu dans le parlement de ces sortes de conversions.

Le premier président, loin de ranimer alors le feu de sa compagnie, en craignoit la vivacité. Le Régent avoit sur ce magistrat un avantage qu'on ignoroit, et qui est encore aujourd'hui une anecdote très-peu connue, si ce n'est de cinq ou six personnes : la voici. Lorsque le duc et la duchesse du Maine furent arrêtés, le premier président, qui ne se sentoit pas net, et désiroit fort s'éclaircir de ce que le Régent pouvoit en savoir, lui fit demander une audience secrète par mademoiselle Chausseraie, dont j'ai déjà parlé. Le Régent la chargea de faire entrer le premier président par une petite porte de la rue de Richelieu, qui est au bas d'un escalier dérobé répondant aux cabinets intérieurs; et pour cet effet on confia la clef à Duplessis (1). Le premier président, introduit par Duplessis dans le cabinet du Régent, qu'il trouva avec mademoiselle Chausseraie, arrivée par la porte ordinaire, débuta par un grand étalage de respect, de reconnoissance, d'attachement inviolable : sentimens dont il étoit, disoit-il, bien aise de renouveler les assurances dans un temps où tant d'autres s'écartoient de leur devoir.

Il cherchoit, en parlant, à lire dans les yeux du Régent quelle impression faisoit son discours. Le prince s'observa si exactement, que le magistrat, n'apercevant aucun nuage, s'échauffa en nouvelles protestations, et alloit se retirer fort content de lui-même, lorsque le Régent, lui présentant un papier, lui dit froidement : « Reconnoissez-vous cela? lisez. » C'étoit une lettre de la main du premier président, par laquelle il répondoit du parlement à l'Espagne,

(1) Ce Duplessis, qu'on nomme aujourd'hui et depuis long-temps Bussy, très-honnête homme, étoit alors d'une figure fort aimable, fort connu du Régent, et l'homme de confiance de la Chausseraie. Bussy (des affaires étrangères), qui a été deux ou trois fois ministre de France à Londres, passe pour le neveu de celui dont il s'agit, et il y a apparence qu'il est le fruit de l'intimité domestique de Bussy et de la Chausseraie : au surplus, c'est un homme de mérite. Je dînai hier avec le vieux Bussy, et nous remîmes sur le tapis l'affaire dont je parle : il me la récapitula, avec beaucoup d'autres qui étoient dans les Mémoires de la Chausseraie. Elle les fit tous brûler avant sa mort, à la persuasion de l'abbé Daudigné, son parent et son directeur. (D.)

et s'expliquoit si clairement, qu'il n'y avoit point de commentaire à proposer.

Le premier président, frappé comme d'un coup de foudre, tomba aux pieds du Régent, protestant de ses remords, et implorant sa grâce. Le prince, sans lui répondre, lui lança un regard d'indignation, et passa dans une autre chambre.

La Chausseraie, étourdie de la scène, reprocha au premier président de l'avoir engagée à demander cette audience, dont le Régent la soupçonneroit d'avoir su les motifs. De Mesmes, pour toute justification, la conjura de suivre le prince, et de tâcher de le fléchir. La Chausseraie, émue de pitié, alla trouver le Régent, qui se récria sur le crime et l'audace du magistrat, qu'il vouloit, disoit-il, faire arrêter. La Chausseraie, sachant à qui elle avoit affaire : « Vous êtes trop habile, monseigneur, lui dit-elle en souriant; vous n'en ferez rien : cela est trop heureux pour vous. Voilà un homme dont vous ferez tout ce que vous voudrez dans le parlement : vous avez quelquefois besoin de pareils coquins » (car elle ne ménagea pas le coupable, afin de le sauver). « Il suffit, ajouta-t-elle, monseigneur, de le tenir entre l'espérance et la crainte. Je vais lui remettre un peu l'esprit, afin qu'il ait la force de se retirer. » Là-dessus elle revint trouver le premier président, le rassura, et le remit entre les mains de Duplessis, qui le soutint comme il put dans cet état d'abattement, et le fit enfin sortir comme il l'avoit fait entrer.

Le premier président resta dans la plus cruelle inquiétude tant que dura la prison de la duchesse du Maine, et la commission de Bretagne. Aussitôt que l'affaire fut finie et l'amnistie publiée, il reprit un ton d'assurance, se ménagea entre sa compagnie et le Régent, se fit acheter aussi cher que jamais, et retira toujours de ses différentes intrigues tout l'argent nécessaire à un faste qui imposoit au prince même qui en fournissoit les moyens. Il y a apparence que l'abbé Dubois appuya le conseil de la Chausseraie, dans la vue qu'il pouvoit un jour avoir besoin pour lui-même d'un juge corrompu.

Le cardinal de La Trémouille étant mort à Rome, laissa vacant l'archevêché de Cambray. L'effronté Dubois ne crut pas la place au-dessus de lui, alla la demander au Régent; et, pour entrer en matière: « Monseigneur, lui dit-il, j'ai rêvé cette nuit que « j'étois archevêque de Cambray. » Le Régent, regardant l'abbé avec un sourire de mépris: « Tu fais « des rêves bien ridicules, lui dit-il. » L'abbé, d'abord déconcerté, se remit aussitôt. « Mais pourquoi, « monseigneur, ne me feriez-vous pas archevêque « comme un autre?—Toi archevêque de Cambray! « toi! C'est actuellement que tu rêves. »

L'abbé, sans lâcher prise, lui cita tous les mauvais, les plats, les ignorans sujets, les garnemens dont le Régent et le Tellier avoient farci l'Eglise; mais il n'y en avoit aucun qui, à quelque égard de naissance, de rang ou d'alliance, ne valût mieux; au lieu qu'il réunissoit en lui seul ce qu'on pouvoit leur reprocher à tous.

Le Régent, ennuyé de la liste et fatigué de la persécution, espéra s'en défaire en lui disant: « Mais tu « es un sacre! Et quel est l'autre sacre qui voudra te « sacrer?—Oh! s'il ne tient qu'à cela, mon affaire

« est bonne : j'ai mon sacre tout prêt. — Eh! que « diable est celui-là, dis donc? — Votre premier au- « mônier, monseigneur l'évêque de Nantes (Tres- « san). Il est dans votre antichambre, je vais vous « l'amener : il sera charmé de la préférence; car vous « me promettez l'archevêché..... » Et là-dessus accable le prince de remercîmens, sort dans l'antichambre, dit à Tressan la grâce que lui Dubois vient d'obtenir, et le désir qu'a le Régent que Tressan soit le consécrateur. Celui-ci accepte : Dubois le prend par la main, le présente au Régent, redouble de remercîmens; et Tressan ajoute l'éloge du sujet. Le prince est si étonné, qu'il ne répond rien; et Dubois sort, et publie qu'il est archevêque de Cambray, pour arrêter toute demande. Les *roués* applaudissent, les libertins en rient, et les honnêtes gens les moins scrupuleux témoignent leur indignation.

Quoique le Régent parût avoir de la répugnance pour cette nomination, ce n'étoit de sa part qu'une comédie : car Dubois étoit très-sûr d'obtenir l'archevêché, puisque dans ce même temps le Régent cherchoit à lui procurer le chapeau de cardinal, en avoit écrit au Pape deux mois auparavant, et que le jésuite Lafiteau en étoit le négociateur à Rome. Je vois, dans la correspondance des deux cours, que dès 1718 le Prétendant, réfugié à Rome, étoit dans une telle détresse, qu'il avoit offert sa nomination à Dubois, s'il lui faisoit payer la pension promise par le Régent, et qui étoit fort en retard. Mais l'abbé n'avoit garde d'accepter une nomination qui l'auroit décrédité à Londres auprès du roi Georges. Il prit le parti de se faire un mérite de son refus, pour engager ce prince à s'intéresser lui-même auprès du Régent en faveur d'un ministre auteur de leur union. Le roi Georges sollicita en effet, en faveur de l'abbé, le Régent et même l'Empereur, sur qui il avoit beaucoup de crédit. Clément XI étoit assez disposé à lui donner le chapeau, pourvu que la France voulût concourir à l'ôter au cardinal de Noailles, dont l'abbé Dubois auroit alors la dépouille. Il n'étoit pas facile de satisfaire le Pape sur le cardinal de Noailles. Cependant comme le Saint-Père destinoit alors le même traitement au cardinal Alberoni, fugitif d'Espagne, Dubois essaya de le faire arrêter par les Génois, pour l'envoyer prisonnier à Rome; mais ils le refusèrent.

Pendant que Lafiteau intriguoit à Rome (1) pour la promotion de Dubois, celui-ci jugea que la dignité d'un siége tel que Cambray prépareroit très-bien la décoration de la pourpre, et rendroit le candidat plus présentable. Il prit donc, pour se faire archevêque, la même voie qu'il suivoit déjà pour le chapeau. Il écrivit à Néricault-Destouches, qu'il avoit laissé à Londres chargé des affaires à sa place, d'engager le roi Georges à demander au Régent l'archevêché de Cambray pour le ministre auteur de l'alliance. Destouches, homme d'esprit, sentant que toute sa fortune dépendoit de l'abbé Dubois, et avec quelle ponctualité il vouloit être servi, fit la proposition au roi d'Angleterre. Ce prince la reçut d'abord avec un

(1) Dans la correspondance de Dubois avec Lafiteau, pour prévenir l'inconvénient des lettres perdues, et cacher l'intrigue, Dubois est désigné sous le nom de la comtesse de Gadagne; et le véritable objet de la négociation, sous celui d'un procès qu'on sollicite à Rome pour cette comtesse. (D.)

éclat de rire : il avoit de la bonté pour Destouches, et lui permettoit une sorte de familiarité. « Sire, lui « dit-il, je sens, comme Votre Majesté, la singula- « rité de la demande; mais il est de la plus grande « importance pour moi de l'obtenir. — Comment « veux-tu, répondit le Roi en continuant de rire, « qu'un prince protestant se mêle de faire un arche- « vêque en France? Le Régent en rira lui-même, et « n'en fera rien. — Pardonnez-moi, sire. Il en rira, « mais il le fera : premièrement, par respect pour « Votre Majesté; en second lieu, parce qu'il le trou- « vera plaisant. D'ailleurs l'abbé Dubois est mon su- « périeur; mon sort est entre ses mains : il me perdra, « si je n'obtiens de Votre Majesté une lettre pres- « sante à ce sujet. La voici tout écrite; et les bontés « dont Votre Majesté m'honore me font espérer qu'elle « voudra bien la signer. — Donne, puisque cela te « fait tant de plaisir, dit le Roi; » et il la signa (1).

Destouches, charmé d'avoir ce dimissoire, le fit partir à l'instant. Le Régent ne douta point que Dubois n'eût suggéré la lettre; mais la nomination fut décidée. Destouches, pour avoir si bien parlé, eut, à son retour, une place à l'Académie française, qu'il méritoit encore mieux par son talent dramatique. C'est de lui que je tiens une partie de ce que je viens de rapporter. J'en parlai au maréchal de La Fare, qui me ramenoit des Etats de Bretagne, dont j'étois député, à la cour. « Je vois, dit-il, que cela est vrai; « et ce qui me le confirme, c'est ce que j'ai entendu « un jour que le duc de Brancas, Nocé et moi allions

(1) La lettre de remercîment de Dubois au roi Georges est du 4 février. (D.)

« avec le Régent à Saint-Cloud. Nocé, qui étoit mé-
« content de Dubois, voulut égayer la compagnie
« aux dépens de l'abbé : *Monseigneur*, dit-il, *on*
« *prétend que ce coquin de Dubois veut être ar-*
« *chevêque de Cambray*. — *Cela est vrai*, répondit
« le Régent, *et cela peut convenir à mes affaires*.
« On se tut là-dessus. Le prince parut embarrassé,
« un peu honteux; et j'ai toujours remarqué qu'il
« n'aimoit pas qu'on lui parlât sur cet article. »

Achevons, en resserrant un peu les temps, ce qui concerne cette affaire. L'abbé Dubois n'étant que tonsuré, il falloit commencer par prendre les ordres. Il ne douta point que le cardinal de Noailles ne fût très-flatté de faire ce petit plaisir à un ministre puissant, et qui pouvoit influer si fort dans le parti qu'on prendroit sur la constitution. Dubois y fut trompé. Il étoit, de tout point, un sujet si indigne de l'épiscopat, que le cardinal, ne voulant pas se déshonorer par une complaisance basse et criminelle, refusa nettement. On lui fit parler au nom du Régent : il répondit avec modestie et respect, sans s'expliquer sur les motifs, et fut inébranlable. Ce refus humiliant, et généralement applaudi, fut un des plus forts argumens qui rendirent Dubois constitutionnaire.

Il n'auroit pas manqué d'évêques qui auroient brigué l'opprobre de l'ordonner; mais il ne vouloit pas s'éloigner de la cour, et constater par une absence l'affront qu'il venoit de recevoir. Il s'adressa à l'archevêque de Rouen (Bezons), dont le diocèse s'étend à quatre ou cinq lieues près de Paris.

L'archevêque, très-fâché de la préférence qui l'exposoit à la honte de l'acceptation ou au danger du refus, penchoit fort pour le dernier parti; mais son frère le maréchal de Bezons, homme grossier et fin courtisan, l'attaqua sur la reconnoissance qu'ils devoient l'un et l'autre au Régent, et l'entraîna sous cette apparence de bon procédé.

Dubois, muni d'un bref pour recevoir tous les ordres à la fois, et d'une permission de l'archevêque de Rouen, se rendit de grand matin, avec l'évêque de Nantes, dans une paroisse de village du grand vicariat de Pontoise, la plus voisine de Paris, et y reçut tous les ordres à une messe basse.

Il en repartit assez tôt pour se trouver au conseil de régence, quoique les premiers arrivés eussent déjà annoncé, en présence du Régent, qu'il ne falloit pas attendre l'abbé, qui étoit allé faire sa première communion à Pontoise.

On se récria sur sa diligence quand on le vit entrer : le prince de Conti lui fit un compliment ironique sur la célérité de son expédition en fait d'ordres sacrés. Dubois l'écouta sans se démonter, et répondit froidement que si le prince étoit mieux instruit de l'histoire de l'Eglise, il ne seroit pas si surpris des ordinations précipitées; et cita là-dessus celle de saint Ambroise. Chacun applaudit à l'érudition et au parallèle. L'abbé ne s'en émut pas, laissa continuer la plaisanterie tant qu'on voulut; et quand on en fut las, il parla d'affaires.

Pendant que Paris et la cour s'amusoient de l'abbé et de saint Ambroise, on expédioit les bulles, et le sacre fut fixé au dimanche 9 juin. Il se fit au Val-de-Grâce, avec la plus grande magnificence. Toute la cour y fut invitée, et s'y trouva. Les ambassadeurs et autres ministres des princes protestans y assistèrent dans une tribune opposée à celle où étoit le Régent, dont les grands officiers faisoient les honneurs de la cérémonie. Ce scandale ecclésiastique fut le plus superbe spectacle. Le duc de Saint-Simon, qui se vantoit d'être le seul homme titré que l'abbé Dubois eût assez respecté pour l'excepter de l'invitation, offrit au Régent de s'y trouver, si ce prince vouloit se respecter assez lui-même pour s'en abstenir; et le Régent y avoit consenti. Mais la comtesse de Parabère (La Vieuville), la maîtresse alors régnante, ayant passé la nuit avec lui, exigea qu'il iroit. Il lui en représenta l'indécence; elle en convint, mais elle ajouta : « Dubois saura que nous avons couché ensemble cette nuit; il se prendra à moi de vous en « avoir détourné, et, avec l'ascendant qu'il a pris « sur vous, il finira par nous brouiller. » Le Régent essaya de la rassurer sur ses craintes, la traita de folle. « Folle tant qu'il vous plaira, lui dit-elle; mais « vous irez, ou je romps avec vous, ne fût-ce que « pour ôter à l'abbé l'honneur de nous désunir lui« même. » Et le Régent alla du lit de la Parabère au sacre de l'abbé Dubois, afin que toute sa journée se ressemblât.

Le cardinal de Rohan voulut être le consécrateur; et comme l'ambition, l'intérêt et l'orgueil réunis font de singuliers raisonnemens, il se persuada que le cardinal de Noailles seroit humilié de voir un homme à qui il avoit refusé les ordres avoir, pour consécrateur, un cardinal prince de l'Empire. Noailles ne se tint pas pour humilié; mais le Régent très-flatté, et Dubois très-honoré, du procédé du cardinal de Rohan, lui en firent les plus vifs remercîmens, tandis que le public étoit révolté de tant de bassesse.

A l'égard des assistans, l'évêque de Nantes fut le premier. Il avoit donné les ordres, il étoit naturel qu'il suivît son gibier. Dubois n'étoit pas si aveuglé de la prostitution de tant d'honneurs, qu'il ne sentît que l'assistance d'un évêque respectable feroit très-bien à la cérémonie. Le Régent pria Massillon, évêque de Clermont, d'être le second assistant. Massillon auroit bien voulu s'en dispenser; mais la grâce singulière d'avoir été fait évêque n'ayant que du mérite lui fit craindre que son refus ne fût taxé d'ingratitude. Il avoit fallu payer pour lui ses bulles, lui avancer de quoi se procurer les meubles nécessaires à sa nouvelle dignité, afin qu'il n'humiliât pas trop les autres par sa pauvreté, et qu'il ne ressemblât pas absolument à un évêque de la primitive Eglise. D'ailleurs, l'étude et la retraite avoient pu l'empêcher d'être parfaitement instruit de toute la dépravation du nouveau prélat : ajoutez à ces raisons une sorte de timidité que la vertu bourgeoise conserve au milieu de la cour. Il obéit enfin à la nécessité. Les rigoristes le blâmèrent, et les gens raisonnables le plaignirent, et l'excusèrent.

Le mariage de mademoiselle de Valois avec le prince de Modène n'avoit pas tant fait d'éclat que le sacre de l'archevêque de Cambray.

Les fiançailles se firent dans le cabinet du Roi, où il ne se trouva guère que les princes et princesses du sang, parce qu'il n'y eut point d'invitation (1).

Le lendemain, le duc de Chartres, chargé de la

(1) Les fils de France ne prient point, comme les simples princes du

procuration du prince de Modène, épousa, dans la chapelle des Tuileries, mademoiselle de Valois, dont la queue étoit portée par mademoiselle de Montpensier sa sœur, depuis reine d'Espagne. Le cardinal de Rohan donna la bénédiction, en présence des curés de Saint-Eustache et de Saint-Germain. Après la messe, le Roi donna la main à la mariée, la conduisit jusqu'à son carrosse, et, suivant l'usage, dit au cocher : « A Modène! »

Quoiqu'elle eût le même cortége que si elle fût réellement partie, elle retourna au Palais-Royal, et prolongea autant qu'elle le put son séjour : la rougeole qu'elle eut, et sa convalescence, lui fournirent encore des prétextes pour différer son départ. Il fallut enfin s'y déterminer; mais, s'éloignant à regret, elle fit les plus petites journées, les plus longs séjours sur sa route, et n'acheva son voyage que par des ordres réitérés que lui attirèrent les plaintes du duc de Modène.

Elle songeoit dès-lors à profiter de la leçon de la grande duchesse de Toscane, qui lui dit, quand elles prirent congé l'une de l'autre : « Mon enfant, faites « comme moi : ayez un ou deux enfans, et tâchez de « revenir en France. Il n'y a que ce pays-là de bon « pour nous. » Toutes nos princesses ont en effet ce qu'on nomme la maladie du pays : aussi la duchesse de Modène y est-elle revenue dès qu'elle a pu. Elle préféroit, à la représentation de sa petite cour, les agrémens de la société de Paris, où elle est morte.

sang, aux fiançailles de leurs enfans; mais le Régent n'étoit que petit-fils de France. (D.)

Aussitôt qu'Alberoni eut été chassé, la paix ne trouva plus de difficulté : le roi d'Espagne accéda à la quadruple alliance, et même écrivit au Régent une lettre d'amitié. Stanhope et Dubois arrangèrent ensemble les articles que le ministère espagnol accepta. Philippe v, délivré d'Alberoni, ne prit point de premier ministre en titre, et chargea Grimaldo du rapport des affaires, en qualité de secrétaire des dépêches universelles.

Grimaldo, biscayen, prit le nom de Grimaldi depuis sa fortune. C'étoit un homme de mérite, originairement commis dans les bureaux d'Orry, qui le fit connoître de la princesse des Ursins, et par elle du Roi. Il parvint par degrés à être secrétaire de la guerre; car on croit quelquefois en Espagne qu'un homme capable de remplir une place peut l'occuper préférablement à un noble ignorant, qui ne pourroit pas se passer des subalternes : témoins Grimaldo, Patino, l'Encenada.

Lorsqu'Alberoni s'empara du gouvernement d'Espagne, il en écarta les créatures de la princesse des Ursins. Grimaldo fut du nombre, conservant néanmoins son titre de secrétaire d'Etat, mais sans fonctions. Il avoit mérité l'estime publique dans sa faveur : il la conserva et même l'augmenta dans sa disgrâce, par l'attachement qu'il témoigna toujours pour la princesse des Ursins et Orry, les premiers auteurs de sa fortune. Modeste dans la faveur, il n'eut point à changer de maintien après sa chute. Quoique Philippe v l'aimât, il n'osa le soutenir contre Alberoni et la Reine; mais il le mandoit quelquefois en secret, et le voyoit avec plaisir. Grimaldo se trouva donc naturellement en place à la chute du premier ministre, et la Reine ne put du moins lui refuser son estime.

Le Régent, assuré de la paix au dehors, ne jouissoit pas de la même tranquillité dans l'intérieur de l'Etat. L'illusion du système commençoit à se dissiper : on vint insensiblement à comprendre que toutes ces richesses de papier n'étoient qu'idéales, si elles ne portoient sur des fonds réels ; et que des opérations qui peuvent convenir, dans certaines conjonctures, à un peuple libre, sont pernicieuses dans une monarchie où l'abus du pouvoir dépend d'une maîtresse ou d'un favori. Les profusions du Régent charmoient la cour, et ruinoient la nation. Les grands payèrent leurs dettes avec du papier, qui n'étoit qu'une banqueroute légale. Ce qui étoit le fruit du travail et de l'industrie de tout un peuple fut la proie du courtisan oisif et avide.

Le papier perdit bientôt toute faveur, par la surabondance seule : on chercha à le réaliser en espèces ; au défaut de matières monnoyées, on achetoit, à quelque prix que ce fût, les ouvrages d'orfévrerie, de meubles, et généralement tout ce qui pourroit conserver une valeur réelle après la chute des papiers. Chacun ayant le même empressement, tout devint d'une cherté incroyable ; et la rareté des espèces les faisoit resserrer de plus en plus. Le gouvernement, voyant l'ivresse dissipée, et qu'il n'y avoit plus de moyen de séduire, usa de violence. L'or, l'argent, les pierreries furent défendus : il ne fut pas permis d'avoir plus de cinq cents livres d'espèces. On fit des recherches jusque dans les maisons religieuses. Il y eut des confiscations; on excita, on encouragea, on récompensa les dénonciateurs; les valets trahirent leurs maîtres, le citoyen devint l'espion du citoyen : ce qui fit dire à milord Stairs qu'on ne pouvoit pas douter de la catholicité de Law, puisqu'il établissoit l'inquisition, après avoir déjà prouvé la transsubstantiation par le changement des espèces en papier. Quand le système n'auroit pas été pernicieux en soi, l'abus en auroit détruit les principes. On n'avoit plus ni plan, ni objet déterminé : au mal du moment, on cherchoit aveuglément un remède, qui devenoit un mal plus grand. Les arrêts, les déclarations se multiplioient : le même jour en voyoit paroître qui se détruisoient les uns les autres.

Jamais gouvernement plus capricieux, jamais despotisme plus frénétique ne se virent sous un régent moins ferme. Le plus inconcevable des prodiges pour ceux qui ont été témoins de ce temps-là, et qui le regardent aujourd'hui comme un rêve, c'est qu'il n'en ait pas résulté une révolution subite; que le Régent et Law n'aient pas péri tragiquement. Ils étoient en horreur, mais on se bornoit à des murmures : un désespoir sombre et timide, une consternation stupide avoient saisi tous les esprits; les cœurs étoient trop avilis pour être capables de crimes courageux.

On n'entendoit parler à la fois que d'honnêtes familles ruinées, de misères secrètes, de fortunes odieuses, de nouveaux riches étonnés et indignes de l'être, de grands méprisables, de plaisirs insensés, de luxe scandaleux.

La facilité, la nécessité même de porter sur soi des sommes considérables en papier, pour le négocier, rendoient les vols très-communs; les assassinats n'étoient pas rares. Il s'en fit un dont le châtiment juste et nécessaire fit une nouvelle dans une grande partie de l'Europe.

Antoine-Joseph*, comte de Horn, âgé de vingt-deux ans, capitaine réformé dans la Cornette blanche; Laurent de Mille, piémontais, capitaine réformé dans le régiment de Brehenne, allemand; et un prétendu chevalier d'Etampes (1), complotèrent d'assassiner un riche agioteur, et de s'emparer de son porte-feuille. Ils se rendirent dans la rue Quincampoix, et, sous prétexte de négocier pour cent mille écus d'actions, conduisirent l'agioteur dans un cabaret de la rue de Venise (le 22 mars, vendredi de la Passion), et le poignardèrent. Le malheureux agioteur, en se débattant, fit assez de bruit pour qu'un garçon du cabaret, passant devant la porte de la chambre, où étoit la clef, l'ouvrît; et, voyant un homme noyé dans son sang, il retira aussitôt la porte, la referma à deux tours, et cria au meurtre.

Les assassins, se voyant enfermés, sautèrent par la fenêtre. D'Etampes, qui faisoit le guet sur l'escalier, s'étoit sauvé aux premiers cris, et courut à un hôtel garni rue de Tournon, où ils logeoient tous trois, prit les effets les plus portatifs, et s'enfuit. Mille traversa toute la foule de la rue Quincampoix; mais, suivi par le peuple, il fut enfin arrêté aux halles. Le

(1) Ou Duterne, suivant la déclaration des deux condamnés, qui, ne le connoissant que depuis peu, savoient imparfaitement son nom. On sut depuis qu'il se nommoit Lestang, âgé alors de vingt ans, et fils d'un banquier flamand. Il a erré, sous le nom de Grandpré, dans différens Etats, et a passé dans les Indes hollandaises. (D.)

comte de Horn le fut en tombant de la fenêtre. Croyant ses deux complices sauvés, il eut assez de présence d'esprit pour dire qu'il avoit pensé être assassiné en voulant défendre celui qui venoit de l'être. Son plan n'étoit pas trop bien arrangé, et devint inutile par l'arrivée de Mille, qu'on ramena dans le cabaret, et qui avoua tout. Le comte de Horn voulut en vain le méconnoître : le commissaire du quartier le fit conduire en prison. Le crime étant avéré, le procès ne fut pas long; et dès le mardi saint 26 mars, l'un et l'autre furent roués vifs en place de Grève.

Le comte de Horn étoit apparemment le premier auteur du complot; car avant l'exécution, et pendant qu'il respiroit encore sur la roue, il demanda pardon à son complice, qui fut exécuté le dernier, et mourut sous les coups.

J'ai su du chapelain de la prison une particularité qui prouve bien la résignation et la tranquillité d'ame du comte de Horn. Ayant été remis entre les mains du chapelain, en attendant le docteur de Sorbonne, confesseur (1), il lui dit : « Je mérite la roue. J'espé-
« rois qu'en considération de ma famille, on chan-
« geroit mon supplice en celui d'être décapité : je
« me résigne à tout, pour obtenir de Dieu le pardon
« de mon crime. » Il ajouta tout de suite : « Souffre-
« t-on beaucoup quand on est roué ? » Le chapelain, interdit de cette question, se contenta de répondre qu'il ne le croyoit pas, et lui dit ce qu'il imagina de plus consolant.

Le Régent fut assiégé de toutes parts pour accor-

(1) Guéret, curé de Saint-Paul, qui depuis l'a été de Damiens. (D.)

der la grâce, ou du moins une commutation de peine. Le crime étoit si atroce, qu'on n'insista pas sur le premier article; mais on redoubla de sollicitations sur l'autre. On représenta que le supplice de la roue étoit si infamant, que nulle fille de la maison de Horn ne pourroit, jusqu'à la troisième génération, entrer dans aucun chapitre.

Le Régent rejeta les prières pour la grâce. Sur ce qu'on essaya de le toucher par l'honneur que le coupable avoit de lui être allié par Madame : « Hé bien, « dit-il, j'en partagerai la honte : cela doit consoler « les autres parens. » Il cita, à ce sujet, le vers de Corneille :

Le crime fait la honte, et non pas l'échafaud.

Maxime vraie en morale, et fausse dans nos mœurs. Dans un Etat où la considération suit la naissance, le rang, le crédit et les richesses, tous moyens d'impunité, une famille qui ne peut soustraire à la justice un parent coupable est convaincue de n'avoir aucune considération, et par conséquent est méprisée : le préjugé doit donc subsister. Mais il n'a pas lieu, ou du moins il est plus foible, sous le despotisme absolu, ou chez un peuple libre, partout où l'on peut dire : « Tu es un esclave comme moi, ou je suis libre comme « toi. » Chez le despote, l'homme condamné n'est censé coupable que d'avoir déplu. Dans un pays libre, le coupable n'est sacrifié qu'à la justice; et quand elle ne fera acception de personne, la plupart des familles auront leur pendu, et par conséquent besoin d'une indulgence, d'une compassion réciproque. Alors les fautes étant personnelles, le préjugé disparoîtra : il n'y a pas d'autre moyen de l'éteindre.

Le Régent fut près d'accorder la commutation de peine; mais Law et l'abbé Dubois lui firent voir la nécessité de maintenir la sûreté publique, dans un temps où chacun étoit porteur de toute sa fortune. Ils lui prouvèrent que le peuple ne seroit nullement satisfait, et se trouveroit humilié de la distinction du supplice pour un crime si noir et si public. J'ai souvent entendu parler de cette exécution, et ne l'ai jamais entendu blâmer que par des grands, parties intéressées; et je puis dire que je n'ai pas dissimulé mon sentiment devant eux.

Lorsque les parens ou alliés eurent perdu tout espoir de fléchir le Régent, le prince de Robecq-Montmorency, et le maréchal d'Isenghien d'aujourd'hui, que le coupable touchoit de plus près que d'autres, trouvèrent le moyen de pénétrer jusque dans la prison, lui portèrent du poison, et l'exhortèrent à se soustraire, en le prenant, à la honte du supplice : mais il le refusa. « Va, malheureux, lui dirent-ils en « le quittant avec indignation, tu n'es digne de pé- « rir que par la main du bourreau. »

Je tiens du greffier criminel, qui m'a communiqué le procès, les principales circonstances.

Le comte de Horn étoit, avant son dernier crime, connu pour un escroc, et de tous points un mauvais sujet. Sa mère, fille du prince de Ligne, duc d'Aremberg, grand d'Espagne, et chevalier de la Toison; et son frère aîné Maximilien-Emmanuel, prince de Horn, instruits de la conduite du malheureux dont il s'agit, avoient envoyé un gentilhomme pour payer ses dettes, le ramener de gré, ou obtenir du Régent un ordre qui le fît sortir de Paris : malheureusement il n'arriva que le lendemain du crime (1).

On prétendit que le Régent, ayant adjugé la confiscation des biens du comte de Horn au prince de Horn son frère, celui-ci écrivit la lettre suivante :

« Je ne me plains pas, monseigneur, de la mort « de mon frère ; mais je me plains que Votre Al- « tesse Royale ait violé en sa personne les droits du « royaume, de la noblesse, et de la nation. » (Le reproche n'est pas fondé ; l'assassinat prémédité est puni de la roue, sans distinction de naissance.) « Je « vous remercie de la confiscation de ses biens : je « me croirois aussi infâme que lui, si je recevois ja- « mais aucune grâce de vous. J'espère que Dieu et le « Roi vous rendront un jour une justice aussi exacte « que vous l'avez rendue à mon malheureux frère. »

Dans le même temps que le Régent sacrifioit le

(1) La maison de Horn a pris son nom de la petite ville de Horn en Brabant, de l'ancien comté de Looz, dans la seigneurie de Liége, près et vis-à-vis de Ruremonde. Il y a eu trois branches de cette maison : les deux premières sont éteintes. Le chef de la première épousa Anne d'Egmont, veuve de Joseph de Montmorency, seigneur de Nivelle. N'en ayant point eu d'enfans, il adopta les deux Montmorency qu'elle avoit eus de son premier mari, Philippe et Floris de Montmorency. Philippe fut celui à qui le duc d'Albe fit couper la tête en 1568. Floris, son frère, eut le même sort en Espagne en 1570, pour avoir porté à Philippe II les plaintes des Pays-Bas contre l'établissement de l'Inquisition. Leurs deux sœurs furent mariées dans la maison de Lalain. La seconde branche est pareillement éteinte. La troisième branche subsistoit en 1720 dans Maximilien-Emmanuel, prince de Horn, et son malheureux frère. Leur père, Philippe-Emmanuel, prince de Horn, avoit servi en France, en qualité de lieutenant général, aux siéges de Brisach et de Landau ; à la bataille de Spire et à celle de Ramillies, où il reçut sept blessures, et fut fait prisonnier. Lorsqu'à la paix d'Utrecht les Pays-Bas passèrent à la maison d'Autriche, la maison de Horn rentra sous la domination de l'Empereur. (D.)

comte de Horn à la vindicte publique, il faisoit faire en Bretagne un autre sacrifice à la tranquillité de sa régence. La chambre royale, établie à Nantes, fit, le même jour 26 mars, trancher la tête à quatre gentilshommes bretons (1), pour crime de lèse-majesté et de félonie. Il y en eut seize d'effigiés, et un très-grand nombre d'autres dont le procès fut terminé par une amnistie. J'ai déjà parlé de cette affaire. Tous ces malheureux gentilshommes, dont la plupart ne se doutoient pas de ce dont il étoit question, furent les victimes des séductions de Cellamare et de la folie de la duchesse du Maine. Je n'ajouterai que peu de circonstances.

Toute la ville fut garnie de troupes; défenses aux bourgeois de sortir de leurs maisons : les canons du château tournés contre la ville. Montlouis, en montant sur l'échafaud, voyant en pleurs ceux qui étoient autour, leur dit : « Mes compatriotes, nous mourons « pour vous : priez Dieu pour nous. » D'Evry, rapporteur du procès, et qui vient de mourir, a dit plusieurs fois qu'il s'attendoit à la grâce, après avoir vu rendre la liberté à la duchesse du Maine; ce qui prouve assez qu'elle étoit la principale coupable.

Le Régent, ne sachant comment fournir au paiement des rentes et des pensions dont ses profusions augmentoient tous les jours la masse, avoit ordonné, par arrêt du conseil du 6 février, le remboursement en papier, ou la réduction à deux pour cent de toutes les rentes. Par édit du mois de mars suivant, toutes les constitutions de rentes furent fixées au même de-

(1) De Guer-Pontcallet, de Montlouis, Le Moyne, dit le chevalier de Talhouet, Du Couëdic. (D.)

nier cinquante, comme si le prix de l'argent ne dépendoit pas uniquement de sa rareté ou de son abondance. Le prince peut fixer le taux légal de l'intérêt, mais il ne peut contraindre les prêteurs. Le parlement refusa d'enregistrer tant l'arrêt que l'édit, et fit des remontrances qui ne constatoient que le droit d'en faire, et leur inutilité. Le premier président, encore dans la crise de son entrevue avec le Régent, feignit d'être malade, pour ne pas se trouver en opposition avec le prince, ou avec le parlement. Nous le verrons reparoître quand il trouvera les conjonctures favorables pour lui. Elles ne tardèrent pas.

Tous les gens de la cour, obérés de dettes, s'en étoient libérés avec du papier, qui ne leur avoit coûté que des bassesses. L'honnête bourgeoisie étoit ruinée, et l'on exerça sur le bas peuple des violences inouïes à l'occasion du Mississipi, aujourd'hui la Louisiane. Law, voyant bien qu'il falloit donner aux actions un fondement du moins fictif, le fit porter sur les prétendues richesses qui reviendroient du Mississipi. C'étoit, disoit-il, une terre de promission, abondante en denrées de toutes espèces, en mines d'or et d'argent : il ne s'agissoit plus que d'y envoyer des colons, qui, en s'y enrichissant eux-mêmes, seroient encore les auteurs des richesses de la France.

Cet appât ne réussissant pas, on prit tous les garnemens et les filles perdues qui étoient dans les prisons et les maisons de force, et on les fit embarquer. On se saisit ensuite des gens sans aveu; et comme ceux qu'on emploie pour purger une ville de coquins n'en diffèrent guère, sous prétexte de vagabonds, on enleva une quantité d'honnêtes artisans et de fils de bourgeois. Les archers en mettoient en chartre privée, et leur faisoient racheter leur liberté. Les excès allèrent si loin, que la patience du peuple s'en lassa : on repoussa les archers, il y en eut de tués; et le ministère, intimidé à son tour, fit cesser cette persécution odieuse. On sut depuis que presque tous les malheureux, conduits à main armée, livrés pour toute subsistance à la charité des provinces qu'on leur faisoit traverser, avoient péri en route, dans la traversée, ou dans la colonie.

Le Régent et Law ne sachant plus à quoi recourir pour faire face aux effets royaux, le conseil donna, le 21 mai, ce fameux arrêt qui les réduisoit tous à la moitié de leur valeur. Les cris furent universels quand on vit, par cette réduction, le peu de fond qu'il y avoit à faire sur l'autre moitié.

Le premier président, voyant que le Régent avoit perdu terre, et que tous les citoyens étoient dans un accès de fureur, reparut sur la scène, et assembla le parlement; mais le Régent envoya, dès le 27, La Vrillière, secrétaire d'Etat, suspendre toutes délibérations, et annoncer un nouvel arrêt du conseil, qui fut publié le lendemain, pour rendre aux effets toute leur valeur.

Le coup étoit porté. La confiance s'inspire par degrés; mais un instant la détruit, et il est alors comme impossible de la rétablir : aussi ne put-elle se relever. Le Régent fut si effrayé lui-même des cris, des rumeurs, des imprécations, des libelles mérités, qu'il essaya de rejeter totalement sur Law la haine publique, en lui ôtant l'administration des finances; et lorsqu'on le lui amena au Palais-Royal, il refusa hautement de le voir : mais le soir même il le fit introduire par une porte secrète, pour lui donner quelques consolations, et lui faire des excuses. Comme la conduite de ce prince étoit aussi inégale qu'inconséquente, deux jours après il mena avec lui Law à l'Opéra. Cependant, pour le mettre à couvert de la fureur du peuple, il lui donna une garde de Suisses dans sa maison. La précaution n'étoit pas inutile : Law avoit été assailli de coups de pierres dans son carrosse; et, pour peu qu'il eût été loin de chez lui, il auroit été lapidé. Sa femme et sa fille pensèrent avoir le même sort au Cours, où elles eurent l'imprudence de se montrer, sans faire attention que la multitude n'est pas composée de courtisans. D'ailleurs la qualité d'étranger en France, et dans quelque Etat que ce soit, aggrave bien les torts d'un ministre. Si Richelieu eût été Italien, il auroit peut-être parmi nous, malgré les éloges de l'Académie, un aussi mauvais renom que le cardinal Mazarin, quoique d'un autre genre.

Le Régent se faisoit intérieurement assez de justice pour sentir qu'il avoit plus de reproches à se faire qu'à Law. Celui-ci se réfugia au Palais-Royal, parce que l'émeute populaire se renouvela plusieurs fois contre lui. Il imputoit la chute de son système au garde des sceaux, qui, forcé de céder l'administration des finances, en avoit barré toutes les opérations, et conseillé l'arrêt du 21 mai.

Dubois, à qui le système avoit procuré tant d'argent, et qui en espéroit encore, appuya le ressentiment de Law; et l'un et l'autre déterminèrent le Régent à rappeler le chancelier d'Aguesseau. Law, et le chevalier de Conflans, premier gentilhomme de la chambre du Régent, allèrent ensemble le chercher à Fresnes, pendant que Dubois alloit, de la part du Régent, demander à d'Argenson les sceaux, qui furent rendus au chancelier, dont la réputation reçut une telle atteinte d'avoir été ramené par Law, qu'elle ne reprit que très-difficilement son premier lustre.

Les honneurs de garde des sceaux furent conservés à d'Argenson. Ces distinctions, et la fortune pécuniaire qu'il s'étoit procurée (car il étoit né très-pauvre), ne le préservèrent pas de la maladie de ministre disgracié, espèce de *spleen* qui les saisit presque tous, et dont la plupart périssent.

Dès le moment que le contrôle général fut ôté à Law, qui ne conserva que la banque et la compagnie des Indes, Pelletier-Desforts fut nommé commissaire général des finances, et eut pour adjoints d'Ormesson et Gaumont.

Le Régent, pour gagner la faveur du public, ou en diminuer la haine, parut d'abord associer le parlement à ses opérations. Par arrêt du conseil du premier juin, il fut permis d'avoir chez soi telle somme d'argent qu'on voudroit; mais peu de personnes étoient en état d'user de la permission. Cinq députés du parlement furent admis à conférer avec les commissaires des finances. Pour retirer les billets de banque, on créa vingt-cinq millions de rentes sur la ville, dont le fonds étoit à deux et demi pour cent; et les billets constitués étoient brûlés publiquement à l'hôtel-de-ville. Mais cela ne donnoit pas aux particuliers l'argent nécessaire pour les besoins pressans et journaliers. Les denrées les plus communes étant montées à un prix excessif, et les billets refusés par tous les marchands, on fut obligé de distribuer à la banque un peu d'argent aux porteurs de billets. La foule y fut si grande, qu'il y eut plusieurs personnes étouffées : on porta trois corps morts à la porte du Palais-Royal. Ce spectacle fit une telle impression, que tout Paris fut prêt de se soulever. Le Blanc, secrétaire d'Etat, y accourut, manda le guet et la garde des Tuileries; mais, en attendant leur arrivée, il prit son parti en homme d'esprit; et apercevant sept ou huit hommes robustes, qui pouvoient très-bien figurer dans une révolte populaire, et même la commencer : « Mes enfans, leur dit-il tranquillement, « prenez ces corps, portez-les dans une église, et re- « venez promptement me trouver, pour être payés. » Il fut obéi sur-le-champ, et les troupes qui arrivèrent dispersèrent par leur seule présence la multitude, qui n'avoit plus devant les yeux les cadavres capables de faire tant d'impression. Une partie de la populace avoit déjà quitté le Palais-Royal pour suivre les corps qu'on emportoit, soit par une curiosité machinale, soit pour participer à la récompense promise. Le même jour, on publia une ordonnance qui défendoit au peuple de s'attrouper, sous les peines les plus rigoureuses.

Le gouvernement étoit si dépravé, qu'aucun honnête homme n'y avoit de confiance. On brûloit depuis quelques jours, à l'hôtel-de-ville, les billets qu'on retiroit du public : Trudaine, prevôt des marchands, en présence de qui cela se faisoit, aux yeux de tout le corps municipal, crut remarquer des numéros qui lui avoient déjà passé entre les mains, et manifesta assez crûment ses soupçons. Trudaine étoit un homme d'un esprit droit, plein d'honneur et de justice, de mœurs sévères, élevé dans l'esprit et les principes de l'ancienne magistrature, ennemi des routes nouvelles, et encore plus de celles qui lui paroissoient obliques; dès-là frondeur du système, nullement politique, même un peu dur. Son fils, avec plus de lumières, lui ressemble assez : c'est une bonne race.

Les soupçons du prevôt des marchands pouvoient être mal fondés; mais ils ressembloient si fort à la vérité, sa place influoit tellement sur la confiance publique, que le Régent la lui ôta, et la donna à Châteauneuf. On représenta inutilement qu'il étoit contre toute règle de déplacer un prevôt des marchands avant la fin de sa prevôté, et contre toutes les lois municipales d'y placer un étranger (1); que cette injustice, faite à un homme vertueux, et cher au peuple, accréditeroit la défiance, loin de la détruire. Les règles n'arrêtoient guère le Régent : ainsi Trudaine fut déposé, et le seul qui ne fut point touché de cette injustice.

L'agiot, trop resserré dans la rue Quincampoix, avoit été transféré à la place Vendôme : là s'assembloient les plus vils coquins et les plus grands seigneurs, tous réunis et devenus égaux par l'avidité. On ne citoit guère à la cour que le chancelier, les maréchaux de Villeroy et de Villars, les ducs de Saint-Simon et de La Rochefoucauld, qui se fussent préservés de la contagion. Le maréchal de Villars,

(1) Castagnères de Châteauneuf étoit né à Chambéry en Savoie : il avoit été premier président de la cour supérieure de cette ville, puis naturalisé en France, ambassadeur en Portugal, en Hollande, à la Porte, et président de la chambre royale de Nantes. (D.)

fanfaron des qualités mêmes qu'il avoit, traversant un jour la place dans un carrosse brillant, chargé de pages et de laquais, voulut tirer pour sa vanité quelque profit de son désintéressement. Sa marche étant retardée par la foule, il mit la tête à la portière, déclama contre la honte de l'agiot, l'opprobre de la nation, ajoutant que pour lui il étoit bien intact sur l'argent. Il partit à l'instant une huée générale de gens qui crièrent : « Et les sauve-gardes! et les sauve-« gardes! » dont le maréchal avoit tiré grand parti, quand il commandoit l'armée. Ces cris, qui se répétoient par écho d'un bout de la place à l'autre, imposèrent silence au maréchal, qui se renfonça dans son carrosse, passa comme il put, et ne revint plus haranguer.

M. le duc se vantant un jour ingénument de la quantité d'actions qu'il possédoit, Turmenies, garde du trésor royal, homme d'esprit, et qui s'étoit acquis un droit ou un usage de familiarité avec les princes mêmes, lui dit : « Monseigneur, deux actions de « votre aïeul valent mieux que toutes celles-là. » M. le duc en rit, de peur d'être obligé de s'en fâcher. Ce même Turmenies, se trouvant à l'arrivée du comte de Charolois après trois ans de voyage, s'empressoit, avec beaucoup d'autres, de marquer sa joie. A peine ce prince les regarda-t-il ; sur quoi Turmenies, se tournant vers l'assemblée : « Messieurs, « dit-il, dépensez bien de l'argent à faire voyager « vos enfans : voilà comme ils en reviennent. »

Le comte de Charolois, en arrivant, entra au conseil de régence, et ne le fortifia pas.

Le chancelier se trouvant incommodé du tumulte

de l'agiot dans la place Vendôme, où est la chancellerie, le prince de Carignan, plus avide d'argent que délicat sur sa source, offrit son hôtel de Soissons. Il fit construire dans le jardin une quantité de petites baraques, dont chacune étoit louée cinq cents livres par mois : le tout rapportoit cinq cent mille livres par an. Pour obliger les agioteurs de s'en servir, il obtint une ordonnance qui, sous prétexte d'établir la police dans l'agiot, et de prévenir la perte des porte-feuilles, défendoit de conclure aucun marché ailleurs que dans ces baraques.

Le parlement, depuis que ces députés conféroient avec les commissaires des finances, se flattoit déjà de participer à l'administration : cette illusion ne dura pas. Un édit portant attribution de tout commerce à la compagnie des Indes fut porté au parlement pour y être enregistré le 17 juillet, le jour même qu'il y eut des gens étouffés. Pendant qu'on discutoit cette affaire avec chaleur, le premier président sortit un moment, dit en rentrant ce qui venoit d'arriver à la banque, et que le carrosse de Law avoit été mis en pièces. Tous les magistrats se levant en pied, avec un cri de joie peu digne de la gravité de la séance : « Et « Law est-il déchiré par morceaux? » Le premier président répondit qu'il ignoroit les suites du tumulte. Toute la compagnie rejeta l'édit, et rompit la séance, pour courir aux nouvelles.

Le Régent, outré du peu de complaisance du parlement, assembla, le jeudi 18, un conseil secret, où il fut résolu de transférer le parlement à Blois. Le chancelier y opina comme les autres, avec l'embarras d'un homme ennuyé de l'exil, et qui craint d'y retourner. Il obtint cependant du Régent, après le conseil, de choisir Pontoise, au lieu de Blois.

Le dimanche 21, sans que rien eût transpiré, plusieurs compagnies des gardes s'emparèrent, dès quatre heures du matin, des cours et des dehors du Palais; une partie des mousquetaires occupa la grand'chambre, et d'autres l'hôtel du premier président, tandis que leurs camarades portoient à tous les magistrats ordre de se rendre à Pontoise.

Cette translation du parlement à sept lieues de Paris, loin de relever l'autorité, la rendit ridicule, et devint une scène comique, par les circonstances qui l'accompagnèrent. Dès le soir, le Régent fit porter au procureur général cent mille livres en argent, et autant en billets, pour en aider ceux qui en auroient besoin. Le premier président eut une somme encore plus forte pour soutenir sa table, et tira, à diverses reprises, plus de cinq cent mille livres du Régent; de sorte que la séance de Pontoise devint une sorte de vacance de plaisir.

Le premier président tenoit table ouverte; et ceux qui, par incommodité ou autrement, désiroient de rester chez eux, envoyoient à la première présidence chercher ce qu'ils vouloient. L'après-midi, des tables de jeu dans les appartemens, des calèches toutes prêtes dans les cours pour ceux et celles qui préféroient la promenade. Le premier président montoit dans la plus distinguée, et de là nommoit, au milieu de la compagnie rangée sur son passage, ceux qui devoient l'accompagner : en conséquence, *messieurs* trouvoient que le premier président étoit le plus grand homme qu'il y eût eu dans sa place. Le soir, un souper somptueux et délicat pour toutes les jolies femmes et les hommes du bel air, qui, dans cette belle saison, venoient journellement de Paris, et y retournoient la nuit. Les fêtes, les concerts se succédoient perpétuellement : la route de Pontoise étoit aussi fréquentée que celle de Versailles l'est aujourd'hui. Il n'eût peut-être pas été impossible d'y amener le Régent : il fournissoit aux plaisirs de ces exilés, qui en faisoient des plaisanteries plus indécentes que légères. Il ne se jugea presque point d'affaires, et il n'y eut que les plaideurs qui souffrirent de l'aventure.

La chambre des comptes, la cour des aides, le grand conseil et l'université envoyèrent des députés à Pontoise complimenter le parlement. Il en fut fait registre; et le 15 d'août, la chambre des comptes et la cour des aides affectèrent, à la procession du vœu de Louis XIII, de laisser vide la place du parlement.

Comme il faut une déclaration du Roi pour la chambre des vacations, le premier président, ne la voyant pas arriver, prit le parti, après quinze jours d'attente inutile, de venir trouver le Régent, et de lui demander s'il ne pensoit pas à donner cette déclaration. Le prince lui répondit qu'elle étoit toute prête; et le jour même il parut un arrêt du conseil pour l'établissement d'une chambre royale, composée de conseillers d'Etat et de maîtres des requêtes, avec attribution des procès évoqués au conseil, et des causes civiles et criminelles du parlement, sous le nom de chambre des vacations. Là-dessus, les magistrats de Pontoise prirent leurs vacances : il n'y resta qu'un président de chaque chambre, et quelques conseillers.

Le Régent avoit trouvé inutile de nommer au parlement une chambre des vacations, qui ne termineroit pas plus d'affaires que le corps entier, qui avoit refusé d'enregistrer une déclaration du 4 août, au sujet de la conciliation des évêques sur la constitution.

Le fond de cette affaire étoit aussi indifférent au Régent qu'à beaucoup d'autres; mais l'abbé Dubois y prenoit un intérêt très-vif. Sa nouvelle dignité d'archevêque de Cambray fortifioit ses espérances, et ses moyens d'arriver au chapeau de cardinal. Il n'osoit encore s'en ouvrir publiquement; mais il n'en étoit pas moins sûr, comme on l'a vu, de l'agrément et même de la sollicitation du Régent. Ce prince avoit dit à ses familiers : « Si ce coquin étoit assez fou, « assez insolent pour penser au cardinalat, je le fe- « rois jeter par les fenêtres. » Mais il ne s'étoit guère plus obligeamment expliqué sur l'archevêché de Cambray, et avoit fini par l'accorder. Il n'étoit donc question que de préparer les voies du côté du Pape.

Dubois, puissant en argent, en crédit, en intrigues, entretenoit à Rome plusieurs agens qui ne se connoissoient pas les uns les autres. L'abbé de Gamache, notre auditeur de rote (1), découvrit le manége. Piqué du mystère qu'on lui faisoit de cette affaire, il la traversa de son mieux. Il avoit, de plus, un intérêt personnel : avec beaucoup de mérite, d'esprit et d'é-

(1) La rote est un tribunal composé de douze ecclésiastiques, trois romains, un milanais, un polonais, un ferrarais, un vénitien, un français, deux espagnols, et un allemand. L'académie de la Crusca tire l'étymologie de *rote* de ce que les juges y servent tour à tour. Ducange prétend que ce nom vient de ce que le pavé de la chambre est fait de pièces de porphyre en forme de roue. (D.)

tude, il s'étoit tellement distingué, qu'il étoit à la tête de la rote. Il s'étoit fait un nombre d'amis considérable, et aspiroit lui-même au chapeau, à l'exemple des cardinaux de La Trémouille et de Polignac, à qui la rote en avoit ouvert le chemin. Il se livra totalement à la cour de Rome, la regarda comme sa patrie, et résolut de sacrifier tout à son ambition.

Les agens de Dubois l'instruisirent de ce qui se passoit. Il entra en fureur, et sur-le-champ envoya un ordre de rappel à Gamache. Celui-ci commença par s'excuser, et se plaindre du peu de confiance qu'on lui marquoit : Dubois rejeta les excuses, et réitéra plus durement l'ordre de revenir. Alors Gamache leva le masque, répondit fièrement à Dubois que le rappel d'un auditeur de rote ne dépendoit nullement d'un ministre; que le feu Roi, en le nommant, avoit consommé son pouvoir; qu'aujourd'hui lui Gamache étoit magistrat d'un des premiers tribunaux du monde; qu'il faudroit un crime prouvé pour déposséder un auditeur; que le Pape, seul souverain de Rome et de la rote, seroit juge d'un tel procès, s'il pouvoit y avoir lieu d'en intenter à un homme irréprochable dans la doctrine, la conduite et les mœurs.

A la lecture de cette lettre, Dubois fit un bond de rage, et se livra à tous ses transports furieux : c'étoit sa recette pour purger son humeur; après quoi il devenoit calme, capable de conseil, et même de prudence.

Le procédé de Gamache, le comble de la folie et de l'insolence à l'égard de la France, lui faisoit un mérite à Rome. Tout autre ministre qu'un aspirant au chapeau eût obligé Gamache de revenir, l'eût puni, ou du moins l'eût réduit, par la saisie de ses biens, à la condition d'un banni. Mais Dubois n'avoit garde de se déclarer le défenseur des maximes du royaume contre les chimères ultramontaines, dans un moment où il devoit paroître les respecter. Il craignoit, de plus, d'ébruiter ses prétentions : il savoit que Gamache avoit des amis dans le sacré collége, et dans la domesticité intime du Pape. Il prit le parti de le gagner, et lui écrivit à l'instant qu'il ne l'avoit fait rappeler que pour le placer convenablement et à sa naissance et à son mérite, en lui donnant l'archevêché d'Embrun. Gamache, qui, après s'être fait craindre de Dubois, n'étoit pas fâché de s'en faire un ami, répondit par une lettre de reconnoissance, mais refusa l'archevêché, satisfait, disoit-il, de rester auditeur de rote, et offrit ses services pour les vues de Dubois. Dès ce moment, les deux ambitieux s'entendirent à merveille. Gamache fut très-utile au ministre pour le chapeau, et y seroit parvenu lui-même, si la mort ne l'eût pas arrêté dans sa course.

Dubois, voulant plaire au Pape et se signaler par un service éclatant, avoit résolu de faire accepter la constitution. N'ayant pas trouvé dans le parlement les facilités qu'il désiroit pour l'enregistrement de la déclaration, il crut que le grand conseil suppléeroit au parlement, et persuada le Régent que cela auroit le même effet.

On ne peut pas se conduire plus militairement qu'on le fit dans cette affaire. Le Régent, par le conseil de Dubois, fit lire la déclaration au conseil, et, sans prendre les voix, la regarda comme approuvée.

On suivit à peu près le même procédé au grand

conseil. Le Régent, ne se flattant pas que les magistrats de ce tribunal se prêtassent à un enregistrement pur et simple, se fit accompagner des princes, des ducs et pairs, des maréchaux de France : ces derniers, comme officiers de la couronne, ont voix dans ce tribunal quand ils y accompagnent le chancelier; au lieu qu'ils ne l'ont au parlement qu'en vertu de la présence du Roi, qu'ils y suivent. En effet, plusieurs magistrats opinèrent avec force contre la déclaration : un d'eux, nommé Perelle, alléguant les principes dont il appuyoit son avis, le chancelier lui demanda où il avoit trouvé de telles maximes. Perelle répondit froidement : « Dans les plaidoyers de feu M. le « chancelier d'Aguesseau. » Cependant le cortége du Régent étant supérieur en nombre aux magistrats, la déclaration fut enregistrée, et il n'y eut personne qui ne regardât cet enregistrement comme un acte forcé, qui n'avoit rien de solide : le Pape même n'en fut pas satisfait. La cour de Rome, plus attachée qu'aucune autre à ses maximes, savoit combien une opinion nationale a de pouvoir sur les peuples : c'est en France le fondement le plus solide de la loi salique. Un enregistrement libre fait au parlement semble parmi nous la sanction de la loi, et cette cour est seule en droit ou en possession de faire observer ses décisions par les tribunaux inférieurs.

Dubois ne fut pas long-temps à s'apercevoir qu'il n'avoit rien fait pour Rome ni pour lui-même, et qu'il avoit compromis son maître : mais comment revenir sur ses pas? Il s'étoit joint à Law pour persuader au Régent que les parlemens, loin d'être utiles, étoient un obstacle continuel aux opérations du gouvernement; qu'il falloit les supprimer, et rembourser toutes les charges en billets de banque, c'est-à-dire leur faire banqueroute; et qu'alors le Roi seroit véritablement le maître : comme si le pouvoir arbitraire ne détruisoit pas toute monarchie!

Ce projet avoit déjà été proposé, et l'on étoit sur le point de l'exécuter, lorsque l'intérêt même de l'abbé Dubois contribua à le faire échouer; et voici comment.

Le cardinal de Noailles s'étoit engagé à donner un mandement d'acceptation de la bulle, avec des explications, aussitôt que la déclaration sur la conciliation des évêques auroit été enregistrée. L'abbé Minguy, conseiller au parlement, homme du premier mérite, ami intime du cardinal, fut instruit des desseins qu'on avoit contre le parlement. Il fit sentir à son ami qu'il pouvoit rendre le plus grand service à l'Etat en refusant de publier son mandement, si la déclaration n'étoit enregistrée au parlement, et lui détailla toutes les raisons dont il pouvoit s'appuyer contre le Régent, à qui l'on avoit persuadé que la paix de l'Eglise dépendoit de la publication de ce mandement. Le cardinal saisit cette ouverture, et allégua au Régent tout ce qu'on pouvoit dire contre l'enregistrement du grand conseil.

D'un autre côté, le secrétaire d'Etat Le Blanc servit très-bien le parlement, qui le lui rendit dans la suite, sous le ministère de M. le duc. Le Blanc fit entendre à Dubois combien il importoit à la cour de Rome que le parlement fût le garant de la conciliation des évêques; et Dubois travailla, sur ce plan, à ramener le Régent en faveur du parlement, et eut besoin de tout l'ascendant qu'il avoit sur l'esprit de ce prince. Le Régent, qui n'avoit foi à la probité de personne, et qui avoit des preuves de la scélératesse de Dubois, lui avoit cependant donné toute sa confiance. Celui-ci ne se l'étoit pas acquise par l'hypocrisie : s'il avoit osé parler de vertu, il auroit indigné un prince qui le connoissoit à fond : mais il étoit venu à bout de lui persuader que lui Dubois n'ayant d'existence que par son maître, il lui étoit attaché par un intérêt inséparable, « d'autant plus, ajoutoit« il, que le déchet de votre autorité seroit ma perte. » « Signez cela, monseigneur, lui disoit-il un jour, en « lui présentant un mémoire dont le Régent lui de« mandoit l'explication; signez. Vous savez que j'ai « un instinct qui n'est que pour vous, et qui doit « vous convaincre de la bonté de ce que je vous pré« sente. »

Ainsi le cardinal de Noailles en résistant modestement au Régent, et Dubois en le flattant, le plus saint et le plus scélérat des prélats, sans se concerter (car ils n'étoient pas faits pour traiter ensemble) concouroient au même but.

Dubois étoit trop adroit pour proposer d'emblée un second enregistrement de la déclaration, encore moins le rappel du parlement, après avoir exalté l'autorité du grand conseil, et concouru avec ceux qui vouloient anéantir le parlement. Il commença par dire au Régent que le mandement promis par le cardinal de Noailles étoit absolument nécessaire pour la pacification de l'Eglise. Le Régent manda le cardinal, et le somma de tenir sa parole. Le cardinal se retrancha sur l'enregistrement de la déclaration, qui ne pouvoit être valable qu'au parlement. Le Régent, qui dans ce moment même s'occupoit des moyens de supprimer cette compagnie, s'échauffa contre le cardinal : celui-ci, sans sortir du respect, persista dans son refus, ajouta qu'il donneroit plutôt sa démission que son mandement, et qu'après quarante ans d'épiscopat il se trouveroit heureux de sortir d'un monde rempli d'iniquités.

Le Régent, soupçonnant que le cardinal étoit de concert avec le parlement, résolut de se porter aux dernières extrémités contre une compagnie qui, disoit-il, vouloit lui faire la loi. M. le duc, Law, et tous les apôtres du système, l'enflammèrent de plus en plus; des membres mêmes du parlement, tels que le président de Blamont, qui, après s'être fait exiler comme citoyen, étoit devenu espion du Régent, fournirent des mémoires sur la forme qu'on pourroit donner à la justice, en supprimant le parlement. Cependant les choses n'étoient pas encore assez arrangées pour effectuer ce projet, et l'on étoit à la veille de la rentrée du parlement à Pontoise.

Le 11 de novembre, tous les magistrats reçurent une lettre de cachet portant ordre de se rendre à Blois, pour y ouvrir la séance du parlement le 2 décembre. Aussitôt le chancelier, que la précipitation française accusoit de foiblesse, alla trouver le Régent, lui dit qu'il n'étoit plus temps de dissimuler les malheurs de l'Etat; que, ne pouvant faire le bien ni réparer le mal, il venoit remettre les sceaux. Le Régent étonné refusa d'accepter la démission, et le pria d'attendre du moins quelques jours pour se déterminer.

Le cardinal, qui pouvoit jouer alors le rôle le plus brillant s'il avoit eu l'orgueil d'un chef de parti, donna le lendemain son mandement, de peur que sa résistance ne fût imputée au parlement, et afin qu'il ne restât au Régent aucun prétexte à la translation à Blois. Le cardinal venoit de quitter ce prince, à qui il avoit remis son mandement, lorsque le chancelier arriva pour ratifier sa démission. Le Régent, touché du procédé du cardinal, et de la fermeté respectueuse du chancelier, pria celui-ci d'attendre encore, parce que les choses pourroient s'arranger.

Ce jour-là même, La Vrillière, Le Blanc, et Dubois, qui, sans se montrer, les secondoit, firent conseiller au premier président d'aller saluer le Régent, sous prétexte de prendre congé avant de partir pour Blois.

Le premier président, suivi de vingt-deux présidens ou conseillers, se rendit au Palais-Royal, où il trouva le Régent au milieu des ennemis du parlement, qui, prévoyant les suites de cette démarche, avoient chacun le maintien assorti à son caractère. M. le duc étoit très-embarrassé de paroître à la fois l'ami du parlement et celui de Law. Le duc de La Force, trop connu pour se flatter d'en imposer, ne dissimuloit point ses craintes. Law, de peur de céder à la foiblesse, affichoit l'insolence : né pour les succès ou les catastrophes, il paroissoit préparé à tous les événemens.

Le premier président, après avoir parlé de la soumission des parlemens aux ordres du Roi, représenta combien de familles alloient souffrir de l'éloignement du parlement, et entra, sur ce sujet, dans quelques détails qui donnèrent lieu au Régent de répondre qu'il n'avoit pas prévu ces inconvéniens : de sorte qu'après plusieurs plaintes vagues des procédés des magistrats, dont il exceptoit toujours ceux qui étoient présens, il dit à La Vrillière d'expédier de nouveaux ordres pour Pontoise, au lieu de Blois.

Quelque démarche que des particuliers fassent en faveur d'un corps, elle n'a jamais l'approbation générale. Ceux qui ne s'étoient pas trouvés au Palais-Royal taxoient cette visite de bassesse, prétendoient que c'étoit faire sa cour aux dépens des absens, et qu'une telle députation n'auroit dû se faire que par ordre du corps. Le premier président et ceux qui l'avoient accompagné répondoient que tout particulier est libre de faire une visite de politesse ou de respect; qu'ils n'avoient point parlé au nom du parlement, puisqu'ils avoient traité le Régent de monseigneur, titre que ne lui donnoit pas le corps; qu'au surplus, toute la compagnie recueilloit le fruit d'une démarche particulière, puisque le Régent, en lui renvoyant la déclaration, faisoit un aveu authentique d'avoir excédé son pouvoir en s'adressant au grand conseil.

Cependant ce qui n'étoit qu'humeur pouvoit faire un schisme dans la compagnie. L'abbé Minguy avoit eu beaucoup de part à la réunion; l'abbé Pucelle, ami d'estime, mais rival de réputation de l'abbé Minguy, pouvoit prendre un avis contraire.

Le parlement fit sa rentrée à Pontoise le 25 novembre. Avant de proposer la déclaration, on employa plusieurs jours à gagner l'abbé Pucelle; et lorsqu'on eut concerté avec lui les modifications qu'il vouloit à l'enregistrement, pour mettre les appelans à couvert de toute violence, on ne trouva plus d'obstacles.

Dans les compagnies les plus nombreuses, il ne se trouve guère que deux ou trois personnes qui décident de tout; ce qui prouve qu'il n'y a point de corps qui ne tende à la monarchie. Le parlement enregistra la déclaration le 4 décembre, fut rappelé le 16, et reprit le 20 ses fonctions à Paris.

Les affaires s'étoient si fort accumulées, par le peu de travail du parlement à Pontoise, que la chambre établie aux Augustins continua de juger beaucoup de procès, même depuis le retour du parlement, et se fit honneur par son expédition et son intégrité.

Le rappel du parlement décidoit l'expulsion de Law, qui partit prudemment deux jours avant la rentrée, dans une chaise aux armes de M. le duc, accompagné de quelques valets de livrée de ce prince, qui servoient d'une espèce de sauve-garde; et, à tout événement, muni de passe-ports du Régent. Cela n'empêcha pas d'Argenson l'aîné, intendant de Maubeuge, de l'arrêter à son passage dans Valenciennes, et d'en donner avis par un courrier, qu'on lui renvoya sur-le-champ, avec la plus vive réprimande de n'avoir pas déféré aux passe-ports.

Law étoit Ecossais, gentilhomme ou non, mais se donnant pour tel, comme tous les étrangers; grand, bien fait, d'une figure agréable et noble, de beaucoup d'esprit, d'une politesse distinguée, avec de la hauteur sans insolence. Il y avoit chez lui plus d'ordre et de propreté que de luxe. Sa femme, ou plutôt celle qui passoit pour l'être (car on a su depuis qu'ils n'étoient pas mariés), étoit une Anglaise de qualité, d'un caractère altier, et que les bassesses de nos petites ou grandes dames rendirent bientôt impertinente. Après avoir parcouru l'Allemagne et l'Italie, il se fixa à Venise, où il est mort. Son système a été et a dû être pernicieux pour la France. Law ne connut ni le caractère de la nation, ni celui du prince à qui il eut affaire. Le bouleversement des fortunes n'a pas été le plus malheureux effet du système et de la régence. Une administration sage auroit pu rétablir les affaires; mais les mœurs, une fois dépravées, ne se rétablissent que par la révolution d'un Etat; et je les ai vues s'altérer sensiblement. Dans le siècle précédent, la noblesse et le militaire n'étoient animés que par l'honneur; le magistrat cherchoit la considération; l'homme de lettres, l'homme à talent ambitionnoient la réputation; le commerçant se glorifioit de sa fortune, parce qu'elle étoit une preuve d'intelligence, de vigilance, de travail et d'ordre. Les ecclésiastiques qui n'étoient pas vertueux étoient du moins forcés de le paroître. Toutes les classes de l'Etat n'ont aujourd'hui qu'un objet, c'est d'être riches, sans que qui que ce soit fixe les bornes de la fortune où il prétend.

Avant la régence, l'ambition d'un fermier général étoit de faire son fils conseiller au parlement : encore falloit-il, pour y réussir, que le père eût une considération personnelle. Nous venons de voir un conseiller clerc et même sous-diacre (le gendre de Villemorien) quitter sa charge pour entrer dans la finance. Je ne doute pas qu'il n'y ait eu dans tous les temps des magistrats assez vils pour avoir la même avarice :

mais ils n'auroient osé la manifester; et s'ils l'avoient fait, il y auroit eu un arrêté pour exclure du parlement les descendans de ces misérables déserteurs; au lieu que cette infamie a fait, de nos jours, très-peu de sensation : je l'ai même entendu excuser.

J'ai vu, dans ma jeunesse, les bas emplois de la finance être des récompenses de laquais : on y trouve aujourd'hui plus de gentilshommes que de roturiers. Il reste encore en Bretagne un cruel monument du mépris qu'on a eu pour la finance. La plus vile fonction de la société ne prive pas un gentilhomme de l'entrée aux Etats; au lieu que le plus superbe financier en est exclu, et ne rentre dans les droits de sa naissance, s'il en a, qu'en abjurant son état.

Nos lois sont toujours les mêmes : nos mœurs seules sont altérées, se corrompent de jour en jour; et les mœurs, plus que les lois, font et caractérisent une nation.

Terminons cette année par quelques faits particuliers. L'inimitié régnoit toujours entre le roi d'Angleterre et le prince de Galles, et la nation se partageoit entre le père et le fils. Celui-ci fut obligé de sortir de Londres, et à peine avoit-il de quoi subsister. Le parlement y pourvut en lui assignant une pension considérable, et fut près d'attaquer, à ce sujet, les ministres du père. Ils le craignirent, et engagèrent le Roi à se prêter à une réconciliation vraie ou apparente. Enfin l'accommodement se fit par l'entremise de la princesse de Galles, dont le mérite lui avoit attaché tous les Anglais. Si tout ressentiment ne fut pas éteint, du moins les bienséances furent gardées, et les puissances étrangères prirent part à cet événement, suivant leurs différens intérêts.

Dubois crut devoir signaler son attachement pour le roi Georges par une ambassade solennelle, et y fit nommer le duc de La Force; mais le roi Georges, jugeant qu'une pareille commission ne feroit que constater et prolonger un éclat qu'il vouloit étouffer, exigea du Régent de révoquer cette ambassade. L'ambassadeur étoit d'ailleurs assez mal choisi. Le duc de La Force, né dans le protestantisme, et devenu catholique par les motifs qui ont converti tous nos seigneurs protestans, avoit alors sa mère à Londres, où elle s'étoit retirée pour cause de religion. Le nouveau catholique auroit fait, aux yeux du peuple, un mauvais contraste avec une mère zélée protestante.

Le nonce Macei vint cette année remplacer en France Bentivoglio; et il n'étoit pas possible de choisir quelqu'un qui ressemblât moins à son prédécesseur. Macei, fils d'un trompette de la ville de Florence, étoit parvenu de la plus basse domesticité à la prélature. Beaucoup d'esprit, une probité reconnue, des mœurs régulières, un caractère liant avec de la sincérité, de l'agrément dans la société, lui aplanirent les routes de la fortune. Il prouva bien ici qu'un ministre ecclésiastique peut remplir ses devoirs sans fanatisme. La pauvreté, qui ne dégrade que trop souvent ceux qui sont obligés de vivre au sein du faste, lui fit un nouveau mérite. La cour de Rome donne des appointemens très-médiocres à ses nonces; et Macei n'avoit point de patrimoine pour y suppléer. Il soutint son rang avec décence, et sortit de Paris sans y laisser la moindre dette, après dix ans de nonciature, et emporta autant de regrets qu'il en laissa. Il eut le chapeau aussitôt que Clément XII (Corsini) fut monté sur le siége pontifical. Benoît XIII (Orsini) n'avoit pas voulu le donner à des nonces, disant qu'ils n'étoient que des nouvellistes.

L'Empereur entra, par le traité de paix de cette année, en possession de la Sicile, où la cour de Rome se garda bien de le troubler au sujet du tribunal de la monarchie dont j'ai parlé; et les jésuites se trouvèrent trop heureux de rentrer humblement en Sicile. Victor eut en échange la Sardaigne, pour conserver le titre de roi.

La franchise que Law conserva au port de Marseille y attira des vaisseaux de toutes parts; et le peu de précautions qu'on prît à l'égard de ceux du Levant fit le malheur de cette ville. Une peste cruelle et longue en détruisit presque tous les habitans, et s'étendit dans les lieux voisins.

Le célèbre Heinsius, pensionnaire de Hollande, et le plus terrible ennemi qu'ait eu la France, mourut cette année. Créature et instrument du roi Guillaume, il en avoit épousé la haine contre Louis XIV, la conserva après la mort du stathouder, et succéda à toute son autorité dans la République. Constamment opposé à la paix, il avoit juré, avec le prince Eugène et Marlborough, l'invasion et le démembrement de la France, et sacrifia sa république à cette passion. Il lui a été aussi funeste qu'à nous : en l'épuisant d'argent, il l'accabla de dettes, et l'a mise par là dans la dépendance de l'Angleterre, dont elle ne s'affranchira peut-être jamais. A sa haine contre Louis XIV, se joignoit l'orgueil d'humilier un prince qui avoit effrayé l'Europe. Le foyer de la guerre étoit à La Haye. Heinsius étoit flatté de faire attendre, dans son antichambre, les deux plus grands généraux, qui venoient prendre ses ordres.

Mais lorsqu'après la signature de la paix les vrais citoyens connurent l'immensité de leurs dettes, et eurent éclairé leurs compatriotes sur leurs vrais intérêts, l'ivresse se dissipa. Le Pensionnaire, en conservant une place que son âge avancé alloit bientôt lui ravir avec la vie, perdit toute son autorité : accablé de reproches et de dégoûts journaliers, il succomba au chagrin et à l'humiliation, si cruelle pour ceux qui ont abusé de la domination.

LIVRE CINQUIÈME.

[1721] L'EXPULSION de Law étoit un léger sacrifice au public, et n'apportoit aucun soulagement à l'Etat. Le Régent, plus coupable que Law, qui n'avoit été qu'un instrument, se voyoit en horreur à tous les vrais citoyens. Il se flatta de faire approuver les opérations qu'il falloit faire, ou du moins d'en faire partager le blâme en cas de mauvais succès. Pour cet effet, il fit assembler un conseil de régence, où il fit assister le Roi. Il y avoit long-temps que ce conseil n'étoit qu'une vaine représentation, dont les places étoient des bénéfices simples de deux mille livres de pension. Le Régent décidoit de tout avec celui qui dans chaque moment avoit sa confiance, tels que d'Argenson, Law, Dubois, etc.

Pelletier de La Houssaye, qui venoit de succéder à Desforts dans le contrôle général, vint à ce conseil pour y faire le rapport de l'état des finances, et l'on vit alors l'abyme où la France étoit plongée : les membres du conseil n'en avoient eu jusque là qu'une connoissance imparfaite.

M. le duc, voyant qu'il alloit être question de la compagnie des Indes, commença par déclarer qu'il avoit quinze cents actions qu'il remettroit le lendemain, dont le Roi disposeroit; et que, se mettant ainsi hors d'intérêt, il opineroit librement sur la compagnie.

Le prince de Conti, voulant jouer aussi le désintéressé, dit qu'il n'avoit point d'actions à remettre; mais il n'ajouta pas qu'il avoit enlevé de la banque, pour du papier, quatre fourgons chargés d'argent; ce qui avoit été le signal du discrédit.

Sans m'arrêter sur une matière qui seroit le sujet d'une histoire particulière, je dirai seulement qu'il fut constaté qu'il y avoit dans le public pour deux milliards sept cent millions de billets de banque, sans qu'on pût justifier que cette immensité eût été ordonnée. Le Régent, poussé à bout, fut obligé d'avouer que Law en avoit fait pour douze cent millions d'excédant; et que la chose une fois faite, lui Régent l'avoit mis à couvert par des arrêts du conseil antidatés, qui ordonnoient cette augmentation.

M. le duc demanda au Régent comment, étant instruit d'un tel attentat, il avoit laissé Law sortir du royaume. « Vous savez, répondit le Régent, que je « voulois le faire mettre à la Bastille : c'est vous qui « m'en avez empêché, et lui avez envoyé les passe- « ports pour sa sortie. — Il est vrai, reprit M. le « duc, que je n'ai pas cru qu'il fût de votre intérêt « de laisser mettre en prison un homme dont vous « vous étiez servi; mais outre que je n'étois pas in- « struit de la fabrication sans ordre des billets dont « vous venez de parler, je n'ai demandé ni sa sortie, « ni les passe-ports que vous m'avez remis pour lui. « Je déclare, devant le Roi et le conseil, que j'aurois « été d'avis de le retenir. »

Le Régent, embarrassé de l'interprétation de M. le duc, se borna à dire : « Je n'ai point fait mettre Law « en prison, parce que vous m'en avez dissuadé; et

« je l'ai laissé partir, parce que je craignois que sa « présence ne nuisît au crédit public. »

Tous les assistans, étonnés de ce qu'ils entendoient, voyoient clairement que le Régent et M. le duc auroient également craint de laisser entre les mains de la justice Law, qui pouvoit les rendre auteurs ou complices de tout ce qu'il avoit fait. Ils jouèrent tous deux, auprès du conseil, un très-mauvais rôle : mais quoique M. le duc fût extrêmement borné, son intérêt l'éclairoit; sa férocité naturelle lui tenoit lieu de dignité; il avoit plus de caractère que le Régent, qui, avec tout son esprit, son imagination, et le courage de soldat, ne montroit ici que de la foiblesse. Le supérieur qui ne dispute que d'égalité de blâme se trouve nécessairement dégradé.

Le résultat du rapport de La Houssaye fut de nommer des commissaires pour la liquidation des effets par l'examen de leur origine. Le Régent, s'adressant alors au Roi, qui n'avoit que dix ans, prit acte de ne se mêler en rien de l'opération des commissaires; sur quoi le maréchal de Villeroy ne put s'empêcher de lui dire, avec un sourire amer : « Eh! monsei« gneur, à quoi sert cette protestation? n'avez-vous « pas toute l'autorité du Roi? »

Le conseil se leva. Il ne fut plus question de l'offre emphatique des quinze cents actions de M. le duc : lui, la duchesse sa mère, Lassé, amant de la duchesse, la comtesse de Vérue, le duc d'Antin, et tous les subalternes, gardèrent leurs actions. La scène scandaleuse du conseil ne mit pas la moindre altération dans le commerce du Régent et de M. le duc, qui continuèrent de vivre ensemble comme à l'ordinaire, sans amitié, estime, ni ressentiment. A l'égard du prince de Conti, ils ne lui épargnèrent les mépris en aucune occasion, et ne pouvoient lui pardonner d'avoir donné la première atteinte au crédit de la banque, et de faire encore parade de désintéressement : le public, au contraire, lui en faisoit presque un mérite, tant l'horreur du système étoit générale. Cela parut principalement à la réception au parlement du duc de Brissac. M. le duc et le prince de Conti vinrent avec le plus grand nombre de gens de condition que chacun put engager à lui faire cortége : le prince de Conti en eut quatre fois plus que M. le duc. Le procès du duc de La Force sembla les réunir l'un et l'autre : l'un et l'autre vouloient plaire au parlement, et chacun avoit encore son intérêt particulier.

M. le duc cherchoit à détruire ou affoiblir l'opinion qu'on avoit de son dévouement au système et à ses suppôts; le prince de Conti vouloit signaler de plus en plus son prétendu zèle patriotique, et rejeter sur les actionnaires l'opprobre qu'il méritoit bien de partager. Un ressentiment personnel l'échauffoit encore : dans le temps qu'il épuisoit d'argent la caisse de la banque, il tâchoit, d'un autre côté, de réaliser son papier en achetant des meubles et des terres. Il sut que le duc de La Force en marchandoit une très-considérable : il courut sur ce marché; et le trouvant conclu, il voulut inutilement engager le duc de La Force à lui céder la terre, et dès ce moment devint son ennemi juré.

L'animosité et le crédit du prince de Conti n'auroient pas fait un grand tort au duc de La Force, si celui-ci n'en avoit eu un très-grave avec le parlement : c'étoit un des plus vifs sur les prétentions de la pairie, l'ami, le complice de Law, et véhémentement soupçonné d'avoir opiné pour la suppression du parlement.

Comme il avoit réalisé une grande quantité de billets de banque en épiceries, porcelaines et autres marchandises, et qu'il étoit d'ailleurs assez mal voulu du public, le parlement saisit l'occasion de l'attaquer pour monopole. M. le duc, le comte de Charolois son frère, le prince de Conti et dix-neuf pairs s'y joignirent comme juges, avec autant de passion que s'ils eussent été ses parties.

Tous les pairs ne tinrent pas la même conduite : l'archevêque de Reims (Mailly), l'évêque de Noyon (Rochebonne), et sept pairs laïques (1), présentèrent au Roi une requête dans laquelle ils prétendirent que les pairs n'ont d'autre juge que le Roi ; qu'on ne peut instruire, en matière criminelle, le procès intenté à un pair qu'en vertu d'une commission particulière adressée à tel tribunal que le Roi juge à propos de choisir ; et qu'alors ce tribunal juge conjointement avec les pairs.

Le Régent ne voyant pas sans inquiétude une union si nouvelle entre les princes, la plus grande partie des pairs, et le parlement, craignit d'en devenir un jour l'objet. Il évoqua l'affaire au conseil. Aussitôt le parlement fit des remontrances ; et le Régent, avant de décider la question, voulut l'entendre discuter au conseil par des pairs de l'un et l'autre parti. Le duc

(1) Les ducs de Luynes, de Saint-Simon, de Mortemart, de Saint-Agnan, de Charost, de Chaulnes, et d'Antin. (D.)

de Saint-Simon, très-opposé au parlement, défendit très-vivement le duc de La Force, quant à l'incompétence du tribunal. Le duc de Noailles, le plus éclairé du parti contraire, n'osa pourtant pas se commettre avec un tel adversaire, allégua qu'il n'étoit pas assez préparé sur la matière, et demanda du temps pour en conférer avec ses confrères. Le prince de Conti, voulant à toute force figurer dans cette affaire, entreprit de réfuter le duc de Saint-Simon, et ne put jamais faire comprendre autre chose, sinon qu'il ne démordroit pas de la prétention du parlement : et la plupart des pairs ayant déclaré au Régent que, pour toute réponse aux raisons du duc de Saint-Simon, ils s'en rapportoient aux remontrances du parlement, le Régent se détermina enfin pour le parti le plus nombreux. La crainte lui avoit fait rendre l'arrêt d'évocation : il donna, par le même principe, une déclaration qui renvoyoit l'affaire au parlement.

Les différens incidens prolongèrent cette affaire jusqu'au 12 juillet, qu'elle fut jugée. Les associés ou prête-noms du duc de La Force furent, l'un blâmé, les autres admonestés. A l'égard du duc, le jugement fut concerté avec les pairs, et portoit qu'*il seroit tenu d'en user avec plus de circonspection, et de se comporter à l'avenir d'une manière irréprochable, et telle qu'il convient à sa naissance, et à sa dignité de pair de France.*

Il n'est pas facile de prononcer sur les prétentions respectives du parlement et des pairs. Ceux qui nient la compétence du parlement croient prendre un parti plus noble ; ceux qui la reconnoissent, un parti plus sûr.

Il n'est pas aisé non plus de fixer exactement l'idée du crime de monopole, et d'en faire une application juste. Si l'on eût demandé, et si l'on demandoit encore au parlement, de donner une bonne définition du monopole, il seroit fort embarrassé. J'ai quelquefois proposé mes doutes aux meilleurs juges du duc de La Force : ils m'ont fait entendre, le plus obscurément qu'ils ont pu, que si l'accusé leur eût été moins odieux, et mieux voulu du public, il auroit été moins coupable.

Pendant que le parlement étoit en curée, il fut tenté d'attaquer un maréchal de France, après avoir fait justice d'un duc; mais le Régent jugea que c'en étoit assez, imposa silence, et sauva le maréchal d'Estrées.

Dubois ne se montra pas dans cette affaire : il étoit occupé de choses plus intéressantes pour lui. Le jésuite Lafiteau, évêque de Sisteron, et l'abbé Tencin, négocioient pour lui à Rome le chapeau de cardinal. Pour donner plus de poids à la sollicitation, il proposa au cardinal de Rohan d'aller presser la promotion, avec promesse de lui procurer le premier ministère à son retour. Le cardinal, ne doutant point que sa naissance, ses dignités, les talens qu'il se supposoit, et les intrigues de Dubois, n'effectuassent cette promesse, se disposoit à partir, lorsqu'on apprit la mort du Pape. Cet événement hâta le départ du cardinal, qui arriva à Rome muni de tout l'argent nécessaire pour suppléer au mérite du candidat.

Le cardinal prit Tencin pour son conclaviste, et laissa en dehors Lafiteau pour recevoir les lettres de Dubois, qu'il venoit régulièrement leur communiquer. Il écrivoit à Dubois, le 5 mai, que, malgré la prétendue impénétrabilité du conclave, il y entroit toutes les nuits au moyen d'une fausse clef, en traversant cinq corps-de-garde.

L'argent ni les bijoux ne furent pas épargnés; mais Tencin, ne s'en reposant pas sur ces foibles séductions, prit des mesures dignes de lui et de son commettant : il offrit au cardinal Conti de lui procurer la tiare par la faction de France, et des autres partisans bien payés, si Conti vouloit s'engager par écrit de donner, après son exaltation, le chapeau à l'abbé Dubois. Le marché fait et signé, Tencin intrigua si efficacement, que Conti fut élu pape (le 8 mai), et l'eût peut-être été sans aucune manœuvre par sa naissance, et la considération dont il jouissoit.

Après les cérémonies de l'exaltation, Tencin somma le Pape de sa parole. Le Pontife, naturellement vertueux, qui s'étoit laissé arracher ce malheureux écrit dans une vapeur d'ambition, répondit qu'il se reprocheroit éternellement d'avoir aspiré au pontificat par une espèce de simonie; mais qu'il n'aggraveroit pas sa faute par la prostitution du cardinalat à un sujet si indigne. L'abbé Tencin, qui ne comprenoit pas trop ces délicatesses de conscience, insista avec chaleur : le Pape résista avec fermeté. Quand celui-ci parloit de sa conscience, l'autre opposoit son honneur, et celui de Dubois. Ces deux hommes réunis n'en paroissoient pas plus forts au Saint-Père. La lutte dura long-temps, et à différentes reprises.

Tencin voyant qu'il ne pouvoit persuader le Pape par des raisonnemens, le menaça de rendre le billet public. Le Saint-Père, effrayé, crut qu'il valoit encore mieux épargner ce scandale à l'Eglise, que de s'opiniâtrer à refuser un chapeau dont l'avilissement n'étoit pas sans exemple. Cependant le Pape balançoit encore, lorsque Scaglione, son secrétaire, vint dire aux négociateurs que son maître avoit grande envie d'une bibliothèque, mais qu'on en demandoit douze mille écus, et qu'il ne les avoit pas. La somme fut aussitôt comptée; et cette générosité emportant la balance, le Pape nomma (16 juillet) Dubois cardinal, pour anéantir le fatal billet. Mais il n'étoit pas à la fin de ses peines. Tencin, ne voulant point avoir été l'instrument gratuit d'une infamie, résolut d'en tirer parti pour se faire lui-même cardinal, en fit impudemment la proposition au Pape, et lui déclara qu'il ne rendroit le billet qu'à cette condition. Le Pape se vit alors plongé dans un abyme d'horreurs. Il pouvoit du moins s'excuser de la promotion de Dubois sur la sollicitation de la France, sur la recommandation de l'Empereur, redouté à Rome, et que le roi d'Angleterre avoit fait agir vivement; enfin sur le crédit et le ministère de Dubois, qui pouvoit être utile à la cour de Rome. Mais quels prétextes donner à la nomination de Tencin, sans décoration, sans appui, flétri par le procès qu'il venoit de perdre, par sa fortune même, presque aussi décrié que Dubois, sans être réhabilité par des dignités qui couvrent ordinairement une partie du passé, surtout en France, où tout s'oublie, où l'on n'est frappé que du présent? Donner le chapeau à Tencin, c'étoit sinon dévoiler le vrai motif, du moins annoncer un secret honteux.

Le Saint-Père ne put se déterminer à faire jouir Tencin de sa perfidie; il en tomba malade, et depuis ne fit que languir. Une noire mélancolie, causée par le dépit et les remords, entretenue par la présence de Tencin resté ministre de France à Rome, conduisit à la fin Innocent XIII au tombeau.

Si l'abbé Tencin eût eu affaire à un Jules II ou à un Sixte V, il ne s'en seroit pas tiré si heureusement. Nous le verrons un jour parvenir à ce désiré chapeau.

Une circonstance du conclave qui ne doit pas être oubliée, parce qu'elle fait connoître l'esprit de la cour de Rome, c'est ce qui regarde Alberoni. Poursuivi par l'Espagne, abandonné par toutes les puissances au ressentiment du Pape, fugitif, errant ou caché, cité devant une congrégation que Clément XI avoit chargée de faire le procès jusqu'à la dégradation, il trouva son salut dans l'intérêt personnel de ses propres juges, ses confrères.

Le sacré collége avoit été révolté de la promotion d'Alberoni; mais quand les cardinaux l'y virent agrégé, ils ne consultèrent plus que leur intérêt commun. Leur principe fixe est que le chapeau ne peut se perdre, pour quelque raison que ce puisse être; que la conservation ou la perte ne doit jamais dépendre du ressentiment des rois, ni même du pape; que si la nécessité exigeoit le sacrifice d'un cardinal, il vaudroit mieux le priver de la vie que de le dépouiller de la pourpre. Un cardinal prince peut la quitter pour régner, pour se marier, par l'intérêt de sa maison; mais le sacré collége ne souffriroit pas qu'un cardinal renonçât au chapeau par scrupule de l'avoir mal acquis, par esprit de pénitence : témoin le cardinal de Retz, dont la démission fut rejetée.

La congrégation nommée pour juger Alberoni tira

ce procès en longueur jusqu'à la mort de Clément XI, et ne l'auroit jamais terminé.

Comme la voix au conclave est le plus grand exercice de la puissance de cardinal, ce qui en constate principalement la grandeur, le collége ne manqua pas d'y appeler Alberoni, qui ne s'y rendit qu'à la seconde invitation : il y fut reçu avec les mêmes honneurs que les autres cardinaux. Après l'élection, il ne fut plus question du procès. Il prit un palais à Rome, s'y distingua par sa dépense, eut quelque temps après la légation de Ferrare, et vint ensuite se reposer et mourir tranquillement à Rome en 1752.

Dubois, devenu cardinal, s'avançoit de plus en plus vers la place de premier ministre. On n'en pouvoit pas douter, en voyant son empire sur l'esprit du Régent. Ce prince avoit dit vingt fois que si ce coquin osoit lui parler du chapeau, il le feroit jeter par les fenêtres. Il n'y avoit pas huit jours qu'il s'en étoit expliqué en la présence de Torcy, lorsqu'à la fin d'un travail il lui dit : « A propos (sans que rien amenât « cet *à propos*), songez à écrire à Rome pour le cha- « peau de l'archevêque de Cambray : il en est temps. »

Le duc de Saint-Simon, pour qui le Régent avoit une estime et une amitié particulière, ne pouvoit, dit-il dans ses Mémoires, concevoir de telles disparates; mais il ignoroit que ce prince eût écrit luimême au Pape en faveur de Dubois. Je ne vois, dans la conduite du Régent, que les inconséquences apparentes de tous les caractères foibles, qui ne résistent à rien, accordent tout, en rougissent intérieurement, et ne se déclarent qu'à la dernière extrémité, surtout devant ceux dont la probité leur impose. Il y a de certains actes de confiance que l'estime même interdit.

En effet, Dubois étoit si sûr de sa nomination, que le Pape ayant donné, six semaines après son exaltation, le chapeau à son frère, bénédictin du Mont-Cassin et évêque de Terracine, Dubois eut l'insolence de se plaindre de n'avoir pas été nommé le même jour. Il le fut un mois après, avec Alexandre Albani, un des neveux de Clément XI. J'en fais mention, parce que j'aurai occasion d'en parler dans la suite, lorsqu'il sera question du cardinal de Bernis.

Comme je me suis fait une loi de dire la vérité, et de marquer les occasions où ceux qui avoient habituellement la plus mauvaise conduite en ont eu une bonne, j'ajouterai que le cardinal Dubois se comporta, à la nouvelle de sa promotion, avec tout l'esprit et la sagesse possible. Il ne témoigna ni engouement ni embarras dans ses visites de cérémonie. Le jour qu'il reçut la calotte des mains du Roi, après avoir fait son remercîment, il détacha sa croix épiscopale, la présenta à l'évêque de Fréjus (Fleury), et le pria de la recevoir, parce que, dit-il, elle portoit bonheur. Fleury la reçut en rougissant aux yeux du Roi et de la cour, et, qui plus est, fut obligé, en courtisan, de s'en décorer; ce qui lui attira quelques plaisanteries, dans un temps où l'on ne pouvoit pas soupçonner qu'il y eût rien à risquer pour l'avenir.

Dès que l'abbé Passarini, camérier du Pape, eut apporté la barette, le cardinal Dubois la reçut des mains du Roi, et fut ensuite conduit aux audiences de règle, chez Madame, mère du Régent, et alors première dame de France, où il prit le tabouret; chez Son Altesse Royale, femme du Régent, où il eut la chaise à dos. A l'égard des princes et princesses du sang, ce ne sont pas des audiences en forme que prennent les cardinaux, mais de simples visites qu'ils font.

L'audience qui excita le plus la curiosité de la cour fut celle de Madame. Personne n'ignoroit le mépris profond qu'elle avoit pour Dubois : elle ne s'en étoit jamais contrainte. Il se présenta devant elle avec la contenance d'un homme non déconcerté, mais pénétré de respect et de reconnoissance : il parla de la surprise où il étoit de son nouvel état, de la bassesse de sa naissance, du néant dont le Régent l'avoit tiré. Tout ce que la haine et l'envie auroient pu lui reprocher, il le dit lui-même avec dignité, s'assit un moment sur le tabouret qui lui fut présenté, se couvrit pour marquer simplement l'étiquette, se releva presque aussitôt en se découvrant, et se prosterna devant Madame lorsqu'elle s'avança pour le saluer. Elle ne put s'empêcher d'avouer, lorsqu'il fut sorti, qu'elle étoit contente du maintien et du discours d'un homme dont l'élévation l'indignoit.

Dans la lettre que j'ai lue de Dubois sur le chapeau, il s'attache fort à flatter le Saint-Père sur ce que les ecclésiastiques entrent dans le conseil de France, et ajoute qu'un cardinal peut être secrétaire d'Etat, depuis que ces ministres ne prêtent plus serment entre les mains du chancelier. En effet, Dubois étant cardinal et premier ministre, continua les fonctions de secrétaire d'Etat des affaires étrangères jusqu'à la majorité du Roi, qu'il céda ce département au comte de Morville.

Un événement qui intéressoit toute l'Europe, consterna Paris, et en peu de jours le reste de la France, fut la maladie du Roi. Le 31 juillet, ce prince fut attaqué d'une fièvre violente, avec les plus sinistres symptômes : la tête commençoit à s'embarrasser, et les médecins effrayés la perdoient eux-mêmes. Helvétius, le plus jeune de tous, que nous avons vu depuis premier médecin de la Reine, et qu'elle ne dédaignoit pas de regarder comme son ami (1), conserva toute sa présence d'esprit. Il proposa la saignée du pied : tous les consultans la rejetèrent. Maréchal, premier chirurgien, dont l'avis étoit compté pour beaucoup, se révolta le plus contre l'avis d'Helvétius, disant que s'il n'y avoit qu'une lancette en France, il la casseroit, pour ne pas faire cette saignée.

Le Régent, M. le duc, M. de Villeroy, la duchesse de Ventadour, la duchesse de La Ferté sa sœur, et marraine du Roi, et quelques officiers intimes, étoient présens à la consultation, et fort peinés de ne pas voir d'unanimité. On y appela quelques médecins de la ville, tels que Dumoulin, Silva, Camille, Falconet. Ce furent les premiers qu'Helvétius ramena à son avis, qu'il soutint et motiva avec courage, et finit par dire : « Si l'on ne saigne pas le Roi, il est mort : « c'est le seul remède décisif, et même urgent. Je « sais qu'en pareille matière je ne puis démontrer « la certitude du succès; je sais à quoi je m'expose « s'il ne répond pas à mon avis : mais je ne dois « ici, d'après mes lumières, consulter que ma con- « science, et la conservation du Roi. »

Enfin la saignée fut faite. Une heure après, la fièvre

(1) Elle auroit pu s'en souvenir lorsqu'il a été question du livre du fils. (D.)

diminua, le danger disparut; et, le cinquième jour, le Roi fut en état de se lever, et de recevoir les complimens des compagnies, et des ministres étrangers.

Helvétius en eut tout l'honneur à la cour, dans le public, et prouva qu'en bien des occasions la probité et l'honneur ne sont pas les moindres qualités d'un médecin.

On ne sauroit peindre les transports de joie que la convalescence du Roi fit éclater par toute la France, et qui succédèrent à la consternation universelle. Ce que nous avons vu en 1744, lorsque le Roi fut dans un si grand danger à Metz, ne donna qu'une foible idée de ce qui étoit arrivé en pareille circonstance en 1721. Témoin des deux événemens, j'ai vu en 1744 tout ce que l'amour du Français peut inspirer; mais en 1721 les cœurs, en ressentant l'amour le plus tendre, étoient de plus animés d'une passion opposée et très-vive, d'une haine générale contre le Régent, qu'on craignoit d'avoir pour maître. Toutes les églises, où pendant cinq jours on n'avoit entendu que des cris de douleur, retentissoient de *Te Deum;* on n'adressoit point de prières au Ciel qui ne fussent autant contre le Régent que pour le Roi.

L'ordonnance pour les fêtes publiques ne fut qu'une permission de les commencer, une simple attention de police pour maintenir le bon ordre. On n'y mit point cette menace d'amende, si ridicule, si injurieuse, et si absurdement contradictoire dans une ordonnance relative à une réjouissance publique.

En effet, il n'étoit pas besoin d'échauffer l'amour des peuples. On ne voyoit que danses et repas dans les rues; les bourgeois faisoient servir leur souper à leurs portes, et invitoient les passans à y prendre place. Tout Paris sembloit chaque jour donner un repas de famille. Ce spectacle dura plus de deux mois, par la beauté de la saison, la longue sérénité du temps, et ne finit que par les froids de l'arrière-saison.

Les étrangers partagèrent notre joie; et l'Empereur disoit hautement que Louis XV étoit l'enfant de l'Europe. Elle pouvoit être replongée dans les horreurs d'une nouvelle guerre, si l'on avoit eu le malheur de le perdre. Par un article secret du traité de paix signé à Radstadt, l'Empereur donna à Louis XIV sa parole d'honneur de n'entrer directement ni indirectement dans aucune guerre contre la France pendant la minorité. Le Régent n'eut connoissance que fort tard de ce secret, et depuis qu'il l'eut su ne pardonna jamais au maréchal de Villars de le lui avoir caché. Si le Régent en eût été plus tôt instruit, peut-être eût-il moins recherché les Anglais : au lieu de se livrer à eux comme il fit, il auroit pu se faire acheter lui-même pendant les troubles qui régnoient alors en Angleterre; l'alliance entre les deux couronnes se seroit également faite, mais plus avantageusement pour nous; et la paix n'en auroit pas moins subsisté.

Aux premiers accidens de la maladie, l'opinion générale l'attribua au poison, et en accusa le Régent. Le peuple de la cour, plus peuple qu'un autre, accréditoit les soupçons. Ceux mêmes qui, ne le croyant pas, étoient ennemis du Régent, fomentoient ces bruits de tout leur pouvoir. La duchesse de La Ferté, qui étoit de la cabale, avoit affecté de dire : « Hélas! « tout ce qu'on fait est inutile : le pauvre enfant est

« empoisonné. » Ce qu'il y a d'étrange, c'est que les symptômes, le traitement et la curation de la maladie en ayant démontré la nature, les mêmes rumeurs subsistèrent, et ne sont pas encore totalement détruites. Ce qui contribua beaucoup alors à les fortifier fut que le Régent venoit de faire revivre, pour son fils le duc de Chartres, la charge de colonel général de l'infanterie, place qui donne des priviléges si exorbitans, qu'on l'avoit supprimée comme dangereuse, et qui le devenoit infiniment plus entre les mains d'un premier prince du sang. On accusoit le maréchal de Villeroy d'en avoir donné le conseil au Régent, pour le rendre de plus en plus suspect d'aspirer à la couronne, et de s'en préparer les voies. Si cela étoit, le prétendu piége étoit digne de la sottise du maréchal; car s'il faisoit soupçonner le Régent de quelque grande entreprise, il lui fournissoit en même temps les moyens de réussir.

Le Régent parut aussi touché que qui que ce fût pendant la maladie, et partagea sincèrement la joie de la convalescence. Le maréchal de Villeroy éprouvoit, avec raison, le bonheur de voir le Roi rendu à nos vœux; mais il y mettoit une ostentation qu'il croyoit injurieuse au Régent, et qui le devenoit par là. Dans les fêtes qui se succédoient journellement, les cours et le jardin des Tuileries ne désemplissoient pas; le maréchal ne cessoit de mener le Roi d'une fenêtre à l'autre, au point de l'en excéder. « Voyez, « lui disoit-il, voyez, mon maître, tout ce peuple « est à vous : il n'y a rien là qui ne vous appartienne, « vous êtes le maître de tout ce que vous voyez; » et autres platitudes. Ce n'étoit pas là ce que Montausier, Beauvilliers ou Fénelon auroient trouvé à dire sur la joie vive et franche d'un peuple amoureux de ses rois. Et quel peuple mérite plus d'être cher à ses princes?

L'évêque de Fréjus, Fleury, se conduisoit avec beaucoup plus de sagesse, du moins pour lui-même. Il avoit une grande attention à flatter la morgue du maréchal, de peur de lui donner de la jalousie; et, plein de respect pour le Régent, il s'attachoit à gagner la confiance de son élève. Tout ce qui approchoit le Roi s'apercevoit de la préférence que le jeune prince donnoit dans son cœur à Fleury sur le gouverneur.

Le Régent le remarqua; et, cherchant toutes les occasions de flatter le goût du Roi, il lui présenta Fleury pour l'archevêché de Reims, qui venoit de vaquer. Il songeoit aussi à s'attacher par là un homme qu'il voyoit gagner sensiblement la confiance du Roi, et voulut laisser à ce prince le plaisir de donner à son précepteur un siége d'une si grande distinction. Le Roi l'envoya chercher, et lui apprit le présent qu'il lui faisoit. Fleury se confondit en remercîmens respectueux et tendres, mais refusa d'être premier duc et pair de France.

Le Roi parut affligé du refus, et le montra de manière à faire connoître combien son précepteur lui étoit déjà cher. Le Régent le sentit, et insista; mais l'évêque, pour motiver son refus, représenta qu'ayant déjà quitté un diocèse, parce que son âge ne lui permettoit plus de remplir ses devoirs, il ne seroit pas excusable de se charger d'un poids supérieur au premier. Le Régent lui répondit que ses fonctions auprès du Roi le dispenseroient d'aller à Reims, où il auroit un évêque *in partibus*, chargé des fonctions épiscopales; que plusieurs prélats en avoient, sans y être autorisés par un devoir aussi privilégié que l'éducation du Roi. Fleury répliqua, d'un ton modeste, qu'il ne blâmoit la conduite de personne; que chacun devoit être son propre juge : que pour lui, il ne se tiendroit pas en sûreté de conscience d'être évêque sans résidence. Il n'avoit pas toujours été si timoré : sa prétendue résidence à Fréjus n'avoit été qu'une absence de la cour. Il avoit passé le temps de son épiscopat à parcourir les villes du Languedoc et du Dauphiné, où il y avoit meilleure compagnie qu'à Fréjus; il y séjournoit peu, et le regarda toujours comme un exil : de sorte que son abdication n'avoit été qu'une préférence donnée au séjour et à la société de la cour, sur celles de la province.

Le Régent comprit très-bien que le saint évêque craignoit qu'à la fin de l'éducation on ne saisît quelque prétexte de le reléguer à Reims; que le plus sûr pour lui étoit de rester à poste fixe auprès du Roi, dont la confiance ne feroit que se fortifier par l'habitude. Le Régent cessa de le presser sur l'archevêché, et finit par le prier d'accepter du moins l'abbaye de Saint-Etienne de Caen, vacante par la mort du même cardinal de Mailly. Fleury, dans la crainte de faire croire qu'il ne vouloit rien devoir au Régent, accepta ce bénéfice simple, de soixante-dix mille livres de rente. Ce fut certainement son unique motif. Il a bien prouvé depuis, dans sa toute-puissance, qu'il étoit peu sensible au faste et à l'intérêt. Il a porté, dans son ministère, l'économie jusqu'à de bas détails;

mais il ne s'appliqua jamais ce qu'il retranchoit aux autres, et ne fut avare que pour l'Etat. Sa succession ne valoit pas dix mille écus. Quelques fades plaisanteries qu'en fissent des courtisans avides, et qui n'auroient jamais rien reçu s'il l'eût fallu mériter, il seroit à désirer qu'il eût eu des imitateurs. On a sans doute des reproches très-graves à lui faire, je ne les dissimulerai pas; mais on l'a regretté, et ses successeurs ont justifié les regrets.

Le modeste Fleury fit ou laissa mettre son refus dans les gazettes et les journaux, et chacun en fit le commentaire suivant ses idées ou ses intérêts.

Fleury perdit alors une belle occasion de témoigner sa reconnoissance à une famille à laquelle il avoit les plus grandes obligations. L'abbé de Castries, archevêque d'Alby, désiroit fort le siége de Reims, quoique d'un moindre revenu. L'approche du sacre du Roi donnoit un grand relief à ce siége. Le Régent l'ayant offert à Fleury, voulut qu'il influât dans cette nomination. Fleury devoit sa première existence au cardinal de Bonzi, oncle de l'archevêque d'Alby : il avoit reçu des services essentiels de tous les Castries; il avoit été long-temps l'ami, disons mieux le protégé, de la maison; mais il avoit en opposition un intérêt présent, qui fut toujours la règle de sa conduite.

Il pensoit déjà au chapeau de cardinal, maladie inévitable à tout ecclésiastique en faveur. Le cardinal de Rohan étoit dans ce moment le ministre de France à Rome; sa maison étoit puissante; l'archevêque d'Alby étoit ami déclaré du cardinal de Noailles; la constitution commençoit à prendre le dessus dans le clergé, et Fleury comptoit bien s'en servir utilement. Ainsi il fit préférer l'abbé de Rohan-Guémené pour l'archevêché de Reims.

Le Régent donna en même temps l'évêché de Laon à l'abbé de Saint-Albin, bâtard non reconnu qu'il avoit eu de la Florence, élève des jésuites, l'un des plus zélés ignorans qui soient sortis de leur école. Il assista l'année suivante au sacre du Roi, en sa qualité de duc et pair ecclésiastique. Quand il voulut depuis se faire recevoir au parlement, il fut arrêté par la difficulté de ne pouvoir articuler ni père ni mère, ni par conséquent produire un nom. Cet obstacle lui valut l'archevêché de Cambray, où il passa à la mort du cardinal Dubois, en conservant les honneurs de duc et pair. Il eut pour successeur à Laon l'abbé de La Fare, espèce de petit monstre par la figure, et qui l'étoit encore plus par son ame.

Le cardinal Dubois venoit de terminer une négociation qui touchoit infiniment le Régent : le mariage du Roi avec l'infante d'Espagne, et celui de mademoiselle de Montpensier, fille du Régent, avec le prince des Asturies. Philippe v avoit été transporté de joie d'avoir pour gendre le roi de France ; et le second mariage étant la condition nécessaire du premier, il avoit sacrifié le ressentiment qu'il pouvoit avoir contre le Régent. Il restoit, non pas une difficulté politique, mais un embarras domestique : c'étoit de l'apprendre au Roi, dont le consentement formellement prononcé étoit nécessaire. Ce prince, encore dans l'enfance, et d'un caractère timide, pouvoit ne pas recevoir la proposition comme il étoit à désirer qu'elle fût reçue. Le maréchal de Villeroy, ennemi presque déclaré du Régent, préviendroit peut-être le Roi défavorablement, disposeroit la cabale à répandre dans le public que le Régent faisoit un mariage disproportionné quant à l'âge, afin de reculer autant qu'il pouvoit l'espérance de voir la succession directe assurée, et comptoit sur le chapitre des événemens. L'Infante n'avoit guère alors que trois ans, et le Roi étoit dans sa douzième année.

Le Régent, pour se fortifier auprès du Roi, confia l'affaire à M. le duc, qui, étant surintendant de l'éducation, ne devoit pas apprendre cette nouvelle avec le public. Il reçut très-bien la confidence, et approuva fort l'alliance. Le Régent en parla ensuite à l'évêque de Fréjus, en le prévenant que c'étoit une distinction qu'il lui donnoit sur le maréchal, pour qui il lui recommandoit le plus grand secret. Fleury objecta d'abord l'âge de l'Infante, répondit assez froidement aux avances que le Régent lui faisoit pour l'engager, dit cependant qu'il ne croyoit pas que le Roi résistât, et promit de se trouver auprès du Roi lorsqu'on la lui feroit. Il est fort douteux qu'il ait été fidèle au secret, et n'en ait pas fait sa cour au maréchal, qu'il ménageoit beaucoup, qui lui avoit rendu service, lui étoit utile, et pour qui il n'étoit pas encore temps d'être ingrat.

Quoi qu'il en soit, il parut vouloir éviter de se trouver à la proposition. Elle devoit se faire immédiatement avant le conseil de régence, où le Roi devoit se rendre pour y confirmer tout de suite le consentement, le *oui* qu'il auroit prononcé dans le cabinet, afin que l'affaire fût consommée.

Le Régent, avant que d'entrer chez le Roi, s'in

forma de ceux qui s'y trouvoient; et apprenant que l'évêque de Fréjus n'y étoit pas, il l'envoya avertir, et n'entra que lorsqu'il le vit arriver, de l'air empressé d'un homme trompé par l'heure. Il n'y avoit avec le Roi, dans le cabinet, que le Régent, M. le duc, le maréchal de Villeroy, l'évêque de Fréjus, et le cardinal Dubois.

Le Régent, prenant un air d'enjouement et un ton de liberté respectueuse, dit au Roi l'affaire dont il s'agissoit, releva les avantages de l'alliance, et le pria de manifester son consentement. Le Roi surpris garda le silence, parut avoir le cœur gros, et ses yeux devinrent humides. L'évêque de Fréjus, voyant qu'il falloit prendre son parti, plaire au Régent ou se l'aliéner, appuya ce qui venoit d'être dit. Le maréchal, déterminé par l'exemple de l'évêque : « Allons, mon « maître, dit-il au Roi, il faut faire la chose de bonne « grâce. » Le Régent très-embarrassé, M. le duc fort taciturne, et Dubois d'un air composé, attendoient que le Roi rompît un silence qui dura un demi-quart-d'heure, pendant lequel l'évêque ne cessa de parler bas au Roi, et l'exhortoit avec tendresse à venir au conseil déclarer son consentement. Le silence se prolongeant, et l'assemblée de tout le conseil, où le Roi alloit se trouver, ne pouvant qu'augmenter sa timidité, l'évêque se tourna vers le Régent, et lui dit : « Sa Majesté ira au conseil; mais il lui faut un peu « de temps pour s'y disposer. » Là-dessus, le Régent répondit qu'il étoit fait pour attendre la commodité du Roi, le salua d'un air respectueux et tendre, sortit, et fit signe aux autres de le suivre. M. le duc, le maréchal et l'évêque restèrent auprès du Roi. Dubois, qui, depuis qu'il étoit cardinal, n'entroit plus au conseil, où on lui refusoit la préséance, se retira dans une autre pièce.

Le Régent étant entré dans celle du conseil, trouva tout le monde assemblé, et fort intrigué de la conférence secrète du cabinet du Roi. Il y avoit un quart-d'heure qu'on se regardoit les uns les autres sans prendre séance, lorsque le Roi parut, entouré des trois qui étoient restés avec lui.

Aussitôt qu'on fut en place, tous les yeux se portèrent sur le Roi, qui les avoit encore rouges. Le Régent, lui adressant la parole, lui demanda s'il trouveroit bon qu'on fît part de son mariage au conseil. Le Roi répondit un *oui* fort court et assez bas, mais qui cependant fut entendu, et suffisoit au Régent, qui partit de là pour détailler les avantages de l'alliance. Quand tous parurent favorablement disposés, il demanda les avis, qui ne pouvoient manquer d'être unanimes; et chacun appuya le sien de quelques mots d'approbation. Le maréchal de Villeroy, en approuvant comme les autres, ajouta seulement, d'un air chagrin, qu'il étoit bien fâcheux que l'Infante fût si jeune. La réflexion, juste en elle-même, étoit très-mal placée : il devoit suivre le conseil qu'il avoit d'abord donné au Roi de faire la chose de bonne grâce, puisqu'elle étoit décidée; et l'observation ne pouvoit qu'augmenter l'humeur sombre du Roi. Le Régent ne lui laissa pas le temps de réfléchir, lui fit compliment, s'appuya sur l'unanimité des suffrages du conseil, garans de celui de tous les Français; et dans l'instant, pour faire diversion, fit rapporter une affaire.

Dès le jour même, tous les courriers furent dépêchés. Le Roi fut fort sérieux le reste de la journée : le lendemain, les complimens qu'il reçut le dissipèrent, et bientôt il s'entretint comme les autres des fêtes préparées pour l'arrivée de l'Infante.

Le Régent fut assez bien conseillé pour ne pas parler des deux mariages à la fois : la jalousie du second auroit indisposé bien des gens sur le premier. Mais quinze jours après, lorsque tous les esprits furent familiarisés avec la première nouvelle, le Régent alla trouver le Roi ; et, en présence de M. le duc, de l'évêque, du maréchal de Villeroy et du cardinal Dubois, après en avoir prévenu les deux premiers, rendit compte de l'honneur que le roi d'Espagne vouloit lui faire, et demanda au Roi la permission de l'accepter. Le Roi donna son agrément avec la gaieté d'un enfant qui, depuis quinze jours, n'entendoit parler que de mariage et de l'Espagne. Cette alliance avec l'Espagne fut un coup de massue pour la vieille cour. Les maréchaux de Villeroy, de Villars, d'Uxelles, de Tallard, firent leurs complimens comme les autres, et s'efforçoient de cacher leur dépit, sans pouvoir cacher leurs efforts.

Ces gens, qui ne juroient que par l'Espagne tant qu'ils s'étoient flattés d'en faire un épouvantail contre le Régent, ne sachant plus sur quoi s'appuyer, ne pouvoient revenir de leur surprise de voir destinée au trône d'Espagne la fille d'un prince dont Philippe v avoit demandé la tête sous le dernier règne, et qui depuis avoit porté la guerre en Espagne. Le choix d'un enfant qui retarderoit le mariage du Roi de plusieurs années leur paroissoit le chef-d'œuvre de la politique. Il y a pourtant apparence que le Régent eût été moins attaché au choix de l'Infante, s'il eût pu sans cela marier sa fille au prince des Asturies.

Le duc de Saint-Simon fut déclaré ambassadeur extraordinaire pour aller faire la demande de l'Infante. Le prince de Rohan, grand-père du maréchal de Soubise d'aujourd'hui, et gendre de la duchesse de Ventadour, fut nommé pour aller faire l'échange des princesses sur la frontière. Le duc d'Ossone vint à Paris, en qualité d'ambassadeur extraordinaire, faire la demande de mademoiselle de Montpensier.

Nous avions alors, pour ambassadeur ordinaire à Madrid, le marquis de Maulevrier-Langeron. Lauftez, irlandais de nation, et major des gardes du corps du roi d'Espagne, eut à Paris le même titre pour l'Espagne.

Quelque union que le double mariage mît entre les deux branches de la maison de France, la conduite à tenir par nos ministres à Madrid exigeoit de la prudence. Il y avoit à la vérité, entre la France, l'Espagne et l'Angleterre, une alliance défensive, fondée sur les traités d'Utrecht et de la triple alliance : on y avoit stipulé une garantie réciproque des Etats dont jouissoient ces trois puissances, qui confirmoient au moins tacitement les renonciations et la succession de la couronne d'Angleterre dans la maison protestante d'Hanovre. Ces articles convenoient fort au Régent, mais n'étoient nullement du goût du roi ni de la reine d'Espagne, qui conservoient l'espoir du retour en France, si l'on avoit le malheur d'y perdre le Roi. De plus, la France et l'Angleterre avoient promis leurs bons offices pour terminer les différends qui restoient à régler entre l'Empereur et l'Espagne.

Or, il y avoit dans ce moment-là un nouveau germe de mésintelligence.

L'Empereur, conservant toujours les idées autrichiennes, venoit de faire une promotion de grands d'Espagne. Philippe v s'en plaignit aux puissances alliées. L'Angleterre, en reconnoissance des avantages qu'elle avoit tirés d'Espagne, accommoda cette affaire, et engagea l'Empereur à donner une déclaration par laquelle il notifioit qu'il n'avoit point prétendu faire des grands d'Espagne, dont le titre ne se trouvoit point dans les titres des seigneurs à qui il avoit simplement donné des distinctions et des honneurs, dont tout souverain est maître dans sa cour. La nouvelle de cet accommodement arriva à Madrid deux jours après la signature du contrat, et tranquillisa beaucoup Philippe v.

On a pu remarquer que je m'arrête peu sur des relations de fêtes qui remplissent les gazettes et les journaux : je me bornerai à des circonstances qu'on n'y trouveroit pas, et qui peuvent avoir quelque utilité. Par exemple, le Régent chargea le duc de Saint-Simon de deux lettres pour le prince des Asturies : dans l'une il le traitoit de neveu, et dans l'autre de frère et neveu. Il s'agissoit de faire passer la seconde; car elles étoient d'ailleurs pareilles. Il falloit que cette prétention eût été suggérée au Régent, qui, très-peu délicat sur le cérémonial, n'étoit pas en droit de prétendre à l'égalité avec le prince des Asturies. Tous deux petits-fils de France, le prince des Asturies avoit l'aînesse, et de plus étoit l'héritier naturel de la couronne d'Espagne. Cependant la seconde lettre passa : Grimaldo, ministre d'Espagne, à qui la copie en fut communiquée, ou n'y fit pas d'attention, ou prit le titre de frère pour une expression de tendresse. Pour peu qu'il eût fait de difficulté, l'ambassadeur devoit substituer la première lettre.

L'usage d'Espagne est que le Roi ne signe pas lui-même le contrat de mariage, mais le fait signer par des commissaires. Cela s'étoit pratiqué ainsi aux contrats de mariage de nos deux dernières reines, quoiqu'à celui de Marie-Thérèse Louis XIV et Philippe IV se trouvassent en personne sur la frontière. Le duc de Saint-Simon désiroit la signature du Roi; Grimaldo réclamoit l'ancien usage. Le roi et la reine d'Espagne consentirent à signer, pour marquer la satisfaction qu'ils avoient de l'alliance.

Dans tout le cours de cette affaire, Philippe V se montra plus Français qu'il n'avoit jamais fait. Ce n'étoit point la joie mesurée d'un roi qui réussit dans une négociation : c'étoit celle d'un père content, d'un homme généreux qui se réconcilie. Ayant appris que la ville de Paris avoit complimenté le duc d'Ossone, il voulut que la ville de Madrid fît son compliment à l'ambassadeur de France : honneur qui ne s'étoit encore rendu à aucun ambassadeur, du moins à Paris.

A propos de chose sans exemple, il s'en fit pour le duc d'Ossone une qui depuis en a servi en plusieurs occasions. Le Régent, voulant lui donner l'ordre du Saint-Esprit, crut que le Roi n'étant pas encore chevalier, et ne devant recevoir le collier que le lendemain de son sacre, ne pouvoit aussi faire des chevaliers que lorsqu'il le seroit lui-même. Il portoit simplement le cordon, tel qu'on le donne à tous les Enfans de France au moment de leur naissance. Le duc d'Ossone eut donc la permission de porter le cordon, en attendant qu'il pût être nommé (1).

On fit encore plus en Espagne pour le duc de Saint-Simon qu'on n'avoit fait en France pour le duc d'Ossone. Philippe v donna la grandesse à lui et à un de ses fils, au choix du père, pour en jouir en même temps. Il choisit le cadet, et ils se couvrirent ensemble en Espagne. La Toison fut donnée à l'aîné.

Tout levain autrichien parut étouffé dans le cœur des Espagnols qui avoient pu en conserver; et les Français de naissance qui se trouvoient encore alors attachés par leurs places à la personne du Roi faisoient éclater les transports de leur joie. Tel étoit Boutin de Valouse, premier écuyer de Philippe v, et chevalier de la Toison; tel étoit encore La Roche, premier valet de garde-robe, homme d'une probité reconnue, au point que Philippe v lui confia la garde de l'estampille, qui est un sceau où la signature du Roi est imitée dans la plus parfaite ressemblance. On s'en sert en Espagne, pour éviter au Roi la peine de signer lui-même : invention commode et dangereuse, paresse asiatique qui passera peut-être un jour jusqu'aux ministres. La garde de l'estampille n'est pas une di-

(1) Le Roi en a usé depuis ainsi pour quelques-uns de nos ambassadeurs et autres, qui ont porté le cordon avant que d'être reçus chevaliers.

Il est étonnant que le Régent et les chevaliers de ce temps-là fussent si peu instruits de l'histoire de leur ordre. Le Roi, quoique mineur et non sacré, pouvoit, sans blesser les règles, faire des chevaliers. Henri iv, encore huguenot au siége de Rouen, ne pouvant par conséquent lui-même être chevalier, ni porter le cordon, donna une commission au premier maréchal de Biron pour recevoir le baron de Biron son fils, depuis maréchal de France et décapité, et pour donner en même temps le cordon à Renaud de Beaune, archevêque de Bourges, grand aumônier de France, à la place d'Amyot, forcené ligueur. (D.)

gnité, mais une commission de confiance qui n'en est que plus honorable; et La Roche étoit, à ce titre, secrétaire du cabinet. Parmi les Français estimables établis à Madrid, je dois d'autant moins oublier Sartines, que nous voyons à Paris son fils en passe de devenir un personnage considérable. Sartines, né à Lyon, y avoit fait la banque : des circonstances l'avoient fait établir en Espagne. C'étoit un homme d'esprit et de probité, actif, grand travailleur, et fécond en expédiens. Il avoit eu la direction générale des vivres des armées en Espagne : souvent consulté par les ministres, les généraux, et le Roi même, il eut beaucoup d'amis, et les méritoit. Il étoit intendant général de la marine, lorsqu'il fut entraîné par la chute de Tinnaguas, secrétaire d'Etat, son ami, au commencement du ministère d'Alberoni. Ce ministre violent et despote lui fit un crime de ses liaisons avec le duc de Saint-Agnan, notre ambassadeur à Madrid; et celui-ci étant obligé de sortir précipitamment d'Espagne, Sartines fut mis en prison, et n'en sortit qu'à la disgrâce d'Alberoni. Il épousa depuis une caméristе qui fut ensuite *señora di honor* de la reine d'Espagne, et devint intendant de Barcelone, où il est mort. Son vrai nom étoit des Sardines. Son père étoit épicier à Lyon. Sartines portoit, en Espagne, la croix de Saint-Michel. Je ne crois pas cependant qu'il ait été fait chevalier en titre : il n'est dans aucune liste. Je désire que le fils me donne occasion de parler de lui comme de son père : c'est son affaire; la mienne est de rendre justice.

Un des principaux articles de l'instruction du duc de Saint-Simon étoit de voir et de cultiver beaucoup le jésuite Daubenton, confesseur du Roi, place bien importante quand elle n'est pas un vain titre. Dès la première visite, le bon père se répandit en protestations d'attachement au Régent et à la France, et de la plus tendre estime pour le duc de Saint-Simon, dont il connoissoit, disoit-il, l'amitié pour les jésuites. De là, il passa au désir que le roi d'Espagne avoit de mettre l'Infante entre les mains d'un de leurs pères, seuls capables d'inspirer de bonne heure à cette princesse les vrais principes de la religion.

Daubenton parloit vrai sur le désir de Philippe v; car, à la première audience particulière que ce prince donna à l'ambassadeur, il coupa une discussion d'affaires, pour le charger de demander au Régent que l'Infante fût instruite par un jésuite, et revint sur cet article à diverses reprises.

Le duc de Saint-Simon, déjà prévenu du désir de Philippe v, ne put répondre que favorablement à la proposition de Daubenton. Le zélé père, charmé de l'ouverture, devint radieux, caressant; et, après plusieurs circonvolutions patelines, des mots entrecoupés, et quelques phrases d'un clair obscur : « Ce n'est « pas tout, dit-il; le Roi attend encore plus de Votre « Excellence, de votre attachement pour lui, de votre « amour pour la religion, de votre amitié pour notre « compagnie. » Ce n'étoit pas assurément par ce dernier sujet d'éloge que Saint-Simon étoit le plus connu; mais une figure de rhétorique des moines est d'inspirer du zèle pour eux, en supposant qu'on l'a déjà. « Le Roi, continue Daubenton, meurt d'envie « de vous prier de demander de sa part, au Roi son

« neveu, de prendre un jésuite pour confesseur, et « d'engager le Régent à vous appuyer. Les infirmi- « tés de l'abbé Fleury le menacent d'une mort pro- « chaine : il seroit donc convenable de prendre les « avances, et que, dans la même dépêche où vous « demanderez un jésuite pour l'Infante, vous propo- « sassiez d'en donner un au Roi. »

Daubenton termina son discours par mille offres de services pour la grandesse que désiroit l'ambassadeur, et finit par lui demander de dire amicalement ce qu'il en pensoit.

Le piége étoit assez bien tendu, et l'appât bien présenté. Saint-Simon s'en tira cependant. Il témoigna au jésuite beaucoup d'estime pour sa compagnie, et convint que rien n'étoit mieux que de donner un jésuite à l'Infante, puisque le Roi son père le désiroit; mais qu'à l'égard du confessionnal du Roi et de l'intérieur de sa maison, la proposition pourroit bien n'être pas mieux reçue en France que ne le seroit en Espagne celle de changer le confesseur de Philippe v, ou ses ministres; que c'étoit un grand pas de faire accepter un jésuite pour l'Infante; que la considération pour la compagnie feroit le reste, et qu'on y réussiroit d'autant mieux qu'on paroîtroit moins l'exiger.

Daubenton ne fut pas trop content de la réponse, et s'attendoit à mieux : mais il ne perdit rien de sa sérénité; et, de peur de montrer du refroidissement, redoubla de protestations d'amitié, d'offres de services pour l'ambassadeur, et approuva de bouche des raisons qui lui répugnoient fort.

Que Daubenton eût été chargé ou non par Philippe v de la proposition qu'il fit de donner au jeune Roi un confesseur jésuite, il est certain que ce prince n'en parla point à l'ambassadeur. Pour réunir tout ce qui concerne cette affaire, j'ajouterai ici ce qui arriva trois mois après. On persuada à l'abbé Fleury de se retirer, et le père Taschereau de Linières fut nommé à sa place. Il étoit déjà confesseur de Madame, mère du Régent; et le cardinal de Noailles n'avoit pas trouvé grand inconvénient à donner des pouvoirs à ce jésuite pour confesser Madame. Le père de Linières étoit un bon homme, sans intrigues, et n'auroit pu, quand il auroit été tout autre, tirer aucun parti de la dévotion du Palais-Royal. Madame, la seule pénitente qu'il eût, étoit catholique, parce qu'il avoit fallu l'être pour épouser Monsieur : du reste, pleine de vertu, de bonté d'ame, d'une hauteur allemande, un confesseur n'étoit pour elle qu'un domestique de plus.

Il n'en étoit pas ainsi du confessionnal d'un roi encore enfant, et accessible aux premières impressions. Le cardinal de Noailles jugea le choix du confesseur une affaire de la plus grande importance, et refusa les pouvoirs à Linières. Quel que fût le caractère personnel d'un jésuite, le cardinal savoit que le confesseur d'un roi est, par état, l'homme de la société et de son général; et, sans proposer lui-même un confesseur, il se bornoit à exclure les jésuites. Le maréchal de Villeroy offroit le choix de trois sujets : le chancelier de Notre-Dame; Benoist, curé de Saint-Germain-en-Laye; et l'abbé de Vaurouy, qui avoit refusé l'évêché de Perpignan. L'évêque de Fréjus proposoit Paulet, supérieur du séminaire des Bons-Enfans, ou Champigny, trésorier de la Sainte-Chapelle.

Le cardinal de Rohan, au défaut des jésuites, qu'il eût préférés, présentoit le docteur Vivant, curé de Saint-Merry, et fanatique constitutionnaire. Noailles, Villeroy et l'évêque de Fréjus s'opposèrent de tout leur pouvoir au choix du jésuite (1); mais le crédit du cardinal Dubois l'emporta en faveur de Linières. Il étoit difficile de lui supposer d'autre motif que le ressentiment contre le cardinal de Noailles, qui avoit refusé de lui conférer les ordres lors de sa nomination à l'archevêché de Cambray. Il n'avoit aucune obligation de son chapeau aux jésuites : on a vu comment il l'avoit conquis. Le refus des pouvoirs rendoit cependant la nomination inutile. Les sollicitations ne purent rien obtenir du cardinal de Noailles : il fut inflexible. Dubois, au mépris des droits et de l'honneur de l'épiscopat, s'adressa au Pape, qui envoya au Roi une permission de choisir quel confesseur il voudroit.

Dubois, pour se disculper devant ceux de ses confrères qui seroient plus jaloux que lui de l'honneur de l'épiscopat, répandit que la nomination d'un jésuite pour le confessionnal du Roi avoit été une condition stipulée par l'Espagne dans le traité de paix avec la France. Cependant, pour lever toutes les difficultés, on transféra la cour de Paris à Versailles, d'où le Roi alloit se confesser à Saint-Cyr, dans le diocèse de Chartres, où les jésuites avoient des pouvoirs.

A l'égard de la stipulation par laquelle l'Espagne avoit, dit-on, exigé et obtenu que le confessionnal

(1) J'ai tiré cet article d'une lettre du cardinal Dubois au père Daubenton, du 2 mars 1722. (D.)

du Roi fût rendu aux jésuites, c'est une pure supposition. Cette prétendue anecdote du traité a été tellement adoptée, qu'elle passe pour certaine chez les gens qui croient avoir pénétré dans les secrets de la politique : cependant rien n'est plus faux. En voici la preuve :

Dans la première conférence que le duc de Saint-Simon eut, à son retour d'Espagne, avec le Régent et le cardinal Dubois, celui-ci, récapitulant les divers points de la négociation : « Monsieur, dit-il au « duc, nous avons fait ce que le roi d'Espagne a dé- « siré. — Quoi? dit le duc. — Nous avons donné au « Roi un confesseur jésuite. — Comment! reprit le « duc; le roi d'Espagne ne m'en a jamais parlé. — Il « me semble pourtant, reprit le cardinal, que le Roi « vous a parlé des jésuites, et que vous nous en avez « écrit. — Vous confondez certainement, répliqua « Saint-Simon. Je vous ai parlé du désir du roi d'Es- « pagne au sujet d'un jésuite pour l'Infante; mais ja- « mais il ne m'en a ouvert la bouche pour le Roi. « Vous avez mes lettres : relisez-les. Il est bien vrai « que le père Daubenton m'en fit la proposition, mais « je la rejetai; et j'aurois cru manquer au Roi et à « M. le Régent de me charger d'une commission par « laquelle une puissance étrangère seroit entrée dans « le gouvernement intérieur de la France. Vous au- « riez dû m'en blâmer vous-même. »

Le cardinal, voyant qu'il avoit affaire à un contradicteur peu complaisant, balbutioit; car il passoit quelquefois de l'audace du brigand au déconcertement du fripouneau. Le Régent, se mettant à rire : « Hé bien! dit-il, tout ce que nous vous demandons,

« c'est que vous ne nous démentiez pas; car nous « avons dit à tout le monde que c'étoit aux pres- « santes instances du roi d'Espagne que nous avions « donné au Roi un confesseur jésuite. —Tout ce que « je puis, monsieur, répondit Saint-Simon, c'est de « faire le mystérieux si l'on m'en parle; mais je ne « pousserai pas la complaisance jusqu'à mentir. »

Il fallut bien se contenter de la discrétion qu'il promettoit. En effet, il n'en parla qu'autant que son honneur l'exigeoit; mais il en instruisit le cardinal de Noailles, dont l'estime lui étoit précieuse, le maréchal de Villeroy et l'évêque de Fréjus, qui seuls s'étoient opposés à la résurrection des jésuites, et ne put cacher au comte de Cerest la suite d'une intrigue dont il avoit vu le commencement. Je ne crois pas qu'il en ait fait part à d'autres. C'est par ce dernier que j'en ai eu les premières notions, avant que les pièces originales me fussent tombées entre les mains.

Le comte de Cerest-Brancas, frère du maréchal, avoit accompagné en Espagne le duc de Saint-Simon comme ami, et fut un des témoins du mariage de l'Infante. Ne sachant pas jusqu'où je continuerai mes Mémoires, je saisis cette occasion de lui rendre une partie de la justice qui lui est due. Je n'ai point connu d'homme en qui l'esprit et la vertu fussent dans un plus parfait équilibre : c'est de lui que j'ai dit, dans les Mémoires sur les mœurs de ce siècle, qu'il pouvoit n'être pas le premier partout, mais qu'il n'auroit jamais été le second; et je n'ai jamais trouvé de contradicteur sur son mérite. Il est mort conseiller d'Etat d'épée, et chevalier des ordres du Roi, après avoir refusé d'être chevalier d'honneur de la Reine.

Reprenons ce qui se passa en Espagne sur le double mariage, avant de repasser aux affaires de France.

La Reine, italienne de naissance et de cœur, haïssoit les Espagnols autant qu'elle en étoit haïe; et les témoignages qui en éclatoient journellement entretenoient cette haine réciproque. La Reine ne se contraignoit même pas de l'avouer; et le peuple de son côté, lorsque le Roi et la Reine passoient, crioit librement, de la rue et des boutiques : *viva el Re y la Savoyana!* (la feue Reine, adorée des Espagnols, et dont la mémoire est encore en vénération). La Reine régnante affectoit en vain de mépriser ces cris du peuple; elle en étoit au désespoir : malheureusement le peuple et elle ne luttoient pas à force égale. Elle avoit la toute-puissance par un moyen assez naturel : le tempérament du Roi lui rendoit une femme nécessaire, et sa dévotion ne lui permettoit aucune infidélité. La Reine étoit laide, quoiqu'elle eût l'air assez noble; et le Roi étoit toujours dans des dispositions qui la lui faisoient trouver belle, et la traiter comme telle. Elle y joignoit toute la coquetterie possible pour son mari, le louoit publiquement et en face sur sa beauté; et quoiqu'il eût été beau étant jeune, il étoit alors dans un tel état de délabrement sur la figure, que si les princes n'étoient pas invulnérables contre les louanges les plus dégoûtantes, il auroit pu prendre celles de la Reine pour une dérision.

Le Roi et la Reine, sains ou malades, n'eurent jamais que le même lit. Les couches de la Reine n'obligeoient pas le Roi d'en changer; et ce ne fut que trois jours avant la mort de sa première femme qu'il prit un lit séparé, quoique depuis long-temps elle fût perdue d'écrouelles.

Le Roi et la Reine, étant d'une jalousie réciproque sur tout ce que l'on pouvoit dire à l'un ou à l'autre, ne se quittoient ni jour ni nuit. Tous les jours, à leur réveil, l'*assafeta*(1) venoit leur donner des manteaux de lit, et ils faisoient leurs prières; après quoi Grimaldo, à qui les autres secrétaires d'Etat remettoient les affaires de leurs départemens, entroit, et en faisoit le rapport. Grimaldo congédié, le Roi prenoit sa robe de chambre, passoit dans une garde-robe pour s'habiller; et la Reine, dans la pièce où étoit sa toilette. Le Roi, bientôt habillé, faisoit entrer son confesseur, et, après un quart-d'heure de confession ou d'entretien particulier, alloit trouver la Reine : les infans s'y rendoient. Quelques officiers principaux, les dames et les caméristes de service, formoient toute l'assemblée. La conversation rouloit sur la chasse, la dévotion, ou autre chose de pareille importance. La toilette duroit environ trois quarts-d'heure. Le Roi et la Reine passoient ensuite dans une chambre où se donnoient les audiences particulières aux ministres étrangers, et aux seigneurs de la cour qui en avoient demandé.

Quand on introduisoit quelqu'un, la Reine affectoit de se retirer dans l'embrasure d'une fenêtre; mais celui qui avoit à parler au Roi, n'ignorant pas que ce

(1) Première femme de chambre. Cette place a plus de considération en Espagne qu'en France, peut-être par la seule raison que l'Espagnol imagine que ses princes ont, sur tous les autres, une supériorité qui se communique à tout ce qui les approche. Laura Piscatori, nourrice de la Reine, étoit alors *assafeta*. (D.)

prince rendroit le tout à la Reine, qu'elle seroit choquée du secret qu'on auroit voulu lui faire, et préviendroit le Roi défavorablement, ne manquoit pas de la supplier de s'approcher, ou parloit assez haut pour en être entendu, si elle persistoit dans sa fausse discrétion.

La Reine savoit donc exactement tout ce qu'on disoit au Roi, et avoit de plus chaque semaine une heure où elle pouvoit, à l'insu du Roi, s'entretenir avec ceux qu'elle vouloit faire introduire secrètement. Ce jour étoit celui où le Roi donnoit audience publique.

Le Roi assis et couvert devant une table, les grands debout, rangés contre la muraille et couverts, chaque particulier qui avoit donné son nom étoit appelé dans l'ordre où il étoit inscrit. Il se mettoit à genoux devant le Roi, expliquoit son affaire en très-peu de mots, laissoit ordinairement un mémoire sur la table, se relevoit, et se retiroit, après avoir baisé la main du Roi. Les prêtres étoient distingués des séculiers, en ce que le Roi leur ordonnoit de se relever quand ils faisoient la génuflexion. Si quelqu'un de ceux qui venoient à cette audience vouloit n'être entendu de personne, et qu'il fût très-connu, il le disoit. Alors celui qui tenoit la liste se tournoit vers les grands, disoit à haute voix : « C'est une audience secrète. » Tous sortoient, et ne rentroient que lorsque ce particulier se retiroit. Le seul capitaine des gardes en dehors tenoit la porte entre-bâillée, d'où, sans rien entendre, mais la tête dans la chambre, il pouvoit toujours voir le Roi, et celui qui lui parloit.

Si la Reine profitoit de cette audience pour s'entretenir avec quelqu'un, il falloit que ce fût bien secrètement, car le Roi étoit toujours inquiet de ce qu'on pouvoit dire de particulier à cette princesse; au point que lorsqu'elle se confessoit, si la confession se prolongeoit plus qu'à l'ordinaire, il entroit dans la chambre, et il appeloit la Reine.

Ils communioient ensemble tous les huit jours; et les dames de la Reine lui auroient déplu, si elles n'en avoient pas usé ainsi.

Le seul divertissement du Roi étoit la chasse, qui n'étoit pas moins triste que le reste de sa vie. Des paysans formoient une enceinte pour une battue, et faisoient passer cerfs, sangliers, chevreuils, renards, etc., devant le Roi et la Reine, qui, enfermés dans une feuillée, tiroient sur les animaux.

Ce qu'on sait de la vie de madame de Maintenon, et ce qu'on voit ici de la conduite de la reine d'Espagne, prouve assez quel est le tourment des femmes qui veulent gouverner les rois les plus subjugués. Si l'on dévoile la vie intérieure des favorites, on aura pitié d'un état si envié.

Quelque crédit que la Reine eût sur l'esprit du Roi, elle étoit obligée de l'étudier à chaque instant, de faire naître ou de saisir les occasions, de ployer dans des momens, et quelquefois de se servir des avantages que lui donnoit le tempérament du Roi. Les refus de la Reine irritoient son mari, l'enflammoient de plus en plus, quelquefois produisoient des scènes violentes, et finissoient par faire obtenir à la Reine ce qu'elle vouloit. La violence des désirs du Roi faisoit la force de la Reine.

Philippe v, né avec un sens droit, mais peu étendu,

étoit silencieux, réservé, même timide, se défiant de lui-même. Son éducation en France, et son genre de vie en Espagne, n'avoient fait que confirmer ce caractère, que j'aurai encore occasion de développer davantage. Sa dévotion consistoit en pratiques minutieuses. Taciturne, et par là même observateur plus attentif de ceux qui l'approchoient, il en remarquoit très-bien les ridicules, et en faisoit quelquefois, dans l'intérieur de sa solitude, des récits plaisans.

Il étoit fort attentif sur sa santé : son médecin, s'il eût été intrigant, auroit pu jouer un grand rôle. Lyghins, irlandais, qui occupoit cette première place, fort éloigné de l'intrigue et de la cupidité, instruit dans son art, s'en occupoit uniquement. Après sa mort, la Reine fit donner la place à Servi, son médecin particulier.

Philippe v avoit aimé la guerre, quoiqu'il l'eût faite d'une façon singulière. Jamais il ne fit de plan de campagne, se reposant des opérations militaires sur ses officiers généraux : il n'y contribuoit que de sa présence. S'ils le plaçoient loin du danger, il y restoit, et ne croyoit pas sa gloire intéressée à s'en approcher. Si les hasards d'une journée le portoient au milieu du feu le plus vif, il y demeuroit avec la même tranquillité, et s'amusoit à examiner ceux qui montroient de la peur.

Aisé à servir, bon, familier avec ses domestiques intérieurs, tout Français dans le cœur, il n'accueilloit les Espagnols que par reconnoissance de leurs services. Aimant tendrement le Roi son neveu, il conservoit un espoir de retour, si nous avions le malheur de perdre cet unique rejeton de la famille royale.

Cependant il n'auroit pas monté sans scrupule sur le trône de ses pères, après les renonciations solennelles qu'il avoit faites à la couronne de France. Il ne pouvoit, par le même principe, regarder comme illusoires les renonciations de Marie-Thérèse d'Autriche à la couronne d'Espagne, en épousant Louis XIV : il n'auroit eu la conscience tranquille sur aucun des deux trônes. Ces scrupules, que son confesseur avoit peine à dissiper, ne sont pas d'une tête bien forte, ni, si l'on veut, dignes d'un prince; mais ils sont d'une ame pure. Ces remords, plus réprimés que détruits, ont été la principale cause de son abdication, et de la peine qu'il eut à reprendre la couronne après la mort de son fils Louis premier. Le trône transmis à son fils ne devoit pas, suivant ses scrupules, lui paroître une moindre usurpation, s'il y en avoit; mais enfin il lui suffisoit de faire l'unique sacrifice qui dépendoit de lui. D'ailleurs les ames scrupuleuses ne sont pas bien conséquentes ni dans ce qui les agite, ni dans ce qui les calme.

La Reine étoit d'un caractère fort opposé. Régner étoit tout pour elle : la possession la moins légitime eût été un droit à ses yeux. Elevée dans la petite cour de son père, elle n'y avoit pas pris une idée bien exacte des cours de l'Europe. Cependant elle se crut faite pour régner bien ou mal, au premier instant qu'elle fut sur le trône. Nous avons vu comment la fortune l'y plaça.

Elle se proposa d'abord deux objets, et ne les perdit jamais de vue : le premier, d'établir tellement son crédit sur l'esprit du Roi, qu'elle régnât sous le nom de ce prince; le second, de se prémunir contre le triste état de veuve d'un roi d'Espagne, qui auroit pour successeur un fils dont elle n'étoit pas la mère.

Elle résolut donc de procurer une souveraineté à un de ses fils, chez qui elle pût un jour se retirer, y régner encore, ou du moins ne pas obéir.

On peut juger de quels manéges elle avoit besoin pour suivre ce second objet, et dérober en même temps son dessein à un roi soupçonneux. Alberoni, dans le désespoir de sa disgrâce, avoit publié les vues que cette princesse s'efforçoit de cacher. Elle se flattoit en vain qu'Alberoni, suspect par son ressentiment, ne seroit pas cru : le caractère connu de la Reine ne laissoit pas douter de ses désirs. Ses caresses froides et forcées aux infans du premier lit, les aigreurs qu'elle laissoit échapper, annonçoient suffisamment son projet, qui, pendant le règne entier de Philippe, a été la base ou l'obstacle de toutes les négociations.

La cour d'Espagne étoit et continua d'être divisée en deux cabales : l'italienne, la moins nombreuse, étoit la dominante par la faveur de la Reine; la cabale espagnole, à laquelle adhéroient les vœux de la nation, gémissoit du crédit des Italiens, et les haïssoit cordialement. Presque toutes les grandes places étoient, à la vérité, occupées par des Espagnols; mais ils étoient bornés aux titres de ces places, dont ils faisoient très-peu de fonctions, par la solitude où la Reine tenoit constamment le Roi. Le chirurgien, l'apothicaire et les valets intérieurs étoient Français.

Les deux princesses, dont les contrats venoient d'être signés, arrivèrent le même jour dans l'île des Faisans de la rivière de Bidassoa, où se fit l'échange, et où s'étoit faite en 1659 l'entrevue de Louis XIV, de la Reine sa mère, et de Philippe IV, frère de la Reine.

Il y eut d'abord quelques difficultés sur l'acte d'échange entre le prince de Rohan et le marquis de Santa-Cruz. Le premier avoit pris de l'*altesse* dans l'acte français. Santa-Cruz, majordome, major de la reine d'Espagne, chargé de la conduite de l'Infante, déclara qu'il passeroit tout ce qu'on voudroit dans l'acte français, parce que l'Espagne n'avoit point à régler les titres et les qualités des Français; mais que, dans l'acte espagnol, on ne donneroit à l'un et à l'autre que l'*excellence* (1). Le prince de Rohan voyant que dans cet acte Santa-Cruz ne prenoit pas même le titre de *grand*, ne prit pas celui de *duc et pair*, et se con-

(1) L'*excellence* se donne, en Espagne, à tous les grands, aux successeurs immédiats d'une grandesse, aux vice-rois, gouverneurs de provinces, capitaines généraux, conseillers d'Etat (titre des ministres), aux chevaliers de la Toison d'or, au gouverneur du conseil de Castille, et aux femmes de tous ceux que je marque ici. L'archevêque de Tolède est le seul qui reçoive l'*excellence* : on ne la donne pas même au nonce quoique le premier des ambassadeurs, qui l'ont tous. Le titre des évêques est *seigneurie illustrissime*.

L'omission de l'Espagnol étoit un trait de hauteur. Les grands en négligent le titre par orgueil, comptant que leur grandesse est partout aussi connue que leur nom. Comme ils affectent d'ailleurs la plus grande ancienneté, ils craindroient qu'on ne fixât la date de leur grandesse aux actes où elle se trouveroit. Si quelques-uns l'ont énoncée dans un acte, c'est depuis Philippe V, à l'imitation des grands qui sont en France. Par une suite de ce principe, ils ne gardent point de rang entre eux. La Toison n'étant pas héréditaire, les chevaliers en observent un entre eux; mais c'est toujours celui de la date de leur réception.

Il n'y a d'exception que pour les têtes couronnées et pour les infans, depuis Philippe V, qui le demanda en plein chapitre. Les souverains non rois n'ont point d'exception. Les princes du sang et nos légitimés en ont prétendu; mais ayant trouvé de la résistance, ils ont été reçus sans cérémonie, et ne se trouvent point aux chapitres. (D.)

tenta de signer, sans addition de qualités, l'échange.

L'échange fait, l'Infante prit la route de Paris, et mademoiselle de Montpensier celle de Madrid. Les deux princesses ne furent suivies de qui que ce fût de leur nation, à l'exception d'une sous-gouvernante (de Nieves, *señora di honor*), qu'on laissa à l'Infante, à cause de son bas-âge.

Je ne m'arrêterai sur aucune des fêtes qui remplissent les journaux; mais je continuerai d'observer les particularités dignes de remarque.

La gravité et la pudeur espagnole ne permettent pas de voir coucher des mariés. Cependant notre ambassadeur, voulant d'autant mieux constater le mariage de la princesse des Asturies, que les mariés ne devoient habiter ensemble que dans un an, à cause de la délicatesse du prince, obtint de Leurs Majestés Catholiques une dérogation à l'étiquette d'Espagne, et pour les persuader s'appuya de ce qui s'étoit passé au mariage du duc de Bourgogne. Un exemple français étoit bien puissant sur l'esprit de Philippe v. On prit ensuite la précaution de gagner quelques personnages graves, dont l'approbation empêchât les autres de s'effaroucher. Enfin on mit les deux époux au lit; et, les rideaux ouverts, on laissa entrer dans la chambre tout ce qui s'y présenta. Un quart-d'heure après, on ferma les rideaux. Le duc de Popoli, gouverneur du prince, resta sous le rideau de son côté; et la duchesse de Montellano, gouvernante de la princesse, sous le rideau opposé. Après quelques minutes, toute l'assemblée fut congédiée, et les époux séparés.

La princesse des Asturies fit voir, dès les premiers

jours de son arrivée à la cour d'Espagne, les preuves d'une humeur sombre et maussade : il falloit presque la violenter pour qu'elle rendît visite au Roi et à la Reine. On avoit fait les plus superbes préparatifs pour un bal dont Leurs Majestés Catholiques et toute la cour se faisoient une fête : la princesse refusa constamment d'y paroître, sans aucun motif de chagrin, mais uniquement par l'humeur d'un plat et sot enfant. Ou elle ne répondoit rien aux représentations qu'on lui faisoit, ou sa réponse étoit que le Roi et la Reine pouvoient vivre à leur fantaisie, et qu'elle vouloit vivre à la sienne. Le détail de scènes tristement ridicules seroit dégoûtant même dans de simples Mémoires, tels que ceux que j'écris. Pour finir en peu de mots ce qui la regarde, elle continua d'être à Madrid aussi sotte, aussi plate, aussi maussade que nous l'avons vue depuis à Paris, où elle vint végéter reine douairière d'Espagne depuis 1725 jusqu'en 1742, qu'elle mourut au Luxembourg.

[1722] L'Infante arriva à Paris, et y reçut les honneurs de reine : on lui en donna même le titre dans toutes les relations. L'événement a fait voir qu'on s'étoit trop pressé en la traitant de reine. On ne risquoit rien, et il étoit plus dans la règle d'attendre, puisque, indépendamment de sa destination, elle avoit, par sa naissance seule, la préséance sur Madame. Il est vrai qu'on avoit fait prendre par anticipation le titre de dauphine à la duchesse de Bourgogne, aussitôt qu'elle étoit arrivée en France; mais cela étoit nécessaire pour lui donner la préséance, qu'aucune princesse du sang n'auroit pu lui céder, attendu qu'elle n'étoit alors que fille d'un duc de Savoie, qui, n'étant pas encore roi, cédoit aux électeurs (1).

Aussitôt que notre ambassadeur eut rempli sa mission en Espagne, il se pressa d'autant plus d'en partir, que le cardinal Dubois avoit envie de l'y retenir sous différens prétextes. Les motifs du cardinal nous ramènent naturellement aux intrigues de la cour de France.

On se rappelle que Dubois, pour se servir du cardinal de Rohan à Rome, l'avoit flatté de lui faire obtenir le premier ministère à son retour. Celui-ci n'en douta point, eut la sottise de le dire à Rome, où il étoit le seul qui en fût persuadé, et revint le plus tôt

(1) Il y a si peu de principes dans les différentes étiquettes, qu'on ne peut que marquer les faits, sans en rien conclure. Le prince de Conti, grand-père de celui d'aujourd'hui, précéda toujours, en Hongrie et à Vienne, les électeurs : cependant celui de Bavière, qui étoit un de ceux-là, étant venu à Paris, obtint du Roi d'y garder l'*incognito*. Louis XIV alla jusqu'à lui accorder une audience particulière, où ils restèrent tous deux debout, quoique le roi d'Angleterre Guillaume III n'eût donné une pareille audience qu'assis dans un fauteuil, et ce même électeur placé sur un tabouret. L'électeur, profitant ou abusant de la bonté de Louis XIV, prétendit avoir la main chez le premier Dauphin. Le Roi eut la complaisance de consentir à un *mezzo termine*, savoir, que l'électeur ne verroit le Dauphin que dans les jardins de Meudon, et qu'ils monteroient ensemble dans la même calèche, chacun par sa portière. Ce qu'il y a de singulier et de contradictoire, c'est que l'électeur de Cologne, frère de celui de Bavière, aussi *incognito*, étoit debout devant le Roi dans un fauteuil. Il dîna et soupa plusieurs fois à Meudon avec le Dauphin, et n'y eut qu'un siége pliant au bas bout de la table, avec les courtisans. Cet électeur vouloit quelquefois dire la messe devant la duchesse de Bourgogne, et lui rendoit alors les mêmes honneurs que le dernier des chapelains. C'est le même qui, étant à Valenciennes, annonça qu'il prêcheroit le premier avril. La foule fut prodigieuse à l'église. L'électeur, étant en chaire, salua gravement l'assemblée, fit le signe de la croix, et cria : *Poisson d'avril!* puis descendit de chaire, pendant qu'une troupe de trompettes et de cors de chasse, accompagnés de timbales, faisoient un tintamare digne de cette farce scandaleuse. (D.)

qu'il put à Paris sommer son cher confrère de sa parole.

Depuis que Dubois étoit cardinal, il ne se trouvoit plus au conseil de régence, à cause de la préséance. Pour y rentrer comme il convenoit à sa pourpre, il vouloit y faire entrer le cardinal son ancien, et se glisser à sa suite. Il lui fit l'accueil le plus vif, lui réitéra sa promesse, et lui dit qu'il falloit d'abord entrer au conseil, pour arriver au premier ministère; qu'après avoir si bien servi le Roi à Rome, il étoit fondé à le demander; et que lui Dubois étoit trop son serviteur pour ne pas appuyer sa demande auprès du Régent.

Le crédule cardinal de Rohan, touché de tant de cordialité, témoigna la plus tendre reconnoissance à son confrère, promit bien de partager avec lui l'autorité d'une place qu'il lui devroit, et peu de jours après demanda au Régent l'entrée au conseil. Le Régent la lui accorda si promptement et de si bonne grâce, que le cardinal auroit pu voir que tout étoit arrangé d'avance, ou qu'on ne lui faisoit pas un grand présent.

Le chancelier et les ducs voyant les cardinaux entrer au conseil, s'en retirèrent à l'instant. Le maréchal de Villeroy n'y parut plus que sur un tabouret, derrière le Roi, dans sa qualité de gouverneur, sans y dire un mot sur les affaires.

Dubois l'avoit prévu; mais c'étoit déjà beaucoup que de faire cause commune avec un homme de la naissance du cardinal de Rohan, qu'il avoit mis en épaulement devant lui. Une circonstance qui auroit dû combler le dégoût fit grand plaisir à Dubois, et lui servit merveilleusement. Les maréchaux de France suivirent l'exemple des ducs. Dubois partit de là pour persuader au Régent que c'étoit une cabale formée contre lui personnellement, puisque les maréchaux de France, qui n'avoient jamais rien disputé aux cardinaux, prenoient parti dans l'affaire. Dubois en écrivit dans cet esprit-là au duc de Saint-Simon, duc jusqu'au fanatisme, mais très-attaché au Régent. Dubois, glissant légèrement sur la question de préséance, appuyoit dans sa lettre sur la cabale, dont il faisoit chef le duc de Noailles, très-haï du duc de Saint-Simon, et finissoit par le charger d'engager le roi d'Espagne à prendre dans cette occasion parti pour le Régent, et à se déclarer hautement pour un gouvernement qui intéressoit aujourd'hui les deux branches de la maison de France.

Le duc de Saint-Simon ne fut pas la dupe de cette prétendue cabale; mais il falloit du moins paroître en avoir rendu compte à Philippe v. Il s'en acquitta de façon que ce prince regarda cette affaire comme une tracasserie domestique, dont il ne vouloit ni ne devoit se mêler. Saint-Simon, pour ôter tout prétexte à le retenir en Espagne, rendit compte au cardinal Dubois de la réponse de Philippe v, et tout de suite prit congé, et partit. En arrivant à Bayonne, il reçut une dépêche par laquelle le cardinal lui donnoit les plus grands éloges sur la manière dont il s'étoit acquitté de sa commission, avec mille protestations d'amitié, et d'impatience de le revoir. Le cardinal lui en avoit écrit une autre, par laquelle il le chargeoit de rester à Madrid jusqu'à ce qu'il y eût accrédité Chavigny, aujourd'hui ambassadeur en Suisse.

Chaque dépêche étoit ajustée pour le lieu où le courrier rencontreroit l'ambassadeur : la première, s'il le trouvoit déjà sur les terres de France; l'autre, si le duc étoit encore en Espagne, où Dubois l'auroit beaucoup mieux aimé qu'à la cour de France.

Dans le fait, le cardinal redoutoit le duc de Saint-Simon, pour qui le Régent avoit de l'amitié, et très-opposé aux prétentions ministérielles et cardinales; mais il ne lui en prodiguoit pas moins les protestations d'attachement. Cependant comme l'impétuosité de son caractère l'emportoit quelquefois sur sa dissimulation, il ne témoigna que trop son humeur contre le duc de Saint-Simon, par la manière dont il reçut un capitaine d'infanterie que le duc avoit envoyé porter en France le contrat de mariage du Roi. On avoit promis à cet officier la croix de Saint-Louis, et un avancement : le cardinal lui dit brusquement qu'on verroit. Ce jeune homme se présenta pendant deux mois devant lui, sans pouvoir seulement s'en faire regarder. Il s'adressa au secrétaire d'Etat de la guerre, qui lui dit qu'il avoit été lui-même si mal reçu du cardinal à ce sujet, qu'il n'osoit plus lui en parler. L'officier continua donc à paroître humblement devant le cardinal. Un jour d'audience, où se trouvoient les ambassadeurs et nombre de gens distingués, le cardinal, importuné par quelqu'un, l'envoya promener en termes grenadiers, jurant et criant à tue-tête. Le nonce, qui étoit présent, en parut au moins très-étonné; mais le jeune officier, frappé du contraste de l'habit et du style du cardinal, éclata de rire. Le cardinal se retourne brusquement, aperçoit le rieur; et, le frappant sur l'épaule à le faire rentrer en terre, s'il ne l'eût aussitôt rassuré : « Tu « n'es pas trop sot, lui dit-il; je dirai à Le Blanc « d'expédier ton affaire. » Elle le fut le même jour.

Dubois, voulant se défaire des honnêtes gens qui l'incommodoient le plus, commença par le chancelier d'Aguesseau, qui fut pour la seconde fois exilé à Fresnes. Les sceaux furent d'abord offerts à Pelletier de La Houssaye, qui les refusa, n'étant pas plus disposé que d'Aguesseau à céder la préséance aux cardinaux. D'Armenonville (Fleuriau) fut moins difficile, les accepta, et obtint de plus de faire passer sa place de secrétaire d'Etat à son fils le comte de Morville. Le marquis de Chastelux (Beauvoir), qui venoit d'épouser la fille du chancelier, ne vit dans la disgrâce de son beau-père que des motifs de redoubler de soins et d'amitié pour la famille où il étoit entré. Ces Beauvoir sont des gens de qualité de Bourgogne, race de braves et honnêtes gens.

La principale attention du cardinal étant d'éloigner le Régent de tous ceux qui étoient dans sa familiarité, il fit exiler le marquis de Nocé, un des auteurs de sa fortune, et qui par là méritoit sa disgrâce. Il étoit fils de Fontenay, qui, étant sous-gouverneur du Régent, avoit tâché de lui inspirer des principes de vertu, dans le temps que Dubois l'instruisoit à la pratique des vices. Le Régent respectoit la mémoire du père, et s'amusoit fort de l'esprit caustique et plaisant du fils. Mais c'étoit par là qu'il déplaisoit au cardinal, qui depuis leur désunion (car ils avoient été fort unis) étoit devenu l'objet de ses plaisanteries, et qui en redoutoit l'effet dans une cour où les saillies valoient des raisons. Nocé s'aperçut aisément que le Régent le sacrifioit à regret au cardinal. Quelqu'un lui disant, pour le consoler, que cette disgrâce ne seroit pas longue : « Qu'en savez-vous? « dit Nocé. — Je le sais, répondit l'autre, du Régent « même. — Et qu'en sait-il? répliqua Nocé, » faisant entendre que le Régent ne faisoit plus rien par lui-même.

Le comte de Broglie, un des *roués* du Régent, fut aussi exilé. Il devint suspect au cardinal, parce qu'il vouloit se servir de la crapule du Palais-Royal pour mettre le pied dans les affaires.

Un des meilleurs moyens dont se servit le cardinal pour se rendre maître du terrain, et rétrécir la cour du Régent, fut la translation du Roi à Versailles. La cour ne pouvoit pas manquer d'être nombreuse à Paris; au lieu que la plupart ne pouvant s'établir à Versailles, y viendroient rarement, et peu à peu en perdroient l'habitude. Les ministres ont toujours cherché à isoler le Roi, et il n'y en a aucun qui voulût le voir habiter la capitale. Ils lui persuadent qu'il est instruit par eux de tout ce qui s'y passe, sans être obsédé d'une foule importune. Que de choses cependant qu'un roi peut apprendre, apercevoir et sentir, en vivant au milieu de ses sujets! En traversant la ville, il lit dans tous les yeux la passion dont les cœurs sont affectés, le mécontentement ou la satisfaction, les degrés d'amour ou de refroidissement. Les ministres ne sont eux-mêmes instruits que par des subalternes vils ou intéressés, et ont souvent intérêt de cacher au prince ce qu'ils apprennent.

Le Roi fut donc établi à Versailles, et depuis n'est revenu à Paris que pour tenir quelques lits de justice inutiles ou désagréables, ou pour deux jours, au retour d'une campagne. Le Régent ne fut pas longtemps à Versailles sans éprouver l'ennui. La cour proprement dite n'est supportable qu'aux gens occupés d'affaires ou d'intrigues. Le Régent étoit, par son rang, au-dessus de l'intrigue, et devenoit chaque jour plus incapable d'affaires.

Quoiqu'il fût dans la force de l'âge, la continuité des excès dans sa vie privée l'avoit blasé. Il lui restoit tous les matins un engourdissement de l'orgie de la nuit; et quoiqu'il reprît peu à peu ses sens, les facultés de son ame perdoient de leur ressort; la vivacité de son esprit en étoit ralentie; il ne comportoit plus une application forte ou continue: il falloit des plaisirs bruyans pour le rappeler à lui-même. Ses soupers, dont la compagnie étoit si mêlée, si différente d'états, et si conforme de mœurs; sa petite loge de l'Opéra, d'où il choisissoit des convives, tout lui manquoit à Versailles: il ne pouvoit pas, même en bravant le scandale, transporter à la cour ce qui étoit nécessaire à son amusement. Ayant tout usé, jusqu'à la débauche, il avouoit quelquefois qu'il ne goûtoit plus le vin, et qu'il étoit devenu nul pour les femmes. Deux ou trois de ses serviteurs profitoient de ces aveux pour l'engager à chercher, dans les devoirs de son état, la dissipation, le délassement qu'il ne trouvoit plus dans la dissolution. Conseils inutiles: le commun des hommes quitte les plaisirs quand ils en sont quittés; mais on ne se dégage jamais de la crapule. Le goût du travail naît de l'usage qu'on en fait, se conserve, mais ne se prend plus à un certain âge. Il y a deux genres de vie très-opposés, dont l'habitude devient une nécessité : la crapule et l'étude.

Le cardinal Dubois ayant très-bien prévu l'ennui du Régent à Versailles, et ses fréquens voyages à Paris, saisissoit habilement les occasions de contrarier les goûts du prince, en lui présentant des affaires dans les momens où elles l'excédoient le plus. Le Régent, pour s'en débarrasser, les renvoyoit à son ministre, qui par là se rendit le seul maître de la correspondance de tous les départemens; et la surintendance, avec le secret de la poste, dont il avoit dépouillé le marquis de Torcy pour s'en emparer, lui donnoit la connoissance du dehors et de l'intérieur.

Les affaires languissoient nécessairement par la surcharge du cardinal, et par les entraves qu'il y mettoit à dessein. On se plaignoit, on crioit après les expéditions. Le cardinal, pour prévenir les reproches de son maître, lui en faisoit lui-même. Le Régent, fatigué des cris et des plaintes, s'adressoit au cardinal pour sortir d'embarras : c'étoit précisément où celui-ci l'attendoit. « Il est impossible, lui dit-il, que « la machine du gouvernement puisse agir, si tous « les ressorts ne sont pas dirigés par une seule main. « Les républiques mêmes ne subsisteroient pas, si « toutes les volontés particulières ne se réunissoient « pas pour former une volonté unique et agissante. « Il faut donc, ajoutoit Dubois, que le point de réu- « nion soit vous ou moi, ou tel autre que vous vou- « drez choisir; sans quoi rien n'ira, et votre régence « tombera dans le mépris. »

Le Régent, ne pouvant pas nier la vérité du principe : « Ne te laissé-je pas tout pouvoir? disoit-il à

« Dubois ; que te manque-t-il pour agir ? — Non, ré-
« pondoit celui-ci. Le titre fait principalement l'au-
« torité d'un ministre : on lui obéit alors sans mur-
« mure. Sans un titre, tout exercice de la puissance
« paroît une usurpation, révolte, et trouve des ob-
« stacles. »

Le Régent, étonné, quelquefois indigné de la servitude où il s'étoit mis, désiroit s'en affranchir, et ne pouvoit se dissimuler la honte d'un régent obligé de recourir au remède d'un premier ministre. Un roi qui ne se sent pas les talens du gouvernement peut et doit s'en reposer sur un homme qui en soit digne, et n'est comptable que du choix ; mais un prince revêtu d'une puissance précaire, qui prend un ministre unique, déclare publiquement son incapacité, et mérite l'opprobre d'un ambitieux pusillanime qui s'est chargé d'un poids qu'il ne peut soutenir.

Malgré ses réflexions, le Régent ne pouvoit sortir de sa léthargie, pendant que ceux que le cardinal s'étoit attachés par l'espérance ou la crainte ne cessoient, par eux et leurs amis, de se répandre en éloges sur les talens supérieurs du ministre, sur son attachement à son maître, répétoient ces propos, et les faisoient parvenir au Régent. D'un autre côté, le cardinal avoit pris soin d'écarter ceux qui auroient pu détruire dans l'esprit du Régent les idées qui commençoient à y germer. Le duc de Noailles et le marquis de Canilhac venoient d'être exilés, sans autre prétexte que d'être les fauteurs, les chefs d'une prétendue cabale contre le gouvernement. Le premier avoit dit publiquement que l'Infante seroit renvoyée un jour, et que le mariage auroit le sort du système.

Canilhac avoit voulu conserver avec le cardinal, dont il étoit autrefois protecteur, des airs et un ton de supériorité qui n'étoient plus de saison. Les ministres souffrent à peine des amis, et ne veulent que des complaisans.

Les *roués* du Régent, et les dignes compagnes de leurs soupers, étoient intimidés, ou vendus au ministre. Deux seuls hommes l'embarrassoient, le maréchal de Villeroy et le duc de Saint-Simon.

Le premier, considérable par sa place, avoit autant de mépris pour le cardinal que de haine contre le Régent, et versoit sur le valet le fiel qu'il étoit obligé de retenir à l'égard du maître.

L'autre, aimé et estimé du Régent dès l'enfance, lui avoit été attaché dans les temps les plus critiques, avoit part aux affaires, un travail réglé, et en tout le coup d'œil d'un homme distingué de la société de plaisir, dont il se tint toujours fort loin, par des mœurs assez sévères.

Le cardinal, qui avoit éprouvé plusieurs fois que le Régent avoit confié au duc de Saint-Simon des choses sur lesquelles il avoit promis un secret absolu, ne douta point qu'il ne lui parlât du projet de premier ministre, peut-être même en consultation. Il chercha à gagner ces deux principaux personnages. En attendant, il ne négligeoit aucune occasion de faire vanter ses services au Régent. Le jésuite Lafiteau, évêque de Sisteron, qui arrivoit de Rome, fut un des instrumens que le cardinal employa avec succès. Il le connoissoit bien pour un fripon; mais il ne l'en estimoit pas moins, et tâchoit de parer aux inconvéniens quand il s'en apercevoit. Par exemple, il l'avoit fait évêque pour le retirer de Rome, où il avoit su que Lafiteau payoit ses maîtresses et ses autres plaisirs de l'argent qu'on lui envoyoit pour distribuer dans la maison du Pape, lorsqu'il étoit question du chapeau de Dubois.

Lafiteau avoit le caractère d'un vrai valet de comédie, fripon, effronté, libertin, nullement hypocrite, mais très-scandaleux, et grand constitutionnaire. Comme il n'est pas possible de s'expliquer ainsi sans preuves sur un prélat qui vit encore, voici ce que je lis dans une lettre du cardinal Dubois au cardinal de Rohan : « En suivant le chemin que l'évêque « de Sisteron m'a marqué avoir fait faire à des mon- « tres et à des diamans, j'ai trouvé des détours bien « obscurs, et d'autres trop clairs. » Dans une lettre de l'abbé de Tencin à sa sœur : « L'évêque de Siste- « ron est parti d'ici avec la vér... ; c'est apparemment « pour se faire guérir qu'il va à la campagne. »

Lafiteau n'avoit pas employé pour ses plaisirs tout l'argent qu'il avoit reçu pour la promotion de Dubois, il en avoit répandu dans la domesticité du Pape : mais il comptoit en recueillir le fruit pour lui-même. L'abbé de Tencin écrivoit à sa sœur : « Il est certain « que l'évêque de Sisteron prétendoit se faire cardi- « nal : je le sais du camerlingue. »

Je pourrois rapporter d'autres lettres fort démonstratives : mais ce qu'on vient de voir me paroît suffisant pour faire connoître quelqu'un d'aussi peu important que Lafiteau, qui ne se trouve dans ces Mémoires que par occasion, et comme instrument d'autrui.

Le cardinal Dubois, résolu de l'employer dans une conjoncture où il pouvoit s'en servir sans risquer ni argent ni bijoux, lui fit, à son retour de Rome, le plus grand accueil, le remercia de ses services, sans lui laisser soupçonner qu'il fût instruit de ses perfidies, lui promit force bénéfices, si, dans l'audience particulière qu'il auroit du Régent, il disoit à ce prince combien la cour de Rome étoit satisfaite de la conduite et des talens admirables du cardinal; s'il insinuoit qu'on s'attendoit à le voir bientôt premier ministre, et que jamais le prince ne pouvoit faire un meilleur choix pour sa tranquillité personnelle, et pour le bien de l'Etat.

L'appât étoit assez grossièrement présenté; mais le cardinal étant impatient de régner, chargeoit du même rôle tous ceux qu'il produisoit au Régent, et s'il ne le persuadoit pas, vouloit du moins le fatiguer.

A peine Lafiteau eut-il effleuré la matière, que le Régent, voyant où l'évêque en vouloit venir, l'interrompit : « Que diable veut donc ton cardinal? Je lui « laisse toute l'autorité d'un premier ministre : il n'est « pas content s'il n'en a pas le titre. Et qu'en fera-t-il? « combien de temps en jouira-t-il? Il est tout pourri « de vér... : Chirac, qui l'a visité, m'a assuré qu'il « ne vivra pas six mois. — Cela est-il bien vrai, mon- « seigneur? — Très-vrai; je te le ferai dire. — Cela « étant, reprit l'évêque, dès ce moment je vous con- « seille de le déclarer premier ministre, et plus tôt « que plus tard. — Comment? — Attendez, monsei- « gneur. Nous approchons de la majorité : vous con- « serverez sans doute la confiance du Roi; il la devra « à vos services, à vos talens supérieurs; mais enfin « vous n'aurez plus d'autorité propre. Un grand prince « comme vous a toujours des ennemis ou des jaloux :

« ils chercheront à vous aliéner le Roi; ceux qui « l'approchent de plus près ne vous sont pas les plus « attachés. Vous ne pouvez pas, à la fin de votre ré- « gence, vous faire nommer premier ministre, cela « est sans exemple : faites cet exemple dans un autre. « Le cardinal le sera, comme l'ont été les cardinaux « de Richelieu et Mazarin. A sa mort, vous succé- « derez à un titre qui n'aura pas été établi pour vous, « auquel le public sera accoutumé, que vous aurez « l'air de prendre par modestie, et par attachement « pour le Roi; et vous aurez en même temps toute la « réalité de la puisasnce. »

Le raisonnement de l'évêque frappa le Régent, encore plus sollicité par l'ennui des affaires. Il ne voyoit que le cardinal Dubois sur qui il pût s'en reposer : sans appuis personnels, il n'existeroit que par celui qui l'avoit créé. Ce parti pris, le Régent n'étoit arrêté que par la honte de le déclarer.

Le cardinal, voyant sa nomination assurée, chercha les moyens de prévenir les clameurs dont le maréchal de Villeroy donneroit le signal, et les reproches que le duc de Saint-Simon pourroit faire au Régent.

Il n'y eut point de respects qu'il ne prodiguât au maréchal; mais celui-ci, les regardant comme un devoir, n'y répondoit que par des mépris. Le cardinal redoubloit de soumission, et le maréchal de hauteur.

Pour dernière ressource, le ministre s'adressa au cardinal de Bissy, ami du maréchal, et le pria d'être le médiateur de cette liaison. Bissy ne demandoit pas mieux que de faire quelque chose qui fût agréable à Dubois, espérant par là obtenir l'entrée au conseil comme le cardinal de Rohan; et le cardinal Dubois entretenoit toujours les espérances de ceux dont il avoit besoin. Il avoit introduit le cardinal de Rohan au conseil pour s'y frayer l'entrée à lui-même, avoit choisi celui des cardinaux qui étoit personnellement un seigneur; mais il s'embarrassoit fort peu de Bissy.

Quoi qu'il en soit, celui-ci, lié avec le maréchal de Villeroy par le zèle de la constitution et l'ancienne société de madame de Maintenon, alla le trouver, lui peignit la douleur du cardinal Dubois de ne pouvoir obtenir les bonnes grâces de l'homme qu'il respectoit le plus, dont il admiroit les lumières supérieures, et qui seroit si nécessaire au gouvernement, s'il vouloit permettre que le cardinal ministre vînt le consulter, lui ouvrir son porte-feuille, ne se conduire enfin que par ses conseils.

Le maréchal, trop persuadé de son mérite pour douter un instant de la sincérité des louanges qu'il recevoit, étoit intérieurement combattu par son antipathie pour le ministre; mais il crut devoir la sacrifier au bien de l'Etat, puisqu'il étoit si nécessaire, et permit au négociateur de porter des paroles de paix à son commettant.

Bissy, charmé du succès de sa mission, vint en rendre compte au ministre, qui, transporté de joie, le pria de retourner à l'instant faire au maréchal les plus vifs remercîmens de ses bontés, et en obtenir une audience pour le ministre qui lui étoit le plus dévoué.

Le maréchal, touché de tant de soumissions qui alloient jusqu'à la bassesse, crut mettre le comble à la générosité, en faisant répondre au ministre qu'il lui défendoit de venir, et lui mandoit de l'attendre chez lui. Dubois obéit, savourant d'avance l'honneur éclatant que lui feroit une visite du maréchal. Il n'attendit pas long-temps.

Le lendemain, jour d'audience des ambassadeurs, le maréchal, accompagné du médiateur Bissy, se rendit chez le cardinal Dubois. La pièce qui précède le cabinet étoit remplie de ministres étrangers, et des personnages les plus considérables de la cour. L'arrivée du maréchal causa la plus grande surprise à l'assemblée, dont aucun n'ignoroit les mépris que le maréchal avoit toujours prodigués au cardinal. Celui-ci étoit alors enfermé avec le ministre de Russie ; et la règle est de ne point couper les conférences particulières (1).

Cependant les valets de chambre, sans doute par ordre particulier de leur maître, vouloient annoncer le maréchal, qui le défendit.

Lorsque le cardinal, en reconduisant le ministre de Russie, aperçut le maréchal, il se précipita au devant de lui, et presque à ses genoux, se plaignit d'avoir été prévenu, lorsqu'il n'attendoit que la permission de se présenter. Il fit passer dans son cabinet le maréchal et le cardinal de Bissy, et les suivit, en s'excusant auprès des ministres sur l'importance et l'assiduité des fonctions du maréchal auprès du Roi.

La conversation s'engagea par force complimens, assurances de respect, protestations d'attachement inviolable de la part du cardinal Dubois, dont son confrère étoit garant. Le maréchal y répondit d'abord

(1) Les ministres étrangers sont successivement introduits chez le secrétaire d'Etat de ce département, suivant l'heure où ils sont arrivés, pour éviter toute compétence de rang entre eux. (D.)

par des politesses dignes; puis, voulant prouver la sincérité de ses sentimens par la franchise de ses conseils, il rappela au cardinal quelques fautes de conduite. Dubois, un peu étonné, reçut avec des remercîmens vagues et généraux ces marques d'intérêt, qui par degrés devenoient un peu vives. Le maréchal, voulant les continuer, céda, sans s'en apercevoir, à l'ancienne antipathie qui se réveilloit dans son cœur, et passa à des vérités dures. Le cardinal de Bissy voulut prévenir ou arrêter la fougue du maréchal : il n'en étoit plus temps. La colère, qui, dans les vieillards, est le seul vice de la jeunesse qui se ranime par l'extinction des autres, emporta le maréchal : il ne ménagea plus les termes, traita le cardinal comme le dernier des hommes, et, d'un ton qu'on entendoit de la dernière antichambre, passa aux menaces, et lui dit que tôt ou tard il le perdroit. « Il ne vous reste, lui dit-il en dérision, qu'un moyen « de vous sauver : vous êtes tout puissant, faites-« moi arrêter, si vous l'osez. » Dubois, pâle, interdit, n'avoit pas la force de répliquer, regardoit Bissy, qui, après avoir inutilement tâché d'arrêter ce torrent d'injures, et outré d'une scène très-offensante pour lui, prit le maréchal par le bras, et l'entraîna comme par force vers la porte.

Ils voulurent en vain composer leur maintien et leur visage en traversant l'assemblée : l'altération étoit trop forte. D'ailleurs les éclats de voix s'étoient fait entendre; et de plus le maréchal, s'applaudissant de ce qu'il venoit de faire, affecta de s'en vanter à qui voulut l'entendre.

Le cardinal, hors d'état de continuer son audience,

courut, furieux, essoufflé et bégayant de colère, chez le Régent; lui dit qu'il falloit opter entre le maréchal et lui; raconta, autant que la fureur lui permettoit de parler, ce qui venoit de se passer, ne disant pas quatre paroles sans offrir l'option du maréchal ou de lui. Le Régent lui demandoit des détails : le cardinal, ne se possédant pas assez pour les faire, le renvoyoit à Bissy, et finissoit toujours par demander sa retraite, ou l'exil du maréchal. Le Régent, pour calmer un peu son ministre, lui promit justice, et manda Bissy, qui, se trouvant presque aussi offensé que son confrère, ne ménagea pas le maréchal, qu'il étoit impossible d'excuser, et qui, ce jour-là et les suivans, chargea encore de rodomontades sa sotte extravagance.

Le Régent avoit toujours témoigné au maréchal une considération à laquelle celui-ci ne répondoit qu'avec la morgue d'une haine difficilement contenue, et souvent la manifestoit par les précautions qu'il affectoit de prendre pour la conservation du Roi contre de prétendus mauvais desseins du Régent, et s'étoit rendu par là le point de ralliement des frondeurs, la dérision des gens sensés, et l'idole de la populace. Il ne perdoit pas la moindre occasion de se montrer au peuple avec le Roi, et portoit cette attention jusqu'au ridicule. Par exemple, le Roi ayant voulu suivre la procession de Saint-Germain le jour de la Fête-Dieu, le maréchal, qui marchoit avec peine, accompagna à cheval son élève, qui étoit à pied; ce qui produisit plus de rires que d'édification.

Quelque mépris que le Régent eût pour les forfanteries du maréchal, il en étoit quelquefois piqué, et avoit été deux ou trois fois près de l'exiler; mais la dernière incartade combla la mesure : il sentit que c'étoit s'attaquer à lui-même que d'outrager son ministre. Soit dessein formé de troubler le gouvernement, soit radotage du maréchal, dans l'un et l'autre cas, c'étoit un homme fort déplacé auprès du Roi, et qui n'avoit jamais eu d'autres qualités de gouverneur que la représentation. Il avoit quelquefois craint sa disgrâce, et passoit alors de l'audace à la frayeur. Cependant, à force de succès dans ses sottises, il en étoit venu à se croire inattaquable. Si quelque ami lui représentoit qu'il s'exposoit au ressentiment du Régent, il répondoit qu'un gouverneur tel que lui étoit inséparable de son élève ; et que si on le mettoit en prison, il faudroit qu'on y mît le Roi. Enfin il parloit aussi follement qu'il agissoit.

Le Régent ayant pris son parti sur l'exil du gouverneur, voulut, avant l'exécution, s'appuyer de M. le duc, en le consultant. Il admit encore à cette délibération le duc de Saint-Simon, par qui il désiroit faire remplacer le maréchal, et qui fut assez sage pour le refuser : son attachement reconnu pour le Régent l'auroit rendu désagréable à cette partie du public qui admiroit le maréchal.

Tous les trois convinrent de la nécessité d'éloigner le gouverneur, mais de mettre douze ou quinze jours d'intervalle, et de lui fournir l'occasion de quelque injure personnelle au Régent, afin qu'il ne parût pas uniquement sacrifié au cardinal.

Personne n'excusoit le maréchal ; mais le ministre étoit si odieux, que l'exil du gouverneur eût été regardé comme un châtiment supérieur à la faute. Le maréchal ne donna pas au Régent le temps de s'impatienter.

Ce prince venoit assez régulièrement rendre compte au Roi de la nomination aux emplois, aux bénéfices, pour que le jeune prince pût se persuader qu'il avoit part au gouvernement. Ce travail se faisoit en présence du gouverneur, et souvent du précepteur. Quelquefois le Régent avoit voulu parler bas au Roi : à l'instant le maréchal mettoit la tête entre eux deux, et prétendoit qu'on ne pouvoit rien dire qu'il ne dût entendre. Le Régent en étoit piqué, mais en avoit caché son dépit. Il résolut donc de mettre le maréchal dans le cas d'une pareille indiscrétion, et de la lui faire pousser jusqu'à l'insulte.

Il alla chez le Roi, et le supplia en entrant de vouloir bien passer dans un cabinet, où il auroit un mot à lui dire en particulier. Le gouverneur, comme on l'avoit prévu, s'y opposa. Le Régent, avec une politesse et une douceur encore plus marquées qu'à l'ordinaire, lui représenta qu'il étoit temps que le Roi fût instruit de choses concernant l'Etat qui n'admettoient point de témoins, et le pria que le dépositaire de l'autorité du Roi pût l'entretenir un moment tête à tête.

Le maréchal, prenant pied des égards dont l'excès eût été suspect à tout autre, répondit qu'il connoissoit les devoirs de sa place, et que le Roi ne pouvoit avoir de secrets pour son gouverneur; protesta qu'il ne le perdroit pas de vue un instant, et qu'il devoit répondre de sa personne. Le Régent, prenant alors le ton de supériorité, dit au maréchal : « Vous vous « oubliez, monsieur; vous ne sentez pas la force de

« vos termes : il n'y a que la présence du Roi qui « m'empêche de vous traiter comme vous le méritez.» Cela dit, il fit une profonde révérence au Roi, et sortit. Le maréchal, déconcerté, suivit le Régent jusqu'à la porte, et vouloit entrer en justification; mais le prince, lui jetant un regard méprisant, et sans lui répondre, continua de s'éloigner. L'évêque de Fréjus, et quelques domestiques intérieurs qui étoient présens, se composèrent assez pour ne rien laisser paroître de ce qu'ils pensoient, et le Roi resta fort étonné.

Le maréchal, voulant justifier sa conduite et ses discours devant ceux qui avoient été témoins de la scène, ou à qui il en parla, n'eut pas de peine à s'apercevoir qu'ils gardoient un silence de neutralité fort inquiétant pour lui. Dès le jour même, il affecta de dire et de répéter qu'il n'avoit écouté que son devoir, et qu'il seroit bien malheureux que le Régent pût penser qu'un ancien serviteur eût voulu lui manquer; que dès le lendemain il iroit chez lui expliquer sa conduite et ses motifs, et que certainement le prince les approuveroit. Tous ses discours de la journée furent un mélange de hauteur de Romain, et de bassesse de courtisan.

Le jour suivant, il se rendit vers midi à l'appartement du Régent : c'étoit là qu'on l'attendoit. Les mesures pour l'arrêter avoient été concertées chez le cardinal Dubois, entre le maréchal de Berwick, le prince et le cardinal de Rohan, le comte de Belle-Ile et le secrétaire d'Etat Le Blanc, seule partie nécessaire : les autres s'y trouvoient pour le moins indécemment. Berwick devoit principalement sa fortune au maréchal de Villeroy, et l'avoit toujours cultivé, autant en protecteur qu'en ami ; mais il étoit charmé de se voir affranchi de la servitude que le maréchal de Villeroy imposoit à ceux qu'il avoit obligés. C'étoit un tort à celui-ci, et une infamie à l'autre.

Les deux Rohan calculèrent tout simplement de qui ils pouvoient désormais attendre le plus du gouverneur ou du ministre, et se décidèrent en conséquence. D'ailleurs le cardinal de Rohan n'étoit pas encore détrompé de l'espérance de parvenir au premier ministère par le secours du cardinal Dubois. On ne prendra pas là-dessus une grande opinion de son talent pour connoître les hommes. En effet, avec une figure charmante, des grâces, de l'agrément dans la société, il étoit aussi propre au ministère que le maréchal de Villeroy à l'éducation d'un prince.

Le comte de Belle-Ile, ami de Le Blanc, cherchoit déjà à être de quelque chose dans les affaires, et, malgré mille traverses, est parvenu à jouer un assez grand rôle. Avec un esprit actif, patient quoique vif, il ne perdoit jamais de vue son objet, et eut autant d'honneur et de probité qu'un ambitieux en peut conserver.

Si la présomption du maréchal ne l'eût pas aveuglé, toutes les mesures prises pour l'arrêter auroient été inutiles : il n'avoit qu'à rester continuellement auprès du Roi. La gêne n'étoit pas grande, puisqu'il pouvoit conduire son élève partout où il avoit lui-même envie d'aller, et qu'il couchoit dans la chambre du prince. Jamais le Régent n'auroit osé hasarder une violence aux yeux du Roi.

Mais le maréchal, dans une pleine sécurité, s'imagina pouvoir aller chez le Régent comme à une explication d'égal à égal. Il traverse avec ses grands airs, au milieu de toute la cour, les pièces qui précédoient le cabinet du prince : la foule s'ouvre, et lui fait passage avec respect. Il demande d'un ton haut où est M. le duc d'Orléans : on lui répond qu'il travaille. « Il faut pourtant, dit-il, que je le voie. « Qu'on m'annonce. » Dès l'instant qu'il s'avance vers la porte, qu'il ne doute point qui ne s'ouvre devant lui, le marquis de La Fare, capitaine des gardes du Régent, se présente entre la porte et le maréchal, l'arrête, lui demande son épée; Le Blanc lui remet l'ordre du Roi; et dans le même instant le comte d'Artagnan, commandant des mousquetaires gris, le serre du côté opposé à La Fare. Le maréchal crie, et se débat : on le jette dans une chaise à porteurs, on l'y enferme, et on le passe par une des fenêtres qui s'ouvre en porte sur le jardin. La chaise, entourée d'officiers des mousquetaires, traverse le jardin, descend l'escalier de l'orangerie, au bas duquel se trouve un carrosse à six chevaux, entouré de vingt mousquetaires. Le maréchal, furieux, tempête, menace : on le porte dans la voiture; d'Artagnan se place à côté de lui, un officier sur le devant, avec Dulibois, gentilhomme ordinaire. Le carrosse part, et en moins de trois heures le maréchal est à Villeroy, à huit ou neuf lieues de Versailles. Il ne cessa, pendant tout le chemin, de crier à la violence, à l'insolence du scélérat Dubois, à l'audace du Régent, à l'indignité de d'Artagnan, qui s'est chargé d'une si horrible commission, à l'infamie de Dulibois. On le laissoit déclamer, sans lui répondre. Il passoit ensuite aux louanges de son mérite, à l'énumération de ses services, où il ne comprenoit pas sans doute ses campagnes. Toute l'Europe, s'écrioit-il, seroit révoltée de cet événement, et Paris alloit se soulever à la première nouvelle. Un tel espoir tempéroit un peu l'amertume de son ame. Cette expédition ne produisit cependant autre chose que des murmures dans le peuple, crainte et silence à la cour.

Ce qui embarrassoit le plus le Régent étoit d'en instruire le Roi avant qu'il l'apprît par la voix publique : il fallut donc y aller. A peine le Régent eut-il dit que le maréchal venoit de partir, que le Roi, sans faire la moindre attention aux motifs que le prince exposoit sommairement, se mit à pleurer, et ne proféra pas une parole. Le Régent ne jugea pas à propos de prolonger un entretien gênant pour tous deux, et se retira.

Le jeune prince fut extrêmement triste tout le reste du jour; mais, dans la matinée suivante, ne voyant pas paroître l'évêque de Fréjus, ce furent des pleurs, des cris, et toutes les marques du désespoir. On n'en sera pas étonné, lorsqu'on saura que le maréchal lui avoit persuadé que la sûreté de ses jours dépendoit uniquement de la vigilance de son gouverneur. Un enfant à qui on avoit inspiré de si horribles idées crut ne voir que des ennemis autour de lui, lorsqu'il n'aperçut plus les deux hommes qu'il regardoit comme les défenseurs de sa vie. Le prélat avoit disparu, sans qu'on sût où il étoit allé. Le Régent, dans le plus cruel embarras, envoyoit de tous côtés. On le crut d'abord à Villeroy : on apprit qu'il n'y étoit pas. Dubois imagina assez ridiculement que l'évêque seroit à la Trappe; et l'on alloit y dépêcher un courrier, lorsqu'on apprit que la veille il étoit allé à Basville, chez le président de Lamoignon.

Le Régent courut à l'instant dire au Roi que l'évêque arriveroit dans la journée. Cette nouvelle consola un peu le jeune prince. Le courrier destiné pour la Trappe fut dépêché à Basville; et le précepteur revint, charmé des preuves de tendresse que son absence avoit fait éclater de la part du Roi. La douleur d'avoir perdu l'évêque lui avoit fait presque oublier le maréchal; et le plaisir de retrouver celui des deux qui lui étoit le plus cher l'empêcha de revenir à son premier chagrin. Il ne tenoit à son gouverneur que par l'habitude de l'enfance. Le maréchal étoit très-attaché à son élève; mais son zèle, ses empressemens, ses caresses étoient toujours si gauches, que le Roi n'en sentoit que l'importunité.

L'évêque, en homme d'esprit, et surtout très-insinuant, s'étoit conduit avec plus d'adresse. Il avoit l'art d'amener à lui son pupille sans paroître aller au devant, et par là s'étoit rendu nécessaire.

Le Régent comprit qu'il faudroit désormais ménager l'évêque; mais aussi qu'il pourroit s'en servir utilement, à commencer par l'occasion présente. Loin de lui faire des reproches amers sur sa fuite, il ne lui en fit que d'obligeans, le caressa beaucoup, chercha à lui persuader que si on ne l'avoit pas prévenu sur ce qui s'étoit passé, c'étoit uniquement pour lui épargner l'embarras qu'il auroit eu avec le maréchal. On lui expliqua les motifs de l'exil; on l'engagea à les faire goûter au Roi, et à présenter lui-même le duc de Charost pour gouverneur, en qui il trouveroit plus d'égards, et plus de docilité en ses conseils, que dans le maréchal.

L'évêque ne fut pas difficile à persuader. Il étoit intérieurement charmé d'être délivré d'un collègue dont il avoit souvent éprouvé les hauteurs et les jalousies.

Lorsque le maréchal apprit le retour de Fleury et la nomination du duc de Charost, il ne se posséda plus, et déclama contre l'indignité du duc d'avoir accepté sa place. Mais ses transports de fureur contre Fleury sont inexprimables : il le traita de coquin, de traître, de scélérat, de misérable serpent qu'il avoit réchauffé dans son sein; et l'on apprit, par les fureurs du maréchal, les vrais motifs de la retraite de Fleury.

On sut qu'ils s'étoient promis, dès le commencement de la régence, que si l'un étoit renvoyé, l'autre se retireroit à l'instant, et ne reviendroit jamais sans son collègue. Fleury, par sa fuite, prétendoit avoir acquitté la première partie du serment, et que l'ordre du Roi lui donnoit l'absolution de la seconde. Sa conscience étant donc tranquille, il ne sentit plus que la satisfaction de se voir en état de suivre un plan d'éducation sans contradicteur; et il ne fut plus question du maréchal, qui fut envoyé de Villeroy à Lyon.

Le cardinal Dubois, sûr du consentement et même du désir du Régent de se décharger des affaires sur un premier ministre, ne craignit plus les clameurs du maréchal. Mais il étoit encore embarrassé du crédit du duc de Saint-Simon auprès du prince : il voulut le faire pressentir, et chargea de cette commission le comte de Belle-Ile, qui ne demandoit pas mieux que d'agir, de quelque façon que ce pût être. Sa vie s'est passée dans une activité continuelle. Je lui ai ouï dire que, pendant trente-quatre ans, il n'avoit dormi que quatre heures par nuit.

Belle-Ile déclara franchement au duc de Saint-Simon que l'affaire étoit décidée; que c'étoit une preuve d'estime du cardinal de rechercher son approbation, et de lui laisser le choix de se montrer ami ou ennemi dans une si grande occasion.

Le duc, très-persuadé de l'inutilité de la résistance, avoue ingénument, dans ses Mémoires, que sa réponse au comte de Belle-Ile fut pleine d'égards, quoique sans fausseté, pour le cardinal; mais il prétend qu'il parla contre ce projet avec la plus grande force au Régent. S'il lui a tenu le discours que j'ai lu de sa main, il seroit difficile de dire rien de plus fort, et qui prouvât mieux la foiblesse du Régent.

Quoi qu'il en soit, le cardinal fut déclaré premier ministre. Le parlement enregistra les lettres par complaisance. Les journaux furent remplis de vers fades; les courtisans applaudirent: toute la France cria contre le choix; et l'Académie française, suivant sa noble coutume, l'instala parmi ses illustres.

Le cardinal de Rohan s'aperçut enfin qu'il avoit été joué par Dubois. Il en fut un peu humilié; mais il s'humilia encore davantage en exaltant les talens supérieurs de son confrère, et la nécessité du choix. Il se flatta que tant de résignation mériteroit à sa maison quelques dédommagemens de la part du ministre; et le sacre du Roi s'étant fait deux mois après, le prince de Rohan fut choisi pour faire les fonctions de grand-maître de la maison du Roi, à la place de M. le duc, qui représenta le duc d'Aquitaine.

Les relations du sacre ont été si répandues, que je me bornerai encore à quelques observations que les journalistes ont ignorées, ou supprimées à dessein.

L'évêque duc de Langres (Clermont-Tonnerre), que son âge et ses infirmités empêchèrent de se trouver à Reims, fut remplacé par celui qui le suivoit dans l'ordre des pairs; de sorte que l'évêque comte de Noyon (Châteauneuf de Rochebonne), sixième pair, représentant le cinquième, fut représenté par l'ancien évêque de Fréjus, Fleury, qui depuis en conserva les honneurs.

Le Régent et cinq princes du sang représentèrent les six pairs laïques. Les ducs et pairs, n'ayant rien à objecter contre de tels représentans, prétendirent, peut-être avec raison, devoir les suivre immédiatement. Le cardinal Dubois, qui avoit ses vues en faveur des cardinaux, répondit aux ducs et pairs d'une façon si équivoque, qu'à l'exception de ceux qui eurent des fonctions particulières au sacre, aucun duc et pair n'y voulut paroître.

Le duc du Maine, réduit alors à son rang de pairie depuis le lit de justice de 1718, n'eut garde de se présenter; et le comte de Toulouse, quoiqu'en possession des honneurs de prince du sang, craignant de se compromettre, s'absenta aussi; et le cardinal de Noailles, duc et pair, ne voulant manquer ni à sa dignité de cardinal ni à celle de pair, resta à Paris.

Le cardinal Dubois, pour illustrer la pourpre romaine, imagina un expédient. N'osant placer les cardinaux devant les pairs ecclésiastiques, et ne voulant pas qu'ils parussent à leur suite, il fit mettre un banc un peu en arrière de celui des pairs, mais plus avancé vers l'autel, de manière que le dernier cardinal ne fût pas effacé par le premier pair. Ainsi les cardinaux pouvoient paroître avoir le premier rang, ou du moins n'être pas au second.

Qui que ce soit de l'ordre de la noblesse ne fut invité comme simple assistant, excepté ceux qui faisoient fonctions, et deux maréchaux de France qui n'en avoient point. Cela étoit d'autant moins régulier, que plusieurs prélats sans fonctions, et même des ecclésiastiques du second ordre, avoient été invités.

Une curiosité puérile occasiona une autre irrégularité. Les quatre otages de la sainte ampoule, au lieu de rester, suivant la règle et l'usage, à l'abbaye de Saint-Remy jusqu'à ce que l'ampoule y fût rapportée, ne voulurent pas se priver du spectacle du sacre; et l'on se contenta de leur serment de rapporter l'ampoule. Ces otages ne sont, à la vérité, qu'une simple formalité; mais le mépris des formes entraîne bientôt parmi nous celui du fond. Nous employons si souvent la formule *sans tirer à conséquence*, qu'à la fin tout sera sans conséquence.

Parmi les formalités qu'on négligea, il y en avoit une honorable pour le corps de la nation, et qui avoit toujours été observée jusqu'au sacre de Louis XIV inclusivement. C'étoit de laisser entrer dans la nef de l'église le peuple, bourgeois et artisans, qui joignoient leur applaudissement à celui du clergé et de la noblesse, lorsqu'avant de faire l'onction du Roi on demande à haute voix le consentement de l'assemblée, représentant la nation. Au sacre de Louis XV, on n'ouvrit les portes au peuple qu'après l'intronisation. L'ancien usage ne devoit pas s'abolir sous un ministre sorti de la lie du peuple.

Le lendemain du sacre, le Roi reçut le collier de l'ordre du Saint-Esprit des mains de l'archevêque de Reims; et le Roi, comme grand-maître de l'ordre, le donna ensuite au duc de Chartres et au comte de Charolois.

A la cérémonie, les quatre grands officiers se couvrirent comme les chevaliers, quoique le chancelier de l'ordre en ait seul le droit.

A la cavalcade, les princes du sang eurent auprès d'eux un de leurs principaux officiers : distinction jusque là réservée aux seuls fils et petits-fils de France. Le Régent devoit donc l'avoir seul.

Au retour de Reims, il conclut le mariage de mademoiselle de Beaujolois, sa fille, avec don Carlos, infant d'Espagne. Huit jours après, Madame, mère du Régent, mourut (1), généralement estimée, et particulièrement aimée de ceux qui l'approchoient. Les mécontens lui firent une épitaphe très-injurieuse à son fils, et fort peu contredite : *Ci-gît l'Oisiveté.*

(1) Les spectacles furent fermés pendant huit jours, parce qu'elle étoit veuve d'un fils de France. Le Roi, qui drapa, reçut les complimens des compagnies. Le deuil fut de quatre mois et demi. (D.)

TABLE DES MATIÈRES

CONTENUES

DANS LE SOIXANTE-SEIZIÈME VOLUME.

MÉMOIRES SECRETS DE DUCLOS.

FIN DU TOME SOIXANTE-SEIZIÈME.

Paris, imprimerie de A. BELIN, rue des Mathurins S.-J., n°. 14.

CPSIA information can be obtained
at www.ICGtesting.com
Printed in the USA
BVHW071441140819
555860BV00025B/2105/P

9 781318 693788